4차 산업혁명 시대의 Global SCM

김창봉
여경철
남윤미

Global Supply Chain Management
of the 4th Industrial Revolution

박영사

이 책을 쓰게 된 배경

글로벌 비즈니스 환경의 급격한 변화와 함께 기업들은 글로벌 무역규제를 극복하고 글로벌 생산과 판매 균형을 이루어 글로벌 고객을 만족시켜야 하는 새로운 과제에 직면하게 되었다. 글로벌 환경의 급격한 기술적, 경제적, 정치적 변화는 전통적인 글로벌 비즈니스의 한계점과 문제점들에 대한 보완이 시급해졌고, 이에 따라 글로벌 공급체인망관리에 의한 경영기업이 필요하게 되었다. 글로벌 공급체인망의 핵심은 글로벌 지역으로부터의 원재료, 부품, 반부품, 최종 완성품을 글로벌 고객에게 공급하기까지의 전 과정의 통합과 최적화를 달성하고 총 비용 관점에서 관리하는 것을 목적으로 하고 있다. 글로벌 공급 체인망의 프레임워크는 글로벌 비즈니스를 포함한 공급선이 길어지고 운송 지역이 글로벌 시장으로 확장됨에 따라 리드 타임이 길어지고 있는데 기업들은 이를 효율적으로 관리하여 경쟁우위를 확보하기 위해 노력하고 있다. 글로벌 공급 체인망에 있어서의 환경적 변화와 요구는 글로벌 네트워크 통합과 관련된 연구의 필요성이 제기되었으며, 이에 따라 본 연구를 시작하게 되었다. 글로벌 공급체인망을 활용한 시너지 효과가 발휘되기 위해서는 효율성, 생산성, 적시성, 혁신성 등의 복합적인 관리에 4차 산업혁명 기술들의 융합이 필요하다.

4차 산업혁명은 사물형인터넷(IoT), 가상현실(VR), 증강현실(AR), 빅데이터 관리 등의 새로운 신흥 기술들을 바탕으로 일어나며, 이러한 기술들을 바탕으로 한 산업간 파급 효과의 그 중요성이 가중될 것으로 예측된다. 글로벌 무역과 관련된 4차 산업혁명은 글로벌 비즈니스 상에서 나타나고 있는 서비스 무역, 디지털 무역, 글로벌 투자, 혁신 등에 이르기까지 폭넓게 영향을 미치고 있다.

전통적인 공급체인관리가 공급자로부터 출발하여 생산, 유통 단계를 거쳐 최종 고객인 소비자에게까지 흐르는 과정이 선형적(linear)인 특성을 보이는 반면, 4차 산업혁명 시대의 공급체인 관리는 중앙에 공급체인 컨트롤 타워가 있는 순환적(cycle) 구조를 보이게 된다. 중앙공급체인 컨트롤 타워를 통해 공급자, 생산, 유통, 고객 및 소비자들과 상호작용을 하고 있으며, 공급자로부터 제조, 유통, 주문 및 확인이 최신의 기술과 인터넷 네트워크를 통해 순환적으로 연결된다는 특징을 가지고 있다.

오늘날, 글로벌 공급체인관리 4.0(GSCM 4.0)은 지금까지 인류가 이뤄온 3차 산업혁명 시대에서 나아가 글로벌 시장에 확산된 정보기술(Information Technology: IT)과 인공지능, VR, AR 등의 다양한 신흥 기술(Emerging Technology: ET)을 이용하여 진화하는 단계에 있으며, 4차 산업혁명시대의 Global SCM은 이와 관련된 내용들을 담고 있다.

본서는 총 15장으로 구성되어 있다.

제 1장은 4차 산업혁명과 글로벌 비즈니스에 대한 무역 환경의 패러다임 변화에 다른 글로벌 비즈니스 및 글로벌 공급체인 영향 요인에 관해 살펴본다.

제 2장은 4차 산업혁명시대의 SCM 패러다임, 공급체인관리 도입 과정과 발전 과정에 대해 기술하고 있다.

제 3장은 글로벌 비즈니스 환경 분석, 글로벌 공급체인관리의 환경 분석과 이러한 환경을 촉진하고 있는 요인들에 대하여 논의하였다.

제 4장은 GSCM 전략적 적합성에 대해 글로벌 비즈니스와 GSCM 프로세스의 발전과정, 지연전략, 전략적 적합성에 대해 살펴보았다.

제 5장은 글로벌 경제의 패러다임 변화에 따른 GSCM 글로벌 밸류체인, GSCM 공급체인 프레임워크, GSCM 성공전략과 위협 요인들에 대해 기술하였다.

제 6장은 글로벌 공급체인의 위험관리에 대한 내용으로 GSCM 위험관리의 배경 및 프레임워크, 특성 및 유형, 위험관리 프로세스에 대하여 살펴보았다.

제 7장은 글로벌 아웃소싱에 대한 내용으로 그 배경과 동기, 개념과 프레임워크, 글로벌 공급체인 관리의 핵심역량 강화와 관련된 글로벌 아웃소싱 및 전략에 대해 심층적으로 논의하였다.

제 8장은 글로벌 프로세스 혁신의 배경과 목적, 글로벌 프로세스의 기본적인 개념과 정의, 글로

벌 프로세스 혁신 응용 전략에 대하여 살펴보았다.

제 9장은 글로벌 로지스틱스에 대한 내용으로 글로벌 기업들의 협력 패러다임의 변화, 배경, 글로벌 로지스틱스의 발전 단계, 제 3자 물류의 개념 및 활용에 대해 살펴보았다.

제 10장은 역물류(Riverse Logistics)와 해외직구에 대해 살펴보면서, 역물류가 발생된 원인인 Green SCM관점에서 그 정의와 개념, 친환경 물류와 역물류, 해외 역직구에 대해 살펴보았다.

제 11장은 글로벌 소싱의 개념과 동기, 전략적인 방향성, 글로벌 조달에 대해 살펴보았다.

제 12장은 국제 표준인증과 글로벌 파트너십에 대한 내용으로 국제표준인증의 개요, 글로벌 파트너십의 개념과 사례에 대해 심층적으로 논의하였다.

제 13장은 제 4차 산업혁명시대에 따른 Industry 4.0과 GSCM, 글로벌 공급체인관리와 사물형인터넷(loT), GSCM의 스마트화와 지속가능성의 이슈에 대해 살펴보았다.

제 14장은 글로벌 통관제도인 싱글 윈도우 및 AEO제도에 대해 알아보고, 글로벌 공급체인관리와 통관제도의 활용, 글로벌 공급체인관리의 싱글윈도우(Single Window), 글로벌 공급체인관리의 AEO제도에 대해 알아보았다.

제 15장은 기업의 글로벌 시장 진입과 함께 이슈화 되고 있는 글로벌 창업과 GSCM에 대한 내용으로 글로벌 창업의 개요, 그 유형에 대해 심층적으로 논의하였다.

본서를 집필하는데 저자가 미국 조지워싱턴대학교와 일본의 게이오대학교에서 수학하면서 작성하였던 글로벌 로지스틱스에 대한 노트들은 참고가 되었으며, 중앙대학교에서 강의한 과목들인 GSCM전략, 글로벌기업론의 강의 노트들이 본서의 기본 골격을 이루고 있다. 지금까지의 연구를 가능하게 했던 민간 기업들을 비롯한 정부 기관들과의 전문가 인터뷰, 정부의 공공데이터, 해외학술대회의 자료들은 Industry 4.0시대에 글로벌공급체인관리에 대한 내용을 정리하고 GSCM과 관련된 심도있는 연구를 펼치는데 큰 도움이 되었다.

집필 과정에 자료 수집과 원고 정리에 도움을 준 여경철 교수, 남윤미 교수, 이일한 교수, 권승하 박사와 중앙대학교 무역물류학과 대학원에 재학 중인 이동준, 이은주, 민병걸, 정소연, 산업창업경영대학원 김규동 선생에게 감사의 마음을 전하며, 본서가 졸서임에도 출판을 흔쾌하게 맡아주신 안종만 회장님과 박세기 부장님, 그리고 마지막 원고 교정까지 세밀하게 도움을 주신 조혜인 선생님의 노고에 감사드린다. 끝으로, 그동안 저자들이 본서를 집필하는데 있어 작업에 몰두할 수 있도록 믿고 성원해 준 사랑하는 아내, 아들 성현, 하연 공주에게 감사를 드리며 제 삶에 용기와 아 낌없는 격려를 해주신 고 김공칠 회장님 영전에 이 책을 바친다. 본서가 학부생, 대학원생, 국책 및 민간연구소의 연구원, 정부 산하기관과 기업체의 경영자와 관리자들에게 제 4차 산업혁명시대에 글로벌공급체인관리인 GSCM을 이해하는데 유용하게 활용되기를 기대하며, 내용 중 부족한 부분 에 대해서는 독자 여러분들의 많은 질책과 지적을 바란다.

2018년 5월
흑석동 연구실에서
저자 씀

차 례

PART 01 무역환경의 패러다임 변화와 글로벌 공급체인관리

CHAPTER 01 4차 산업혁명과 글로벌 비즈니스

Introduction: "4차 산업혁명과 무역 1조 달러" ································ 6

Ⅰ. 글로벌 비즈니스 ·· 8
  01 4차 산업혁명과 글로벌무역 _ 8
  02 글로벌 비즈니스 패러다임의 변화 _ 9

Ⅱ. 글로벌 공급체인의 영향요인 ·· 13
  01 글로벌 공급체인의 개념 _ 13
  02 글로벌화의 목표와 근거 _ 14
  03 글로벌 공급체인 영향요인 _ 16

Ⅲ. 4차 산업혁명과 무역 패러다임의 변화 ·· 20
  01 4차 산업혁명과 디지털 무역 _ 20
  02 한국무역 패러다임의 변화 _ 22

Chapter 01 Case: "대웅제약 글로벌 생산 네트워크 구축" ················ 24

CHAPTER 02 4차 산업혁명과 글로벌 공급체인관리

Introduction: "글로벌 밸류체인의 명함" ·· 30

Ⅰ. 4차 산업혁명시대의 SCM 패러다임 ······································· 33

　01 4차 산업혁명시대와 공급체인관리 등장 _ 33

　02 4차 산업혁명시대의 공급체인 발전 방향 _ 36

　03 공급체인관리의 주요 분야 _ 38

Ⅱ. 공급체인관리 도입 과정 ·· 41

　01 공급체인관리 도입 _ 41

　02 공급체인관리 도입 필요성 _ 42

Ⅲ. 공급체인관리 발전과정 ·· 46

　01 공급체인관리의 발전 _ 46

　02 글로벌 공급체인관리의 확산 _ 49

　03 글로벌 공급체인관리의 도입 배경 _ 50

Chapter 02 Case: "BMW의 글로벌 공급체인관리" ······················· 53

CHAPTER 03 글로벌 비즈니스 환경분석

Introduction: "미국, 삼성−LG세탁기에 '최고 50% 관세폭탄'" ················· 60

Ⅰ. 글로벌 기업의 환경분석 ··· 62

　01 공급체인관리에 영향을 미치는 4차 산업혁명 요인 _ 62

　02 공급체인관리의 디지털화 _ 64

Ⅱ. 글로벌 공급체인관리의 환경분석 ··· 68

　01 글로벌 공급체인관리의 환경 특성 _ 68

　02 GSCM 환경조사의 프레임웍 _ 70

Ⅲ. 글로벌 비즈니스를 촉진하는 글로벌 환경요인 ···························· 74

　01 글로벌 환경요인의 개념 _ 74

　02 글로벌 공급체인관리를 촉진하는 글로벌 환경요인 _ 75

Chapter 03 Case: "SIEMENS 스마트 팩토리 사례" ······················· 78

CHAPTER 04 GSCM 전략적 적합성

Introduction: "'아이폰X' 생산지연 어디까지? Apple, 부품 출하 조정중" ·············· 86

Ⅰ. 글로벌 비즈니스와 GSCM 프로세스의 발전과정 ······························· 87
    01 Industry 4.0 글로벌 공급체인관리의 전략적 적합성 _ 87
    02 전통적 GSCM과 Industry 4.0 GSCM의 전략적 적합성 _ 88
    03 GSCM 프로세스의 발전과정 _ 90

Ⅱ. GSCM의 지연전략 ··· 95
    01 지연전략의 개념 _ 95
    02 GSCM의 지연전략 _ 95

Ⅲ. GSCM의 전략적 적합성 ··· 99
    01 전략적 적합성의 개념 _ 99
    02 GSCM 공급체인 전략적 적합성 달성 _ 100

Chapter 04 Case: "Zara VS. Uniqlo의 공급망 네트워크 설계" ·················· 103

PART 02 글로벌 경쟁의 패러다임과 글로벌 공급체인관리

CHAPTER 05 글로벌 밸류체인

Introduction: "CJ대한통운의 성공전략과 위협요인" ···························· 114

Ⅰ. GSCM의 글로벌 밸류체인 ·· 115
    01 Industry 4.0 시대 확산과 글로벌 밸류체인의 관점 _ 115
    02 Industry 4.0 시대 글로벌 밸류체인 _ 118
    03 글로벌 공급체인관리의 밸류체인 _ 120

Ⅱ. GSCM의 공급체인 프레임워크 ·· 124
    01 GSCM 공급체인 프레임워크의 외부요인 _ 124
    02 GSCM 공급체인 프레임워크의 내부요인 _ 125

Ⅲ. GSCM의 성공전략과 위협요인 ·· 129
    01 성공전략과 위협의 개념 _ 129
    02 GSCM 성공전략과 위협요인 _ 130

Chapter 05 Case: "이랜드그룹 전 세계 공급망으로 빠르게 확대" ·············· 134

CHAPTER 06 글로벌 위험관리

Introduction: "세계경제포럼, 무기화된 AI, IoT 해킹으로 인한 위협 경고" ·············· 142

Ⅰ. 공급체인 위험관리의 배경 및 프레임워크 ································· 144
　　01 글로벌 위험관리의 배경 _ 144
　　02 공급체인 위험관리의 프레임워크 _ 149

Ⅱ. 공급체인 위험관리의 특성 및 유형 ·································· 154
　　01 공급체인 위험관리의 특성 _ 154
　　02 공급체인 위험관리의 유형 _ 155

Ⅲ. 글로벌 위험관리 프로세스 ·· 158
　　01 공급체인 위험관리의 동기 _ 158
　　02 글로벌 공급체인 위험관리 프로세스 _ 159

Chapter 06 Case: "일본 지진으로 세계 자동차 생산량 500만대 감소 전망" ·········· 162

CHAPTER 07 글로벌 아웃소싱

Introduction: "롯데마트-롯데슈퍼 글로벌 아웃소싱 전략" ······················ 170

Ⅰ. 글로벌 아웃소싱의 배경 및 동기 ··································· 173
　　01 글로벌 아웃소싱의 배경 _ 173
　　02 글로벌 아웃소싱의 동기 _ 177
　　03 글로벌 아웃소싱의 기능 _ 178

Ⅱ. 글로벌 아웃소싱의 개념 및 프레임워크 ····························· 179
　　01 글로벌 아웃소싱의 개념 및 정의 _ 179
　　02 글로벌 아웃소싱의 특성 및 유형 _ 180
　　03 글로벌 아웃소싱의 프레임워크 _ 182

Ⅲ. 글로벌 공급체인관리의 핵심역량 강화 ······························ 184
　　01 핵심역량의 개념 _ 184
　　02 핵심역량의 정의 _ 185
　　03 핵심역량의 프레임워크 _ 185

Chapter 07 Case: "한샘 글로벌 아웃소싱 전략" ···························· 188

CHAPTER 08 글로벌 프로세스 혁신

Introduction: "글로벌 경제 저성장, 프로세스 혁신으로 뚫자" ·········· 194

Ⅰ. 글로벌 프로세스 혁신의 배경 및 동기 ················ 196
　　01 글로벌 프로세스 혁신의 배경 및 동기 _ 196
　　02 글로벌 프로세스의 전략적 목적 _ 201
　　03 글로벌 프로세스 혁신의 필요성 _ 202

Ⅱ. 글로벌 프로세스 혁신의 개념 및 정의 ··············· 204
　　01 글로벌 프로세스 혁신의 개념 _ 204
　　02 글로벌 프로세스 혁신의 정의 및 요인 _ 205
　　03 글로벌 프로세스 혁신의 전략적 방향 _ 207

Ⅲ. 글로벌 프로세스 혁신의 응용 ····················· 209
　　01 시스템 분석의 개념 _ 209
　　02 글로벌 프로세스 혁신의 시스템 분석 단계 _ 209

Chapter 08 Case: "IBM 글로벌 프로세스 혁신" ················ 213

PART 03 글로벌 협력의 패러다임과 글로벌 공급체인관리

CHAPTER 09 글로벌 로지스틱스

Introduction: "BMW 신차 유라시아 물류망 구축" ············· 224

Ⅰ. 글로벌 로지스틱스의 배경 및 동기 ·················· 226
　　01 글로벌 로지스틱스의 배경 및 동기 _ 226
　　02 글로벌 로지스틱스의 중요성 _ 230
　　03 글로벌 로지스틱스의 개념 _ 231

Ⅱ. 글로벌 로지스틱스의 발전단계 ····················· 234
　　01 글로벌 로지스틱스의 구조적 변화 _ 234
　　02 글로벌 로지스틱스의 발전단계 _ 234

Ⅲ. 제3자 물류의 개념 및 활용 ······················· 238
　　01 제3자 물류의 등장 배경 _ 238
　　02 제3자 물류의 개념 _ 238
　　03 제3자 물류의 기대효과 _ 239

Chapter 09 Case: "KOTRA 해외공동물류센터" ··············· 242

CHAPTER 10 역물류(Reverse logistics)와 해외직구

Introduction: "유럽의 회수물류 BSH Group과 DHL" ·········· 250

Ⅰ. Green SCM의 정의 및 개념 ·········· 253
  01 Green SCM의 시대 _ 253
  02 Green SCM의 개념 _ 254

Ⅱ. 친환경 물류와 역물류 ·········· 258
  01 친환경 물류의 등장 배경 _ 258
  02 친환경 물류의 개념 _ 259
  03 역물류 _ 259

Ⅲ. 해외 역직구 ·········· 263
  01 해외 직구의 개념 및 정의 _ 263
  02 해외 직구의 시장규모 _ 265
  03 해외 직구 및 역직구의 비즈니스 모델 _ 266

Chapter 10 Case: "국경을 넘는 역물류, 역직구 전략" ·········· 269

CHAPTER 11 글로벌 소싱

Introduction: "Maesk그룹의 글로벌 소싱 전략" ·········· 276

Ⅰ. 글로벌 소싱의 개념 및 동기 ·········· 279
  01 글로벌 소싱의 등장 배경 _ 279
  02 글로벌 소싱의 정의 및 개념 _ 281

Ⅱ. 글로벌 소싱의 전략적 방향 ·········· 285
  01 글로벌 소싱의 중요성 _ 285
  02 글로벌 소싱의 전략적 방향 _ 286
  03 국제구매와 글로벌 소싱의 발전 _ 287

Ⅲ. 글로벌 조달 ·········· 290
  01 글로벌 조달의 주요 역량 _ 290
  02 전자조달 요인 _ 293

Chapter 11 Case: "미국 연방정부 480조 조달시장 진출 전략" ·········· 296

CHAPTER 12 국제표준인증과 글로벌 파트너십

Introduction: "ISO 국제경영시스템 표준의 변천" ·············· 302

Ⅰ. 국제표준인증의 개요 ··· 304
  01 국제표준인증과 글로벌 무역규제 _ 304
  02 국제표준인증의 확산 배경 _ 305
  03 국제표준인증의 개념 및 유형 _ 306

Ⅱ. 글로벌 파트너십의 개념 ·· 308
  01 글로벌 파트너십의 중요성 _ 308
  02 글로벌 파트너십의 주요 이슈 _ 309

Ⅲ. 국제표준인증과 글로벌 파트너십 ··································· 311
  01 국제표준인증의 이점 _ 311
  02 국제표준인증과 글로벌 파트너십 간의 관계 _ 314

Chapter 12 Case: "IBM, 머스크, 딜로이트의 글로벌 파트너십" ·············· 316

PART 04 제4차 산업혁명시대와 글로벌 공급체인관리

CHAPTER 13 Industry 4.0과 GSCM

Introduction: "사물형인터넷(IoT)과 글로벌 공급체인관리" ·············· 326

Ⅰ. 글로벌 공급체인관리 4.0(GSCM 4.0) ··························· 329
  01 4차 산업혁명시대와 글로벌 공급체인관리 _ 329
  02 글로벌 공급체인관리 4.0 _ 330
  03 글로벌 공급체인관리 4.0의 발전 방향 _ 333

Ⅱ. 글로벌 공급체인관리와 사물형인터넷(IoT) ················· 337
  01 사물형인터넷(IoT)의 개념 _ 337
  02 사물형인터넷(IoT)의 현황 _ 338
  03 국가별 Industry 4.0 대응 전략 _ 340

Ⅲ. 글로벌 공급체인관리의 스마트화와 지속가능성 ··········· 344
  01 스마트 글로벌 공급체인관리 _ 344
  02 지속가능성 글로벌 공급체인관리 _ 347

Chapter 13 Case: "4차 산업혁명과 글로벌 공급체인관리" ·············· 350

CHAPTER 14 글로벌 통관제도와 싱글윈도우 및 AEO 제도

Introduction: "한국 KTNET, 케냐 싱글윈도우 시스템 구축" ················· 356

Ⅰ. 글로벌공급체인관리와 통관제도 활용 ····························· 359
    01 글로벌공급체인관리와 통관제도 _ 359
    02 관세행정의 핵심업무 _ 360

Ⅱ. 글로벌공급체인관리와 싱글윈도우(Single Window) ··············· 364
    01 싱글윈도우의 개요 _ 364
    02 한국의 싱글윈도우 _ 366

Ⅲ. 글로벌공급체인관리와 AEO 제도 ································ 370
    01 AEO 제도의 개요 _ 370
    02 AEO 제도의 인증기준 _ 371
    03 AEO 제도의 혜택 _ 372
    04 AEO 인증 단계 _ 373
    05 AEO MRA 현황 및 혜택 _ 375

Chapter 14 Case: "무역 원활화의 지름길, Korea AEO' SK 하이닉스 사례" ········· 377

CHAPTER 15 GSCM과 글로벌 창업

Introduction: "글로벌 창업에 성공하려면" ························· 382

Ⅰ. 글로벌 창업의 개요 ··· 384
    01 4차 산업혁명과 글로벌 창업 _ 384
    02 글로벌 창업의 기능 _ 388
    03 글로벌 창업의 구성요소 _ 389

Ⅱ. 글로벌 창업의 유형 ··· 391
    01 글로벌 창업의 특성 _ 391
    02 글로벌 창업기업의 특성에 따른 유형 _ 392
    03 글로벌 프랜차이즈 _ 395

Ⅲ. GSCM과 글로벌 창업 ··· 400
    01 글로벌 공급체인관리 _ 400
    02 글로벌 창업가 정신(Global Entrepreneurship) _ 401
    03 글로벌 공급체인 관리와 글로벌 창업가 정신 _ 402

Chapter 15 Case: "글로벌 창업 사례" ···························· 404

국문 색인 ·· 409
영문 색인 ·· 418

CHAPTER 01

4차 산업혁명과 글로벌 비즈니스

Introduction: 4차 산업혁명과 무역 1조 달러
Ⅰ. 글로벌 비즈니스
Ⅱ. 글로벌 공급체인의 영향요인
Ⅲ. 4차 산업혁명과 무역 패러다임의 변화
Chapter 01 Case: 대웅제약 글로벌 생산 네트워크 구축

CHAPTER 02

4차 산업혁명과 글로벌 공급체인관리

Introduction: 글로벌 밸류체인의 명함
Ⅰ. 4차 산업혁명시대의 SCM 패러다임
Ⅱ. 공급체인관리 도입 과정
Ⅲ. 공급체인관리 발전과정
Chapter 02 Case: BMW의 글로벌 공급체인관리

CHAPTER 03

글로벌 비즈니스 환경분석

Introduction: 미국, 삼성-LG세탁기에 '최고 50% 관세
폭탄'
Ⅰ. 글로벌 기업의 환경분석
Ⅱ. 글로벌 공급체인관리의 환경분석
Ⅲ. 글로벌 비즈니스를 촉진하는 글로벌 환경요인
Chapter 03 Case: Siemens의 스마트 팩토리

CHAPTER 04

GSCM 전략적 적합성

Introduction: '아이폰X' 생산지연 어디까지? Apple, 부품 출하
조정중
Ⅰ. 글로벌 비즈니스와 GSCM 프로세스의 발전과정
Ⅱ. GSCM의 지연전략
Ⅲ. GSCM의 전략적 적합성
Chapter 04 Case: ZARA VS, UNIQLO의 공급망 네트워
크 설계

PART
01

무역환경의 패러다임 변화와
글로벌 공급체인관리

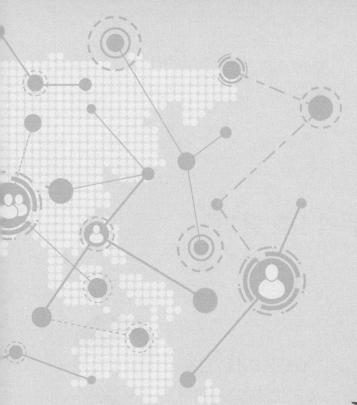

CHAPTER

01

4차 산업혁명과
글로벌 비즈니스

학습 목표

1. 4차 산업혁명의 특성과 글로벌무역에 대해서 설명한다.
2. 4차 산업혁명과 글로벌무역 패러다임의 변화에 대해서 이해한다.
3. 4차 산업혁명과 글로벌무역, 디지털 무역, 메가 트렌드에 대해서 이해한다.
4. 글로벌 공급체인망을 학습하고 이해한다.
5. 글로벌 비즈니스 패러다임의 변화를 이해한다.
6. 우리나라 무역구조의 특성과 무역모델에 대해서 이해한다.
7. 글로벌 비즈니스와 글로벌 공급체인의 개념에 대해서 이해한다.
8. 글로벌 공급체인의 영향요인을 학습한다.

CHAPTER 01 Content

Introduction: 4차 산업혁명과 무역 1조 달러

Ⅰ. 글로벌 비즈니스

Ⅱ. 글로벌 공급체인의 영향요인

Ⅲ. 4차 산업혁명과 무역패러다임의 변화

Chapter 01 Case: 대웅제약 글로벌 생산 네트워크 구축

Introduction

"4차 산업혁명과 무역 1조 달러"

다시 온 무역 1조 달러,
수출산업 체질개선해야

중앙대학교
산업창업경영대학원장

지난 14일 한국의 무역액이 1조 달러를 다시 돌파했다. 3년 만이다. 무역 1조 달러 국가는 전 세계적으로 9개국에 불과하다. 그러나 대내외 환경 변화를 감안하여 정부가 양적 수출확대 정책에서 벗어나야 한다는 주장도 힘을 얻고 있다.

그 이유는 먼저 향후 세계무역이 크게 증가할 가능성이 작기 때문이다. 미국을 비롯한 선진국들이 보호무역주의를 강화하고, 후진국과 선진국 간 글로벌 분업체계가 근본적으로 변화함에 따라 세계무역 증가율은 눈에 띄게 낮아진 상태다. 국가 간 무역분쟁도 증가하고 있다. 특히 수출주도형 성장 전략을 채택해 왔던 중국과 한국이 반덤핑 등 무역구제 피제소국 1·2위를 나란히 기록하고 있다. 따라서 한국 정부가 예전처럼 양적 수출확대 정책을 유지할 경우 수입국 혹은 경쟁국들을 불필요하게 자극할 가능성이 있다.

그러나 더 큰 문제는 우리 수출산업이 미래에 대한 대비가 부족하다는 데 있다. 세계는 4차 산업혁명이 산업전반과 사회에 미칠 영향력 계산에 분주하다. 특히 중국은 대학을 중심으로 한 벤처 창업의 열풍 속에서 국가와 선도 정보기술IT 기업들의 대규모 투자가 이뤄지고 있다. 드론, 전기차, 모바일 결제 등 일부 분야는 이미 글로벌 경쟁력을 인정받고 있다. 정부와 산업계, 학계의 밀접한 연계와 13억 인구가 쏟아내는 빅데이터 등 자국의 강점을 잘 활용하는 모습도 인상적이다.

반면 한국 기업들의 명확한 미래 먹거리와 가시적인 성과는 아직 보이지 않는다. 일부 대기업들이 바이오, 수소차 등에 투자하고 있지만, 글로벌 선도기업을 따라가기에 벅찬 느낌이다. 또한 창의성을 요구하는 엔지니어링, 소프트웨어 등 경쟁력도 많이 부족한 실정이다. 과거 우리 정부와 대기업은 양산기술에 연구개발R&D을 집중해 범용품 수출에 주력해 왔다. 그러나 앞으로는 부품 소재를 포함한 고부가 품목으로 수출산업 포트폴리오의 전환이 필요한 시점이다. 이를 위해 잠재력이 높은 산업군, 역량 있는 기업에 대한 차별적이고 명확한 핀포인트pinpoint 지원이 필요하다.

최근 정부는 '새 정부의 산업정책방향'을 발표했다. '혁신성장'을 통해 2022년까지 30만 개가 넘는 일자리를 창출하겠다는 계획이다. 주력산업을 고도화하고, 신산업 선도 프로젝트를 통해 새 성장동력을 육성하겠다고 한다. 방향성은 타당해 보이지만 정책 간 우선순위 조정, 구체적인 정책실현 방법 등 디테일한 부분에서 아쉬움이 남는다. 무역보험 등 정책금융 지원도 단순한 확대가 아닌, 신규 수출동력 확충과 일자리 창출을 어떻게 연계시킬지에 대한 질적 차원의 심도 높은 고민이 필요하다.

지난 11월 청년실업률이 역대 최고인 9.2%를 기록했다. 한국은 1990년대 호황에 길들여진 대기업들의 '선단식 경영'과 정부의 구조조정 타이밍 실기로 인해 혹독한 외환위기를 경험한 바 있다. 현재의 위기를 무역 1조 달러 회복을 우리 수출산업의 체질 개선을 위한 절호의 기회로 활용해 보는 것은 어떨까.

출처: 김창봉, 「다시 온 무역 1조 달러, 수출산업 체질개선해야」,
『중앙일보 비즈칼럼』, 2017.12.28.

01 | 4차 산업혁명과 글로벌무역

오늘날 4차 산업혁명은 사물형인터넷IoT, 가상현실VR, 증강현실AR 등의 기술과 관련된 산업을 포함해서 전 산업에 걸쳐 나타나고 있다. Industry 4.0으로 인한 산업 간 파급효과는 향후 더 크게 나타날 것으로 보인다. 국제무역과 관련해서 4차 산업혁명은 서비스 무역, 디지털 무역, 글로벌 투자, 혁신 등에 이르기까지 폭넓게 영향을 미치고 있다.

서비스 무역service trade은 4차 산업혁명으로 인해 각국의 무역정책과 통상정책의 변화로 시장 개방화에 영향을 미칠 것으로 보인다. Industry 4.0 확산에 따른 국제무역의 변화를 보면 제조업 위주의 무역거래에서 서비스 무역으로 확대될 가능성이 높으며, 자본과 노동이 비교우위의 원천인 시대에서 입지location가 비교우위의 원천으로 부각될 전망이다. 또한 Industry 4.0 이전에 국제무역이 안정적인 비교우위의 구조를 보인 반면, Industry 4.0 이후는 제품수명주기가 빨라지고 비교우위가 빠르게 확산될 뿐만 아니라, 바이오 산업, 전자나노기술, 인공지능 등의 선두 산업들에서도 신기술들을 다양하게 융합시키는 현상이 나타날 전망이다.[1]

디지털 무역digital trade은 4차 산업혁명으로 확산될 전망이며, 디지털 무역은 전자상거래의 지리적 범위를 이국경간 거래cross-border commerce로 확장시킬 것이다. Industry 4.0의 확산으로 디지털 무역은 디지털 재화digital products의 무역인 동시에 인터넷을 수단으로 활용하는 모든 유형의 무역을 포괄하는 개념으로써 전자상거래에 국한된 범위가 아닌 상품, 서비스 및 지적재산권 등을 포함하여 중첩사안cross-cutting issues의 커다란 범위이다. 디지털 무역은 인터넷 보편화를 충실하게 고려하지 못한 상태에서 제정된 기존 WTO 협정으로는 효과적으로 다루어지기 힘든 어려운 사안이다.[2]

글로벌 투자global investment는 4차 산업혁명으로 인해 미국, 유럽, 중국의 데이터 기술data technology; DT, 플랫폼 기업, 전자상거래 기업들을 중심으로 투자가 확대될 전망이다. Industry 4.0의 확산으로 기존의 실물시장에 대한 해외직접투자 방식보다는 자본시장에 대한 포트폴리오 투자방식이 확대될 것으로 보이며, 특히 빅데이터 시장, 데이터 기술 시장, 플랫폼 시장, 전자상거래 시장에 대한 글로벌 투자가 확대될 전망이다.[3]

혁신innovation은 4차 산업혁명으로 인해 사물형인터넷IoT, 가상현실VR, 증강현실AR 기술 도입으로 가속화되어 글로벌 밸류체인Global Value Chain: GVC이 전 산업에 걸쳐서 확산될 전망이다. 산업 내, 산업 간 글로벌 혁신이 가속화되면서 전 세계의 글로벌 공급망 시장에 원재료 공급자로부터 최종고객까지의 과정에 글로벌 공급체인Global Supply Chain Management: GSCM과 글로벌 프로세스 혁신Global process innovation이 증가할 것으로 보인다.[4]

그림 1-1   4차 산업혁명과 글로벌무역 간 관계

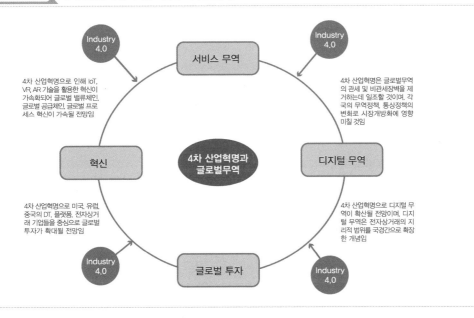

02 | 글로벌 비즈니스 패러다임의 변화

1) 글로벌 비즈니스의 개념

글로벌 비즈니스에 대한 관심은 제2차 세계대전 이후 과학기술의 급격한 발전과 함께 높아졌으며, 교통과 통신수단의 발달과 정보통신기술의 급속한 진전에 힘입어 세계 각국의 기업들은 전세계 무대를 대상으로 경영활동을 본격적으로 확대하게 되었다.

글로벌 비즈니스란 두 개 이상의 국가와 관련하여 이루어지는 모든 글로벌 경영활동을 말한다. 글로벌 경영의 개념에 대한 학자들의 견해를 살펴보면 Daniels, Radebaugh와 Sullivan2007은 글로벌 비즈니스란 두 개 이상의 국가와 관련하여 이루어지는 정부와 민간기업 간의 거래를 포함한 모든 상업적 거래를 의미한다고 정의하였다.[5] 기업의 글로벌 비즈니스 활동은 상품과 생산요소가 이전되는 형태가 가장 활발하게 일어나는데, 상품의 이전은 본국 혹은 제3국에서 생산된 후 완제품을 수출하는 형태로 나타나며, 생산요소의 이전은 생산요소의 이전 후 현지 생산을 하는 형태로 나타난다. 본국 혹은 제3국에서 생산된 후 완제품을 수출하는 형태는 기업들이 수출을 통해서 글로벌 비즈니스 활동을 확대해 가는 방식이며, 이러한 방식에는 간접수출과 직접수출 등이 포함된다.

생산요소의 이전 후 현지 생산을 하는 형태는 생산요소의 일부 이전과 생산요소의 복합 이전 형태로 구분된다. 생산요소의 일부 이전 형태는 기업들이 계약방식을 통해서 글로벌 비즈니스 활동을 확대해 가는 방식이며 이러한 방식에는 라이센싱, 프랜차이징, 계약생산, 관리계약, 턴키계약, BOT방식 등이 포함된다.[6] 생산요소의 복합 이전 형태는 기업들이 해외직접투자방식을 통해서 글로벌 경영활동을 확대해 가는 방식이며 이러한 방식에는 단독투자, 합작투자, 신규법인설립, 인수와 합병방식 등이 포함된다.[7]

2) 글로벌 비즈니스 패러다임의 주요 요인

오늘날 기업들 중에는 국내에서 모든 기업 간 이전의 대상이 되는 상품, 서비스, 기술과 정보, 자본, 인적 자본뿐만 아니라 심지어는 지식까지도 국내기업이나 고객들만을 대상으로 경영활동을 하는 기업들은 많지 않다.[8] 기업들이 점차 글로벌화됨에 따라 실물자산의 투자와 자본자산의 투자를 통해 기업의 활동영역을 전 세계로 확장해 나가고 있다. 21세기 화두가 되고 있는 글로벌 비즈니스 패러다임의 변화는 글로벌 비즈니스 패러다임의 성격적 변화, 통관체계와 무역의 변화, 글로벌 위험관리 프로세스의 변화, 글로벌 기업들의 고객만족 전략과 통합으로 나타나고 있으며, 이에 대한 설명은 다음과 같다.

(1) 글로벌 비즈니스 패러다임의 변화

오늘날 글로벌 비즈니스는 규모의 경제를 달성하는 과정에서 과거에 비해 이익의 증가가 막대하게 커졌으며, 직접비용이 급속하게 감소하면서 글로벌 효율성이 높아지는 현상이 나타났다. 또한 과거에는 사용할 수 없었던 기술의 진보를 획득함으로써 시장접근의 불확실성이 줄어들었고, 현재뿐만 아니라 향후 지속성장을 가능하게 하는 추가적인 혜택도 얻게 되었다.[5] 또한 자산, 재고, 소득과 연관해서 현지와 지역에서 발생하는 세제상의 이득을 달성함으로써 기업의 국제화에 따른 조세 부담이 감소하게 되었다. 최근의 글로벌 비즈니스 패러다임의 변화는 글로벌 생산과 판매가 동시 다발적인 글로벌시장을 타겟으로하여 비즈니스 모델이 변화하는 것을 볼 수 있다. 즉, 글로벌 공급체인망의 통합네트워크에 의하여 비즈니스가 실행되고 있다.[9]

(2) 통관체계와 무역의 변화

글로벌 무역 비즈니스의 최근 이슈는 관세장벽과 비관세장벽의 요인으로 활발하게 논의되고 있으며, 이에 따라 무역의 안전과 원활화를 위한 국제무역통관의 대응에 대한 이해가 필요하다. 세계관세기구이하 WCO, World Customs Organization는 오랜 기간에 걸쳐 원재료 생산지부터 최종 소비자까지 발생되는 국제적인 물류흐름의 안전성Supply Chain Security을 달성하기 위해 지속적으로 논의를 진행해 왔다.[10] 무역의 안전과 원활화를 위한 제도의 활용은 AEOAuthorized Economic Operator제도를 가능하게 하였다.[11]

과거에는 일반적으로 수·출입 과정에서 물품 전수검사나 간접적 물품 검사를 통해 수출입과 관련된 물품에 대해 관리하여 왔으나, 이러한 과정을 통해 물품 검사에 발생하는 시간과 비용이 지나치게 많이 발생하고 오히려 물류과정에서 안전성이 떨어진다는 단점이 나타남에 따라 검사과정 및 제도의 변화가 요구되었다.[12] AEO 제도는 'Authorized Economic Operator'의 약자로서 종합인증 우수업체 제도를 의미하며, 수·출입 기업의 법규준수도, 내부통제시스템, 재무건전성, 안전관리에 대한 관세청의 공인기준에 따라 달성 수준 여부를 심사하여 공인된 우수업체의 세관 검사나 통관 과정상의 검사단계를 면제해주는 등 다양한 혜택부여를 통해 기업의 빠른 통관을 가능하게 하고 동시에 국민 건강과 사회 안전성을 위협하는 물품의 반입을 차단하는 역할을 한다.[13] 통관단일창구의 등장은 수출입 검사 및 신고의 신속성과 접근성을 용이하게 하였고 물류의 효율성과 투명성을 보장되는 제도로 활용되고 있다.[14]

(3) 글로벌 위험관리 프로세스의 변화

글로벌 위험관리는 기업이 안정적인 경영을 하면서 기업의 이익을 극대화시키는 것을 목표로 한다. 글로벌 비즈니스 활동에서 발생할 수 있는 글로벌 위험을 과학적이고 체계적으로 관리하는 것을 말한다. 기업이 국가 간의 무역거래를 하면서 환율의 변동, 상대국의 국가위험, 상품의 손상, 가격의 하락, 도난 등에 대하여 적절하게 대응하는 것이 글로벌 위험관리이다.[15] 글로벌 위험관리 프로세스는 기업이 위험관리를 수행하는 과정에서 발생하는 위험의 빈도와 영향요인을 모두 고려하여 고빈도 저영향의 위험으로부터 저빈도 고영향의 위험까지를 모두 포함한다.[16]

최근에 글로벌 위험관리 프로세스와 관련해서 공급체인망에서 발생할 수 있는 공급체인 위험관리에 대한 연구가 활발하게 일어나고 있으며, 공급체인위험관리의 범위가 제품과 관련된 네트워크뿐만 아니라, 정보 및 자본과 관련된 네트워크까지 모두 포함하고 있으며, 또한 상품과 서비스의 흐름을 막거나 중지시키는 위험을 관리하는 것으로 요약된다.[17]

또한, 사회적 제도망 내에 상품 및 서비스의 흐름을 방해하거나 중단시키는 위험을 관리해야 한다. 즉, 글로벌 공급체인망의 네트워크 통합은 글로벌 비즈니스 위험관리에 대한 대응방안도 전통적인 비즈니스와의 차별화된 위험관리로 이해하고 실행하는 노력이 요구되고 있다.

(4) 글로벌 기업들의 고객만족 전략과 통합

21세기 기업들은 고객과 끊임없는 소통하여 고객의 이해와 요구를 반영해야 하며 이러지 못하는 기업들은 도태될 수밖에 없다. 1970년대까지는 규모의 경제로 빠른 시간 내에 가장 많은 상품을 만들어내는 기업이 많은 고객을 확보하였고, 고객에 대한 배려보다는 상품생산에 초점이 맞춰져 있었다.[18] 그러나 산업이 점차 발전함에 따라 수요와 공급이 균형을 이루면서 기업들은 새로운 마케팅에 관심을 가지게 되었다. 글로벌 시장의 심화된 경쟁환경 속에서 새로운 경영환경에 적응하고 경쟁력에서 우위를 점하기 위하여 기업들은 다양한 방식을 통한 고객 만족의 극대화를 달성하기 위해 노력하고 있다. 결과적으로 기업경영의 최종 목표는 대고객 서비스의 만족을 통한 기업의 이익 및 소득의 극대화를 이루는 데 있기 때문이다.[19] 이러한 다양한 글로벌 비즈니스 환경의 변화와 고객중심으로의 변화 및 고객가치의 변화 그리고 인터넷 등장과 정보기술의 발전 등을 통한 기업경영환경의 변화 속에서 기업들은 고객의 코드와 요구를 바로바로 읽어 고객이 원하는 바를 즉시 제공해야 한다. 글로벌 기업들은 고객만족 전략과 통합의 과정을 통해 자신의 회사로 고객을 유치하는 고객중심의 서비스를 펼치고 있다.

II 글로벌 공급체인의 영향요인

01 | 글로벌 공급체인의 개념

글로벌 공급체인의 도입배경으로는 다국적기업의 글로벌 소싱을 통한 생산과 판매시장의 글로벌 지역으로의 확장으로 인해 글로벌 경쟁체제의 필요성이 대두되었기 때문이다. 기업 활동의 글로벌화가 추진되면서 해외법인수 증가에 따른 글로벌 통합의 필요성, 공급자, 고객과의 상호조정을 통하여 요구를 충족시키는 정확한 수요예측, 파트너 협력, 효율적 부품조달, 정보의 공유 및 리드타임 단축과 재고 및 물류비용의 절감의 중요도가 증대되고 있다. 이에 대응하여 유연하고 효율적 공급체인 전체를 대상으로 한 연계성 확보가 필요하며 글로벌 공급체인의 도입 필요성이 증대되고 있다.[4]

최근 국제무역의 패러다임은 글로벌화와 함께 기업들의 시장판매 확장과 생산거점지역의 확보를 목표로 노력을 기울이고 있으며, 기업은 제품을 적절한 가격, 적절한 배송시간으로 고객이 원하는 장소에 신속하게 공급할 수 있어야 한다. 기업들은 비용을 절감하는 동시에 고객만족 수준을 향상시킬 수 있도록 공급체인 내에서 불확실성을 감소시켜 공급과 수요의 균형을 유지해야 한다.[20]

글로벌 공급체인은 원재료의 구입부터 최종 소비자까지의 물류흐름과 정보흐름을 국내에서 해외로 확장하여 2개국 이상의 국가에 제품을 조달하고 생산하여 글로벌 시장으로 판매활동을 계속하는 것으로 정의한다. 즉, 최근 글로벌 기업들은 생산, 판매, 운송 전문기업으로 특화되면서 기업간 글로벌 네트워크 구축을 통하여 글로벌 소싱Global Sourcing, 글로벌 마케팅, 글로벌 물류활동을 바탕으로 기업의 경쟁우위 확보를 통해 부가가치를 높이고 있다.[21]

오늘날 전 세계적으로 글로벌 공급체인이 확산되고 있는 이유는 기업들이 해외법인수 증가에 따른 글로벌 통합의 필요성 증대되고 있으며, 공급자/고객과의 상호조정요구가 높아지고 있고, 재고 및 물류비용의 증대가 가장 주된 요인으로 작용하고 있기 때문이다.[22] 또한 기업들이 글로벌 물류를 위한 조직화를 통해 글로벌 공급체인의 통합화를 추진하고 있으며, 유연하고 효율적인 생산체제를 통하여 글로벌 시장에서 경쟁우위를 확보함과 동시에, 파트너 기업 간의 협력을 통해 부품조달의 효율성을 높이고자 한다.[23]

02 | 글로벌화의 목표와 근거

기업의 글로벌경영전략을 모색하기 위해서는 산업의 동질성과 이질성, 제품의 다양성 등을 고려해야 하며, 해외시장 진입에 따른 글로벌 효율성과 현지 대응력을 파악하고, 기업의 지속성장 가능성을 고려하여 글로벌경영전략을 수립할 필요가 있다.[20] 본 장에서는 글로벌경영전략을 수립하기 위해 기업들이 점검해야 할 규모의 경제, 범위의 경제, 경험곡선, 밸류체인 등의 글로벌화의 목표와 근거에 대해서 살펴보고 설명하고자 한다.

1) 규모의 경제

규모의 경제란 일정기간 내에 생산해낼 수 있는 절대 물량이 클수록 생산원가가 낮아진다는 개념으로 제품의 생산량을 증가시킬수록 단위당 생산원가가 체감하는 것을 말한다.[24] 규모의 경제는 기업이 보유하고 있는 생산능력에 따라 발생하기도 하지만, 연구개발, 유통, 광고와 같은 활동에 의해서도 규모의 경제는 발생한다. 규모의 경제는 기술적 특성, 투입요소의 비분할성, 전문화의 이득 등의 주요 원천에 의해서 발생한다.[5]

첫째, 기술적 특성 때문에 규모의 경제가 발생한다. 전력과 통신산업과 같은 자연독점 산업은 기술상의 특징 때문에 전국의 전력과 통신관련 네트워크를 운영함에 있어서 한 기업이 자연독점 산업을 관리하는 것이 여러 기업이 관리하는 것보다 효율성이 더 높을 수 있다.

둘째, 투입요소를 일정량 이하로 구입할 수 없는 경우에 규모의 경제가 발생한다. 생산에 필요한 투입요소를 구매하는 과정에서 정량을 정해 놓거나, 일정량 이하로 구매할 수 없도록 제한을 할 때 규모의 경제가 나타난다.

셋째, 전문화를 촉진시켜 주는 과정에서 규모의 경제가 발생한다. 산업화를 통해서 생산현장에 대량생산체제가 도입됨으로써 다량의 투입요소가 필요한 시대가 되었고, 이 생산활동에서 기업들은 전문화의 이득을 달성하기도 한다. 오늘날 생산활동의 전문화를 통한 규모의 경제는 지식 및 정보집약적 산업에서 활발하게 나타나기도 한다.

2) 범위의 경제

범위의 경제는 일부 재화를 개별기업에서 독립적으로 생산하는 것보다 여러 재화를 생산하는 한 기업이 결합생산할 때 평균생산비가 절감되는 것을 의미한다. 이것은 제품의 가지 수를 증대시켜 생산, 판매 및 구매기능을 제품 간에 공동으로 사용하게 하며, 이러한 현상을 단일재화 생산시 나타나는 규모의 경제에 대응된 개념으로 범위의 경제라고 한다.[24]

범위의 경제는 생산과정에서 생산요소가 같을 때 발생하게 되는데, 일례로, 이륜구동을 생산하던 Honda 기업이 이륜구동의 생산활동에 투입되는 생산요소를 사륜구동의 생산활동에 투입함으로써 전체적인 투입요소비용이 절감되는 효과가 나타난 것이 대표적인 예이다.[26]

3) 경험곡선

경험곡선은 누적생산량이 2배로 증가할 때마다 경험의 누적과 생산과정의 효율화가 가능하며 단위당 생산원가가 일정한 비율로 체감한다는 개념이다. 이는 작업자가 반복되는 작업을 계속함에 따라 제품단위당에 필요한 노동시간이 감소되는 현상을 뜻하는 학습효과와는 그 의미가 다르다. 학습곡선은 직접비 중에서도 인건비에만 적용되며 따라서 그 적용에 한계가 있는 반면, 경험곡선은 직접비와 간접비를 모두 포함한 총생산원가가 감소하는 패턴을 설명하므로 그 적용범위가 훨씬 크다. 일반적으로 경험곡선의 효과는 작업능률의 향상, 전문화와 작업방법의 개선, 제품 표준화, 설비능력의 성과 향상, 자원믹스의 개선, 생산공정의 혁신과 개선 등에 의해 발생한다.[24] 경험곡선은 시장점유율과 밀접한 관련성을 가지는데, 시장점유율이 높으면 당연히 그 기업의 누적생산량이 많고 이는 다시 학습효과에 따라 생산원가가 낮아지며 그 결과 높은 수익률을 실현하게 된다.[27]

4) 부가가치체인(Value-added-chain)

부가가치체인은 한 기업의 활동을 전략적으로 연관성이 있는 몇 개의 활동들로 나누어 원가의 행태와 더불어 외형적으로 나타났거나 내재된 차별화의 원천을 이해하기 위하여 도입된 개념으로, 기업의 생산과 판매활동을 기업가치의 특성을 가진 경영기능의 밸류체인으로 보는 개념이다.[24] 본원적 활동은 부품생산, 완제품 조립, 마케팅, A/S 등과 같은 제품제조의 물리적 활동이 포함된다. 지원활동은 본원적 활동과 다른 지원활동을 보조해 주는 활동으로 기업하부구조, 인적 자원관리, 기술 및 연구개발, 조달지원 등과 같은 회사 전반에 걸친 기능이 포괄하여 설명되어진다.[1]

부가가치체인은 규모의 경제, 범위의 경제, 경험곡선 등과 같이 글로벌 비즈니스 전략의 목표를 달성하는 중요한 요인으로 작용한다는 점에서 전략적 시사점이 있다. 또한 기능별로 기업가치의 특성에 따라 소비자와 근접되어 운영되는 기능과, 기업과 근접되어 운영되는 기능으로 크게 구분된다.[24]

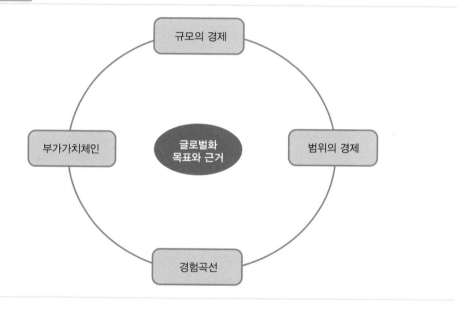

그림 1-2 | 글로벌화 목표와 근거

03 | 글로벌 공급체인 영향요인

오늘날 글로벌기업들은 전 세계를 대상으로 글로벌 효율성과 현지 대응력을 높여나가면서 북미시장, 유럽시장, 아시아시장, 중동시장, 아프리카시장 등 지구촌 곳곳에서 글로벌화와 현지화를 추구하며 정보통신기술의 활용도를 확대하고 있다. 글로벌기업의 글로벌 공급체인 영향요인으로 글로벌 시장과 경쟁우위, 원가우위, 사회 인프라, 기술개발과 혁신, 국제정치와 국제경제, 사회와 융합문화에 대해서 설명하고자 한다.

1) 글로벌 시장과 경쟁우위

글로벌 시장과 경쟁우위는 글로벌 공급체인의 유연성에 영향을 미친다. 경쟁우위의 개념은 Michael Porter1985가[28] 제시한 개념으로 글로벌 시장에서 원가전략, 차별화전략, 집중전략으로 시장을 공략하는 것이다. 글로벌 공급체인의 유연성을 높이기 위해 글로벌 시장과 경쟁우위를 파악하는 것은 무엇보다 중요하며, Kimberly Amadeo2017는[8] 글로벌 시장에서 고객의 동질성과 이질성을 파악하여 고객이 선호하는 것이 무엇이고, 누구와 경쟁하고 있는가를 고려하여 마케팅과 판매 전략을 세워야 한다고 주장하였다. 오늘날 글로벌 시장에서 경쟁우위는 혜택, 표적시장, 경쟁력 등 3가지 요인이 가장 중요한 시대가 되었다.[29] 오늘날 기업들이 경쟁하는 글로벌 시장에서는 고객 선호와 경쟁을 고려하여 마케팅과 판매 전략을 수립해야 하며, 기업들이 특정지역과 국가에 진입하려 할 때 고객의 선호와 기대를 사전에 반영시켜 입지를 선정하여야 한다. 또한 기업들이 지구촌 곳곳을 대상으로 입지를 선정하고 시장진입을 계획할 때 글로벌 시장에서 경쟁우위를 획득하고 유지할 수 있는 전략들을 모색하고 실행방안을 구체화 시켜야 한다.

2) 원가 우위

원가 우위는 글로벌 공급체인의 리드타임 단축에 영향을 미친다. 글로벌 공급체인의 리드타임을 단축시키기 위해서 기업의 원가구조를 파악하고 경쟁기업과 비교해서 어느 정도의 원가 우위를 확보하고 있는지가 글로벌 시장에서 경쟁우위의 원천이 된다.[28] 원가 우위는 기업들이 전 세계 시장을 대상으로 글로벌화를 하는 이유이며, 원가 우위에는 직접노무비, 마케팅 비용, 지역 공급자 비용 등과 개별적 비용을 포함시키고, 기업이 글로벌화를 할 때 공급체인의 총비용 측면에서 원가구조와 원가 우위를 파악해야 한다. 공급체인에서 원가 우위는 기업 내 부문별 최적화나 개별 기업별 최적화에서 벗어나서 공급체인의 구성 요소들 간에 이루어지는 전체 프로세스를 대상으로 원가 우위 차원에서 최적화를 달성시키는 것이 중요하다.[28] 즉, 재고수준, 생산공정, 최종 소비자에 대한 서비스 품질의 불확실성과 위험은 줄이고 공급체인의 효율성을 높임으로써 총비용의 최소화를 통하여 원가 우위를 달성하게 된다.

3) 사회 인프라

사회 인프라는 글로벌 공급체인의 신속대응력에 영향을 미친다. 글로벌 공급체인의 신속대응력을 높이기 위해서 기업이 진출하고자 하는 시장의 사회 인프라를 파악하고 진출시장의 업종과 산업의 사회 인프라 구축정도를 파악하여 글로벌 공급체인 전략을 세워야 한다.[29] 사회 인프라는 기업의 공급체인 네트워크의 기능과 개발을 가능하게 하는 능력이며, 도로와 운송에의 접근성, 장비와 커뮤니케이션 네트워크, 유통 시스템, 노동 숙련도 등을 고려하여야 한다. 또한 오늘날 기업들이 개발도상국에 부족한 사회 인프라에 글로벌 공급체인을 도입하고, 글로벌 공급체인관리를 어떻게 개발할 것인가 하는 것이 기업들의 주된 과제이기도 하다.[25]

4) 기술개발과 혁신

기술개발과 혁신은 글로벌 공급체인의 정보기술역량에 영향을 미친다. 글로벌 공급체인의 정보기술역량을 높이기 위해서 우선적으로 기업의 기술개발 단계를 파악하고, 생산 및 운영부문에 혁신 정도를 파악하는 것이 무엇보다 중요하다.[4] 기술개발과 혁신은 기업 경영에 있어 시간과 거리를 줄일 수 있으며 글로벌 파트너십과 커뮤니케이션을 가능하게 하고, 특화된 시장에 상품 및 서비스를 제공하면서 제품 믹스 변화의 효율적인 수단으로 제조업 혁신을 가능하게 한다.[30] 특히 기술개발과 혁신을 통해서 획득한 정보기술역량은 정보공유와 글로벌 파트너십을 선도하는데 중요한 역할을 한다.

5) 국제정치와 국제경제

국제정치와 국제경제는 글로벌 공급체인의 통합화에 영향을 미친다. 글로벌 공급체인의 통합화를 높이기 위해서 국제정치의 흐름과 국제경제의 트렌드를 이해하는 것이 무엇보다 중요하다. 글로벌 공급체인과 관련된 국제정치와 국제경제의 주요 요인은 정부 규제, 정치적 안정, 무역협정의 형성, 환율변동 등을 포함하고 있으며, 고객으로부터 제품 포장 원재료를 반납받아야 하는 책임이 제조업자에게 전가됨으로써 기존의 공급체인관리시스템이 영향을 받게 된다.[20] 이는 포장폐기물과 관련된 정부 규제, 정치적 안정, 무역협정, 환율변동 등과 같은 국제정치와 국제경제의 내외생변수가 영향을 미치게 된다. 따라서 글로벌 공급체인과 관련된 포장폐기물의 흐름을 총체적으로 관리하기 위한 전체 네트워크의 재설계가 필요하며, 이는 블록 경제구조에서 전 세계 네트워크 통합 경제구조로 전환되는 글로벌 패러다임을 이해해야 한다.[24]

6) 사회와 융합문화

　사회와 융합문화는 글로벌 공급체인의 고객만족도에 영향을 미친다. 글로벌 공급체인의 고객 만족도를 높이기 위해서 기업이 진출하고자 하는 지역의 사회 문화적인 요인들을 이해하는 것은 매우 중요한데, 특히 문화적인 요인은 기술, 공학, 디자인이 중심되어 다른 분야와 접목시키는 차원에서 융합문화에 대한 이해가 필요하다.[10] 사회와 융합문화는 기업이 진출하고자 하는 글로벌 지역의 소비자 행태, 신념, 인구사회학적 특성 등에 대한 이해가 필요하며, 진출 지역의 사회구조, 상호관계, 직업윤리, 의식 및 관습, 성역할 등에 대한 구체적인 이해가 필요하다. 사회와 융합문화 관점에서 독일에 진출한 Wal-Mart 회사가 자사의 종업원, 쇼핑객 행태를 파악하고 반영하는 데 있어서 미국의 정책을 적용하는 것이 대표적인 예이다.[23]

✅ **그림 1-3** 　글로벌 공급체인 영향요인

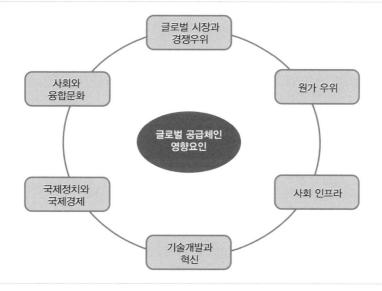

III 4차 산업혁명과 무역 패러다임의 변화

01 | 4차 산업혁명과 디지털 무역

4차 산업혁명은 국제무역 중에서 디지털 무역을 확산시키는 데 기여할 것으로 보인다. 디지털 무역은 인터넷 및 인터넷기반기술이 상품 및 서비스의 주문, 생산 또는 배송에서 중요한 역할을 하는 국제무역으로, 디지털 무역을 포괄적으로 정의하고 있다US International Trade Commission, 2014.[a] 이는 디지털 무역이 유선망fixed line 또는 무선디지털망wireless digital networks을 통한 재화 products 및 서비스의 배송으로서, 온라인 주문에 의하여 무역거래가 발생하지만, 배송은 오프라인 으로 하는 상거래를 제외하고 있다. 디지털 무역은 물리적physical 거래수단이 아닌 사이버cyber 거래수단을 활용한 국가 간 무역을 의미하며, 디지털 무역은 사이버 인터넷을 통한 사이버 거래수단을 통해 배송이 완결되는 디지털재화digital products의 국가 간 무역을 말한다.

최근에 미국은 디지털 무역의 범위를 확대하고 있는 추세인데, 기존의 디지털재화를 통한 국제 무역과 함께, 데이터정보를 디지털 무역의 주요 범위에 포함시키고 있다Aaronson, 2016.[b] 전자상 거래를 디지털재화의 온라인 거래와 동일하게 보는 경우가 있는데, 이는 과거에는 테이프, CD 등 물리적 매개체에 실려 거래되었지만, 인터넷을 통해 디지털파일의 형태로 거래가 가능하게 된 재화라고 볼 수 있다. 음악, 영화, 소프트웨어 등과 같은 콘텐츠 형태의 재화는 다양한 서비스의 국가 간 거래가 디지털재화의 형식으로 이루어질 수 있다.[31] 인터넷 또는 물리적 전달매체 중 어느 방식으로도 이용자에게 전달될 수 있는 서적, 음악, 영화, 게임, 소프트웨어 및 서비스 요소를 담은 문서 등이 디지털 콘텐츠로 정의하고 있다.[2] 4차 산업혁명시대의 도래로 국제무역에서 디지털 무역

---

a) US International Trade Commission, Digital Trade in the U.S. and Global Economies, Part 2, Publication No. 4415.
b) Aaronson, Susan Ariel, The Digital Trade Imbalance and Its Implications for Internet Governance, Center for International Governance Innovation and Chatham House.

을 보는 관점이 다르게 나타난다. 미국이 디지털 무역의 정의 및 범위를 폭넓게 보는 반면 WTO와 OECD는 디지털 무역을 무역을 위한 수단으로서 인터넷을 강조하고, 온라인으로 주문되지만, 오 프라인으로 배송되는 O2O 비즈니스와 전통적 상품 및 서비스까지를 포함하는 포괄적 입장을 견 지한다는 점에서 차이가 있다.

국제무역을 통한 상거래를 기존의 오프라인 상거래와 온라인 상거래로 구분해서 보면, 공급자 로부터 최종고객에게 재화가 전달되는 과정에서 오프라인 상off-line commerce거래는 정보, 계약, 거래, 배송 단계별로 기존의 4대 매체를 활용하거나, 전화 및 점포를 통한 계약이 성립되고, 현금지 급 혹은 신용카드의 결제수단을 활용해서 우편이나 직접 배송으로 고객에게 전달되는 과정이다.[3] 유선전자상거래e-commerce, 무선전자상거래m-commerce를 통한 온라인 상거래on-line commerce는 공급자로부터 최종고객에게 전달되는 과정에서 앱, 웹, 이메일을 통해 정보가 전달되고, 온라인 배송 등을 통해서 최종고객에게 전달된다는 점에서 차이가 있다.[31]

그림 1-4 **4차 산업혁명이 디지털 무역에 미친 영향**

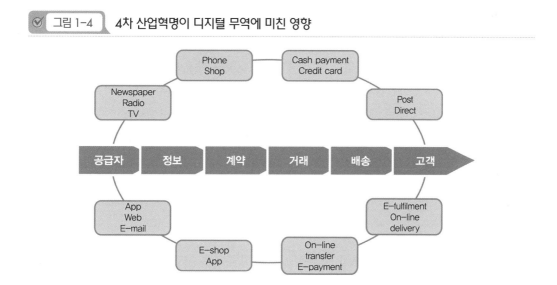

02 | 한국무역 패러다임의 변화

1) 무역구조

한국무역은 전통적인 무역에서 신무역 구조로 패러다임의 변화가 나타났다. 우리나라는 1960년의 전통적인 무역에서 출발하여 최근의 신무역 구조로 변화되는 과정에서 지난 57년 동안 무역의 큰 변화가 일어났다. 전통적인 무역은 완성품 거래 위주로 해외수출입이 주류를 이루었던 반면, 신무역 구조는 글로벌 소싱, 글로벌 공급 등이 주류를 이루면서 공급체인망 네트워크로 무역구조가 새롭게 변화되는 특징을 보였다.[24]

한국의 전통적인 무역은 완성품 거래 위주로 해외수출입이 주류를 이루었다. 우리나라는 1960년부터 1990년까지 30년 동안 3개국의 해외수출입 국가들이 공급자, 유통업자로 전통적인 무역을 주도하였다. 1960년대의 우리나라는 수출드라이브 정책이 근간이 되어 한국경제의 견인차 역할을 하였으며, 1970년대부터 1980년대까지 20년 동안 우리나라는 중공업 우선 정책이 근간이 되어 한국경제의 고도성장을 주도하였다. 한국정부가 1960년대 수출드라이브 정책과 1970~1980년대 중공업 우선정책을 펴나가는 과정에서 한국의 완성품 업체들의 주 수입국가는 중동, 호주, 일본, 미국 등 4개국으로부터 생산활동에 투입될 원유, 철강석·석탄, 산업부품 등을 주로 수입해서 완성품을 생산하는 과정을 거쳤다. 한국의 완성품 업체들은 동 기간 동안 생산한 완성품을 유럽, 호주, 미국 등 3개국에 상업 수출 형태로 수출하였다.[32]

2) 무역모델

한국의 신무역 구조는 글로벌 소싱, 글로벌 공급 등이 주류를 이루었다. 우리나라는 1990년부터 2020년까지 30년 동안 공급체인관리에서 IT 제품이 큰 기여를 하였고, 전 세계 공급체인망 시장에서 한국의 해외자회사, 글로벌 SCM 파트너들이 동 기간 동안 공급체인망 시장을 주도해 나갔으며, 특히 1990~2020년까지 중국과 아세안 시장의 성장이 괄목할 만한 변화를 보였다.[33] 1990~2000년대 기간 동안 한국의 신 무역 패러다임이 전개되는 과정에서 한국의 자동차, 화학, 전자부품, 조선업의 주 수입국가는 중국, 북미, 일본, 호주, 아세안, 중동, EU 등 7개국으로부터 완제품, IT 서비스 및 노하우, 부품, IT 부품, 철강석 및 석탄 원료, 원재료 및 섬유, 최종재, 완제품 등을 주로 수입하였다. 동 기간 동안 한국의 주 수출국은 중국, 북미, 일본, 호주, 아세안, 중동, EU

등 7개 지역에 IT 부품, 화학, 자동차 부품, 완제품, 조선 등을 주로 수출하였다.[33] 특히, 중국, 북미, 일본, 아세안, EU 국가들에 진출한 한국의 해외자회사, 글로벌 SCM 파트너들은 공급체인망 네트워크 구조를 구축하는데 중추적인 역할을 담당하였다. 1990~2000년대 기간 동안 한국은 전 세계에서 해외수출입을 주도하는 7개국과 글로벌 소싱, 글로벌 공급 등의 활동을 통하여 공급체인망 네트워크를 편재하는 과정에서 신무역 구조가 등장하게 되었다.

✓ 그림 1-5 │ 한국의 무역모델

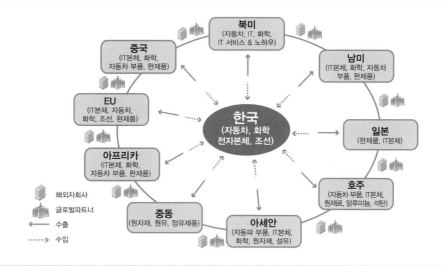

CHAPTER 01
Case ▶

"대웅제약 글로벌 생산 네트워크 구축"

대웅제약이 국가별 맞춤형 전략을 통해 글로벌 시장에 영향력을 넓혀나가고 있는 모습이다. 대웅제약은 제약업계에서 가장 많은 8개국에중국, 베트남, 태국, 인도네시아, 미국, 인도, 필리핀, 일본 진출하며 글로벌 경쟁력을 높여가고 있다.

이를 위해 대웅제약은 생산에 있어 글로벌 네트워크를 강조한 시스템을 갖추고 있다. 약의 제형과 플랫폼 기술에 따라 생산사이트를 다르게 해 효율적으로 생산하는 방식을 활용하고 있다. 전 세계 3개국 '한국-중국-인도네시아'에 위치한 대웅제약 공장은 모두 5곳으로, 각 공장은 상호유기적으로 운영된다. 최근 글로벌 SCMSupply Chain Management센터가 조직 신설되어 글로벌 생산관리체제도 갖췄다.

글로벌 SCM센터는 한-중-인니를 잇는 의약품 공급망에 대한 Value stream자재에서부터 고객의 손에 들어가기까지의 생산 흐름을 담당한다. 먼저 대웅제약은 한국에 3곳의 공장을 운영한다. 첫 공장인 성남공장은 고형제, 주사제, 항생제캡슐 세팔로스포린계 의약품을 생산한다.

향남공장은 3만 1천 제곱미터 규모에 다품종 적기 공급 시스템을 구축한다. 생산품목은 우루사와 같은 고형제와 나보타, 이지에프와 같은 바이오의약품이다. 제조 전공정이 자동화된 closed system 설비와 24시간 자동으로 시험결과를 분석, 기록하는 품질 분석 시스템, 24시간 365일 최적의 온도와 습도가 유지되는 첨단 무인자동화 창고를 갖추고 있다.

최근 준공을 마무리한 충북 오송공장은 대지 6만 6천 제곱미터에, 건물 3만 7천 제곱미터 규모로 전략적 품목에 최적화된 혁신적인 제조공급 시스템을 구축한다.

고형제와 항암주사제 루피어 생산을 위한 별도의 생산동을 구비했으며, 우수의약품을 대량생산하기 위한 자동화시스템을 갖췄다. 혼돈 및 과오 방지를 위한 총 9가지의 IT시스템을 적용해 원료와 자재 입고부터 완제품 출고까지 무인으로 운영되는 스마트공장이다. 이른바 스마트공장은 사람 손이 닿지 않도록 해 혹시나 모를 인위적 과오까지 방지할 수 있고 고품질, 고효율로 운영할 수 있다는 장점이 있다.

대웅제약 오송공장은 의약품생산기준 CGMP에 부합하는 운영시스템으로 효율적인 생산은 물론 높은 품질의 의약품을 생산하며 대웅제약의 글로벌 전초기지로 활약할 예정이다.

요녕대웅제약Liaoning Daewoong Pharmaceutical Co.,Ltd.은 2013년 대웅제약이 중국 요녕성의 前바이펑유한공사 인수하며 신설한 CGMP 내용액제 전용 공장이다. 대지 4만 제곱미터 규모에 건물 1만 2천 제곱미터로 현재 중국 수출제품인 소화제 '뉴란타'의 현지생산을 진행하고 있다. 대웅제약은 향후 요녕대웅제약에서 내용액제를 생산해 한국, 동남아 등 해외로 확대공급하며 수출에 나설 계획이다.

이와 함께 대웅제약은 인도네시아 바이오의약품 산업 자체를 발전시키고자 자카르타 지사를 설립한데 이어 인도네시아 최초로 바이오의약품 공장 '대웅인피온'PT Daewoong Infion을 설립했다. 2012년 합자회사로 시작한 대웅인피온은 대웅제약의 바이오의약품, 생산 기지를 담당하고 있다. 2017년 초부터 대웅제약의 우수한 바이오의약품 기술을 이전받아 적혈구생성인자EPO, Erythropoietin를 인도네시아 최초 바이오시밀러로 허가받고 시판에 돌입했다. 또한 현재 상피세포성장인자 EGF, Epidermal Growth Factor, 인성장호르몬HGH, Human Growth Hormone 등 다수의 대웅제약 바이오제품 생산기술이전도 진행 중이다.

출처: 이호영, 「대웅제약 글로벌 생산 네트워크 구축」,
『메디파나 뉴스』, 2017.08.01.

참고문헌

1. Frederick, S., Bamber, P., Brun, L., Cho, J., Gereffi, G. and Lee, J., Korea in Global Value Chains: Pathways for Industrial Transportation, Joint Project between GVCC and KIET, Duke Global Value Chains Center, 2017.

2. 김상윤, 4차 산업혁명의 핵심동력 '소프트 파워', 포스코경영연구원, 2016.

3. 이경전, 2016 세계경제포럼의 4차 산업혁명: 경제와 비즈니스에 미치는 영향을 중심으로, 이슈＆트렌드, 한국인터넷진흥원, 2016.

4. 김창봉, SCM의 프로세스 혁신과 공급체인통합이 수·출입 기업의 사업성과에 미치는 영향, 무역학회지, 제38권 제4호, 2013, pp.255－275.

5. Daniels, J., Radebaugh L. and Sullivan, D., International Business: Environments and Operations, 11th Edition, Pearson, 2007.

6. 김창봉·여경철, 한국기업의 대 인도 해외직접투자의 경제적 효과에 관한 연구, 무역연구, 제12권 제4호, 2016, pp.709－723.

7. 김창봉·여경철·박상안, 한국기업의 대 베트남 해외직접투자가 수출유발효과와 무역보완효과에 미치는 영향, e－비즈니스연구, 제18권, 2017, pp.215－228.

8. Amadeo and Kimberly, What is Competitive Advantage? Three Strategies that Work, Us Economy, 2017.

9. 김창봉·정순남 공급체인통합과 친환경활동이 환경성과에 미치는 영향에 관한 연구, 국제지역연구, 제15권 제1호, 2011, pp.447－466.

10. Garcia－Madariaga, J. and Rodriguez－Rivera, F., Corporate Social Responsibility, Customer Satisfaction, Corporate Reputation, and Firm`s Market Value: Evidence from the Automobile Industry, Spanish Journal of Marketing－ESIC, Vol.21, No.S1, 2017, pp.39－53.

11. 천홍욱, 한국수출입기업의 AEO 제도 도입요인이 활용수준 및 성과에 미치는 영향에 관한 실증적 연구, 중앙대학교 박사학위논문, 2012.

12. 정일석, 수출기업의 AEO 결정요인이 성과에 미치는 영향에 관한 실증적 연구: AEO MRA 효과를 매개로, 중앙대학교 박사학위논문, 2018.

13. 김창봉·한용탁, AEO 제도의 정부지원과 사후관리가 AEO 활용 만족도에 미치는 영향에 대한 실증적 연구, 통상정보연구, 제17권 제2호, 2015, pp.151－171.

14. 김창봉·노석환, 우리나라 수출입기업의 AEO 결정요인이 AEO 효과 및 혜택에 미치는 영향에 관한 실증적 연구, 국제상학, 제17권 제2호, 2017, pp.231－250.

15. Cagnin, F., Oliverira, M. C., Simon, A. T., Helleno, A. L. and Vendramini, M. P., Proposal of a Method for Selecting Suppliers Considering Risk Management: An Application at The Automotive Industry, International Journal of Quality & Reliability Management, Vol.33, No.4, 2016, pp.488－498.

16. 김창봉 · 권승하, 우리나라 제조기업의 공급체인 위험관리 프로세스에 관한연구, 물류학회지, 제22권 제5호, 2012, pp.133－156.

17. 김창봉, 공급체인 위험요인과 관계몰입, 신뢰, 사업성과 간의 관계 연구, 물류학회지, 제21권 제5호, 2011, pp.299－321.

18. Gupta, V., Abidi, N. and Bandyopadhayay, A., Supply Chain Management: A Three Dimensional Framework, Journal of Management Research, Vol.5, No.4, 2013, pp.76－97.

19. 김창봉 · 앙루위, 중국기업의 정보교환, 공급체인통합 프로세스와 고객만족간의 관계에 대한 연구, 유통정보학회지, 제17권 제6호, 2014, pp.95－106.

20. 김창봉, 글로벌 경쟁시대의 GSCM 전략, 보명 Books, 2006, pp.272－280.

21. 김창봉, 글로벌 공급체인관리의 전략적 파트너십과 성과에 관한 연구, 국제지역연구, 제11권 제1호, 2007, pp.704－721.

22. 김창봉 · 정순남, 기업성과 결정요인에 관한 연구－정보역량을 중심으로, 국제상학, 제24권 제2호, 2009, pp.87－104.

23. 김창봉 · 정혜총, 중국 섬유 · 의류산업에서의 프로세스혁신과 파트너십, 정보역량, 사업성과 간의 관계에 대한 연구, 무역학회, 제40권 제4호, 2015, pp.87－109.

24. 김창봉 · 여경철 · 박상안 · 정재우, 무역학원론, 박영사, 2007.

25. Ngo, H. V., Kumar, V., Kumari, A. and J. A. & Akkaranggoon, S., The Role of Supply Chain Integration in Achieving Competitive Advantage: A Study of UK Automobile Manufacturers, In Proceedings of the 26th International Conference on Flexible Automation and Intelligent Manufacturing(FAIM), 2016.

26. Ouying, H., High Costs Challenge Tire Industry in 2008, China Chemical Reporter, Vol.16, 2008, pp.20－21.

27. Mahmoud, M. A., Blankson, C., Owusu－Frimpong, N., Nwankwo, S. and Trang, T. P., Market Orientation, Learning Orientation and Business Performance: The Mediating Role of Innovation, International Journal of Bank Marketing, Vol.34, No.5, 2016, pp.623－648.

28. Porer, M. E., The Competitive Advantage: Creating and Sustaining Superior Performance, NY: Free Press, 1985.

29. Wang, G., Tian, X., Geng, J., Evans, R. and Che, S., Extraction of Principle Knowledge from Process Patents for Manufacturing Process Innovation, Procedia CIRP, Vol.56, 2016, pp.193－198.

30. 김창봉 · 엄연, 중국제조기업의 역물류 활동과 사업성과 간의 영향관계에 대한 연구: 정보기술의 조절효과를 중심으로, 물류학회지, 제26권 제3호, 2016, pp.1 – 13.

31. 정보통신정책학회, 새로운 산업 · 무역에 대응하기 위한 통상전략 수립, 2017.

32. 김창봉 · 박상안 · 정재우, 알기쉬운 무역학원론, 박영사, 2010.

33. 관세청 · 관세연구원, 무역통계연구, 각년판 참조.

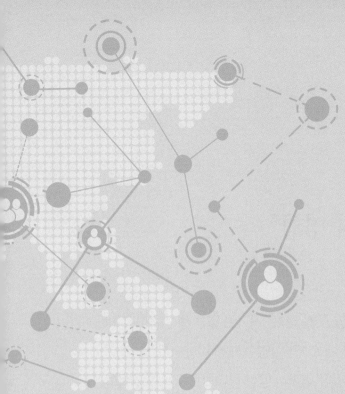

CHAPTER

02

4차 산업혁명과
글로벌 공급체인관리

학습 목표

1. 4차 산업혁명의 등장에 따른 공급체인관리(SCM)를 이해한다.

2. 전통적 공급체인관리 VS. 4차 산업혁명시대의 공급체인관리 간의 차이를 이해한다.

3. 4차 산업혁명에 따른 SCM의 정의를 이해하여 설명할 수 있다.

4. 글로벌 공급체인관리 도입 필요성을 이해하여 설명할 수 있다.

5. SCM과 GSCM의 차이점에 관하여 설명할 수 있다.

6. SCM 도입 배경을 정확하게 이해하여 파악한다.

7. SCM 구축과 발전과정을 이해한다.

8. BMW의 GSCM 프로세스를 이해하여 설명할 수 있다.

CHAPTER 02 Content

Introduction: 글로벌 밸류체인의 명함

Ⅰ. 4차 산업혁명시대의 SCM 패러다임

Ⅱ. 공급체인관리 도입 과정

Ⅲ. 공급체인관리 발전과정

Chapter 02 Case: BMW의 글로벌 공급체인관리

Introduction

"글로벌 밸류체인의 명함"

자유무역으로 가공무역 발달세금 · 임금 부담 적은 국가로 일부 생산 공정 분리해
저렴하면서 질 좋은 제품 생산자국 내 소득 · 실업 문제에 영향 − 미국 · 영국,
보호무역주의 대두해외에 일자리 빼앗겼다 여겨... 생산 국내화로 고용 창출 목적가격
경쟁력 약해져 안 팔리면 고용 더 악화되는 부작용 생겨

▲ 최근 세계 경제 흐름에서 가장 큰 화두는 아마도 보호무역주의일 것입니다. 작년 영국의 유럽연합 탈퇴브렉시트 · Brexit 결정으로 본격화한 보호무역주의 기조는 도널드 트럼프가 미국 대통령에 당선되면서 더욱 강해졌습니다. 급기야 트럼프는 대통령이 되자마자 환태평양경제동반자협정TPP, 즉 환태평양 일대 12국 간 경제협정에서 탈퇴했고 20년이 넘도록 이웃 나라 캐나다 · 멕시코와 유지해 왔던 북미자유무역협정NAFTA도 재협상할 뜻을 보이고 있습니다. 영국과 미국이 이렇게 보호무역주의를 내세우게 된 배경에는 자국 내 일자리 감소와 소득 불평등 확대가 있습니다. 즉 무역 자유화가 실업과 불평등 확대의 주원인 중 하나라고 보는 것이죠. 그렇다면 무역 자유화는 어떻게 국내 일자리와 소득에 영향을 미칠 수 있을까요? 또 보호무역주의는 과연 실업과 소득 불평등 문제의 해결책이 될 수 있을까요?

◇ 자동차 좌석, 6~7국 기업이 만들어먼저 무역 자유화가 현재 얼마나 세계 각국 산업에 영향을 미치는지 살펴보겠습니다. 미국의 자동차 회사 포드와 GM제너럴모터스이 자동차에 들어가는 좌석을 만드는 방식을 통해 그 단면을 엿볼 수 있습니다. 자동차 좌석 하나를 만드는 데 미국 · 멕시코 · 노르웨이와 아시아 여러 나라 등 최소 6~7국 기업이 참여하는 걸 알 수 있기 때문입니다. 요즘 출시되는 자동차는 버튼으로 좌석 위치를 조정하는 자동 조절 장치가 달려 있습니다. 단순한 좌석에 그치지 않기 때문에 생산 공정을 여러 단계 거칩니다.이하 그래픽 참조 그림 1번 과정은 자동 조절 장치의 핵심 부품인 회로 기판칩이 박혀 있는 초록색 판 부품이 미국 밖에서 수입돼 들어오는 것을 보여줍니다. 콜로라도주 센테니얼에 있는 애로 일렉트로닉스란 회사가 아시아 여러 나라에서 부품을 수입해 오고, 이 부품을 퍼스트로닉이라는 미국

회사가 다시 사서 회로 기판을 만드는 거죠. 회로 기판을 만드는 곳은 또 미국이 아닙니다. 2번 과정을 보시죠. 미국 접경 지역에 있는 시우다드 후아레스Ciudad Ju'arez라는 멕시코의 한 도시입니다. 이 도시는 NAFTA 체결 이후 많은 다국적기업 공장이 들어서게 되면서 거대 공업 지대로 발전한 곳입니다. 미국의 5분의 1 정도에 불과한 임금 수준과 지리적 인접성 때문에 생산 기지로 아주 적격이죠. 멕시코에서 완성된 회로 기판은 이제 미국 최남단 도시 엘 파소El Paso의 보세창고로 옮겨집니다3번.

이런 복잡한 과정도 이유가 있습니다. NAFTA가 발효하면서 미국으로 부품을 수입한 후 멕시코로 보내 조립하고 다시 미국으로 수입하면 관세가 면제되기 때문입니다. 미국 및 다국적기업들이 이런 가공무역processing trade 방식을 통해서 세금을 아끼며 제품을 생산합니다. 다음은 좌석 자동 조절 장치를 완성하는 단계입니다. 이 작업은 노르웨이 기업 콩스베르그Kongsberg 몫입니다. 그런데 이 회사 공장은 멕시코의 또 다른 도시 마타모로스Matamoros에 있습니다. 이 도시 역시 시우다드 후아레스처럼 다국적기업의

생산 기지가 많이 들어서 있는 곳이죠. 아무튼 엘 파소 보세창고에 보관되어 있던 회로 기판은 이렇게 다시 멕시코로 넘어가게 됩니다. 자동 조절 장치가 완성되면 이제 좌석에 설치해야겠죠. 이 작업은 미국 기업 리어Lear와 캐나다 기업 마그나Magna가 맡습니다. 자동 조절 장치를 각각 자사 공장이 있는 미국 알링턴과 캐나다 미시소거Mississauga로 보내 자동차 좌석을 완성합니다5번. 그리고 이 좌석은 GM과 포드의 공장으로 옮겨져 차에 조립됩니다.

◇ 자유무역으로 글로벌 가치 사슬 확장 꽤 복잡하죠? 자동차 좌석 하나를 생산하느라 미국, 멕시코, 노르웨이, 캐나다, 그리고 아시아 여러 국가 등 최소 6~7국 기업이 참여하고 있다는 사실이 흥미롭습니다. 전자 부품 생산지는 아시아, 조립은 멕시코, 제품 완성은 미국과 캐나다로 나뉘어 이루어집니다. 상품의 생산 공정을 여러 국가로 분리하다 보니 각 공정에서 창출된 부가가치도 국가 간에 사슬처럼 얽히게 되었다는 의미에서 이런 사례와 같은 생산 활동 전체를 가리켜 글로벌 가치 사슬global value chain·GVC이라고 부르기도 합니다. 이러한 생산 방식이 가능한 것은 우선 기술 발전으로 부품 운반과 보관에 필요한 비용이 현저히 낮아졌기 때문입니다. 또 FTA와 같은 무역 자유화 정책이 세계적으로 보편화하면서 수입

품 관세도 훨씬 낮아졌습니다. 기업으로서는 본거지를 둔 자국의 임금 수준이나 세금, 규제 등이 더 부담스러운 상황이 됐습니다. 그래서 비용을 아끼면서도 품질도 적절히 유지할 수 있는 나라로 생산 시설을 옮기거나 다른 나라 기업에 일부 생산 과정을 맡겨버리게 된 것입니다.

◇ "해외에 일자리 뺏긴다" 반박도 글로벌 가치 사슬이 확장되는 데 대한 우려도 커졌습니다. 자동차 좌석 사례를 보면 과거에는 미국 기업이 생산한 부품으로 미국 내에서 조립·완성을 끝냈습니다. 고용과 부가가치도 미국 내에서 창출되었겠죠. 그런데 지금은 해외에서 생산이 이뤄지는 부분이 많다 보니 미국 내 일자리와 부가가치를 외국에 빼앗긴 것 같은 효과가 생긴다는 주장이 나옵니다. 해외로 이전된 생산 과정이 대부분 저임금 노동자들이 담당했던 작업이어서 이들의 소득 역시 상대적으로 더 감소할 가능성이 커졌습니다. 미국의 많은 노동자가 트럼프의 정책을 지지하는 이유가 바로 여기에 있습니다. 현재 트럼프 행정부는 해외로 진출한 미국 기업뿐만 아니라 삼성전자와 같은 다국적기업도 미국 내 투자를 늘리라고 강요합니다. 또 수입관세도 높이려고 합니다. 수입품 가격이 오르면 국산 수요가 늘어나고, 무역 비용이 늘어나는 것에 부담을 느낀 기업들이 앞으로는 미국 내에서 생산과 고용을 확대할 것이라 기대하는 것이죠. 만약 당장 내일 미국과 멕시코 간 무역에 높은 관세를 부과한다면 포드와 GM이 글로벌 가치 사슬을 깨고 생산 공정을 미국으로 돌려버릴 가능성도 배제할 수는 없습니다. 문제는 제품의 가격 경쟁력입니다. 미국자동차연구센터CAR 분석 결과 유럽 수출용 소형 자동차는 멕시코에서 생산해서 직접 수출하면 미국 내에서 생산·수출하는 것보다 자동차 1대당 4300달러를 아낄 수 있다고 합니다. 제 아무리 생산 시설을 미국에 갖춘다고 하더라도 가격이 비싸져서 제품이 팔리지 않는다면 해외에서 생산했을 때보다 미국 내 고용이 더 줄어드는 부작용이 생길 수도 있습니다. 이런 점 때문에 많은 경제학자와 전문가는 보호무역주의에 부정적인 견해를 보이고 있습니다. 여러분 생각은 어떤가요?

출처: 정성훈(KDI 산업서비스경제연구부 연구위원),
「車 좌석 한 개 만드는 데도 6~7국 분업… 보호무역하면 어떻게 될까?」,
『조선비즈』, 207.03.13.

I "4차 산업혁명시대의 SCM 패러다임"

01 | 4차 산업혁명시대와 공급체인관리 등장

공급체인관리 시장에 4차 산업혁명시대가 도래하면서 공급체인관리 기업의 파트너십이 중요한 요소로 작용하였으며, 기업들은 기업환경과 경제원리의 변화를 수용하고 재고감축의 압력에 유연성을 높이는데 초점을 맞추고 있다. 기업들이 글로벌 지역에 생산과 판매 확장을 목표로 고객의 근접지역으로 네트워크 구축을 통한 전체를 최적화하는 시점에서 기업 환경에 따른 경제 원리의 변화가 나타났으며, 기업들이 이전에는 규모의 경제 논리에 따른 생산성 향상에 근거하여 많은 양의 재고를 유지하고자 하는 것이 공급체인관리의 목표였으나, 4차 산업혁명시대가 도래하면서 최종 고객수요를 정확하게 예측하고 고객의 변화에 적응력을 높여야 하는 상황에 직면했다.

4차 산업혁명시대의 주요 환경적 변화들이 공급체인관리 시장에 유입되면서 고객 요구에의 신속대응으로 서비스 질을 더 한 층 향상시킬 것을 요구받고 있으며, 납기시간 단축 및 비용 절감을 통하여 전반적인 고객서비스 수준을 높이는데 주력하고 있다. 4차 산업혁명은 공급체인관리 시장에 글로벌 경쟁 체제를 더욱 심화시키고 있으며, 글로벌 시장에 참여하는 공급체인관리 기업들은 치열한 경쟁으로 공급체인관리에 있어 서비스 질을 높이기 위해서 전략적 제휴와 아웃소싱을 더욱 강화하면서 글로벌 비즈니스 관점에서 전체를 최적화하여 총비용을 감소시키는 노력이 요구되고 있다.[1]

4차 산업혁명의 공급체인관리는 전통적 공급체인관리에서 강조되었던 기업 환경과 경제원리의 변화, 재고감축의 압력, 고객 요구에의 신속한 대응, 글로벌 경쟁 체제, 총 비용 감소 등 다섯 가지의 환경적 변화 요소에 대한 중요성이 더욱 강조되었고, 이 외에 공급체인관리를 통한 투명성, 커뮤니케이션, 협력, 유연성, 대응성 등과 같은 요소에 대한 관심이 더욱 커지고 있다.

1) 전통적 공급체인관리의 출현

공급체인관리Supply Chain Management가 출현하게 된 것은 공급체인망 관리의 문제점을 개선하고 전략적 대응을 하고자 하는데서 출발하였으며, 이는 기업 정보기술의 변화, 기업 환경의 변화, 고객서비스질의 향상, 재고의 변화, 물류비 증가 등과 같은 공급체인망의 환경적 불확실성에 대처하면서 기업의 경쟁력을 강화시키고자 하는 의도로 볼 수 있다.[2] 또한 규모의 경제 달성만이 경쟁우위를 가질 수 있다는 기존의 패러다임에서 벗어나 실시간 정보공유 및 신뢰성있는 정보교류의 필요성에 의하여 밸류체인value chain의 효율성 극대화에 주안점을 두게 되었다. 기업들은 고객들에게 신뢰성 있는 제품 인도와 고객서비스 향상을 위해 일정량의 재고수준을 유지하면서 재고비용을 감소시키고 경쟁력을 확보하기 위해 공급체인관리를 도입하게 되었다.[3]

전통적 공급체인관리는 공급자, 생산, 유통, 고객/소비자 간의 공급체인 흐름이 선형적linear 특성을 보이고 있다. 전통적 공급체인관리에서 계획, 주문 및 확인하는 업무가 공급자로부터 고객/소비자까지 단계적 흐름을 보이고 있다. 전통적 공급체인관리는 기업의 원재료 공급원으로부터 최종고객까지 연결되는 공급체인망의 전체적 흐름을 계획하고 통제하면서 경영 효율성을 높이는 데 있었다.[4] 기업들은 공급체인관리 간의 효과적인 대응 및 효율적인 운영을 통하여 이윤을 극대화하고 있으며, 공급체인 파트너 간의 신뢰성을 높이고 정보공유를 높임으로써 수요 불확실성을 줄이고자 노력하였다.

⊘ 그림 2-1 전통적 공급체인관리

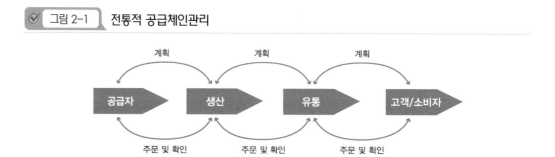

2) Industry 4.0 시대의 공급체인관리 등장

공급체인관리는 고객서비스 수준을 만족시키면서, 시스템의 전반적인 비용을 최소화할 수 있도록 한다. 제품이 정확한 장소에 확실한 수량으로 정확한 시간에 생산과 유통이 가능하게 하기 위해 공급자, 제조업자, 창고, 보관업자, 소매상들을 효율적으로 통합하는 일련의 방법론을 말한다. 공급체인관리의 정의는 고객만족을 위하여 원재료로부터 최종고객까지 모든 제품 및 정보의 흐름과 활동을 기업 간, 지역 간 경계를 극복하고 통합하여 일관되게 관리기획, 실행, 통제, 평가하고 전체를 최적화하는 것이 원칙이다American Production and Inventory Control Society, 2000.[5]

공급망Supply Chain: 이하 SC은 원자재의 조달, 중간 재료의 변환, 완제품의 유통 등 전반적인 자재의 흐름을 포함하는 동시에 주문정보의 흐름이 포함되는 반면에, 공급체인관리는 원재료 구매에서부터 최종고객까지의 전체 물류흐름을 계획하고 통제하는 통합적인 경영기법이다.[6] 기업들은 공급체인 파트너 간의 효과적인 대응 및 효율적인 운영을 통하여 이윤을 극대화하기 위한 노력을 하고 있다. 또한 공급체인관리는 공급체인 파트너들 간 신뢰성 있는 상호간의 정보를 공유함으로써 수요 불확실성을 감소시키고 적정재고를 유지하면서 위험관리에도 유연하고 신속하게 제품을 공급하여 고객만족을 충족시키는 것이 목표이다.[6]

전통적 공급체인관리가 공급자로부터 출발하여 생산, 유통 단계를 거쳐서 마지막으로 최종 고객/소비자까지 흐르는 과정에서 공급체인 네트워크가 선형적linear 특성을 보이는 반면에, Industry 4.0 시대의 공급체인관리는 순환적cycle 구조를 보이고 있다.[7] Industry 4.0 시대의 공급체인관리는 중앙에 공급체인 컨트롤 타워가 있어서 공급자, 생산, 유통, 고객/소비자 등과 서로 상호작용을 하고 있으며, 공급자로부터 고객/소비자 간의 계획, 주문 및 확인이 순환적으로 연결된다는 점에서 차이가 있다.[8]

◎ 그림 2-2   Industry 4.0시대의 공급체인관리

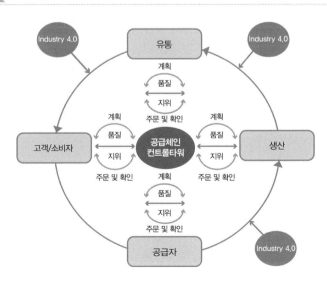

02 | 4차 산업혁명시대의 공급체인 발전 방향

1) 전통적 SCM과 4차 산업혁명시대 SCM 비교

전통적 SCM과 Industry 4.0시대의 SCM은 투명성, 커뮤니케이션, 협력, 유연성, 대응성 측면에서 차이가 있다. 전통적 SCM은 공급체인관리를 도입하고 운영하는 데 있어서 공급자로부터 최종 고객/소비자까지의 과정에서 공급체인을 제한적인 관점에서 관리하는 반면에, Industry 4.0 시대의 SCM은 공급체인의 완성에 주안점을 두고 있다. 커뮤니케이션을 보면 전통적 SCM은 공급체인 조직 간의 정보전달에 주안점을 두고 있으며, Industry 4.0 시대의 SCM은 전체 공급체인 참여자의 동시 정보에 대한 이용가능성을 높이는 데 차이가 있다.[9] 협력을 보면 전통적 SCM은 전체 공급체인의 가시성과 협력을 제한하는데 비해서 Industry 4.0 시대의 SCM은 공급체인의 내재적 가치를 높일 수 있는 방향으로 협력을 개발하였다. 유연성과 대응성을 보면 전통적 SCM은 원자재 흐름에 따른 정보 흐름에서 최종 고객 수요를 파악해서 유연성을 높이고, 공급체인의 계획 단계에서 지연되거나 동시화가 발생할 때 대응성을 높인 반면에, Industry 4.0 시대의 SCM은 전통적 SCM에 비해서 최종 고객수요의 변화를 신속하게 평가함으로써 유연성을 높이면서, 공급체인의 계획, 실행 단계에서 실시간 대응력을 강화시킨다는 점에서 차이가 있다. 4차 산업혁명시대가 도래하면서 공급체인관리는 4차 산업혁명시대 이전에 비해서 공급체인의 투명성을 강화시켜서 전체 공급체인 참여자의 동시 정보 이용 가능성을 높이고 공급체인의 내재적 가치를 높이는 방향으로 협력하는 특성을 보이고 있다.[10] 또한 최종 고객수요의 변화를 면밀하게 파악해서 신속한 평가를 통해 유연성을 높이고, 공급체인의 계획, 실행 단계에서 실시간 대응력을 높여나감으로써 공급체인관리 전반에 유연성과 대응성을 강화시켰다는 점에서 차이를 보인다.

그림 2-3 전통적 SCM과 Industry 4.0 시대의 SCM 비교

	전통적 SCM	Industry 4.0 시대의 SCM
투명성	공급체인의 제한적 관점	공급체인의 완성
커뮤니케이션	공급체인 조직 간의 정보 전달에 주안점	전체 공급체인 참여자의 동시 정보 이용가능성
협력	전체 공급체인의 가시성과 협력을 제한함	공급체인의 내재적 가치를 높일 수 있는 방향으로 협력의 개발
유연성	원자재의 경로에 따른 정보 흐름에서 최종 고객 수요 파악	최종 고객수요의 변화를 신속하게 평가
대응성	공급체인의 계획 단계에서 지연 or 동시화에 따른 대응력 관점	공급체인의 계획, 실행 단계에서 실시간 대응력 관점

2) 전통적 공급체인망과 통합적 공급체인망

기업들은 글로벌 비즈니스 환경에 적응하기 위하여 기업특성을 발굴하여 성장을 도모하고 있다. 기업들은 전통적인 경영기법에서 최근 공급체인망 통합 형태로 패러다임을 바꾸고 있다. 전통적인 접근방법을 살펴보면 제품위주의 접근, 기능본위의 관리, 생산단위 비용에 주안점을 두었다. 그러나 최근에는 제품이 아닌 고객을 중심으로 접근하고, 프로세스를 중심으로 관리하는 접근방식을 사용하고 있다.[13] 여기에서 공급 체인Supply Chain: SC이란 공급업자로부터 최종 소비자까지 유통채널의 전체 흐름을 말하며, 공동의 프로세스로 연결된 공급업체, 생산업체, 유통업체 및 소비자를 포함하는 개념이며 이를 관리하는 공급체인관리Supply Chain Management는 제품 또는 서비스 형태의 가치 창조를 이끄는 자재, 정보, 자원의 흐름에 관한 조직의 상부와 하부의 네트워크에 대한 관리를 의미한다.[11] 통합공급체인의 특성은 공급체인간의 간격을 줄이고 프로세스 혁신을 통하여 총비용을 감소시키면서 비용절감과 고객만족을 증가시키는 경영기법이다. 글로벌 비즈니스 경영관리와 국제무역거래가 점의 이동에서 선의 이동으로 옮겨지는 통합관리 형태로 변화를 꾀하며 경쟁우위 확보를 위한 노력을 기울이고 있다.

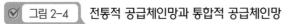

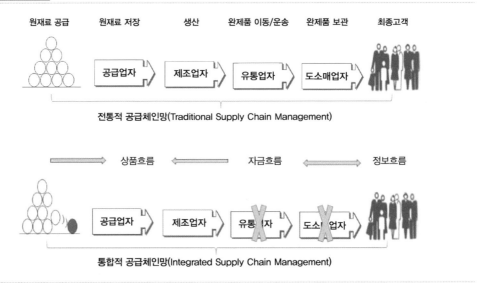

| 그림 2-4 | 전통적 공급체인망과 통합적 공급체인망 |

전통적 공급체인망(Traditional Supply Chain Management)

통합적 공급체인망(Integrated Supply Chain Management)

03 | 공급체인관리의 주요 분야

공급체인관리는 통합적인 관점에 따라 원재료 공급에서 궁극적으로 최종 고객에 이르기까지의 모든 처리 프로세스를 포함한 정보, 물자, 현금 등의 총 자원의 흐름을 총비용의 관점에서 관리하는 과정이며, 공급체인관리의 전체 프로세스를 최적화하는 관점에서 공급체인관리의 주요 분야를 논의해야 한다. 오늘날 기업은 규모가 커지고 글로벌 지역으로 기업영역을 확장하고 있다. 따라서 글로벌 지역의 파트너십과 기업 간 거래가 중요한 이슈로 부각되면서 개별적인 기능의 관리가 통합적인 네트워크 차원에서 공급체인관리를 수행해야 한다. 본 장에서는 공급체인의 흐름, 공급체인관리의 운영범위에 대해서 살펴보고자 한다.

1) 공급체인의 흐름

공급체인관리는 원재료 공급자에서 최종고객까지의 공급체인상의 정보, 물자, 현금의 흐름에 대하여 기업 간 경쟁에서 공급체인관리 영역 간의 경쟁체제로 전환되면서 총체적 관점에서 인터페이스를 통합하고 관리함으로써 효율성을 극대화하여, 공통의 비용 절감 및 이익을 추구하는 기업 간 네트워크이면서 모두에게 이익이 되는 전략이다.[12] 공급체인관리는 불확실성이 높은 시장변화에 공급체인 전체를 기민하게 대응시켜 기업 간의 최적화에 머물렀던 정보, 물자, 현금에 관련된 공급체인의 흐름을 전체적인 공급체인의 최적화를 목표로 실행하고 있다. 또한 정보의 공유화와 비즈니스 프로세스의 혁신을 통하여 공급체인 전체의 현금 흐름의 효율을 향상시키려는 목표를 갖고 있다. 아래 그림은 공급체인 통합의 흐름을 기능별 주안점에서 전체 흐름을 최적화하는 과정으로 설명하고 있다.

그림 2-5   공급체인의 흐름

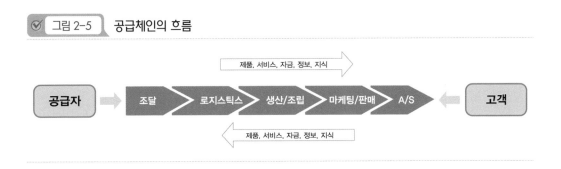

2) 공급체인관리의 운영 범위

공급체인 협력에서의 주된 주제는 운영 통합Operation Integration의 진보이다. 공급체인관리SCM의 특성은 모든 물적인 흐름과 제품 간의 흐름을 설명하고 있다. 최근 기업의 특성이 제조기업, 판매기업, 물류기업으로 크게 분류되고 있으며, 기업 간의 상호 협업관계로 운영관리되고 있다. 본 장에서는 오늘날과 같이 공급체인 통합이 가능하게 된 것이 정보기술을 활용한 기업 간의 통합적인 운영이 가능하게 되면서 그 범위가 확대되는 과정을 볼 수 있다.[14]

공급체인관리의 운영 범위는 원재료 공급에서 최종고객에 이르기까지 공급네트워크, 통합계획, 시장유통네트워크 분야 간의 정보, 제품, 서비스, 금융, 지식의 흐름을 관리하는 내용을 포함하며 능력, 정보, 핵심역량, 자본, 인적자원의 흐름을 관리하는 것이 포함된다. 첫째, 공급네트워크의 범위는 원재료 공급에서 최종 고객까지 이르는 과정에서 원재료 공급의 공급네트워크를 관리하는 것을 주된 운영 범위로 보고 있다.

둘째, 통합계획은 공급네트워크와 직접적인 영향관계에 있으며, 이 계획에는 제조, 조달, 소비자 편의 부문에 대한 원활한 물류관리를 주된 운영 범위로 보고 있다.

셋째, 시장유통 네트워크는 최종고객을 대상으로 시장유통 네트워크를 관리하는 것이며, 이 유통 네트워크는 공급네트워크와 통합계획에 직접적인 영향을 받는 구조이다.

II 공급체인관리 도입 과정

01 | 공급체인관리 도입

　공급체인관리는 공급체인망을 운영하면서 발생하는 문제점을 개선하고, 공급체인망 환경의 변화에 전략적으로 대응하기 위함이다. 공급체인관리는 기업들이 공급체인망을 둘러싸고 있는 급격한 기업환경의 변화 및 정보통신기술의 변화에 일차적으로 신속하게 대응하고자 하는데서 출발했으며, 어느 때보다 로지스틱스 비용과 재고자산 변화에 대한 불확실성이 높아지면서 고객 서비스질을 높이기 위한 전략적 대응이 필요한 시점이 되었다. 초기 공급체인관리는 수요예측에서 시작하여 부품, 반제품, 제품의 흐름 및 주문처리와 관련된 전과정을 관리하는 데 있었다. 기업들이 글로벌화를 성공적으로 이루기 위해서는 재료, 부속품, 인적자원들을 기업의 요구에 맞게 글로벌 지역 내 어느 공급자들로부터라도 제공받을 수 있는 환경으로 변화되었다.[15]

　공급체인관리가 도입된 이유는 이 외에도 제품의 다양화와 시장규모의 확대로 인하여 기업의 경영 환경이 복잡하고 다양화되고 있으며, 비즈니스 업무프로세스 설계시의 정확한 업무특성을 반영하기 어렵고, 전통적인 공급체인관리로는 로지스틱스 네트워크를 개선하기 어렵기 때문이다. 또한 조직 간의 효율적인 로지스틱스 네트워크를 실행하기가 어렵기 때문에, 조직 간의 비효율적인 인적자원관리 발생, 재고관리의 부적절성으로 인해 과다 재고 또는 제품의 결함 증가 등으로 프로세스 운영상의 문제가 발생하게 된다.[16] 전통적인 기업의 경영체제하에서는 정보공유시스템이 전체를 유기적으로 대응하는 것이 아닌 각 기능별로 밖에 제공해 주지 못하기 때문에 이러한 공급체인관리는 기업전체에서 문제점을 해결해야 한다.[17]

41

CHAPTER 02 4차 산업혁명과 글로벌 공급체인관리

02 | 공급체인관리 도입 필요성

글로벌 기업의 등장은 기업들의 생산과 판매의 영역이 글로벌 지역으로 확장되면서 공급체인의 리드타임이 길어지고 대량생산체계로 고객의 수요에 신속하게 대응하지 못하는 기업들은 시장상황에 위협을 받게 되는 것을 알 수 있다. 기업들은 공급체인에서 불확실성을 제거하고, 다양한 소비자의 기호를 신속하게 대응하기 위한 필요성이 대두되면서 공급체인관리 도입 필요성이 높아졌다.[15] 특히 전 세계 공급체인관리 시장에 BPR의 등장, 정보통신기술 발달, 부가가치의 원천이 기업 내부에서 외부로 이동, 제조보다는 부품공급 등 외부적 불확실성 증대, 채찍효과 심화, 기업 활동의 글로벌화에 따른 물류의 복잡성, 리드타임 증대, 소비자 주도의 시장환경변화에 기업 간 경쟁의 심화로 비용 및 납기 개선의 중요성 증대, 핵심역량 집중, 외부조달 활성화 등의 요인들로 인해 공급체인관리 도입 필요성이 더욱 증대되었다.[16]

1) BPR의 등장

비즈니스 리엔지니어링Business Process Reengineering: BPR이 공급체인관리의 도입 필요성을 높였다. 비즈니스 리엔지니어링은 기존의 기업들의 최적화 단계에서 공급체인망 통합과 기업 간의 최적화 단계로 중요 역할이 변경되었다. 기업의 업무 전체를 비즈니스 프로세스로 파악하여 부서별, 기능별로 분리되어 관리하던 분야를 전체적인 관점에서 다루는 방법이 요구되면서 공급체인관리의 필요성이 대두되었다.[17]

2) 정보통신기술의 발달

정보통신기술의 발달은 공급체인관리가 가능하도록 하였다. 점과 점의 연결에서 전체를 하나의 선으로 연결시켰다. 정보통신기술의 발달은 기업 간 정보공유, 정보기술을 활용하여 정보공유의 필요성을 증대시키는 것을 뜻한다. 전사적 자원관리Enterprise Resource Planning: ERP에 의해 기업 내부 프로세스가 통합되고, 파트너 기업 간 정보 공유 및 전달 과정의 혁신에 의해 공급체인 통합 관리가 가능하게 되었다.[18]

3) 부가가치의 원천이 기업 내부에서 외부로 이동

기업들의 부가가치의 원천이 기업 내부에서 외부로 이동하게 됨으로써 공급체인관리의 도입 필요성을 증대시켰다. 오늘날 기업 경영에서 전체 부가가치의 60~70%가 제조 과정 밖에서 창출되고 있으며, 전체 리드타임 중 제조 소요기간보다 타 공급체인 상에서 소요되는 시간이 훨씬 길어지고 있다. 특히 제조보다는 원재료를 공급받기 위한 대기 소요시간이 길어지고 있으며, 제조업의 물류비용이 매출원가의 10~15%를 차지하는 경우도 있다.[2]

4) 완성품 제조기업의 외부조달 불확실성 위험증대

완성품 제조기업의 외부조달에 대한 위험이 증대되면서 공급체인관리의 도입 필요성에 영향을 미쳤다. 오늘날 공급체인관리 상에서 부품 공급의 수요, 주문납기, 수량, 품질 등 외부적 불확실성이 증대되면서 부품조달의 위험관리에 노출되는 상황이 전개되고 있다.[19]

5) 채찍 효과의 증가

공급체인관리의 수요예측과 수요공급의 조정이 어려운 채찍효과가 발생되고 있다. 기업들이 채칙효과를 감소시키기 위한 방법으로 공급체인관리의 도입이 요구되었다. 기업환경은 소비자의 요구가 다양화되고 점차 세분화되면서 제품수명주기가 점차 짧아지고, 수요의 변동이 심화되고 있다. 채찍효과bullwhip effect에 의해 공급체인의 소비단계에서 주문정보와, 관리단계에서 고객수요정보가 도매업체와 지역 유통센터로 전달되는 과정에서의 지연과 왜곡이 결품과 과잉재고 등의 문제로 나타나게 된다.[20]

6) 기업활동의 글로벌화에 따른 물류의 복잡성, 리드타임 증대

글로벌 기업들은 글로벌 지역으로 제품을 이동하기 때문에 물류의 복잡성이 높아지고 있고 리드타임이 증대됨으로써 공급체인관리의 도입 필요성에 대한 관심이 증대되고 있다. 부품조달, 통관, 관세장벽, 운송, 환율 등 국가별, 지역별 특성의 차이에 따른 대응의 필요성이 증가되고, 원재료 및 부품 공급체인망이 국내에서 해외로 확대되면서 물류비용이 증가되고 있다. 이 외에 해외진출 공장이 증가하고 있고, 대상 지역에 따라 통관 프로세스의 복잡성으로 인해 리드타임이

증대되고 있다.[21]

7) 매스 커스터마이제이션(Mass Customization)의 보편화: 소비자 주도의 시장 환경 변화

소비자 주도의 시장 환경 변화에 따른 매스 커스터마이제이션Mass Customization현상은 공급체인관리의 도입 필요성에 직접적인 영향을 미쳤다. 전통적으로 대량생산활동을 통해서 표준화된 제품을 고객에게 고압적으로 밀어내던 방식push system을 탈피하여 고객의 다양한 요구에 맞추어 제조, 납품하는 대량 생산 고객화 서비스가 점차 보편화되고 있다. 품목이 다양화되면서 제품 재고 및 주문, 운송, 생산, 정보 및 추적관리의 대응을 신속하게 하기 위한 공급체인관리의 중요성이 높아졌다.[22]

8) 기업 간 경쟁의 심화로 비용 및 납기개선의 중요성 증대

기업 간 경쟁의 심화로 비용 및 납기개선의 중요성이 증대됨으로써 공급체인관리의 도입 필요성이 높아졌다. 기업들은 공급체인 간의 경쟁관계로 공급체인관리의 중요성을 강조하고 있다. 전 세계적으로 글로벌 기업들이 공급체인관리를 활발하게 도입해서 운영효율성을 높이고 있다. 글로벌 기업들은 기업 프로세스 혁신과 총비용 관점에서 납기 개선 등의 중요성을 인식하여 공급체인관리를 도입하고 있다.[23]

9) 핵심역량 집중, 외부조달 활성화

기업의 핵심역량이 집중되고 외부조달이 활성화됨으로써 공급체인관리의 도입 필요성에 대한 관심이 증대되었다. 공급체인관리를 도입한 기업들은 자사의 핵심 사업에 역량을 집중한 반면, 주변 사업은 외부조달을 활성화시키는 방향으로 운영하고 있다.[12] 공급체인관리 기업의 외부조달의 필요성은 공급체인관리 도입의 중요성을 강조한 것으로 볼 수 있다.[24]

그림 2-6 공급체인관리 도입 필요성

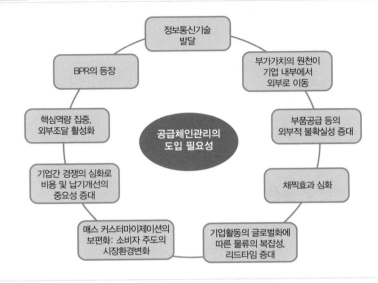

III 공급체인관리 발전과정

01 | 공급체인관리의 발전

공급체인관리는 1980년대 제조 및 유통분야에서 시작되었으며 1980년대 말 전자문서교환 Electronic Data Interchange: EDI이 활성화되면서 부각되었다. 공급체인관리는 전자문서교환을 통하여 기업들이 필요한 정보들을 손쉽게 제공받을 수 있는 단일화된 정보저장의 필요성에 의해 시작되었다. 1960년대 자재소요계획Material Requirements Planning: MRP으로부터 시작되어 1970년대 생산자원계획Manufacturing Resource Planning II: MRP II로 발전하여 기업이 필요한 정보들을 손쉽게 제공받는 것이 가능해졌다. 1980년대부터는 전사적 자원관리Enterprise Resource Planning: ERP가 등장하여 정보기술을 이용한 실제적인 비즈니스의 요구사항이 제조업을 시작으로 모든 산업에서 활용되었으며, 기업전체의 계호기 및 조정 단계의 반영이 가능해졌다. 1990년대부터는 확장형 전사적 자원관리 II Enterprise Resource Planning II: ERP II가 등장하여 1980년대의 전사적 자원관리 ERP에서 진일보한 것으로 기존 시스템과의 확장성 및 통합성 측면에서 차이가 있다.[25] 2000년대 말부터는 공급체인관리Supply Chain Management: SCM가 전 산업에 등장하여 고객 중심의 경영철학이 본격화되면서 제품생산을 위한 원재료 조달, 제품생산, 판매, 고객만족을 구현하기 위한 공급 체인의 전체적인 관리가 중요하게 되었다.

1) 공급체인관리의 진화

공급체인관리의 진화에 대해 자재소요계획으로부터 생산자원계획, 전사적 자원관리, 확장형 전사적 자원관리 등으로 진화하여 현재의 공급체인관리까지 발전되는 과정에 대해서 설명하고자 한다.[27]

첫째는 자재소요계획Material Requirements Planning: MRP이다. 이 계획은 1960년대부터 시작되었으며, 단순히 목표 생산량=판매량을 차질 없이 생산하기 위한 적절한 자재 수집 시기와 수량을 결정하기 위한 도구로 사용된다. 최종 목표 생산량을 달성하기 위한 변수는 자재 수급 외에 대란 요소가 전혀 없다고 가정하고 계획을 수립하는 방법이다.

둘째는 생산자원계획Manufacturing Resource Planning: MRP II이다. 생산자원계획은 1970년대부터 기업이 필요한 정보들을 손쉽게 제공받는 것이 가능해지면서 시작되었다. 생산소요계획은 자재뿐만 아니라 생산에 필요한 모든 요소들제약조건을 계획 수립에 반영하고 효율적으로 관리하기 위한 것으로 MRP가 확대된 개념이다.

셋째는 전사적 자원관리Enterprise Resource Planning: ERP이다. 1980년대부터 등장하였으며, 정보기술을 이용하여 실제적인 비즈니스의 요구사항이 제조업을 위시하여 모든 산업에서 활용되었고, 기업전체의 계획 및 조정 단계의 반영을 가능하게끔 하였다. 선진 프로세스로서 이미 검증되어 있는 시스템으로 표준화, 단순화, 통합화를 통해 시너지 효과를 증대시켰다. 기업의 인적, 물적 자원을 효율적으로 관리하며, 기업의 전사적 차원에서 통합적 관리 시스템을 구축하고 생산성을 높이면서 비용을 최적화하는 경영혁신기법이다.

넷째는 확장형 전사적 자원관리 II Enterprise Resource Planning II: ERP II 이다. 확장형 전사적 자원관리는 1980년대의 전사적 자원관리ERP에서 진일보한 것으로 기존 시스템과의 확장성 및 통합성을 가지고 있다는 점에서 차이가 있다. 확장형 전사적 자원관리는 업무 프로세스를 자동화하면서 공급업체, 고객 등과의 상거래를 지원하는 기능이 확장된 것이다. 이는 ERP II 가 개방형 컴포넌트 구조를 구축하게 되었다는 의미이다.

다섯째는 공급체인관리Supply Chain Management: SCM이다. 1990년대 말 고객 중심의 경영철학이 본격화되면서 제품생산을 위한 원재료 조달, 제품생산, 판매, 고객만족을 구현하기 위해 공급체인 전체적인 관리가 중요하게 되었다. 오늘날 공급체인관리 전략은 기업에게 매우 중요하며 품질, 비용, 효용성을 동시에 달성함으로써 고객 만족과 부가가치의 성과를 얻으려는 많은 기업들이 이 공급체인관리를 적극적으로 도입하고 있다.[26]

그림 2-7 글로벌 공급체인관리의 진화

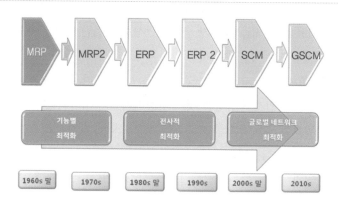

출처: 김창봉 · 박상안 · 정재우, 알기쉬운 무역학원론, 글로벌공급체인관리의 진화재구성, 2010, p.102.

2) 공급체인관리의 통합화 과정

1980년대 운송산업의 규정 철폐가 완화되고 제품 소형화의 추세에 따라 트럭truckload에 더 많은 제품의 수송이 가능해졌으며, 제조의 질 향상으로 공장에서 더 많은 재료의 처리가 가능해짐에 따라 공급체인관리의 신뢰도가 높아졌다.27

공급체인관리공급체인의 통합화 과정은 다음과 같이 4가지 단계를 따른다. 첫 번째 단계는 기본Base Line 단계이다. 이 단계에서는 배송, 판매, 생산, 자재통제 및 구매와 같은 각각의 사업기능이 완전히 단절된 상태에서 자신의 업무를 수행하는 단계이다.

두 번째 단계는 기능 통합Functional Integration 단계이다. 이 단계에서는 자재관리, 생산관리 및 판매물류 관리 등과 같이 유사업무를 통합하여 하나의 기능으로 수행하는 단계이다.

세 번째 단계는 내부 통합Internal Integration 단계이다. 이 단계에서는 기업 내부의 자재 관리, 생산관리 및 판매물류를 통합하여 물자의 흐름 및 고객서비스를 관리하는 내부적 통합 단계를 형성하게 된다.

마지막 단계는 외부 통합External Integration 단계이다. 이 단계에서는 물자의 흐름과 고객서비스를 공급업체 내부통합부터 고객까지 포함시켜 통합하는 외부적 통합단계를 이루게 된다.

그림 2-8 공급체인관리의 통합화 과정

출처: Stevens, G. C., "Integration the Supply Chain," Int'l Journal of Physical Distribution and Materials
Management, Vol.19, No.8, 1989

02 │ 글로벌 공급체인관리의 확산

최근 글로벌 공급체인관리는 개별기업의 최적화뿐만 아니라 전체 공급체인 차원에서의 협력과
최적화를 통한 효율성이 제고되어야 한다. 자원과 정보흐름의 단절 및 불필요한 단계를 제거하여
전체 공급체인에서의 신속성을 개선시키고 전체의 이익을 극대화하는 관점에서 이해되어야 한
다.[28] 본 장에서는 글로벌 공급체인관리의 정의를 살펴보고, 글로벌 비즈니스에 있어 기업들의 발
전을 위한 리드타임 단축, 동기화 이행, 총비용 감소 측면에서 글로벌 공급체인관리의 특성을 이
해하도록 한다.[7]

1) 글로벌 공급체인관리의 정의

글로벌 공급체인관리는 원재료 구입부터 최종소비자까지의 물류, 정보 흐름을 국내에서 해외
로 확장하여 2개국 이상의 국가에서 제품을 조달하고, 생산하여 글로벌 시장에서 판매하는 것을

뜻한다. 또한 기존의 최근 생산, 판매, 운송 전문기업으로 특화되어 있던 것을 글로벌 기업 간 네트워크 구축을 통해 글로벌 소싱, 글로벌 마케팅, 글로벌 통관, 글로벌 물류 활동을 바탕으로 국제무역거래에서 경쟁우위를 확보하는 것을 말한다.[21]

✓ 그림 2-9 글로벌 공급체인관리의 정의

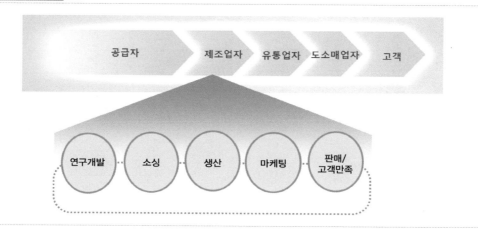

2) 글로벌 공급체인관리의 특징

글로벌 공급체인관리는 리드타임 단축, 동기화 이행, 글로벌 프로세스 혁신, 비용 감소 등의 특징을 보이고 있다. 리드타임 단축은 제품의 시작에서 최종 고객까지의 시간을 말하며, 제품의 주문부터 배송까지의 시간을 의미한다. 글로벌 공급체인관리를 실행하면 리드타임 단축이 가능하게 된다. 동기화 이행은 생산 공정의 문제점 발견 시 문제점을 개선하고 전체를 최적화하는 것을 의미한다. 비용감소는 경영자원의 이용 효율화를 높이고, 기업 리스크를 최소화하면서 기업의 이윤 극대화에 기여한다.[23]

03 | 글로벌 공급체인관리의 도입 배경

기업들은 글로벌 지역에서 생산과 판매량이 증가되고 글로벌 고객요구에 신속하게 대응하기 위하여 글로벌 공급체인관리의 중요성이 높아졌다. 글로벌 공급체인관리의 도입 배경은 공급자/고객과의 상호조정 요구, 해외 법인 수 증가에 따른 글로벌 통합의 필요성 증대, 재고 및 물류비용의 증대, 글로벌 물류를 위한 조직화, 유연하고 효율적인 생산체제, 파트너십을 통한 효율적 부품 조달 등의 요인들과 밀접한 상관관계가 있다.[23]

1) 공급자/고객과의 상호조정 요구

공급자/고객과의 상호조정 요구는 아웃소싱의 증가와 오프쇼링Offshoring의 증가로 인한 글로벌 공급체인관리의 도입 배경에 영향을 미친다. 핵심 능력을 제외한 모든 부분을 외부조달아웃소싱하는 추세가 증가함에 따라 상호 조정에 대한 요구가 점차 증가하고 있으며, 상호 조정과 유연성은 글로벌 공급체인 전략 수행에 있어 핵심적인 개념이 되고 있다.[22]

2) 해외법인 인수 증가에 따른 글로벌 통합의 필요성 증대

해외법인 인수 증가에 따른 글로벌 통합의 필요성 증대는 글로벌 공급체인관리의 도입 배경에 직접적인 영향을 미쳤다. 글로벌 통합은 경쟁우위 확보를 위해 전 세계를 대상으로 글로벌 소싱, 글로벌 마케팅, 글로벌 물류 거점 전략을 위해 해외지역으로 법인 수를 증가시키고 있으며, 글로벌 지역에 분포하고 있는 글로벌 네트워크를 통합시켜 고객에 대한 신속한 대응 및 전체를 최적화하는 글로벌 공급체인 전략을 수립한다.[29]

3) 재고 및 물류비용의 증대

재고 및 물류비용의 증대는 글로벌 공급체인관리의 도입을 촉진시켰다. 글로벌 비용 최적화를 추구하면서 현지 서비스 욕구들을 충족시키기 위해 글로벌적인 물류정보 시스템은 필수적이 되었다. 국제적인 외부조달은 조직 상의 연계와 상호작용, 복잡성의 증대를 가져와 기업들 간의 더욱 밀접한 운영관계를 필요로 하게 되었다.[21]

4) 글로벌 물류를 위한 조직화

글로벌 물류를 위한 조직화는 글로벌 공급체인관리의 도입 배경에 변화를 주었다. 글로벌 기업은 글로벌 지역으로 확장된 생산과 판매의 원활한 국제조달을 위한 글로벌 물류조직 구성에 대한 문제에 직면해 있으며, 글로벌 물류에서 유효성은 보다 강화된 중앙집권화의 요소들을 통해서만 이루어진다.[14]

5) 유연하고 효율적인 생산체제

유연하고 효율적인 생산체제에 대한 요구는 글로벌 공급체인관리의 도입 배경에 긍정적인 영향을 미쳤다. 글로벌 기업은 정확한 고객수요에 대한 수요예측이 가능하고 판매에 관한 정확한 정보를 확보한다 하더라도 그것을 뒷받침해 주는 생산 시스템이 갖추어져 있지 않으면 위험에 노출되게 된다.[27]

6) 파트너십을 통한 효율적 부품조달

글로벌 기업들의 생산과 판매망이 글로벌 전 지역에 걸쳐 나타나고 있다. 글로벌 무역거래에서 관세장벽과 비관세 장벽의 장애요인을 극복하기 위해 글로벌 파트너십 간의 국제표준인증의 획득에 따른 신뢰성 강화 등이 요구되고 있다. 글로벌 공급체인의 요구는 국제통관 및 무역규제의 대응에 관해 이해해야 한다.[28]

그림 2-10 글로벌 공급체인관리의 도입배경

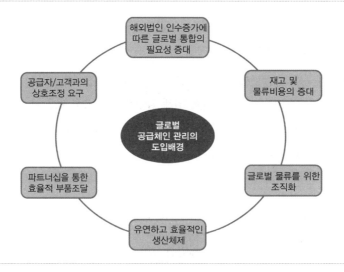

CHAPTER 02
Case ▶

"BMW의 글로벌 공급체인관리"

(1) 자동차 산업의 특징과 공급망 관리의 적용

자동차산업은 완성차업체가 수많은 협력업체로부터 조달한 수만 개의 부품을 가지고 완제품을 생산하고, 제조업 분야의 거의 모든 프로세스를 보유하고 있는 대표적인 산업이다. 국내 완성차 업체의 외주조달 비중은 생산 규모 및 전략에 따라 다소 차이가 있지만, 대략 300~400개의 부품업체협력사로부터 소요부품을 조달하고 있다. 2000년 기준 완성차업체의 외주조달 비율부품구매비/총제조원가은 78.8%로 제조업 평균 68.8%에 비해 상대적으로 높은 수준이다.

자동차 산업의 납입체계는 완성차 업체에 직접 납품하는 1차 협력업체를 기준으로 2차, 3차 협력업체까지 연계돼 있는 복잡한 공급망을 형성하고 있어, 자동차 생산 및 조달물류체계에 직간접적으로 영향을 미치고 있다. 결과적으로 복잡한 자동차 조달물류체계를 얼마나 효과적으로 구성하고 운영하는가 여부에 따라 생산성과 물류구조의 효율화를 기대할 수 있고, 경쟁력을 향상시킬 수 있는 것이다.

자동차 조달물류는 부품업체, 물류업체, 조립공장 등 각 단위별 최적화를 위한 노력은 진행되고 있으나 공급망 전체를 포함하는 프로세스 혁신에는 도달하지 못했다. 이런 상태로는 생산성 향상 및 물류비의 절감효과를 실현하기 어렵다. 자동차 조달물류 프로세스 혁신을 위해서는 신 물류기법 도입과 함께 RFID등의 IT신기술 인프라를 도입해 기업 간 정보를 원활하게 소통할 수 있는 협업네트워크의 구축이 필요하다.

(2) BMW 모터스

1917년 비행기 엔진 제조업체로 시작한 독일의 BMW모터스는 BMW 브랜드와 함께 미니Mini와 롤스로이스Rolls-Royce브랜드를 가진 글로벌 자동차 기업이다. 독일, 러시아, 멕시코, 영국, 오스트리아, 미국, 남아프리카 등 7개국에 위치한 9개의 생산 기지에서 수십 종에 달하는 차량을 생산한다. BMW브랜드 하나만으로 100개가 넘는 제품 라인을 이루고 있다. 여기에 미니와 롤스로이스의 다양한 제품을 더하면 제품 라인의 종류는 200개가 넘는 것으로 알려져 있다.

BMW본사 경영기획팀의 주 업무 중 하나는 이러한 다양한 제품이 어디에서 얼마만큼 생산되는지를 결정하는 공급계획Supply Chain을 수립하는 일이다. 이런 공급계획Supply Chain은 공급망 관리Supply-Chain Management: SCM의 일부이다. 공급망 관리Supply-Chain Management: SCM란 수요예측, 자재구매, 생산 및 물류 등 매출과 이익을 내기 위한 기업의 핵심 경영 활동을 포괄하는 개념을 뜻한다. 이를 가능케 하려면 제조업 전반에 걸쳐 데이터를 뽑아내고 정형화시켜 현장에 적용할 수 있는 유연함까지 모두 갖춰야 한다. 말 그대로 4차 산업혁명에 필수적인 조건이라고 해도 과언이 아니다.

완성된 자동차 운송 프로세스는 다수의 파트너가 참여하여 상당히 복잡하다. 대표적인 참여자로는 도로운재road transportation, 자동차 프로세싱, 화물운송업자freight forwarders, 항구 처리port handling, 해상수송ocean transport 등이며 각각의 모든 공급자들의 활동을 조정하고 연결하는 것은 다수 자동차 제조업자들을 위한 공급체인관리 실행 표준을 의미한다.

BMW는 BMW의 아웃바운드Out-bound에서 글로벌 공급체인의 예측가능성과 가시성 향상을 위해 노력하고 있는데, Wallenius Wilhelmsen Logistics는 미국, 유럽 그리고 남아프리카 공화국에서부터 오세아니아까지 BMW의 완성품 자동차에 대한 총 물류 부문의 책임자로서 역할을 담당하고 있다. 그 결과, BMW 완성품 공장에서 딜러dealer 파트너에게 완성된 자동차를 인도할 때까지 가시성과 예측가능성을 향상시키고 있다.

Wallenius Wilhelmsen Logistics는 BMW의 완성된 자동차가 제조공장 도어Door를 떠날 때부터 딜러Dealer의 쇼룸에 도착할 때까지의 아웃바운드Outbound 로지스틱스필요 서비스 제공 및 관리, 해운 서비스ocean services, 터미널 관리terminal management, 내륙 유통inland distribution, 수출입 지역의 기술적 서비스 등을 제공하며 이에 따라 BMW는 하도급업체 파트너들의 글로벌 네트워크 지원과 Wallenius Wilhelmsen Logistics의 글로벌 공급망관리SCM 시스템 구축에 노력하고 있다. Wallenius Wilhelmsen Logistics의 완성차 운송서비스 과정을 보면 다음 그림과 같다.

② German factory: Cars are Loaded on a truck at the factory headed for Zeebrugge port, Belgium

① Zeebrugge: The cars are scanned at the terminal

③ Zeebrugge: Cars are loaded on to a vessel for the journey to Australia

④ Melbourne: The cars are washed, inspected and made ready for delivery at vehicle Processing Center

⑤ Melbourne: The cars are ready for delivery to dealerships

　최근 글로벌 경쟁 패러다임이 기업 간 경쟁에서 네트워크 간 경쟁으로 변화하고 있다. 그리고 이러한 변화는 곧바로 기업들에게 실시간 연계를 통한 상생협력 체제의 구축을 요구하고 있다. 즉, 글로벌 시장 경쟁력을 확보하기 위해서는 산업 밸류 체인Value Chain상의 완성품 제조기업과 납품업체 간에 실시간 물류 흐름과 정보흐름의 가시화와 통합 관리가 형성돼야 한다는 것이다.

변화의 한 가운데는 RFID 등의 IT신기술 인프라 도입이라는 과제가 필수 요소로 자리잡고 있다. 기업 간 협업네트워크를 구축하는 것이 바로 네트워크 경쟁력을 확보하는 요체이기 때문이다. 특히 자동차산업에서는 이미 RFID 기술의 효용성이 높이 평가되고 있으며, 생산공정부터 완성차 물류까지 그 적용범위가 확대되고 있다.

출처: 김진희, 「자동차산업, 공급망관리 RFID화로 효율성 극대화」,
『IT Daily』, 2009.02.10.

참고문헌

1. Qin, Jian, Ying Liu and Roger Grosvenor, A Categorical Framework of Manufacturing for Industry 4.0 and Beyond, Procedia CIRP, Vol.52, 2016, pp.173－178.

2. 김창봉, 국제인증의 내외부 동기 요인과 공급체인의 반응성, 기업의 사업성과 간의 관계 연구, 국제상학, 제28권 제4호, 2013, pp.157－174.

3. Gerrefi G., Global Value Chains, Industry 4.0 and Korean Industrial Trnasformation, Global Value Chain Center, Duke University.

4. 김창봉·구윤철, 한국 수출입 제조 기업의 국제표준인증 활용과 파트너십 프로세스에 대한 연구, 통상정보연구, 제18권 제2호, 2016, pp.131－150.

5. American Production and Industry Control Society, 2002, APICS.

6. 김창봉·고혁진, 친환경활동이 공급체인성과와 환경성과에 미치는 영향에 대한 연구, 통상정보연구, 제12권 제4호, 2011, pp.257－277.

7. 김창봉·정순남, 공급체인 통합과 친환경 활동이 환경성과에 미치는 영향에 관한 연구, 국제지역연구, 제15권 제1호, 2011, pp.447－466.

8. Berger, R., Industry 4.0 : The New Industrial Revolution How Europe will Succeed, Roland Berger Strategy Consultants, 2014.

9. Lasi, H., fettke, Kemper, P., Ho, Feld, T. and Hoffmann, M., Industry 4.0, Business & Information System Engineering, Vol.6, 2014, pp.239－242.

10. Kagermann, H. Helbig, J., Hellinger, A. and Wahlster, W., Recommendations for Implementing the Strategic Initiative Industrie 4.0 : Securing the Future of German Manufacturing Industry, Final Report of the Industrie 4.0 Working Group, Forschungsunion, 2013.

11. 김창봉·박정호, 국내 IT기업의 특허활동요인이 경영성과에 미치는 영향연구, 통상정보연구, 제18권 제3호, 2016, pp.249－273.

12. 김창봉·남윤미, 비영리기관의 IT기술을 통한 경영혁신의 필요성: 한국 박물관 및 미술관의 사업성과 결정요인에 관한 실증 연구, e－비즈니스 연구, 제12권 제3호, 2011, pp.461－485.

13. 김창봉·남윤미·권승하, 기업 문화마케팅 동기와 e－글로벌 전략 요인이 고객관계성과에 미치는 영향관계에 대한 실증 연구, e－비즈니스 연구, 제 15권 제6호, 2014, pp.57－73.

14. 김창봉·엄연, 중국제조기업의 역물류 활동과 사업성과 간의 영향관계에 대한 연구 : 정보기술의 조절효과를 중심으로, 물류학회지, 제26권 제3호, 2016, pp.1－13.

15. Kim, C. B., Jung, J. N. and Ronto, S. E., The Impact of Green−Oriented Supply Chain Management Practices and Environmental Management Systems on the Organizational Performance of Korean Manufactures, Journal of Korea Trade, Vol.16, No.4, 2012, pp.27−55.

16. Chibba, A., Measuring Supply Chain Performance: A Framework for Prioritizing Measures, International Journal of Research in Business and Technology, Vol.6, No.2, pp.782−793.

17. Christensen, C., The Innovator`s Dilemma: When New Technologies Cause Great Firms to Fail, Harvard Business Review Press, 2013.

18. Lee, B., Cho, H. H. and Shin J., The Relationship between Inbound Open Innovation Patents and Financial Performance: Evidence from Global Information Technology Companies, Asian Journal of Technology Innovation, Vol.23, No.3, 2016, pp.289−303.

19. 김창봉 · 민철홍 · 박상안, 해외직구 · 역직구에서 중소기업의 참여와 성과에 영향을 미치는 결정요인에 관한 실증연구, 통상정보연구, 제18권 제4호, 2016, pp.3−29.

20. Buchmeisterm B. and Palcic, I., Bullwhip Effect Study in a Constrained Supply Chain, Procedia Engineering, Vol.69, 2014, pp.63−71.

21. 김창봉 · 이돈현, 전자통관 단일창구 활용 및 성과에 관한 실증연구, 관세학회지, 제11권 제3호, 2010, pp.29−50.

22. 김창봉 · 양루위, 중국기업의 정보교환, 공급체인 통합 프로세스와 고객만족 간의 인과관계에 대한 연구, 유통정보학회지, 제17권 제6호, 2014, pp.95−106.

23. 김창봉, GSCM글로벌 시스템 구축과 성과에 관한 연구, 물류학회지, 제13권 제2호, 2003, pp.67−87.

24. 김창봉 · 박완수, 글로벌 아웃소싱의 전개와 성과에 관한 연구, 통상정보연구, 제14권 제4호, 2012, pp.151−172.

25. 김창봉 · 박상안 · 정재우, 알기쉬운 무역학원론, 2010.

26. Ozelkan, E. and Rajamani, D., An Effective Framework for Teaching Supply Cain Manaement, Working Paper, 2006.

27. Qrunfleh, S. and Tarafdar, M., Lean and Agile Supply Chain Strategies and Supply Chain Responsiveness: The Role of Strategic Supplier Partnership and Postponement, Supply Chain Management: An International Journal, Vol.18, No.6, 2013, pp.571−582.

28. 김창봉 · 권승하, 국제인증 기업들의 글로벌 파트너십과 공급체인 대응성이 기업성과에 미치는 영향, 유통정보학회지, 제16권 제6호, 2013, pp.109−119.

29. 김창봉, 기업의 글로벌 통합이 경영성과에 미치는 영향에 관한 연구, 국제지역연구, 제10권 제1호, 2006, pp.331−405.

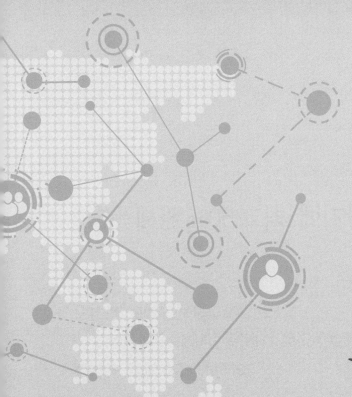

글로벌 비즈니스 환경분석

학습 목표

1. 4차 산업혁명의 등장에 따른 글로벌 비즈니스를 이해한다.
2. 산업혁명의 발전과정과 공급체인관리에 대해 이해한다.
3. 4차 산업혁명 시대의 공급체인관리 방향에 대해 이해한다.
4. 4차 산업혁명에 따른 글로벌 비즈니스 환경분석을 이해한다.
5. 글로벌 환경조사의 프레임워크를 이해한다.
6. 글로벌 비즈니스를 촉진하는 글로벌 환경요인을 이해한다.
7. 4차 산업혁명에 따른 Siemens 기업의 스마트 팩토리 사례를 이해한다.

CHAPTER 03 Content

Introduction: 미국, 삼성–LG 세탁기에 '최고 50% 관세폭탄'

I. 글로벌 기업의 환경분석

II. 글로벌 공급체인관리의 환경 특성

III. 글로벌 비즈니스를 촉진하는 글로벌 환경요인

Chapter 03 Case: Siemens의 스마트 팩토리

Introduction

"미국, 삼성-LG세탁기에 '최고 50% 관세폭탄'"

16년만에 수입제한 세이프가드 발동
年120만대까지 20%, 초과땐 50%... 태양광 전지에도 최대 30% 관세
우리 정부 "WTO 제소" 무역분쟁

미국이 초강력 수입제한조치인 '세이프가드'를 한국에 대해 16년 만에 발동했다. 미국 내 시장점유율 1위 품목인 한국산 세탁기와 한국이 미래 성장산업으로 보는 태양광 전지 및 전지판모듈 수출에 차질이 불가피해졌다. 한국 정부가 즉각 세계무역기구WTO에 제소키로 함에 따라 양국 간 무역 분쟁이 본격화하고 있다.

22일현지 시간 미국무역대표부USTR 로버트 라이트하이저 대표는 "도널드 트럼프 미국 대통령이 세탁기와 태양광 제품에 대한 세이프가드 부과를 승인했다"고 밝혔다. 미국이 세이프가드를 승인한 것은 2002년 한국산이 포함된 수입 철강제품에 대해 제한 조치를 한 후 처음이다.

이번 조치로 한국의 삼성전자와 LG전자가 미국으로 판매한 세탁기에 적용되어 온 0.3%나 1%의 초저율 관세 혜택이 전면 폐지됐다. 미국은 그 대신 20% 이하의 세금을 매기는 저율관세할당TRQ 물량을 연간 120만 대로 제한하고 이 기준을 넘는 세탁기에는 고율의 세금을 부과한다. 120만 대까지는 올해 20%, 2019년 18%, 2020년 16%의 세율을 매기는 반면 120만 대 초과 물량에는 올해 50%로 중과세한 뒤 2019년 45%, 2020년 40%로 연간 5%포인트씩 내리는 방식이다. 미국에 세탁기를 수출하는 외국 업체는 삼성과 LG뿐이어서 사실상 한국산을 겨냥한 보호무역 조치가 가동된 셈이다. 두 회사는 지난해 미국 내 세탁기 판매로 약 2조 원의 매출을 올린 것으로 추정된다. 아울러 미국은 한국과 중국에서 수입된 태양광 전지와 모듈에 대해 판매량 기준 2.5GW기가와트까지는 관세를 면제하는 반면 이를 초과하는 물량에 올해부터 4년 동안 15~30%의 관세를 매긴다.

당초 미 국제무역위원회ITC는 미국과 자유무역협정FTA을 체결한 국가에서 생산된 세탁기는 세이프가드에서 배제하라고 권고했다. 한국은 한미 FTA덕에 국내 공장에서 만들어 미국으로 판 세탁기 물량만큼은 초저세율이 유지될 것으로 봤지만 USTR는 한국산조차 세이프가드 대상에 넣었다.

경기 하남시 스타필드하남 내 한 대형마트 매장에서 고객들이 세탁기를 둘러보고 있다. 동아일보 DB

이런 보호무역 조치에 대해 한국은 미국이 과거 잘못 부과한 반덤핑 관세를 상쇄할 정도의 보복관세를 매기는 방법으로 맞대응하기로 했다. 미국은 2013년 한국산 세탁기에 대해 반덤핑 관세를 물렸다가 2016년 WTO에서 덤핑이 아니라는 판정을 받았다. 최원목 이화여대 법학전문대학원 교수는 "미국과의 통상 갈등은 이제 전면전이 시작됐다"며 "세이프가드에 맞서 한국도 강력한 수단을 동원해야 한다."고 말했다.

:: **세이프가드**Safeguard ::

특정 품목의 수입이 크게 늘어 자국 산업에 큰 피해가 생길 때 한시적으로 관세를 부과하거나 수입량을 제한하는 조치.

美, 삼성-LG세탁기에 '최고 50% 관세폭탄' [동아일보] 16년만에 수입제한 세이프가드 발동 年120만 대까지 20%, 초과땐 50%… 태양광 전지에도 최대 30% 관세 우리 정부 "WTO 제소" 무역분쟁 미국이 초강력 수입제한조치인 '세이프가드'를 한국에 대해 발동.

출처: 이건혁 기자, 「美, 삼성-LG세탁기에 '최고 50% 관세폭탄'」,
『동아일보』, 2018.01.24.

I 글로벌 기업의 환경분석

01 | 공급체인관리에 영향을 미치는 4차 산업혁명 요인

오늘날 글로벌 비즈니스는 전 세계의 경제블록화, 글로벌 통합과 현지대응의 압력, 디지털 혁명의 급속한 변화, 사물형인터넷Internet of Things: IoT을 기반으로 한 개방적 혁신의 확산 등과 같이 과거에 경험에 보지 못했던 4차 산업혁명시대에 따른 글로벌 비즈니스 환경에 동시다발적으로 노출되게 되었다.[1] 4차 산업혁명은 Industry 4.0 기술을 기반으로 생산현장을 비롯하여 산업 전반에 광범위하게 영향을 미치고 있으며, 점차 그 범위와 규모가 확대될 전망이다. 또한 전 세계가 역내 및 역외에 경제 블록화가 심화되고 있으며, 기업의 공급체인관리 활동은 장기적으로 4차 산업혁명의 영향으로 각국의 무역환경 및 무역정책에 큰 영향을 미칠 것으로 보인다.[2]

무역정책은 한 나라의 정부가 특정 경제적 목적을 달성하기 위하여 수출입활동과 같은 대외적 경제활동에 개입하는 것을 말하며, 오늘날 한국의 국제무역이 1조 달러 규모로 성장하게 된 배경에는 우리나라의 경제성장 단계에서 국제무역이 차지하는 비중이 그만큼 크다는 것을 반증하고 있다.[3] 우리나라뿐만 아니라 경제성장 단계에서 경제적 목적을 달성하기 위해서 대부분의 국가들이 정부 주도의 무역정책을 통해 대외 경쟁력을 확보하려 하였으며, 이 과정에서 각국의 정부는 자국산업을 보호하면서 수출산업의 경쟁력을 점진적으로 확보하는 무역정책을 수행하였다.[4]

4차 산업혁명으로 인해 문화 및 정치적 변화, 원가곡선의 이동, 기술의 진보, 신고객의 출현 등의 요인이 주는 공급체인관리에 영향을 미칠 것으로 보인다. 문화 및 정책적 변화는 공급체인관리에 영향을 주는 4차 산업혁명 요인이며, 최근 영국의 브렉시트Brexit, 트럼프 행정부의 FTA 재협상 한국 철강 제품 등을 포함해서 중국 수출제품에 고관세 부과 등이 문화 및 정치적 변화로 나타나는 대표적인 현상들이라고 할 수 있다.[5]

4차 산업혁명 시대의 Global SCM

원가곡선의 이동은 전 세계 공급체인관리 시장에서 원재료 공급, 제품의 생산 및 조립에 영향을 미치며, 4차 산업혁명의 확산으로 기존의 생산 및 조립기능이 글로벌 소싱과 조달로 원가곡선의 대규모 이동이 발생하고 있다. 원가곡선의 이동은 전 세계 공급체인관리 시장에서 글로벌 소싱과 조달로 제품의 단위당 원가가 체감하는 방향으로 이동하는 것을 말한다.[6]

기술의 급진보가 확산되면서 사물형 인터넷Internet of Things: IoT, 가상현실Virtual Reality: VR, 증강현실Augumented Reality: AR 등의 기술이 공급체인관리 전반에 확산되면서 공급체인망 네트워크에 일시적인 혼란이 예상된다. 디지털 혁명의 확산으로 4차 산업혁명시대가 도래하면서 공급체인관리도 디지털 공급체인관리Digital Supply Chain Management: DSCM, 스마트 공급체인관리Smart SCM으로 발전되고 있다.[7]

디지털 혁명의 확산에 따른 신고객의 출현은 공급체인관리의 구조적 변화에 영향을 미치며, 디지털 고객, 디지털 제품, 디지털 경로, 디지털 설계, 디지털 유통 등의 형태가 공급체인관리에 영향을 주게 된다.

그림 3-1 공급체인관리에 영향을 미치는 4차 산업혁명요인

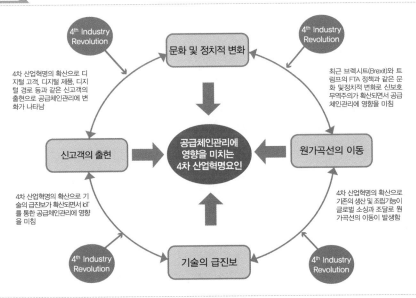

63

CHAPTER 03 글로벌 비즈니스 환경분석

02 | 공급체인관리의 디지털화

　오늘날 전 세계의 경제적 규모가 커지고 지역별로 사회적 부富가 확충된 것은 산업혁명의 변화, 경제개발의 원동력이 되었고, 산업혁명의 발전 과정은 곧 무역의 발전에 기인한다. 국제무역에 있어서 관세 및 비관세 장벽은 산업혁명의 발전과 함께 중요한 의미를 가진다. 관세 및 비관세 장벽은 정부가 국제무역에 개입을 하고자 할 때 관세, 혹은 비관세 장벽을 활용해서 무역규제를 하는 방법으로 사용하고 있다.[8] 관세장벽은 수입상품에 부과되는 일종의 세금으로 수입가격에 대해서 일정한 비율의 관세를 부과하게 되는데, 결과적으로 관세는 해당국가에 대한 소비자들의 후생을 감소시킬 뿐 아니라 세계경제의 후생악화를 가져온다는 불편익이 발생하게 된다.[9] 비관세장벽은 수입할당제, 보조금, 자율수출규제, 현지화 비율규정 등과 같이 행정절차에 의한 무역규제를 말하며, 최근에 선진국에서는 과거 개발도상국에 널리 사용하였던 현지화 비율규정과 같은 비관세 장벽을 사용하여 무역규제를 하고 있다.[10] 본 장에서는 공급체인관리의 디지털화, 즉 산업혁명의 발전과정과 공급체인관리와 4차 산업혁명시대의 공급체인관리 방향에 대해서 살펴보고자 한다.

1) 산업혁명의 발전과정과 공급체인관리

　산업혁명의 발전과정은 1차 산업혁명시대Industry 1.0의 출현부터 4차 산업혁명시대Industry 4.0까지 공급체인관리에 많은 영향을 미쳐왔다. 오늘날 4차 산업혁명시대는 앞으로 디지털 생태계 시대로 발전될 전망이며, 이에 따른 공급체인관리의 구조적 변화가 예상된다.

　인더스트리 1.0Industry 1.0은 1800년대에 면직물과 증기의 발전을 통한 기계적 생산의 발명으로 1차 산업혁명시대가 열렸으며, 이 시대는 생산현장에 기계적 생산을 발명한 시대로 아직 물류가 출현하지 않은 시대이다.

　인더스트리 2.0Industry 2.0은 1900년대에 전기 및 연소엔진의 발전으로 기계를 통한 대량생산이 출현하였으며, 생산 현장에 조립라인이 도입된 시기이며, 1차 산업혁명시대는 생산현장에 대량생산, 조립라인이 도입되어 적용되는 시기로 물류의 개념이 출현한 시대이다.

　인더스트리 3.0Industry 3.0은 1970년대에 생산과정에서 자동화의 진보로 전자, IT, 산업로봇 등이 등장한 시대이며, 3차 산업혁명시대는 산업현장에 컴퓨터와 인터넷을 활용한 전자 및 IT 활용으로 정보화 시대가 열렸다. 이 시대는 산업현장에 IT가 접목되고 폭 넓게 ICT 기술이 확산되면서 물류, 로지스틱스, 공급체인관리가 출현한 시대이다.

인더스트리 4.0Industry 4.0은 2015 + 년에 디지털 공급체인, 스마트 생산, 디지털 제품 및 서비스, 비즈니스 모델이 본격적으로 확산된 시기이며, 4차 산업혁명시대는 산업현장에 디지털 기술을 활용한 기술의 급진보가 일어나면서 디지털 혁명시대에 따른 공급체인관리에 변화가 나타났다.

디지털 생태계Digital ecosystem는 2030 + 년에 공급체인관리가 유연하고 통합된 밸류체인 네트워크, 가상화된 처리, 가상화된 고객 연계가 출현한 시대이며, 디지털 생태계 시대는 산업현장에 디지털 생태환경의 변화에 따른 공급체인관리의 구조적 변화가 나타나는 시대이다.[11]

✅ 그림 3-2   산업혁명의 발전과정과 공급체인관리

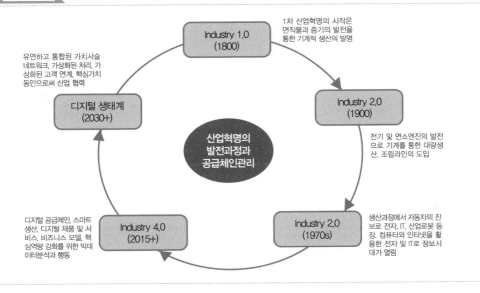

2) 4차 산업혁명시대의 공급체인관리 방향

4차 산업혁명시대는 디지털 혁명으로 전 산업에 걸쳐서 인적, 물적, 지식, 정보, 자금의 흐름에 변화를 가져왔으며, 오늘날 전 세계적으로 기술관련 무역환경에 대한 규제가 점차 심화되고 있는 추세이다. 또한 최근 기후변화, 환경오염, 자연재해의 문제가 관심사로 떠오르면서 다수의 환경관련 국제협약이 체결되었다.[12] 기술관련 무역환경 규제는 비관세 장벽의 일종으로 기술규정, 표준, 인증제도 등과 같은 기술장벽Technical Barriers to Trade: TBT, 환경규제, 통관규제, 위생 및 검역조치, 수입규제, 원산지 규정 강화, 수량제한 등의 형태로 나타나며, 기술관련 무역환경 규제가 오늘날 새로운 비관세 장벽으로 등장하고 있는 추세이다.[13]

4차 산업혁명시대의 공급체인관리는 산업현장에 디지털 작업장, 디지털 공학 및 제조, 디지털 공급체인, 디지털 제품/서비스/비즈니스 모델, 디지털 고객 및 경로관리까지 전반적인 혁신을 촉진하고 활성화시키는 방향으로 발전되고 있다. 디지털 작업장은 E-금융, 디지털 HR, 내부지식 공유 등이 확산되어 작업장에 혁신적인 변화가 나타났으며, 4차 산업혁명시대는 제품 및 서비스를 공급하는 작업환경부터 최종고객까지 공급체인 네트워크의 성격을 변화시키고 있다.[14]

디지털 공학 및 제조는 4차 산업혁명으로 인해 생산현장에 디지털 공학을 접목시키고, 디지털 제조를 통해서 공급체인관리에 혁신을 가져왔으며, 이는 수직적 통합, 빅데이터 처리의 최적화, 예측 유지, 환경감시, 현실 확장, 디지털 공학 통합, 디지털 공장 등으로까지 확산되고 있다.

디지털 공급체인관리Digital Supply Chain Management: DSCM는 계획 및 실행의 통합, 로지스틱스 가시성으로 공급체인관리의 디지털화가 확산되었으며, 조달 4.0 스마트 창고, 효율적 예비 부품 관리, 자동화 및 B2C 로지스틱스, 기술적 공급체인 분석이 가능하게 되었다.[15]

4차 산업혁명의 확산으로 디지털 제품, 서비스, 비즈니스 모델의 변화에 따른 공급체인관리 전략이 모색되며, 디지털화가 촉진된 제품, 지능과 연계된 제품 및 인공지능 솔루션, 자동화 및 데이터 기반 서비스, 디지털 비즈니스 모델 등이 공급체인관리를 촉진하게 된다.

그림 3-3 4차 산업혁명시대의 공급체인관리 방향

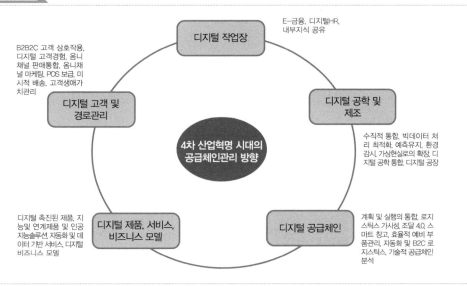

II 글로벌 공급체인관리의 환경분석

01 | 글로벌 공급체인관리의 환경 특성

1) 글로벌 기업의 환경분석의 개념

기업이 글로벌 시장을 대상으로 글로벌 공급체인관리를 운영해 나가는 데 진출하고자 하는 지역 간의 차이가 나타나며, 파트너기업이 속해있는 국가와의 글로벌 환경 측면에서 동질적, 혹은 이질적 요인들이 글로벌 공급체인관리를 운영하는 데 있어 제약적인 요소로 작용하고 있다. GSCM 환경조사는 글로벌 환경요인의 관점에서 글로벌 공급체인관리에 영향을 미치는 환경요인을 사전에 조사함으로써 글로벌 공급체인관리의 운영효율성을 높이려고 하는데 있다.16

GSCM 환경조사는 내부적 환경과 외부적 환경으로 구분되는데, 내부적 환경은 기업의 시장점유율, 독점적 기술보유도, 제품군, R&D 집약도 등의 요인들이 포함되고, 외부적 환경에는 정치적 환경, 경제적 환경, 법적 환경, 사회문화적 환경 등과 같은 거시적 환경 요인들과 함께, 경쟁업체, 고객, 공급업자, 기술 등과 같은 미시적 환경 요인들이 모두 포함된다.

따라서 GSCM 환경조사는 기업이 글로벌 공급체인관리를 운영함에 있어서 내부적 환경과 외부적 환경을 조사하고 분석하여 기업의 강점과 약점은 무엇이고, 기회와 위협이 되는 요인들은 어떤 것이 있는가를 조사해서 글로벌 공급체인관리계획에 반영하는 것이다.

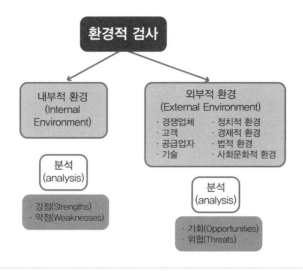

✅ 그림 3-4   GSCM 환경조사의 개념

2) 글로벌 기업의 환경분석의 사례

삼성전자는 2000년대 말에 접어들면서 두 번의 경영위기에 직면하였는데, 그 첫 번째는 Sony와의 기술격차를 줄이면서 소니의 기술을 어떻게 따라잡을 것인가 하는 문제였으며, 또 하나는 Apple과의 기술 상향 평준화를 극복하는 문제였다. 삼성전자는 글로벌 기업의 치밀한 환경분석을 통해서 오늘날 글로벌 기업으로 성장하였다.

삼성전자는 TV 분야에서 Sony의 기술을 따라잡는 전략을 구체화하기 위해서 기술, 품질, 디자인의 대대적인 프로세스 혁신을 수행하면서 Sony를 제치고 선두자리를 탈환하였다. 삼성전자가 Sony와의 경쟁에서 이길 수 있었던 것은 기술, 품질, 디자인의 기반 위에서 성공적인 공급체인관리를 운영하고 관리한 데 있으며, 또한 공급체인관리의 지속성장가능성을 높이기 위해서 프로세스혁신을 달성한 것이 주된 성공요인으로 작용하였다.[17]

2009년대에 접어들면서 기술 상향 평준화 시대가 도래하면서 이전에 Sony와의 경쟁에서 성공하였던 기술, 품질, 디자인으로 경쟁하는데 한계가 생겼다. 삼성전자가 이 기술 상향 평준화 시대에 글로벌 비즈니스에서 승자가 된 것은 효율적인 공급체인관리를 통한 신속대응력, 속도, 민첩성 등 이 세 가지가 Apple과의 경쟁에서 성공요인으로 작용하였다.

Google과 안드로이드폰을 개발하는 단계에서 비슷한 기술력과 품질 및 디자인 수준이라면 경쟁기업보다 빠르게 신속대응력을 높이면서 민첩하게 시장에 진입해야 하는데, 이 삼성전자가 가지고 있는 공급체인관리를 통한 신속대응력, 속도, 민첩성이 오늘날 Apple과의 경쟁에서 선점자의 우위를 확보하고 있는 근간으로 작용하였다.

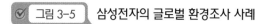
그림 3-5 삼성전자의 글로벌 환경조사 사례

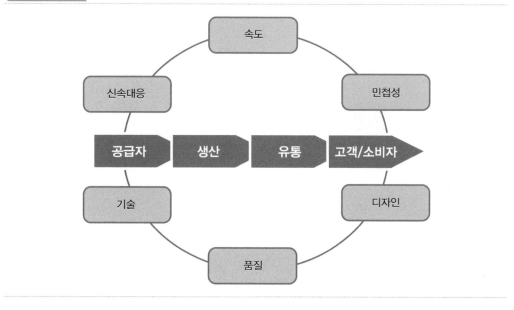

02 | GSCM 환경조사의 프레임웍

GSCM 환경조사의 프레임웍은 외부환경분석, 내부환경분석, 유통 채널/미디어 분석을 결합하여 글로벌 공급체인관리의 환경조사를 수행한 후에, SWOT 분석을 통해서 마케팅 목표를 설정하기 전에 전략의 방향을 도출하는 것이 선행되어야 한다. 이 SWOT 분석의 결과에 기초해서 마케팅 목표를 설정하고, STP 전략 수립을 세워서 시장을 세분화하고, 표적시장을 선정하고 포지셔닝 전략을 세우는 것이 중요하다. 또한 STP 전략 수립의 결과를 토대로 마케팅 4Ps 전략을 세워 행동계획으로 옮기는 과정들이 GSCM 환경조사의 프레임웍에 포함된다.[18]

1) 외부환경분석

외부환경분석을 위한 도구는 일반적으로 PEST 분석과 STEEP 분석, 두 가지 방법이 많이 사용된다. PEST 분석은 진출하는 지역과 국가의 외부적 환경을 분석하는 것으로 정치politics, 경제economics, 사회social, 기술technology 등 4개의 요인을 글로벌 공급체인관리의 외부환경분석에 반영해야 하며, PEST 분석은 이 요인들의 약자를 지칭하는 것이다. STEEP 분석은 PEST 분석보다 더 포괄적인 내용들을 포함하고 있으며 사회social, 기술technology, 경제economy, 생태ecology, 정치ー법률political-legal 등 5개의 요인을 글로벌 공급체인관리의 외부환경분석에 반영해야 한다.[19]

2) 내부환경분석

GSCM 환경조사의 프레임웍으로 우선 외부환경분석을 수행한 후에, 내부환경분석 단계로 진행한다. 내부환경분석 중에서 3C가 가장 대표적이며, 3C는 자사company, 고객customer, 경쟁자competitor 등 3개 요인의 약자를 지칭하는 것이다. 내부환경분석으로 3C 분석은 PEST 분석, STEEP 분석과 함께 GSCM 환경조사의 프레임웍에서 중요한 위치를 차지하고 있다.

3) 유통 채널/미디어

유통 채널/미디어는 GSCM 환경조사의 프레임웍에서 외부환경분석, 내부환경분석을 수행한 후에, 다음 단계에서 실행하는 것으로, 기업이 진출하고자 하는 지역과 국가를 대상으로 내·외부 환경분석을 위해 진출 국가의 유통 채널/미디어 분석을 통해서 SWOT 분석의 기초자료를 제공하는 단계이다.

4) SWOT 분석

GSCM 환경조사의 프레임웍에서 SWOT 분석은 외부환경분석, 내부환경분석, 유통 채널/미디어 분석 다음 단계에 수행하는 것으로, 기업의 내부 및 외부환경분석 결과에 기초하여 기업 내부의 강점과 약점은 보완하고, 기업 외부의 기회와 위협요소를 파악하여 마케팅 전략을 수립하는 단계이다.

5) 마케팅 목표 설정

마케팅 목표 설정 단계는 핵심성공요인과 주요성과지표를 수립해서 마케팅 목표를 설정해야 한다. 핵심성공요인Critical Sucess Factor: CSF의 목적은 균형성과표Balanced Score Card: BSC 관점과 전략을 바탕으로 성공적 달성에 필요한 핵심성공요인을 도출하고 Map을 작성한다. 핵심성과지표Key Performance Index: KPI는 핵심성공요인에 근거하여 전략의 달성 여부를 판단할 수 있는 핵심성과지표를 도출하는 것이 주된 목적이다. 마케팅 목표 설정은 GSCM 환경조사의 프레임웍에서 핵심성공요인과 핵심성공요인으로 도출된 결과에 기초하여 마케팅 목표를 설정하는 단계이다.

6) STP 전략 수립

STP 전략 수립은 기업이 진출하고자 하는 지역과 국가를 대상으로 시장을 세분화하고, 표적시장을 선정한 이후에, 포지셔닝전략을 세우는 것이며, 기업은 이 STP 전략을 수립해서 마케팅 현장에 접목시키면서 사업성과를 높이는 전략이다. 시장세분화는 성별, 연령, 소득, 지역 등과 같은 인구사회학적 특성에 따라 시장을 분류하는 것이며, 표적시장은 시장세분화를 통해 결정된 시장에서 자사의 제품 역량과 이미지 등을 고려하여 가장 적합한 시장을 표적시장으로 선정하는 것이다. 포지셔닝은 시장세분화를 통해서 시장을 나누고, 그 시장에서 표적시장을 선정한 후에, 고객의 입장에서 자사의 제품 및 이미지를 포지셔닝시키는 것이다.

7) 4P 전략 수립

SWOT 분석을 토대로 마케팅 목표를 설정한 후에, STP 전략을 수립하고, 다음 단계로 4P 전략을 수립한다. 4P 전략은 마케팅 믹스 전략이라고도 하며, 마케팅 믹스 전략은 제품Product, 가격Price, 유통Place, 촉진Pomotion 등 4개의 요인을 뜻하며, 4P 전략은 이 4개의 약자를 지칭하는 것이다. 제품은 제품의 경쟁력을 파악하는 것으로써 제품과 서비스의 기능, 브랜드 이미지, 품질, 상품 등을 체계적으로 분석하여 파악한다. 가격은 제품경쟁력 및 제품수명주기에 따른 시장 환경을 파악한 후에, 기업의 입장에서 원가대비 수익을 창출할 수 있는 가격대이면서, 소비자의 입장에서 가성비를 확보할 수 있는 가격대로 설정해야 한다. 또한 유통은 제품의 강점을 파악하고 제품 경쟁력에 따른 가격이 결정된 후의 단계로 판매 장소 및 유통경로를 결정하고 확보하는 것을 뜻하며, 촉진은 고객의 요구를 반영시킨 마케팅 및 판매촉진 전략과 연관된다.

8) 행동 계획

　GSCM 환경조사의 프레임웍은 크게 SWOT 분석 이전 단계와, 이후 단계로 구분되는데, SWOT 분석 이전 단계는 외부환경분석, 내부환경분석, 유통 채널/ 미디어 분석 등 3단계가 수행되며, SWOT 분석 이후 단계는 마케팅 목표 설정, STP 전략 수립, 4P 전략 수립 등 3단계를 수행한 이후 최종적으로 이를 행동 계획에 옮기는 단계이다.

III 글로벌 비즈니스를 촉진하는 글로벌 환경요인

01 | 글로벌 환경요인의 개념

　기업은 해외시장 진출에 있어 본국의 경영환경과 다른 다양한 글로벌 환경요인에 직면한다. 글로벌 환경요인은 정치적 요인, 경제적 요인, 문화적 요인, 인구사회학적 요인 등이 있으며, 이 외에 제도적 요인, 법률적 요인, 종교적 요인, 지역적 요인 등 다양한 요인이 있으나, 본 장에서는 정치적 요인, 경제적 요인, 문화적 요인, 인구사회학적 요인 등을 중심으로 글로벌 환경요인을 살펴보고자 한다.

　정치적 요인에는 진출 국가의 정치적 불안정을 포함해서 이데올로기, 제도, 국제적 연계 등으로 인해 기업들이 글로벌 공급체인관리를 도입하는데 있어서 사업성과에 직접적인 영향을 미치는 요인들이 포함된다.[20]

　경제적 요인은 진출 국가가 보유하고 있는 천연자원을 포함해서 사회인프라 기반시설의 구축 정도로 기업의 글로벌 공급체인관리 운영, 경영활동에 많은 영향을 미치며, 진출 국가의 노동력, 기술, 자본 등과 같은 생산요소를 어떻게 활용하느냐에 따라 글로벌 공급체인관리의 성패가 달려있다.[21]

　문화적 요인은 진출 국가의 문화적 차이로 인해 기업의 글로벌 공급체인관리를 이전시키는데 어려움이 따르며, 이 문화적 요인은 진출 국가가 다른 국가들과 독특한 차이를 보이고 있는 요인들로 사회구조와 원동력, 직업윤리와 생산성, 성적 역할, 종교와 의식, 언어 등이 해당된다.

　인구사회학적 요인은 기업이 글로벌 공급체인관리를 발전시켜 나가는 데 있어서 전 세계의 인구사회학적 특성과 차이를 보이고 있는 인구성장률, 연령구조와 건강상태, 도시화, 1인당 국민소득 등과 같은 요인들을 말하며, 이 인구사회학적 요인은 기업의 글로벌 공급체인관리에 긍정적, 혹은 부정적 요인으로 작용한다.[22]

02 | 글로벌 공급체인관리를 촉진하는 글로벌 환경요인

전 세계의 글로벌 기업들이 글로벌 시장을 대상으로 글로벌 효율성을 추구하면서 현지 대응력을 높여가는 과정에서 기업의 진출 지역과 국가에 따라 다양한 여러 가지의 경영환경에 직면하게 된다. 글로벌 공급체인관리는 기업들이 전 세계시장을 대상으로 공급자, 제조업자, 창고, 보관업자, 소매상, 고객까지의 공급체인 상의 정보, 물자, 현금의 흐름을 통합적으로 관리한다.[23] 따라서 글로벌 공급체인관리를 촉진하는 글로벌 환경요인으로 경쟁압력, 기업의 사회적 책임, 고객 기대, 역할 변화, 글로벌 역량, 정보기술 활용 및 글로벌 소싱, 글로벌 통합 및 리드타임 단축을 중심으로 설명하고자 한다.

1) 경쟁 압력

글로벌 시장에서 기업들은 경쟁우위를 확보하기 위해서 노력하고 있다. 끊임없이 원가를 낮추어 가격 경쟁력을 확보하기 위한 노력, 제품을 모방할 수 없도록 새로운 디자인과 새로운 공정을 개발하고 혁신을 모색한다. 또한 파트너 기업들과 관계를 강화하여 교환비용이 발생할 수 있도록 하고 있다. 이는 경쟁기업의 진입, 국가의 규제 등 경쟁압력이 작용하고 있기 때문이다.

2) 기업의 사회적책임

최근 기업의 사회적 책임corporate social responsibility : CSR이 주요 이슈로 떠오르고 있다. 따라서 기업들은 3대 성과지표인 경제적, 환경적, 사회적 성과를 인식하여 고객이 원하는 선량하고 윤리적인 사업을 영위하기 위해서 노력하고 있다. 이는 기업들이 글로벌 사회규범을 이해하고 공급체인의 작업환경과 마케팅 활동을 점검하여 기업의 행동지침을 개발, 시행, 보급해야할 필요가 증대되고 있다.

3) 고객 기대

고객들은 최상의 품질, 신속한 대응, 공급가능성, 지속적인 혁신 등 기업에게 요구하는 기대가 높아지고 있다. 기업들은 성과를 감소시키지 않는 범위 내에서 고객의 기대에 부응해야만 한다.

따라서 기업들은 아웃바운드 영역인 고객의 마음속으로 들어가기 위해서 능동적으로 기업의 혁신을 수행하고, 지속적인 개선을 위해 적절한 학습조직과 마케팅 계획을 구축해야 한다.[24]

4) 역할 변화

최근 기업들이 공급체인 네트워크를 구축하는 데 있어 공급체인 참여 기업들 간의 역할이 변화하고 있다. 기업들은 생산, 판매, 물류, 마케팅 등의 대부분을 아웃소싱하고 기업의 핵심역량에 집중투자하면서 발생하는 현상이다. 기업의 경계가 불분명해지고 변화하는 시장환경에 적응하기 위해서 기업은 새로운 관계를 관리하기 위해 공급체인 네트워크의 부가가치를 향상시키기 위한 핵심역량의 개발이 필요하다.[8] 또한 공급체인의 투명성을 확보하여 역할 이전 기회를 적극적이고 공식적으로 평가하여 공급체인 구성원들이 상호 위험과 이익을 공유함으로써 장기적인 관계를 정립해야 한다.[10]

5) 글로벌 역량

기술혁신, IT의 발달로 인한 글로벌화를 통해, 기업들은 전 세계를 하나의 시장으로 통합하여 전 세계 소비자들을 대상으로 기업의 활동을 영위할 수 있게 되었다. 따라서 기업들은 공급체인관리를 통해 제품을 생산하고 공급할 수 있는 글로벌 생산 및 유통망을 설계해야 할 필요성이 증가되었다. 또한 의사소통, 문화, 거리, 문서화 등 국제적인 지식과 유연함을 바탕으로 글로벌 시장에 성공적으로 진출하기 위한 노력과 함께 무역 활동과 연계된 관세 업무역량을 강화시킬 노력이 필요하다.[9]

6) 정보기술 활용 및 글로벌 소싱

정보기술 활용은 기업의 글로벌 운영전략에 영향을 미친다. 정보기술 활용은 정보공유를 위한 네트워크를 구축하고 정보시스템의 활용도를 높이면서 정보기술을 통한 기업역량을 개발하는 것이며, 정보기술 활용은 글로벌 공급체인관리의 운영효율성과 사업성과에 직접적인 영향을 미친다.[3] 글로벌소싱은 기업들이 글로벌 공급체인관리를 운영하면서 비용이 저렴한 국가들로부터 원재료 및 원산지 정보를 획득하기 위해 노력하고 있다.[24] 오늘날 글로벌 소싱은 다수의 기업들이 이전보다 더 글로벌화된 공급기반을 확보하였으며, 여러 국가들은 공급자로서의 역할을 하면서 글

로벌 소싱의 이점을 획득하게 되었다.[25]

7) 글로벌 통합 및 리드타임 단축

자동차 산업의 JIT 생산방식은 주요 공정에서 시간단축의 압력으로 리드타임 기반의 경쟁을 촉진시켰다. 낭비제거와 공급자 통합 생산을 지속적으로 개선하여 시간과 노력에 대한 낭비를 감소시켰다. 또한 글로벌 지역에서 오프쇼링이 활발하게 이루어짐으로써 공급체인이 확장되어 리드타임이 길어지게 되었다.[26] 따라서 기업들은 GSCM을 통하여 에너지와 비용 낭비를 감소시키고, 주문이행 시간, 신제품 개발시간 등을 단축시키기 위해 관련 지식, 기술, 공급체인 네트워크 역량을 축적해야 한다.

✓ 그림 3-6 글로벌 공급체인관리를 촉진하는 글로벌 환경요인

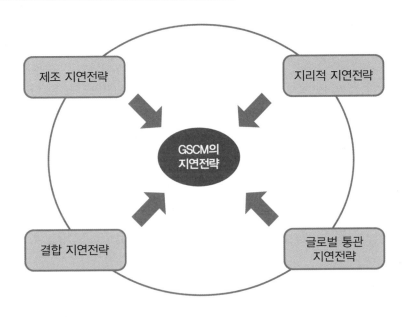

CHAPTER 03
Case ▶

"SIEMENS 스마트 팩토리 사례"

(1) 지멘스의 일반적 개요

지멘스Siemens는 독일 베를린과 뮌헨에 본사를 둔 세계적인 전기전자기업이다. 2017년 연례 보고서에 따르면 약 372,000명의 직원을 보유하고 있으며, 핵심 역량은 전력화, 자동화, 디지털화 영역에 집중하고 있다. 사업 분야는 전력 및 가스발전, 송/변전, 에너지 관리, 건축 기술, 유동성, 디지털 공장 및 공정 산업 및 드라이브 뿐 아니라 전략 단위의 헬스니어메디컬 영상과 임상 진단 분야, 신 재생 에너지 등 매우 다양하다.

지멘스는 품질을 높이는 설계, 물류 속도를 높이는 설계, 운송 시간의 단축, 비용을 줄이는 설계를 바탕으로 산업 자동화 솔루션을 개발하여 경쟁이 치열한 글로벌 산업 분야에서 수익을 창출하고 발달된 하드웨어와 소프트웨어를 통합시켜 독일의 4차 산업혁명 대비 정부 정책 사업의 일환인 차세대를 위한 Industry 4.0에 기여하고 있다. 지멘스는 적극적으로 필요한 기술을 지닌 회사들에 대한 인수를 통해 전체 공급체인관리의 최적화를 구현하고 있다. 작년에는 전자설계자동화EDA 소프트웨어업체인 멘토 그래픽스를 인수하였으며, 디지털 트윈Digital twin, 즉 가상적인 디지털화를 통해 현실과 결합시킬 수 있는 역학 설계와 테스트, 새로운 제품을 위한 전자 시스템의 시뮬레이션과정을 기업통합적인 관점에서 발전시키고 있다.

지멘스는 그림 1과 같이 세 가지 요인을 4차 산업 시대에 필요한 요인들로 선정하였다. 인공지능, IOTInternet of Things, 클라우드, 3D 프린트, 스마트 로봇 기술을 바탕으로 제품 디자인, 생산 설계, 생산 엔지니어링, 생산 실행, 서비스의 5단계에 적용시켜 융합된 기술로 밸류체인을 통합시키고 최상의 성과 창출을 목표로 하고 있다.

그림 1. Industry 4.0을 위해 필요한 주요 요인들

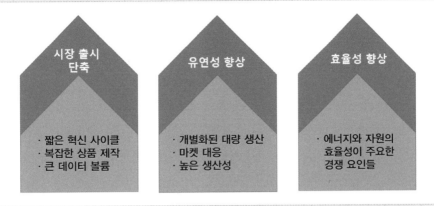

최근 지멘스는 클라우드 기반의 개방형 IIoTIndustrial Internet of Things 운영 시스템인 '마이드스피어MindSphere를 출시하였으며, 접근성이 뛰어난 아마존웹서비스에서 어플리케이션이 호스팅이 되도록 연결시켰다.

(2) 암베르크의 지멘스 스마트 팩토리

독일 암베르크에 위치한 지멘스의 공장은 EWAElectronics Works Amberg라고도 불리며 디지털 팩토리의 대표적인 예이다. 스마트 팩토리란 설계, 계발, 제조 및 유통, 물류 등 생산 과정에 디지털 자동화 솔루션이 결합된 정보통신기술ICT을 적용하여 생산성, 품질, 고객만족도를 향상시키는 지능형 생산 공장으로 공장 내 설비와 기계에 사물인터넷IOT이 설치되어 공정 데이터가 실시간으로 수집되고 데이터에 기반한 의사결정이 이루어짐으로써 생산성을 극대화를 목적으로 한다기획재정부, 2010.

지멘스 암베르크 공장은 산업별 밸류체인을 완전하게 통합시켜 개발, 생산, 공급 과정까지의 전체적인 데이터를 통합시켜 전체 공급체인을 최적화하는 데에 집중하고 있다. 초기 단계에는 디지털 프로토타입을 이용해 제조 공장을 가상 설계하여 생산과정이 제조할 제품에 완벽하도록 최적화시키는 작업을 우선적으로 실시한다. 설계와 생산에 가능한 최적의 조합을 유지하기 위해 이 공장은 제품수명주기관리Product Lifecycle Management: PML, 제조실행시스템Manufacturing Execution System: MES, 통합 자동화 시스템Totally Intergrated Automation: TIA의 기술을 활용하고 있다. 공장의 자동화 수준은 약 75%이며, 제조실행시스템인 SIMATIC 장치와 제어 시스템을 활용하여 1초당 1개의 제품을 생산해내고, 빠른 생산 속도에서 뛰어난 품질 유지를 통해 불량률이 0.001%에 가까워 10만 개 생산 중에 1개의 불량품이 나오

는 확률로 최적화되어 있으며 납품에 걸리는 시간은 24시간에 불과하다. 시스템에 구현된 규칙과 프로세스를 설정하고 IoT를 활용한 정보 통신망을 기반으로 데이터 통합이 가능해졌다. 스마트 공장에서 발생되는 데이터들은 생산관리시스템MES과 연동되어 공장 내의 인력들은 실시간으로 제조 환경 상태를 통합적인 시각에서 모니터링이 가능하며, 프로세스 진행률이 실시간으로 확인 가능하여 전체 공정 프로세스 가시성이 확보되고 있다.

팀센터Teamcenter는 암베르크 공장의 제품수명주기 관리 포트폴리오의 하나로 모든 VLM데이터에 중추역할을 하며, 개발과 생산 과정을 긴밀하고 체계적으로 연결시키고 있다. 종합적 통합화와 TIA포탈을 통해 자동화와 데이터의 일관성을 유지시키고, 자동화 시스템을 통해 최대 25%의 비용 절감을 가능하게 하고, 최대의 생산 속도, 유연성을 보장하고 있다.

독일 암베르크 지멘스 공장

스마트 팩토리의 또 다른 용어는 디지털 팩토리이다. 지멘스는 개발, 생산에서 공급 과정까지 전체적인 데이터 통합을 바탕으로 가치 사슬을 디지털화 시켜 디지털 엔터프라이즈라는 솔루션 플랫폼을 개발한 바 있다. 제품수명주기관리PLM 소프트웨어를 통해 가상 환경에서 신제품을 개발하고, 통합 자동화 시스템TIA을 활용시킨다. 암베르크 공장은 솔루션 플랫폼 기술을 만들어내는 하나의 실험적인 역할을 하기도 한다. 지멘스의 끊임없는 혁신은 미래적인 상황을 주시한 R&D 활동에서 나온다. 미래의 속도, 유연성, 품질, 효율성 향상을 목표로 전체 부가 가치 사슬의 자동화와 디지털화를 안정화된 보안 시스템 내에서 구현해 내고자 한다. 가상현실 시뮬레이션을 통해 고객에게 최적화된 신제품을 개발하고 제품, 기계, 설비,

생산 과정을 최적화 시켜 고성능 생산을 현실화 시키고 있다. 이러한 기술력을 바탕으로 디지털 솔루션 개발 및 판매라는 글로벌 시장을 개척하였으며, 미래의 글로벌 제조업에서 활용할 수 있는 플랫폼 소프트웨어들을 개발하고 있다.

(3) 스마트 팩토리의 시장성

지멘스의 경우 스마트 팩토리 즉, 디지털 공장 부분은 2017년을 기점으로 성장세를 보이고 있다. 주요 시장 내에서 글로벌 제조 생산의 증가, 소비자와 연결되어 있는 산업들인 전자, 자동차 그리고 인프라 관련 제조 산업에서의 수요가 지속적으로 증가하고 있으며, 기계 설비 및 장비 산업 부문에서 이익을 얻고 있다. 지역적으로 아시아, 호주, 중국 등을 비롯한 4차 산업을 준비하고 있는 국가들의 정부적인 측면에서의 투자가 증가될 것으로 예측하고 있다. 디지털 공장의 사업 활동은 두 가지로 그룹화가 가능하며, 글로벌 GSCM을 구축하고 있는 비교적 넓은 범위를 제공하고 있는 다국적 기업들 혹은 특정한 지리적인 위치에서만 활동하지만 비교적 다양한 포트폴리오 제품들을 제공하고 있는 회사들과 제품 시장으로 좁혀질 수 있다.

지멘스 스마트 팩토리의 재무성과

단위(백만 유로)	2017	2016	증감률
주문 (Order)	11,532	10,332	12%
수익 (Revenue)	11,378	10,172	11%
이익 (Profit)	2,135	1,690	26%
이익 마진 (Profit-Margin)	18.8%	16.6%	2.2%

출처: www.siemens.com

참고문헌

1. Micheal, G., Patricia, A. and Charles, L. T., Multilateralising Regionalism. Relaxing The Rules of Origin or can Those Pecs be Flexed?, CARIS Working Paper, No.3, 2007.

2. Tjahnjono, B., Esplugues, C., Area, E. and Pelaez, G., What does Industry 4.0 Means to Supply Chain?, Procedia Manufacturing, Vol.13, 2017, pp.1175－1182.

3. 김창봉, '다시 온 무역 1조 달러' 수출산업 체질 개선해야, 중앙일보비즈니스칼럼, 2017.

4. Kagermann, H. Helbig, J., Hellinger, A. and Wahlster, W., Recommendations for Implementing the Strategic Initiative Industrie 4.0 : Securing the Future of German Manufacturing Industry, Final Report of the Industrie 4.0 Working Group, Forschungsunion, 2013.

5. Berger, R., Industry 4.0: The New Industrial Revolution: How Europe will Succeed, Ronald Berger Strategy Consultants, Moart, 2014.

6. Schlechtendahl, J., Keinert, M., Kretschmer, F., Lechler, A. and Verl, A., Making Existing Production Systems Industry 4.0－Ready, Prod. Eng. Res. Devel, Vol.9, 2015, pp.143－148.

7. Lucke, D., Constrantinescu, C. and Westkamper, E., Smart Factory: A Step towards the Next Generation of Manufacturing, Manufacturing Systems and Technologies for the New Frontier, Springer London, 2008, pp.115－118.

8. Kowal, J., Industry 4.0 and Industrial Internet of Things are Automation Investment Opportunities, Control Engineering, Vol.61, 2014, pp.46－47.

9. 김창봉 · 윤여진, 관세 업무 역량에 영향 요인과 기업 성과에 관한 실증적 연구, 관세학회지, 제14권 제4호, 2013, pp.22－36.

10. 권승하 · 김창봉, 무역지원기관 서비스의 활용과 기업역량 및 수출성과 간의영향관계에 대한 연구, 무역연구, 제11권 제3호, 2015, pp.161－178.

11. Lech, M. Gierczycki, Digital Ecosystems: An Extension of Knowledge Management into the Services Industries? Working Paper, 2018.

12. Hoppe, S., Forerunner to Industry 4.0 and Internet of Things, Control Engineering, Vol.61, 2014, pp.48－50.

13. IFO Institute, Hiddle Protectionism: Non－Tarift Barriers and Implications for International Trade, IFO center for International Economics, 2017.

14. Qin, Jian, Ying Liu and Roger Frosvenor, A Categorical Framework of Manufacturing for Industry 4.0 and Beyond, Procedia CIRP, Vol.52, 2016, pp.173－178.

15. Poorya, F., Christoph. M. and Jorg, W., Digital Supply Chain Management Agenda for the Automotive Supplier Industry, Shaping the Digital Enterprise, 2016, pp.157－172.

16. Kane, D., A Global View of Supply Chain Management, Business Review, Vol.10, No.2, 2008, pp.31－35.

17. 황인규, 프리미엄서 소니·LG에 밀린 삼성...TV 세계 1위 아성 흔들리나, ChosunBiz, 2018.

18. Ankita. W. and Nilupa. U., A Framework for Successful Implementation of Green Supply Chain Management (GSCM) in Construction Organizations, 2017, pp.402－410.

19. 장한수·최원재·도현수, PEST－SWOT－AHP 방법론을 적용한 국가 과학기술 전략 수립에 관한 연구, 제15권 제4호, 2012.

20. Kerry, A. C., Protecting Free Trade: The Political Economy of Rules of Origin, International Organization, Forthcoming, 2008.

21. Kim C. B. and Ronto S. E., Business Performance, Process Innovation and Business Partnership in the Global Supply Chain of Koreana Manufactures, Journal of Korea Trade, Vol.14, No.4, 2010, pp.61－83.

22. Martin, O. M. and Cervino, J., Towards an Integrative Framework of Brand Country of Origin Recognition Determinants: A Cross－Classified Hierarchical Model, International Marketing Review, Vol.28, No.6, 2011, pp.530－558.

23. 김창봉·박상안·정재우, 알기쉬운 무역학원론, 2010.

24. Isono, I., Impediments to FTA Utilization and Idustrial Clusters, The Formation of Industrialclusters in ASIA and Regional Integration, Kuchiki, A. and M. Tsuji(ed), IDE－Jetro, pp.144－158.

25. 김창봉·엄연, 중국 제조기업의 역물류 활동과 사업성과 간의 영향관계에 대한 연구－정보기술의 조절효과를 중심으로, 한국물류학회, 제26권 제3호, 2016.

26. 김창봉, SCM의 프로세스 혁신과 공급체인통합이 수·출입 기업의 사업성과에 미치는 영향, 무역학회지, 제38권 제4호, 2013.

CHAPTER

04

GSCM 전략적 적합성

학습 목표

1. 4차 산업혁명의 등장에 따른 글로벌 공급체인관리의 전략적 적합성(strategic fit)을 이해한다.

2. 공급망 도식화(Supply Chain Mapping)를 설명할 수 있다.

3. 글로벌 공급체인망에서 목표 고객의 욕구(needs)와 차별화된 공급망 전략, 효율적 공급망(physically efficient)과 반응적 공급망(market-responsive)에 대하여 이해할 수 있다.

4. 공급체인망에서 지연전략의 형태 및 특징에 관하여 이해할 수 있다.

5. 글로벌 공급체인망에서 대응성과 효율성에 관하여 이해할 수 있다.

6. 글로벌 공급체인망(GSCM)에서 전략적 적합성 달성에 관하여 이해한다.

7. 공급망 설계 전략을 유명 의류업체인 자라(ZARA)와 유니클로(UNIQLO)의 사례를 통해 바르게 이해하고 설명할 수 있다.

CHAPTER 04 Content

Introduction: '아이폰X' 생산지연 어디까지? Apple, 부품 출하 조정중

Ⅰ. 글로벌 비즈니스와 GSCM 프로세스의 발전과정

Ⅱ. GSCM의 지연전략

Ⅲ. GSCM의 전략적 적합성

Chapter 04 Case: ZARA VS. UNIQLO의 공급망 네트워크 설계

Introduction

"'아이폰X' 생산지연 어디까지?
Apple, 부품 출하 조정중"

유기발광다이오드OLED 디스플레이가 탑재된 애플의 프리미엄폰 아이폰X의 양산이 기존 관측보다 더욱 늦어질 것이란 주장이 나왔다. 대만 IT 전문 매체 디지타임스DigiTimes는 25일이하 현지시간 애플이 협력업체 측에 아이폰X용 부품의 출하 속도를 늦추도록 지시하고 있다면서 공급업체 관계자의 말을 인용해 이같이 보도했다. 특정 부품의 수율이 워낙 좋지 않아 다른 부품 생산의 속도도 조정하려는 의도로 풀이된다.

디지타임스는 아이폰X용 부품을 제조하는 공급망의 최상위에 위치한 공급업체가 애플의 지시에 따라 출하 속도를 늦추고 있다고 강조했다. 이 공급 업체는 아이폰X의 초기 출하량을 기준으로 당초 계획보다 현재 40% 밖에 부품을 출하하지 않은 것으로 전해졌다. 하지만 다른 공급업체의 부품 제조 수율이 당초 계획의 40% 에조차 미치지 못하는 상황이어서 애플이 일부 부품의 과잉 출하를 피하기 위해 출하 조정을 지시하고 있다고 매체는 지적했다.

디지타임스는 그러나 공급업체명이나 수율이 낮은 부품에 대해 구체적으로 언급하지 않았다. 다만 이전 삼성전자가 독점 공급하고 있는 OLED 디스플레이의 수율이 60% 정도로 부진하다는 보도가 있었다고 매체는 설명했다. 디지타임스는 또 애플이 지난해 아이폰7 출하 때에도 일부 부품의 출하량이 당초 계획에 60% 정도에 그치자 이와 유사한 출하 조정을 지시한 바 있다고 설명했다. 또 이 때 계획대로 판매량에 도달하기까지 1~2개월의 시간이 소요됐다고 매체는 덧붙였다. 이에 따라 아이폰X는 오는 11월 발매되더라도 상당 기간 심각한 '품귀 현상'이 이어질 전망이다.

앞서 경제 전문 매체 베런스 아시아BARRON'S ASIA도 지난 23일 아이폰X의 수급률이 연말 쇼핑 시즌뿐 아니라 내년이 되어도 불안정할 것이라고 내다봤다. 애널리스트들은 오는 11월 3일 발매되는 아이폰X이 2017년 4분기10~12월분 아니라 2018년 1분기1~3월에도 수요를 충족시킬 수 없을 것이라고 말했다. 또 애플 분석가로 유명한 대만 KGI 증권의 밍치궈 애널리스 역시 아이폰X의 수요와 공급의 균형이 안정되려면 내년까지 기다려야 할 것이라고 우려했다.

출처: 박은주, 「'아이폰X' 생산 지연 어디까지?...'애플, 부품 출하 조정중'」, 『베타뉴스』, 2017.09.25.

I 글로벌 비즈니스와 GSCM 프로세스의 발전과정

01 | Industry 4.0 글로벌 공급체인관리의 전략적 적합성

　제4차 산업혁명시대에 접어들면서 이전의 시대와 다르게 전 세계의 글로벌 산업 융합화가 확산되고 가속화되고 있다. 글로벌 경제사회가 확산되면서 전 세계적으로 융합에 대한 관심이 고조되고 있다. 이는 20세기 후반의 디지털 혁명을 기점으로 노동과 자본의 중심이 되었던 산업경제에서 정보가 중심이 되는 정보화 경제로 진입한 결과 네트워크화와 통합화가 확산되면서 창조적 지식이 중심이 되는 융합경제가 오늘날 주요 화두가 되었다. 전 세계 융합시장은 2005년 277억 달러에 비교해서 2015년 1,628억 달러로 급증한 추세이다.[1]

　Industry 4.0 글로벌 공급체인관리의 전략적 적합성은 공급자로부터 고객/소비자까지 각 네트워크 참여자의 전략적 적합성을 높이는 것이다. Industry 4.0 글로벌 공급체인관리의 전략적 적합성은 공급자, 생산, 유통, 고객/소비자의 기능에 따라 역할이 다르다. 공급자는 Industry 4.0의 확산에 따라 수요와 공급의 예측정확성을 높이는 방향으로 전략적 적합성을 달성하고자 한다.[2] 디지털 혁명시대에 공급체인망을 효율적으로 관리하기 위해서는 공급자의 기능과 역할이 중요하다. 4차 산업혁명시대에 생산은 사물형 인터넷IoT, 가상현실VR, 증강현실AR 기술을 생산현장에 적극 활용하여 디지털 R&D, 디지털 생산을 통해 공급체인관리의 효율성을 높이고 있다. 4차 산업혁명시대에 글로벌 공급체인관리는 순환cycle 구조로 이루어져 있기 때문에, 특히 디지털 환경에 따른 생산 역할이 강조된다.[3] 디지털 혁명 시대를 맞이하여 유통은 디지털 환경 변화에 신속하게 대응하는 차원에서 공급체인관리를 수행해야 하며, 유통은 디지털 유통/경로를 최적화해서 고객만족도를 높이는 방향으로 관리해야 한다. Industry 4.0 시대에 고객/소비자는 공급체인망 내에 있는 디지털 유통, 디지털 경로, 디지털 에프터 세일즈, 소매 서비스를 관리하는 로지스틱스 수준에 영향을 받는다.[4]

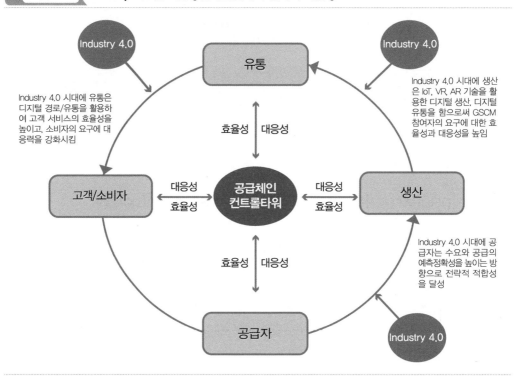

Industry 4.0

Industry 4.0

유통

Industry 4.0 시대에 유통은 디지털 경로/유통을 활용하여 고객 서비스의 효율성을 높이고, 소비자의 요구에 대응력을 강화시킴

Industry 4.0 시대에 생산은 IoT, VR, AR 기술을 활용한 디지털 생산, 디지털 유통을 함으로써 GSCM 참여자의 요구에 대한 효율성과 대응성을 높임

효율성   대응성

고객/소비자

대응성

효율성

공급체인 컨트롤타워

대응성

효율성

생산

Industry 4.0 시대에 공급자는 수요와 공급의 예측정확성을 높이는 방향으로 전략적 적합성을 달성

효율성   대응성

공급자

Industry 4.0

02 | 전통적 GSCM과 Industry 4.0 GSCM의 전략적 적합성

산업 간 융합화의 확산으로 인해 기업들은 미래 사회에 대한 불확실성이 증폭되고 있으며, 이 환경변화와 함께 어떻게 유연하게 대처해 나가야 하는지에 대한 문제를 고민해야 할 시점에 있다. 글로벌 비즈니스의 발전과정은 미래에 대한 예측을 바탕으로 경영 목표를 달성하기 위해 외부적 변화나 개발과 관련해서 경영관리의 타당성, 중요도, 흐름 등을 조사하여 비전과 목표를 달성하기 위한 방향으로 진보해왔다.[5]

전통적 글로벌 공급체인관리는 공급자, 생산, 유통, 고객/소비자 간의 선형적linear 흐름을 효율적으로 관리함으로써 전략적 적합성을 높였다. 전통적 글로벌 공급체인관리에서 선형적 흐름을

관리한다는 의미는 글로벌 공급체인관리에서 운영, 전술, 전략적 계획이 공급자로부터 생산 단계로 넘어가, 생산에서 유통, 고객/소비자 단계까지 각 단계별로 적용시키면서 글로벌 공급체인관리의 대응성과 효율성을 높여 전략적 적합성을 달성하는 것을 말한다.[6]

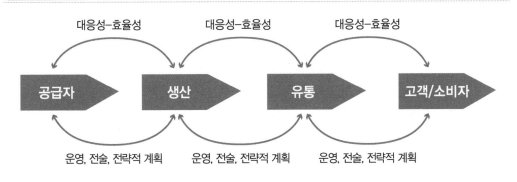

✅ 그림 4-2   전통적 GSCM의 전략적 적합성

Industry 4.0 글로벌 공급체인관리의 전략적 적합성을 높이기 위해 공급자, 유통, 고객/소비자 간의 공급체인 흐름이 순환적cycle 흐름으로 원활하도록 효율적으로 관리해야 한다. Industry 4.0 글로벌 공급체인관리는 중앙에 공급체인 컨트롤 타워가 있어서 각 공급체인 네트워크의 전략적 적합성을 높이는 방향으로 통제하고 관리하며, 글로벌 공급체인관리는 운영, 전술, 전략계획의 내부통합 및 외부통합을 통해 네트워크의 효율성을 높여 나간다.[7] Industry 4.0 글로벌 공급체인관리는 공급체인 컨트롤 타워를 중심으로 공급자, 생산, 유통, 고객/소비자 간의 대응성과 효과성을 높이는 방향으로 전략적 적합성을 달성한다.[8] Industry 4.0 글로벌 공급체인관리는 고객서비스 수준을 높이는 방향으로 공급자로부터 고객/소비자까지 선형적linear 구조가 아닌 순환적cycle 구조 흐름을 관리한다. 또한 디지털 혁명시대에 고객/소비자는 전체 공급체인망에서 고객서비스 수준을 높이고, 소비자의 요구에 대응력을 강화시키는 방향으로 관리해야 한다.

☑ 그림 4-3 Industry 4.0 GSCM의 전략적 적합성

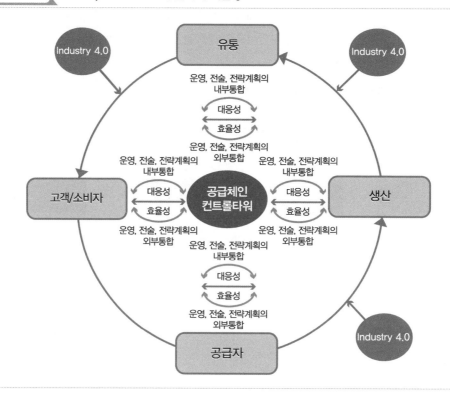

03 | GSCM 프로세스의 발전과정

GSCM 프로세스의 발전과정은 불확실한 미래에 기업들이 적용 가능하도록 구체적인 목표를 세우고, 최종 목표를 달성하기 위한 단계별 목표 및 과제의 상호연계성을 반영하여 제시되어야 한다. GSCM 프로세스의 발전과정은 도입기, 확산기, 환류기에 따라 글로벌 공급체인관리의 가치가 달라지는데, 도입기에는 공급망의 상류 및 하류 구성원에 대한 자원과 역량의 이해를 시작으로 목표고객의 니즈에 맞춘 차별화된 공급망 전략 구성으로 출발한다.9 확산기는 공급망 내부 신뢰성과 몰입도 강화, 상호 호혜 원칙과 공정성 확보, 정보교환의 신속성, 효율성, 정확성 제고를 위한 인프라 구축을 통해 GSCM 공급체인 경영 로드맵을 확산한다. 환류기는 정보통신기술혁신을 통한 ICT 역량 강화, 환경친화적관리를 통한 SCM 체제를 구축하고 공급체인 네트워크의 프로세스를 통합하고 자원을 공유하는 것이 핵심이다.[10]

1) 공급망 상류 및 하류의 구성원에 대한 자원과 역량의 이해

공급망은 최종소비자를 이해하는데서 출발하며 공급망 네트워크가 가지고 있는 자원과 역량이 어느 정도인가를 파악하는 것이 중요하다. 최종 고객에서 시작해서 공급망과 그 구성원을 파악해가는 과정을 공급망 맵핑이라고 한다.[11] 공급망 맵핑을 활용함으로써 공급망 상류 및 하류의 구성원에 대한 자원과 역량은 강화되며, 이를 통해서 공급망 네트워크를 파악하고 공급망에서 각 네트워크 참여자의 기여도와 위험도를 사전에 파악함으로써 효율을 극대화시킬 수 있다.[12]

2) 목표고객의 니즈에 맞춘 차별화된 공급망 전략 구상

공급체인관리의 목표는 총 원가, 유연성, 지속가능성, 납기, 기술혁신 정도 등의 공급망의 주요성과 지표를 달성하는데 있다. 목표고객의 니즈에 맞춘 차별화된 공급망 전략 구상은 효율적 공급체인efficient supply chains, 반응적 공급체인responsive supply chains이 있는데, 효율적 공급체인은 자재와 서비스의 흐름을 조화시켜 재고를 최소화하고 공급체인 상에서 기업의 효율성을 극대화하고자 하는 것이다.[14] 반응적 공급체인은 수요의 불확실성에 대비할 수 있도록 재고와 생산능력을 적절히 배치시켜 시장 수요에 신속하게 반응하고자 하는 것이다.

3) 공급망 내부 신뢰성과 몰입도 강화

공급망 경영이 어려운 이유는 공급망을 구성하는 여러 기업들이 함께 뜻을 모으고 협력하는 것이 어렵기 때문이며, 공급망 기업 간의 신뢰성과 몰입도 수준에 따라서 공급체인관리의 성패가 좌우된다고 해도 과언이 아니다. 대기업은 파트너십 강화를 위하여 자원 및 정보공유를 제안하고 실행하여 지속적인 거래가 일어날 수 있는 시장 메커니즘을 만들어야 한다.[2] 따라서 글로벌 공급체인관리에서 공급망 내부 신뢰성과 몰입도를 강화시키는 것이 중요하다.[15] 일례로 신뢰성은 글로벌 공급체인관리 내 제조자, 수입자, 유통자, 소매업자 간의 신뢰성을 강화시키는 것을 말하며, 몰입도는 이 공급망 내에 기업들이 주력사업분야에 전적으로 경영자원을 집중하고 경영역량을 강

화시켜 나가는 과정을 말한다.[13]

4) 상호 호혜 원칙과 공정성 확보

공급망 경영이 어려운 이유는 공급망을 구성하는 여러 기업들이 함께 뜻을 모으고 협력하는 것이 쉽지 않기 때문이며, 공급망을 구성하고 있는 기업들이 마치 하나의 기업처럼 자원을 공유하고 공동의 목표를 위해서 협력하기 위해서는 기업 간에 깊은 상호 신뢰 및 헌신이 필요하기 때문이다. 글로벌 공급체인관리에서 공급망 내부 신뢰성과 몰입도를 강화시키는 것이 중요하다.[14] 일례로 신뢰성은 글로벌 공급체인관리 내 제조자, 수입자, 유통자, 소매업자 간의 신뢰성을 강화시키는 것을 말하며, 몰입도는 이 공급망 내에 기업들이 주력사업분야에 전적으로 경영자원을 집중하고 경영역량을 강화시켜 나가는 과정을 말한다.[15]

5) 정보교환의 신속성, 효율성, 정확성 제고를 위한 IT 인프라 구축

기업 사례 첫 번째로 델컴퓨터는 1990년 대 중반에 정보기술 인프라를 구축해서 자사의 생산정보와 고객주문정보를 50개의 핵심 부품업체가 공유할 수 있도록 하였다.[16] 컴퓨터 산업의 글로벌 공급체인관리는 고객사에서 시작하여 델컴퓨터, 물류업체, 부품업체 순으로 순차적으로 수요, 생산, 재고 물류정보가 자유롭게 흐를 수 있도록 하였다. 또한 삼성전자는 정보기술 인프라를 구축해 놓고 전 세계 1차 부품업에, 생산법인, 판매법인이 생산 및 판매정보를 공유하도록 하였으며, 재고수준까지 파악할 수 있도록 정보를 공유하였다.[17]

6) 정보통신기술 혁신을 통한 ICT 역량 강화

정부, 기업, 개인이 글로벌 비즈니스를 확산시키는 과정에서 지역과 산업을 재편하는 과정으로 정보통신기술 혁신과 네트워크화를 통해 ICT 역량을 강화시켜 왔다.[9] 네트워크화는 내부 네트워크와 외부 네트워크를 활용하는 방법이 있는데, 내부 네트워크는 기업 내 조직구조를 네트워크화해서 거래비용을 줄이고 운영효과성을 높이는 것을 뜻하며, 외부 네트워크는 기업 외 조직구조를 네트워크화해서 이윤극대화를 추구하는 것을 말한다.[18] 일반적으로 내부 네트워크는 부가가치체인 내에 여러 기능들을 수직적 통합을 통해서 이윤을 극대화하고, 외부 네트워크는 전략적 제휴를 활용해서 거래비용은 줄이고 운영효과성은 높여 나가는 것이다.[10] 오늘날 자동차, 화학, 반도체

4차 산업혁명 시대의 Global SCM

등의 글로벌 산업에서 전 세계 선도기업을 중심으로 글로벌 네트워크 편재가 일어나고 있다.

7) 환경친화적 관리를 통한 SCEM 체제 구축

오늘날 융합화는 산업과 신기술 분야에 급속하게 확산되고 있는데 산업분야는 전통/주력, 거대 산업 간의 융합이 확산되고 있고, 신기술 분야는 NT, BT, IT 간의 융합이 활발하게 일어나고 있다.[1] 또한 산업과 신기술 분야에 융합화와 함께 오늘날 학문분야에서의 융합화도 활발하게 일어나고 있다. 환경경영은 산업 간 융합화와 신기술 분야에 융합기술의 활용도를 높이는 방향으로 발전되고 있는데, 기업들이 진출하고자 하는 지역과 국가의 환경기준으로 인한 진입장벽이 있을 때 기업들은 환경친화적 관리인 SCEM 체제의 구축을 통해서 그 시장에 입지선정 기회를 결정하게 된다. 환경친화적 관리를 통한 SCEMSupply Chain Environmental Management 체제 구축은 산업과 신기술 분야에 융합화를 시도함은 물론, 산업과 신기술의 융합화를 촉진할 수 있는 학문 분야와의 융합화도 시도되고 있다. 학문 분야는 주로 인문과학, 사회과학, 예술/문화 간의 융합이 주류를 이루고 있고, 학문적 배경에 따른 융합연구는 다학제적 융합연구, 학제 간 융합연구, 초학제적 융합연구 등으로 분류되고 있다.[13]

8) 공급망 구성원 간 지식과 자원의 공유 및 프로세스 통합 시도

글로벌 기업들의 공급망 구성원 간 지식과 자원의 공유 및 프로세스 통합 시도는 두 단계를 거쳐왔다. 지난 글로벌 금융 위기 때 기존 로컬 중심의 공급체인관리를 글로벌 단위로 통합화하였고, 그 결과 글로벌 금융 위기 이후에 공급체인관리 시장에 불확실성이 확산되는 상황에서 리드타임을 단축하고 유연성을 확보하면서 환율변동성, 원자재가격 탄력성, 국제유가 변동성에 대처하는 체질을 갖춰왔다.[19] 최근 네슬레, 로쉬, 바이엘과 같은 글로벌 기업들이 공급체인관리 시장에서 전 세계에 산재해 있는 기존의 공급망을 통합하고, 새롭게 이들 기업에 편재된 공급망을 통합하면서 유연성을 높인 것이 대표적인 사례이다.

그림 4-4   GSCM 프로세스의 발전과정

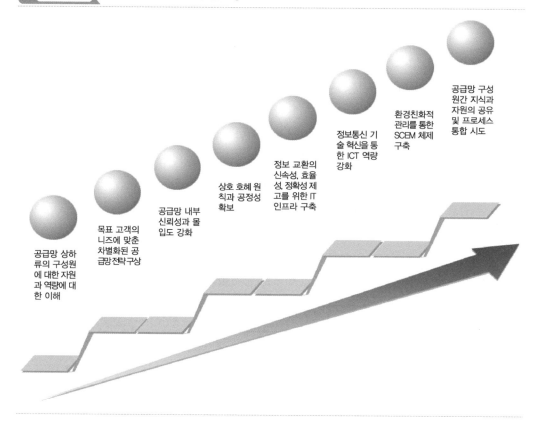

공급망 상하류의 구성원에 대한 자원과 역량에 대한 이해

목표 고객의 니즈에 맞춘 차별화된 공급망전략구상

공급망 내부 신뢰성과 몰입도 강화

상호 호혜 원칙과 공정성 확보

정보 교환의 신속성, 효율성, 정확성 제고를 위한 IT 인프라 구축

정보통신 기술 혁신을 통한 ICT 역량 강화

환경친화적 관리를 통한 SCEM 체제 구축

공급망 구성원간 지식과 자원의 공유 및 프로세스 통합 시도

01 지연전략의 개념

　지연전략은 마케팅 분야에서 Aldeson1950에 의해 처음 소개되었으며, 그는 제조업체들은 최종소비자들의 구매시점에 가까운 시점에서 제품에 옵션을 더하거나 차별화를 두어야 한다고 주장했다. 대량생산이 주된 생산방식으로 받아들여졌던 시기에 그의 지연전략 이론은 획기적인 것이었다. 현재 Aldeson1950의 지연전략은 많은 기업들에서 사용되어지고 있고 물류분야에서도 상당히 중요한 개념으로 자리 잡고 있다. 본래 이 개념은 제품의 독특성을 위주로 제품과 공정을 설계하는 것이다. 지연전략은 최대한 확실한 정보에 근거한 제품만을 생산함으로 차별화지연이라고부르기도 하며, 이것은 고객의 욕구와 반응이 확실하게 확인된 시점부터 제품 생산을 개시하며, 총비용의 관점에서 이익이 되는 공급체인관리 개선 방식 중 하나이다.[20] 생산과정의 일부를 제품의 납품시기까지 지연시켜 고객의 요구를 반영하는 것으로 전통적인 공급체인은 공장, 창고, 유통업자, 소매업자들을 포함시켜왔으나, 최근 인터넷 기술의 발달은 기업이 고객에게 서비스하는 방법을 획기적으로 변화시켰다. 몇몇 기업들은 인터넷을 이용하여 재고를 정보로 대치하고 있다.[21]

02 GSCM의 지연전략

　지연전략은 제품 구조, 제조 및 공급체인 프로세스를 적절히 설계함으로써 제품의 완성시점을 고객의 정확한 요구가 파악되는 시점까지 연기하고 이를 통해 다양한 제품들에 대한 고객의 변화와 수요에 유연하게 대응하기 위한 전략이다. 지연전략은 제조 지연전략manufacturing, or form postponement과 지리적 지연전략geographic, or logistic postponement으로 구분되는데, 제조지연전략은 가능한 오랫동안 반제품을 유지하는 전략을 사용하며, 지리적 지연전략은 물류지연전략이라고도 하는데 전략적 지역에 full−time 재고를 설정하고 고객 주문을 받을 때까지 재고의 개발을 하는 것을 말한다.[22] 따라서 글로벌 공급체인관리의 지연전략은 제조 지연전략, 지리적 지연전략, 결합 지연전략, 글로벌 통관 지연전략으로 구분된다.

✅ 그림 4-5 　GSCM의 지연전략

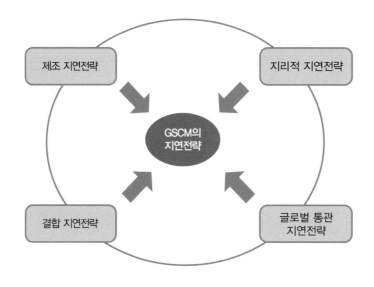

1) 제조 지연전략

제조 지연전략은 별도로 들어온 주문을 한 번에 제조하는 전략이며 기본적인 규격화된 부품을 조립해 만들 수 있는 제품의 구성을 해 놓고 정확한 고객 명세서와 경제적 약속이 수신될 때까지 만들지 않는다. 제조 지연전략은 가능한 오랫동안 미완료 상태 제품을 유지하기 위한 목적으로 사용되며, 이 전략은 대응성과 규모의 경제에 대한 균형을 이루는 것으로 주문제작준비에 필요한 기본 단위의 충분한 수량을 만들어 낼 수 있으며, 제품 디자인을 하는 동안 많은 사전숙고를 요구한다.[23]

✅ 그림 4-6 GSCM의 제조 지연전략

· 주문을 받기 전까지 모든 자동차의 기본 색(흰색 또는 갈색) 유지
· 이후 색상 주문이 들어오면 페인트칠

2) 지리적 지연전략

하나 또는 몇몇 전략적 지역에 전상품의 재고를 만들거나 저장하고 있으며, 재고의 전진배치는 고객 주문이 들어올 때까지 지연된다. 일단 주문을 받으면 특별한 아이템은 지역 유통업자에 의해 더 신속히 처리되며 지리적 지연전략의 이점은 고객 대응성에 있다. 이에 따라 제조 규모의 경제가 있고, 종종 고비용 부품과 조립에 대단히 중요하게 사용된다. 지리적 지연전략의 구체적인 예시를 보면 가장 중요한 창고에 재고를 유지하며, 지역 유통업자들에게 고객의 주문을 넘겨주거나, 고객에게 직접 배송하는 방식을 사용한다.[24]

✅ 그림 4-7 GSCM의 지리적 지연전략

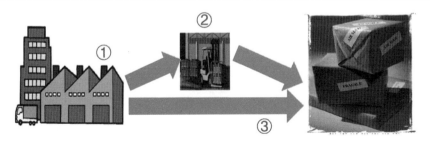

① 가장 중요한 창고에 재고를 유지
② 지역 유통업자들에게 고객 주문을 넘겨줌
③ 또는 고객에게 직접 배송

3) 결합 지연전략

결합 지연전략은 제조 지연전략과 지리적 지연전략의 이점을 결합한 전략으로 고객의 요구에 대응성을 높이고 규모의 경제에 대한 최적화를 실현시키는 데 있다. 결합 지연전략은 기본 제품 중점주의를 유지하면서 도착지 유통업자에 주문제작의 효율성을 높이는 데 있다. 일례로 자동차는 역사적으로 결합 지연전략을 사용해 왔으며 신차 구매에서 설치 선택은 사운드 시스템, GPS, 선루프 등이 있으며, 컴퓨터의 경우 결합 지연전략으로 유통센터에서 프린터, 디지털 카메라 등의 시스템을 최종적으로 조립하거나 포장하는 경우에 해당된다.[22]

4) 글로벌 통관 지연전략

글로벌 통관 지연전략은 기업들이 국제무역의 원활화와 통합화를 높이고, 국제무역에서 발생하는 국제무역의 위험을 줄이기 위해 수행하는 전략이다. 전 세계시장을 대상으로 국제무역을 확대하고자 하는 기업들은 AEOAuthorized Economic Operator, 싱글윈도우single window 등의 글로벌 통관 지연전략으로 활용하고 있으며, 최근에는 AEO 상호인증제도AEO-MRA를 활용하여 국제무역을 촉진하고 있다.[24] AEO, 싱글윈도우, AEO 상호인증제도를 도입한 기업들은 다른 기업들에 비해서 글로벌 통관 지연전략을 적극적으로 활용함으로서 국제무역의 원활화와 통합화를 높이면서 국제경쟁력을 증진시키고 있다.[25]

III GSCM의 전략적 적합성

01 | 전략적 적합성의 개념

미국과 일본의 경영전략을 비교해 보면 미국 기업은 도달 가능한 목표를 세우고 이 목표를 달성하기 위해서 가용자원을 이에 적합하도록 활용하는 전략적 적합성strategic fit을 강조한 반면에, 일본은 도달하기 어려운 목표를 세우고 이에 목표를 달성하기 위해서 자원을 최대한 활용하는 자원의 최대활용leveraging resources을 강조하였다.[26] 전략적 적합성은 기업의 여러 활동들 사이에서 강력한 적합성을 갖고 있는 기업들은 전략수행 과정에서 기업 활동 간의 전략적 적합성이 강화되게 되며, 이는 경쟁우위의 원천이 됨과 동시에, 기업의 핵심역량으로 축적되게 되며 앞으로 이를 기반으로 기업의 지속성장 가능성을 달성하는데 근간이 된다. 전략적 적합성은 경영환경의 리포지셔닝을 가능하게 하며, 사업구조의 재편을 촉진하는데 기여하였으나, 오늘날 경영환경의 불확실성이 커지고 있으며 기업의 미래에 대한 예측가능성이 급속하게 떨어지게 되면서 지금까지 기업이 도달 가능한 목표를 세우고 가용자원을 적합화시키는 전략적 적합성이 한계에 이르게 되었다. 이제 기업의 주요 화두는 적합성fit의 한계를 넘어서 확장stretch이라는 개념으로 변화되고 있다. 경영전략에서 확장은 Prahalad & Hamel1989에 전략적 사고strategic thinking에서 제시한 용어로 확장은 자원을 보는 시각이 전통적 관점에서 자원의 할당resource allocation을 중시한 반면에, 오늘날은 자원의 레버리지resource leverage를 강조하고, 또한 사업에 대해서도 전통적 관점에서 사업 포트폴리오portfolio business보다는 핵심역량의 포트폴리오portfolio of competencies를 더 중요하게 고려하고 있다.[27]

02 | GSCM 공급체인 전략적 적합성 달성

　　공급체인 전략적 적합성은 기업에서 두 가지 활동을 동시에 수행하는 과정에서 한 활동의 높은 성과는 다른 활동들의 성과를 높이는 강점을 가져오기도 하지만, 반대로 한 활동의 낮은 성과는 다른 활동들의 성과를 떨어뜨리는 약점을 보여주기도 한다. 공급체인 전략적 적합성은 기업의 여러 활동들 사이에서 강력한 적합성을 갖고 있는 기업들이 전략수행 과정에서 기업 활동 간의 상호보완complexity과 상승효과synergy effect가 나타나서 기업의 전략적 적합성이 강화되며, 이는 경쟁 기업이 모방할 수 없는 강력한 경쟁우위의 원천으로 작용하게 된다.[28] 오늘날 GSCM 공급체인의 전략적 적합성은 앞에서 설명한 자원의 레버리지, 핵심역량을 강조하는 차원에서 논의되어야 하며, 공급체인 전략적 적합성은 고객과 공급체인의 불확실성에 대한 이해, 공급체인 능력에 대한 이해, 잠재적 불확실성 수준의 이해 등에 대해서 설명하고자 한다.

✅ 그림 4-8　　GSCM 공급체인의 전략적 적합성 달성

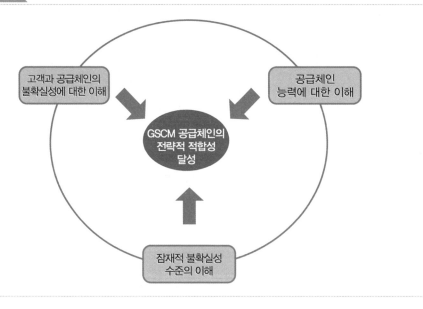

1) 고객과 공급체인의 불확실성에 대한 이해

기업은 각 고객군의 요구 충족을 위해 공급체인이 직면하는 불확실성을 이해해야 한다. 잠재된 수요 불확실성은 고객의 요구를 충족시키기 위해서 공급체인관리를 도입하는 계기가 되었고, 종종 시장이 덜 성숙되어 경쟁자들의 진입이 적어 이윤을 높일 수 있고, 수요의 불확실성이 적을수록 수요 예측은 보다 정확해진다. 잠재된 수요 불확실성의 증가는 공급과 수요의 일치를 어렵게 만들며, 이 수요의 불확실성 때문에 재고의 부족이나 공급과잉의 문제를 유발하게 된다.[29] 글로벌 공급체인관리 시장에서 잠재된 수요 불확실성은 공급과잉으로 인해 가격인하의 폭이 크게 발생하는 경우도 있다. 고객과 공급체인의 불확실성은 제품수명주기에 강하게 영향을 받게 된다. 잠재적 불확실성은 수요와 공급 예측, 공급 예측과 불확실한 수요ー수요예측과 불확실한 공급, 매우 불확실한 수요와 공급 등 세 가지 범위로 나타난다.[30] 수요와 공급 예측의 경우는 슈퍼마켓의 국수가 좋은 예이며, 공급 예측과 불확실한 수요ー수요예측과 불확실한 공급의 경우는 기존의 가전제품이 해당되고, 매우 불확실한 수요와 공급의 경우는 새로운 사물형 인터넷기술IoT이 대표적인 사례에 해당된다.[31]

✅ **그림 4-9** 잠재적 불확실성의 범위

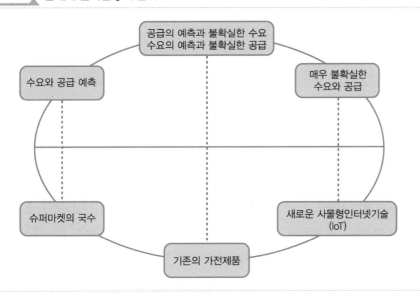

2) 공급체인 능력에 대한 이해

경영환경의 불확실성에 기업들이 최선의 수요를 충족시키는 데 한계가 있을 수 있으나, 글로벌 공급체인관리를 효율적으로 운영함으로써 불확실성을 줄일 수 있다.[32] 공급체인 능력에 대한 이해로 비용－대응성의 효율적 프론티어cost-responsiveness efficient frontier에 대한 개념이 있는데, 이는 공급체인의 효율성에 해당하는 제품들은 비용과 대응성을 이어주는 효율적 프론티어에 놓이게 되며, 이 효율적 프론티어에 놓여진 제품을 구매함으로써 공급체인의 효율성을 높일 수 있다. 이 비용－대응성의 효율적 프론티어에 도달한 기업은 비용을 증가시키거나 효율을 떨어뜨려 대응성을 향상시키는 방향으로 효과를 볼 수 있으며, 이와 반대로 이 프론티어에 도달하지 못한 기업은 효율적 프론티어 쪽으로 이동함으로써 비용을 절감하고 대응성을 동시에 향상시킬 수 있는 전략을 선택할 수 있다.[33]

✅ 그림 4-10 대응성 스펙트럼

3) 전략적 적합성의 달성

잠재적 불확실성의 수준을 확인하고 대응성 스펙트럼 상에서 공급체인의 위치를 이해한 다음 잠재적 불확실성과 공급체인 대응성을 일치시키면서 전략적 적합성을 달성한다. 공급과 공급자로부터 야기되는 잠재적 불확실성의 증가는 공급체인으로부터 대응성을 향상시킴으로써 처리할 수 있다.[15] 성과를 향상시키기 위해서 기업들은 경쟁전략과 공급체인의 전략을 전략적 적합성 영역으로 이동시킬 필요가 있으며, 적절한 수준의 대응성을 보장하도록 공급체인의 서로 다른 구성원들에게 역할을 부여해야 한다. 또한 공급체인의 각 단계에 다른 수준의 대응성과 효율성을 지정하는 것이 공급체인 전반에 걸쳐 목표하는 대응성의 수준을 달성시킬 수 있다.[34]

CHAPTER 04
Case ▶

"ZARA VS. UNIQLO의 공급망 네트워크 설계"

(1) ZARA VS. UNIQLO

유니클로지주회사 패스트리테일링가 세계 제일의 의류 기업이 되려면 반드시 넘어야 할 경쟁자가 있다. 스페인 '인디텍스'의 대표 의류 브랜드 '자라ZARA'와 스웨덴 '헤네스앤드모리츠H&M'다. 자라와 H&M은 지난해 각각 262억달러약 30조원, 222억달러약 25조원의 매출을 올리며 유니클로의 매출 161억달러를 크게 앞질렀다.

이들 브랜드는 모두 세계 전역에 1000개 이상의 매장을 가진 글로벌 SPA 브랜드지만, 경영 철학과 성장 방식은 크게 다르다. 유니클로는 전 연령 소비자를 대상으로 기본 의류를 주력으로 판매하지만, 자라와 H&M 은 젊은 여성 소비자를 주요 타깃으로 유행에 민감한 패션 의류를 주로 생산한다.

(2) UNIQLO 영업이익률 ZARA보다 10% 낮아

재무적인 측면에서 유니클로와 자라의 가장 큰 차이는 수익성이다. 지난해 자라의 영업이익률은 17.2%를 기록했는데 유니클로 영업이익은 7.1%에 그쳤다. 두 회사의 영업이익률이 10% 넘게 차이가 난 이유는 두 회사가 겨냥한 시장이 다르기 때문이다.

자라가 추구하는 것은 트렌드 패션이다. 최신 트렌드가 반영돼 지금 유행하는 의류와 패션 아이템이 주 제품이기 때문에 자라는 다양한 디자인의 제품을 소량 생산한다. 자라는 제품 생산 기간과 판매 주기도 매우 짧다. 일반 의류 브랜드의 경우 디자인에서 판매까지 보통 6개월에서 1년이 걸리지만 자라는 한 달 내 제품을 디자인해 판매한다.

기존 패션 업계가 1년을 4개 시즌으로 나눠 신제품을 내놓았다면, 자라는 1년을 20~30개 시즌으로 나눈다. 2주에 한 번 새로운 제품을 공급하는 셈이다. 자라 디자이너들은 매년 3만 개의 디자인을 개발하고, 이 중 1만2000개 디자인이 실제 상품으로 제작된다. 일반 의류 업체들은 1년에 2,000~4,000개의 디자인을 상품화한다.

또 자라 제품을 가장 많이 생산하는 곳은 스페인과 포르투갈, 모로코, 터키 공장 등이다. 모두 주요 시장인 서유럽 인근 국가에 있다. 자라는 노동 가격이 조금 높더라도 주요 시장 인근에 생산 공장을 건설해 조달 시간을 줄였다. 제품 배송도 선박이 아니라 더 빠른 항공을 이용한다.

유니클로 VS 자라

	매출액	영업이익률	타깃 소비자	주력 제품	제조 방식	R&D 투자
유니클로	161억 달러	7.1%	전 연령	기본 아이템	소품종 대량생산	기능성 의류
자라	262억 달러	17.2%	젊은 여성	패션 아이템	다품종 소량생산	유행 의류

※ 매출액 · 영업이익률은 2016년 기준
자료: 각사

반면 유니클로는 베이직 라인업을 주력으로 한다. 유니클로는 대량 생산을 통해 비용을 절감함으로써 품질은 좋지만 가격이 합리적인 기본 의류 제품을 판매한다. '스피드'를 외치는 다른 SPA 브랜드와 달리 '효율성'을 최우선 가치로 삼는다. 유니클로의 대표적인 전략은 기본형 의류를 소품종 대량생산하는 것이다. 생산비가 상대적으로 낮은 중국은 유니클로의 중요한 생산 기지로, 저가전략을 가능하게 한 중요한 기반이 됐다.

자라는 광고하지 않는 기업인 반면에, 유니클로는 전단지, TV 등을 통하여 적극적으로 광고를 한다는 점에서 두 기업의 마케팅 전략에서도 차이는 극명하다. 자라는 광고하지 않는 기업으로 유명하다. 일반 의류 업체의 평균 마케팅 비용은 전체 비용의 3~4%를 차지하지만, 자라는 1%도 되지 않는다. 광고 비용을 줄여 제품 가격을 낮추는 것이 판매에 더 유익하다고 생각한다. 유니클로는 매출액의 4%에 해당하는 금액을 광고비로 사용한다. 유니클로 광고 전단지는 매주 신문과 함께 배달되고 유명 연예인을 기용한

TV 광고도 자주 방영된다. 야나이 다다시 유니클로 회장은 자서전에서 "가장 중요한 판촉물인 전단지는 '이렇게 좋은 상품이 있다'고 알리는 '고객에게 보내는 러브레터'"라고 말했다.

자라와 유니클로의 전략은 연구개발R&D 투자와 매장 직원의 역할에도 차이가 있다. 유니클로의 R&D 투자 대부분은 히트텍 · 에어리즘 같은 기능성 제품을 개발하는 데 사용된다. 일본 도쿄와 미국 뉴욕, 프랑스 파리, 중국 상하이 등 주요 도시에 있는 R&D 센터는 착용감과 활동성을 높이는 기능성 의류 개발에 매진하고 있다. 반면 자라는 최신 유행을 제품 디자인에 반영하는 데 주로 투자한다.

(3) ZARA, 매장 정보 실시간 반영해 신제품 개발

점원의 역할도 다르다. 자라 매장에서 일하는 점원의 주요 업무는 고객을 상대하는 것이 아니라 '고객이 입어봤지만 사지 않은 상품'을 본사에 보고하는 것이다. 본사는 이런 정보를 취합해 어떤 제품 생산을 늘리고 어떤 제품 생산은 줄여야 하는지 판단한다. 자라가 세계 소비자를 사로잡은 비결은 소비자 취향을 잘 예측했기 때문이 아니라 세계 매장에서 보내온 수요 정보를 생산에 실시간으로 반영하는 것이다.

유니클로 직원의 역할은 이보다 소극적이다. 다른 의류 브랜드 매장의 경우 소비자가 들어오면 직원이 적극적으로 제품을 추천하지만 유니클로는 구매를 강요하거나 소비자의 선택에 개입하지 않는다. 소비자가 느끼는 불편을 최소화하기 위한 것이다.

유니클로와 자라의 전략이 여러 부분에서 차이가 나는 이유는 근본적인 경영 원칙이 다르기 때문이지만, 유니클로가 더 성장하려면 일부 전략의 수정이 필요하다는 지적도 나온다. 한 사례로 재고가 적정한 수준인지 판단하는 재고회전일수의 경우, 몇년 전까지는 유니클로가 자라보다 짧았지만 최근에는 오히려 더 길어졌다.

(4) 야나이 Uniqlo 회장 VS. 오르테가 Zara 창업자

유니클로와 자라의 창업주 야나이 다다시와 아만시오 오르테가를 보면 두 회사의 경영 전략이 많은 부분에서 차이를 보이는 것은 어쩌면 당연해 보인다. 일흔을 앞둔 나이에도 경영 전면에 나서고 있는 야나이 회장은 많은 언론

인터뷰에 응하고 자서전도 내놓았지만, 오르테가 전 회장은 은둔의 경영자로 유명하다.

두 창업자의 성장 배경도 다르다. 가난한 철도 노동자의 아들로 태어난 오르테가는 13세부터 의류 공장에서 일했다. 이때 경험을 바탕으로 27세에 의류 사업을 시작해 자라를 세계적인 기업으로 키웠다. 세계에서 가장 많은 자산을 가진 인물이지만 오르테가를 알아보는 사람은 많지 않다. 언론 인터뷰는커녕 사진도 몇 장 공개되지 않았다. 그는 스페인 국왕의 초청을 거절하는가 하면 2011년 회사 경영권을 후임자에게 물려주는 자리에도 나타나지 않았다.

반면 야나이 회장은 와세다대학 정치경제학부 경제학과를 졸업한 뒤 종합수퍼마켓 체인에 입사해 사회생활을 시작했다. 1년 뒤 아버지의 요청으로 고향에 내려가 아버지가 운영하던 작은 의류업체 오고리小郡상사에 입사했다. 그는 자서전을 포함해 아홉 권의 책을 내놓는가 하면 여러 인터뷰에 응하며 자신의 경영 철학을 적극적으로 알리고 있다. 산케이신문 인터뷰에서 유니클로의 근무 여건이 나쁘다는 비판이 나오는 것에 대해 "악담을 하는 사람은 날 만나 본 적이 없는 사람이 대부분이다" 라고 반박했다.

유니클로 VS 자라, 주력제품, 생산방식, R&D가 크게 다르며, 이들 기업들은 전세계에서 인기를 얻는 글로벌 SPA 브랜드이지만 경영 원칙과 성장방식은 크게 다르다.

출처: 연선옥 기자, 「유니클로 vs 자라 · H&M… 고객층 · 주력제품 · 생산방식 · R&D 크게 달라」,
『조선일보』, 2017.10.09.

참고문헌

1. Ralf, C. Schlaepfer and Koch, M., Industry 4.0: Challenges and Solutions for the Digital Transformation and Use of Exponential Technologies, The Creative Studio at Deloitte, Zurich, 2014.

2. Shrouf, F. Ordieres, J. and Miragliotta G., Smart Factories in Industry 4.0: A Review of the Concept and of Energy Management Approached in Production Based on the Internet of Things Paradigm, Industrial Engineering and Engineering Management (IEEM), 2014 IEEE International Conference on, 2014, pp. 697−701.

3. Wittenberg, C., Cause the Trend Industry 4.0 in the Automated Industry to New Requirements on User Interface?, Human Computer Interaction: Users and Contexts, Springer International Publishing, 2015, pp.238−245.

4. Zuehlke, D., Smart Factory: Towards a Factory of Things, Annual Reviews in Control, Vol.34, 2010, pp.238−235.

5. Shah, M. and Ram, M., Supplier Diversity and Minority Business Enterprise Development: Case Study Experience of Three Multinationals, Supply Chain Management: An International Journal, Vol.11, No.1, 2006, pp.75−81.

6. 김창봉·우연지, 공급체인연결과 파트너십 요인간의 관계가 공급체인 성과에 미치는 영향에 대한 연구, 관세학회지, 제15권 제3호, 2014, pp.236−253.

7. Kim, C. B. and Ronto, S. E., Business Performance, Process Innovation and Business Partnership in the Global Supply Chain of Korean Manufacturers, Journal of Korea Trade, Vol.14, No.4, 2010, pp.61−83.

8. Nawa, K., Chandrasiri, N.P., Yanagihara, T. and Oguchi, K., Cyber Physical System for Vehicle Application, Transaction of the Institute of Measurement and Control, Vol. 36, 2014, pp.898−905.

9. 김창봉·박상안·정재우, 알기쉬운 무역학원론, 2010.

10. Sezen, B., Relative Effects of Design, Integration and Information Sharing on Supply Chain Performance, Supply Chain Management: An International Journal, Vol.13, No.3, 2008, pp.223−240.

11. 김창봉, 섬유산업의 글로벌공급체인관리 시스템구축에 관한 연구, 관세학회지, 제9권 제3호, 2008, pp.247−267.

12. Rajagopal, P., Zailani, S. and Sulaiman, M., Assessing the Effectiveness of Supply Chain Partnering with Scable Partnering as a Moderator, International Journal of Physical Distribution & Logistics Management, Vol.39, No.8, 2009, pp.649－668.

13. 김창봉, 국제인정의 내·외부 동기 요인과 공급체인의 반응성, 기업의 사업성과 간의 관계 연구, 국제상항, 제28권 제4호, pp.157－174.

14. Kown, I. W. and Suh, T., Trust, Commitment and Relationships in Supply Chain Management －Pathanalysis, Supply Chain Metrics, International Journal Logistics Management, Vol.12, No.6, 2004, pp.713－725.

15. 김창봉·박상안·백진희, 우리나라 식품기업의 콜드체인 기업역량이 파트너십에 미치는 영향에 관한 실증연구: 콜드체인의 시스템 역량의 조절효과를 중심으로, 국제상학, 제32권 제1호, 2017, pp.107－124.

16. Klinker, S., Terrel, R. and Mahfouz, A. Y., Dell's Use of CRM－SCM Integration to Dominate the PCMarket, Vol.6, No.3, 2006.

17. 황인규, 프리미엄서 소니·LG에 밀린 삼성...TV 세계 1위 아성 흔들리나, ChosunBiz, 2018.

18. Jiyui An, Lei wang and xiaohua Lv, Management System: Connotation, Structure and Operational Mechanism, Journal of Service Science and Management, 2015.

19. 김창봉, 식품산업의 글로벌 인증과 파트너십, 식품품질관리, 고객관계관리, 고객관계관리 간의 영향관계가 기업의 사업성과에 미치는 영향에 관한 연구, e－비즈니스연구, 제14권 제5호, pp.131－151.

20. Yohanes Kristianto, N. W., Structuring Postponement Strategies in the Supply Chain by Analytical Modeling, University Wasaensis, 2009.

21. Wisner, J. D., A Structural Equation Model of Supply Chain Management Strategies and Firm Performance, Journal of Business Logistics, Vol.24, No.1, 2003.

22. Szmelter and Agnieszka, Postponement in Logistics Strategies of Global Supply Chains, Torum Business Review, Vol.14, No.1, 2016, pp.151－161.

23. Yeung, J. H. Y., Selen, W., Deming, Z. and Min, Z., Postponement strategy form a Supply Chain Perspective: Cases from China. International Journal of Physical Distribution & Logistics Management, 2007.

24. Yang, B. and Yang, Y., Postponement in Supply Chain Risk Management: A Complexity Perspective, International Journal of Production Research, 2010.

25. 천홍욱, 한국수출입기업의 AEO제도 도입요인이 활용수준 및 성과에 미치는 영향에 관한 실증연구, 중앙대학교 대학원 박사학위논문, 2012.

26. Xu, Shichun, Cavusgil, Tamer, S. and White, J. Chris, The Impact of Strategic Fit Among Strategy, Structure, and Processes on Multinational Corporation Performance: A Multimethod Assessment, Journal of International Marketing, 2006.

27. Prahalad, C. K. and Hamel Gary, The Core Competence of the Corporation, Havard Business Reviews, 1989, pp.3－15.

28. 김창봉·권승하, 공급체인관리의 파트너십이 위험관리 성과에 미치는 영향, 무역학회지, 제38권 제1호, 2013, pp.91－112.

29. De Ruyter, K., Moorman, L. and Lemmink, J., Antecedents of Commitment and Trust in Customer－Supplier Relationships in High Technology Markets, Industrial Marketing Management, Vol.30, No.3, 2001, pp.271－286.

30. Hair, J. F., Jr, W. C., Black, B. J., Babin, R. E. and Anderson R. L. & Tatham, Multi Variate Data Analysis, Pearson Education International, 2006.

31. Kline, R. B., Principle and Practices of Structural Equation Modeling, 2nd ed. New York: Guilford Press, 2005.

32. Fawcett, S. E., Magnan, G. M. and McCarter, Benefits, Barrier and Bridges to Effective Supply Chain Management, Supply Chain Management: An International Journal, Vol.13, No.1, pp.35－48.

33. Narayandas, D. and Rangan, V. K., Buinding and Sustaining Buyer－Seller Relationship in Mature Industrial Marketing, Vol.68, No.3, 2004, pp.63－77.

34. Willalonga, B., Intangible Resources, Tobin's q, and Sustainability of Performance Differences, Journal of Economics Behavior & Organization, Vol.54, No.2, 2004.

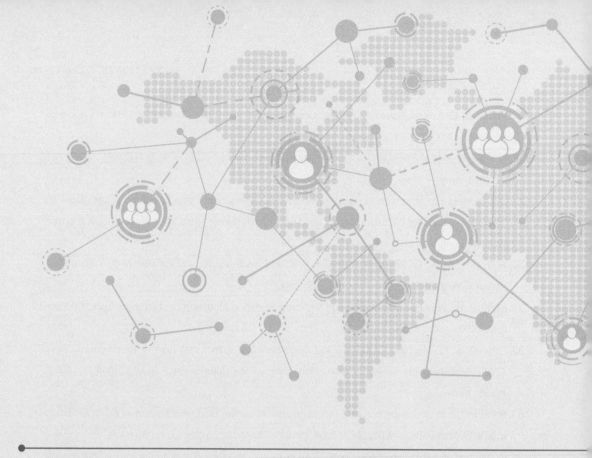

CHAPTER 05
글로벌 밸류체인

Introduction: CJ대한통운의 성공전략과 위협요인
Ⅰ. GSCM의 글로벌 밸류체인
Ⅱ. GSCM의 공급체인 프레임워크
Ⅲ. GSCM의 성공전략과 위협요인
Chapter 05 Case: 이랜드그룹 전 세계 공급망으로 빠르
게 확대

CHAPTER 06
글로벌 SCM 위험관리

Introduction: 세계경제포럼, 무기화된 AI, IoT 해킹으로
인한 위협 경고
Ⅰ. 글로벌 위험관리의 정의 및 프레임워크
Ⅱ. 글로벌 위험관리의 특성 및 유형
Ⅲ. 글로벌 위험관리 프로세스
Chapter 06 Case: 일본 지진으로 세계 자동차 생산량
500만 대 감소 전망

CHAPTER 07
글로벌 아웃소싱

Introduction: 롯데마트-롯데슈퍼 글로벌 아웃소싱 전략
Ⅰ. 글로벌 아웃소싱의 정의 및 프레임워크
Ⅱ. 글로벌 아웃소싱의 특성 및 유형
Ⅲ. 글로벌 공급체인관리의 핵심역량 강화
Chapter 07 Case: 한샘 글로벌 아웃소싱 전략

CHAPTER 08
글로벌 프로세스 혁신

Introduction: 글로벌 경제 저성장, 프로세스 혁신으로 뚫자
Ⅰ. 글로벌 프로세스 혁신의 정의 및 개념
Ⅱ. 글로벌 프로세스 혁신의 접근방법
Ⅲ. 글로벌 프로세스 혁신의 응용
Chapter 08 Case: IBM 글로벌 프로세스 혁신

PART
02

글로벌 경쟁의 패러다임과
글로벌 공급체인관리

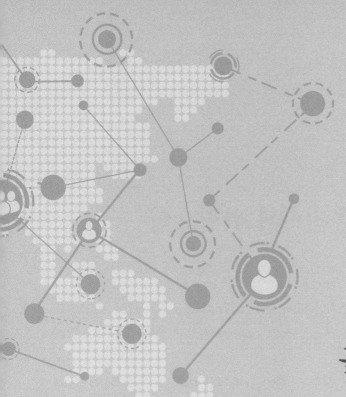

CHAPTER

05

글로벌 밸류체인

학습 목표

1. Industry 4.0 시대가 글로벌 밸류체인(Value chain)에 미치는 영향을 이해한다.

2. 전통적 글로벌 밸류체인 VS. Industry 4.0 밸류체인 간의 차이를 이해한다.

3. 글로벌 밸류체인을 이해하고, 글로벌 공급체인의 밸류체인 특성에 대하여 설명한다.

4. 글로벌 공급체인관리 밸류체인의 정의 및 개념에 대해 이해한다.

5. 글로벌 공급체인의 글로벌 주요 구성요소와 그 흐름을 설명할 수 있다.

6. 글로벌 공급체인관리의 프레임워크와 성공전략에 대해 이해한다.

7. 글로벌 공급체인의 위협요인에 관하여 이해한다.

8. 글로벌 공급체인관리의 글로벌 밸류체인(Value chain) 사례를 이해한다.

CHAPTER 05 Content

Introduction: CJ 대한통운의 성공전략과 위협요인

Ⅰ. GSCM의 글로벌 밸류체인

Ⅱ. GSCM의 공급체인 프레임워크

Ⅲ. GSCM의 성공전략 요인과 위협요인

Chapter 05 Case: 이랜드그룹 전 세계 공급망 빠르게 확대

Introduction

"CJ대한통운의 성공전략과 위협요인"

CJ대한통운이 중국 알리바바 그룹 계열사 차이냐오와 손을 잡았다.

CJ대한통운은 차이냐오와 한중 전자상거래 공급망관리SCM 라인 구축을 위한 전략적 양해각서MOU를 체결했다고 2일 밝혔다.

공급망관리Supply Chain Management: SCM는 제품이 생산돼 판매되기까지의 모든 공급과정을 관리하는 시스템을 말한다.

이에 따라 CJ대한통운은 차이냐오의 한국 공식 물류파트너로서 한국에서 중국으로 보내지는 전자상거래 상품을 위한 물류서비스를 제공하게 된다.

CJ대한통운과 차이냐오는 이날 전략적 MOU 체결과 함께 공식 글로벌 풀필먼트 센터Global Fulfillment Center의 출범식도 가졌다.

차이냐오의 글로벌 풀필먼트 센터는 보관, 재고관리, 포장, 운송장 부착 등의 물류 업무부터 통관, 국제 항공운송까지 전자상거래 상품 해외 직판 관련 업무를 통합해서 수행하는 곳이다.

여기서는 알리바바 그룹의 중국 유통 플랫폼에 입점한 한국 기업들의 전자상거래 상품을 취급한다.

이재진 CJ대한통운 글로벌부문장은 "글로벌 풀필먼트 센터의 운영 최적화에 따라 우리 기업의 대 중국 수출에 기여할 것"이라며 "차이냐오가 운영하는 전자상거래 업체의 원활한 물류 수행으로 양국 간 전자상거래를 활성화하는데 노력함으로써 글로벌 전자상거래 물류기업 이미지를 구축할 것"이라고 말했다.

꽌샤오동尖晓东 차이냐오 글로벌 사업 총괄 책임자는 "차이냐오의 기술력을 활용하는 글로벌 풀필먼트 센터의 개장은 차이냐오의 글로벌 물류 네트워크에 있어 의미 있는 확장"이라며 "한국 판매자들의 국경 간 무역을 돕고 우수한 한국 제품들을 중국 소비자들에게 시의적절하게 제공할 수 있을 것으로 기대된다"고 말했다.

출처: 정영철, 「CJ대한통운, 中 알리바바 계열사와 MOU」,
『CBS 노컷뉴스』, 2017.08.02.

$\rm I$ GSCM의 글로벌 밸류체인

01 | Industry 4.0 시대 확산과 글로벌 밸류체인의 관점

밸류체인Value chain은 한 기업의 활동을 전략적으로 연관성이 있는 몇 개의 활동들로 나누어 원가의 행태와 더불어 외향적으로 혹은 내재된 차별화의 원천을 이해하기 위하여 도입된 개념으로서, 기업의 생산과 판매활동까지의 기업가치의 특성을 종합적인 하나의 이어진 사슬로 보는 개념이다. 밸류체인value chain은 마이클 포터M. Porter, 1985가 창안한 개념으로 글로벌화와 현지화의 압력에 대한 이해와 함께 기업의 여러 사업활동의 배치와 조정에 대한 이해를 넓혀 주었다는 점에서 의미가 있다.[1] 그는 전 세계에 산재해 있는 다국적기업들이 글로벌 효율성을 높이기 위해 사업활동을 조정하여 규모의 경제와 범위의 경제를 실현시키고, 글로벌 학습을 달성하기 위해서 다양한 지역에 사업활동을 배치하여 학습효과를 추구하는 방향으로 경영전략을 수립해 나가야 한다고 주장했다. 마이클 포터가 제안한 밸류체인의 개념은 기업의 경쟁우위 원천을 찾아내고 규모의 경제, 범위의 경제, 학습효과에 대한 개념과 함께 다국적기업의 전략적 목적을 이해하는 데 크게 기여하였다.[2]

Industry 4.0 시대에는 밸류체인의 개념에서 사물형 인터넷IoT의 확산과 가상현실VR 및 증강현실AR의 확산이 기업의 R&D 활동에서부터, 생산, 조립, 로지스틱스, 마케팅 및 판매, A/S를 포함해서 제품과 서비스가 최종 고객에게 전달되는 과정까지 4차 산업혁명의 등장에 따른 밸류체인을 새로운 시각에서 접근할 필요가 있다.[3] Industry 4.0이 산업 전반에 확장되면서 기업의 유형자산 활동이 무형자산 활동으로 빠르게 이동하고 있으나, 여전히 제조업과 생산이 4차 산업에 중요한 역할을 하고 있으며, 기업의 공급자로부터 최종고객까지 공급체인망에 참여하는 네트워크를 보는 시각도 Industry 4.0 시대의 확산에 따라 지금까지 경험하지 못한 새로운 환경에 직면할 것으로 전망된다.

115
CHAPTER 05 글로벌 밸류체인

1) Industry 4.0 시대 제조업 중심의 시너지 효과 증대

Industry 4.0 시대에 글로벌 공급체인은 제조업자 중심으로 신공급체인 네트워크와 시장 진입자 간의 시너지 효과가 증대되는 방향으로 발전될 전망이다. 신공급체인 네트워크는 사이버 보안제품 공급자, 데이터 보관 및 관리 공급자, 연결성 공급자, Industry 4.0 특화기술 공급자 등 네 부류의 공급자가 신공급체인 네트워크 참여자로 등장할 것으로 보인다.[4] 새로운 시장 진입자는 자동화 시스템 공급자 센서 및 동작 공급자, 부품 공급자, 로지스틱스 공급자 등 네 부류의 새로운 시장 진입자로 인해 글로벌 공급체인 시장에 다양한 변화가 예상된다.

전통적인 밸류체인은 원재료 조달과 생산 기능으로부터, 판매 및 마케팅 기능을 거쳐서 A/S 기능으로 전달되는 선형linear 형태의 부가가치체인 형태인 반면에, Industry 4.0 밸류체인은 사이버 보안제품 공급자로부터 로지스틱스 파트너까지 연결되는 순환cycle 형태의 부가가치체인을 형성하고 있다. Industry 4.0 밸류체인은 제조업자를 중심으로 신공급체인 네트워크와 새로운 시장진입자 간의 상호작용을 통해서 산업 내, 혹은 산업 간 시너지 효과를 창출하는 구조이다.[5]

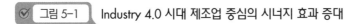
그림 5-1 Industry 4.0 시대 제조업 중심의 시너지 효과 증대

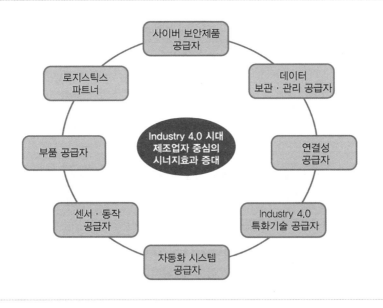

2) Industry 4.0 시대 글로벌 밸류체인 영향요인

Industry 4.0 시대의 글로벌 밸류체인 영향요인은 4차 산업혁명 시대에 대응하기 위한 새로운 요인들이 등장할 것으로 보인다. 전통적 글로벌 밸류체인은 기능별 요인들을 분류하고 전 세계시장을 대상으로 생산활동과 공급체인망의 효율성을 높이면서 기업의 공급체인 활동을 조정coordination하고 배치configuration하면서 기업의 사업성과를 높이는 데 주력하였다. Industry 4.0 시대의 글로벌 밸류체인은 환경친화적이면서 인본적 가치와 개방적 혁신을 강조하는 사업환경에 따라 글로벌 밸류체인을 전사적으로 통합integration하고 조정coordination하면서 유연성을 높이는 방향으로 발전될 전망이다.[6]

전통적 글로벌 밸류체인은 원재료 조달에서부터 A/S까지 밸류체인의 기능별 요인들이 리드타임 단축, 고객요구에 신속한 대응, 시장변화에 따른 유연성과 대응성의 압력에 많은 영향을 받아 왔다.[7] Industry 4.0 시대의 글로벌 밸류체인은 4차 산업환경의 급속한 변화와 함께 자원/프로세스, 자산 효용, 노동, 재고, 품질, 공급/수요 연계, 시장 출시시간, 서비스/에프터 세일즈 등과 같은 요인들이 글로벌 공급체인관리의 네트워크에 참여하는 공급자, 생산, 유통, 고객/소비자들에게 폭넓게 영향을 미칠 것으로 보인다.

☑ 그림 5-2 Industry 4.0 시대 글로벌 밸류체인 영향요인

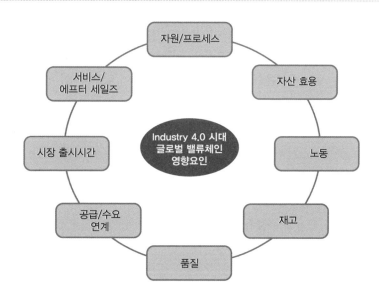

02 | Industry 4.0 시대 글로벌 밸류체인

　밸류체인은 한 기업의 활동에서 차별화의 원천을 이해하기 위하여 도입된 개념이다.[1] 전통적인 글로벌 밸류체인이 기업의 본원적 활동과 지원활동을 조정하고 배치하는데 집중하고 있는 반면에, Industry 4.0 시대 글로벌 밸류체인은 생산 중심의 활동에서 R&D 중심의 활동, 마케팅 중심의 활동으로 이동함으로써 기업의 장기적인 지속성장 가능성을 제시하였다는 점에서 의의가 있다.[8] 또한 Industry 4.0 시대 글로벌 밸류체인은 각 국가별 경제개발 단계별로 기업들이 집중하고 있는 기능을 제시하고, 선진국 시장이 이끌고 있는 R&D 지식 집약적 산업, 마케팅 지식 집약적 산업에 어떻게 진입해야 하며, 그런 과정에서 기업이 보유하고 있는 유형자산과 무형자산으로 경제적 부가가치를 높이고, 유형물 생산 중심의 경제에서 지적재산권과 특허를 포함한 무형물 생산 중심의 경제로 발전시키는 지속성장 과정을 제시하였다는 점에서 의미가 있다.

1) Industry 4.0 시대 글로벌 밸류체인 지속성장 과정

　Stan Shih의 스마일 커브 이론을 반영하여 Industry 4.0 시대 글로벌 밸류체인 지속성장 과정을 설명하면 다음과 같다. 오늘날 세계경제는 장기간 시장 침체와 실물시장과 포트폴리오 시장에서 자본, 상품, 서비스의 플랫폼을 움직이는 선진국 시장의 성장 둔화에 영향을 받아 장기적인 경기 침체가 예상되는 가운데에서도 중국, 인도를 포함한 신흥국가들로 인해 세계경제의 활력을 불어넣고 있다.[9] Industry 4.0 시대 글로벌 밸류체인 지속성장 과정에서 신흥국 시장은 밸류체인 활동에서 R&D 지식과 마케팅 지식들이 결여된 중간 위치에 놓여 있으며, 이 신흥시장은 제조업 중심이면서 유형자산에 집중하고 있다. 중국, 인도 등을 포함한 신흥국가들이 Industry 4.0 시대 글로벌 밸류체인의 지속성장을 위해 R&D 지식이 집약된 부문으로 이동을 목표로 선진국 시장을 추격하는 전략catch-up strategy을 취하고 있다.[19] 글로벌 밸류체인Global Value Chain: GVC의 역량을 강화시키거나, 선진국이 선점하고 있는 마케팅 지식이 집약된 부문을 추격해서 신흥국가가 보유하고 있는 무형자산의 가치를 높이고 제조업 중심에서 서비스업 중심으로 이동시켜 산업 내, 혹은 산업 간 시파급효과spillover effect를 높여야 한다.[8]

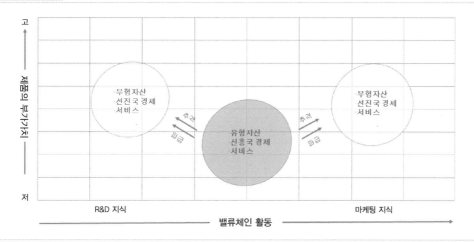

> 그림 5-3 Industry 4.0 시대 글로벌 밸류체인 지속성장 과정

출처: Gary Gerrefi(2017), Global Value Chains, Industry 4.0, and Korean Industrial Transformation, Global
Value Chain Center, Duke University

2) Industry 4.0 시대 글로벌 밸류체인 지속성장 모형

Industry 4.0 시대 글로벌 밸류체인 지속성장 모형은 기업의 글로벌 밸류체인 활동이 생산 유형활동을 중심에서 생산 전 무형활동, 생산 후 무형활동으로 이동해서 지속성장 가능성을 높여야 한다는 것을 보여준다.[11] Industry 4.0 시대 글로벌 밸류체인 지속성장 모형을 보면 기능 중에서 생산 기능은 생산 유형활동의 위치에 자리하고 있으며, 이 생산 유형활동에는 우리나라를 포함해서 많은 신흥시장에 참여하는 국가들이 집중되어 있다. 이러한 지역의 기업들은 글로벌 밸류체인을 활용하여 지속성장을 위해 R&D 지식 밸류체인을 추격하거나, 아니면 마케팅 지식 밸류체인을 추격하거나 하는 전략적 선택을 해야 한다.[2] 오늘날 전 세계 플랜트 시설에서 생산활동에 집중하고 있는 신흥시장의 기업들은 기반 로지스틱스 활동에 집중하거나, 디자인 활동을 통해 선진국 기업들을 추격하는 전략을 수립해야 한다. 또한 제조업 중심의 신흥국 경제는 유통 기반 로지스틱스, 마케팅 기능을 추격해서 신흥국 경제에 파급효과를 높여야 한다.[12]

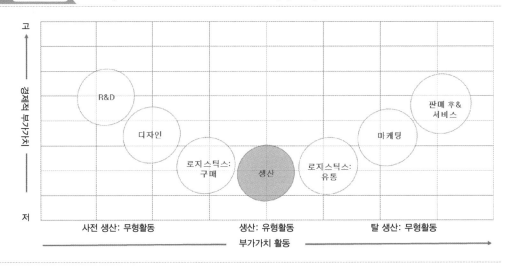

그림 5-4 Industry 4.0 시대 글로벌 밸류체인 지속성장 모형

출처: Gary Gerrefi(2017), Global Value Chains, Industry 4.0, and Korean Industrial Transformation, Global
Value Chain Center, Duke University

03 | 글로벌 공급체인관리의 밸류체인

　글로벌 일류기업으로 성장하고 경쟁력을 확보하려면 정보통신 기술발전과 고객의 니즈에 적합한 탁월한 운영능력과 혁신능력으로 무장하여 진화되어가고 있는 글로벌 공급체인관리 전략을 추진해야 한다.[12] 오늘날 글로벌화가 확대되고 디지털 혁명시대가 도래하면서 글로벌 공급체인관리에 대한 관심이 높아졌고 글로벌 공급체인관리에 대한 경영기법도 전략적으로 고도화되고 있다.[13] 과거의 공급체인관리가 주로 재고 관리나 비용 절감에 초점을 맞췄다면 오늘날의 글로벌 공급체인관리는 밸류체인의 본원활동과 지원활동의 관점에서 기업의 차별화 가치를 극대화시키는 방향으로 발전하고 있다.[14] 본 장에서는 글로벌 공급체인관리의 밸류체인은 본원활동과 지원활동을 통해 이윤폭을 높이고 장기적으로 기업가치를 극대화 해 나가는 것으로 설명할 수 있다. 글로벌 공급체인관리의 밸류체인 모형에는 본원활동으로 기존의 부가가치체인 상에서의 본원활동을 수행함과 동시에, 네트워크 촉진, 네트워크 구축, 계약관리, 서비스 제공, 인프라 운영 등 5가지 기

능이 포함되었고, 지원활동으로 기업하부구조, 인적자원관리, 기술개발, 조달 등의 4가지 기능들이 포함된다.

1) 본원활동

전통적인 글로벌 공급체인관리의 밸류체인에서 본원활동은 원재료 조달, 제조, 본체 및 부품조립, 구매 및 출하물류, 마케팅과 판매, A/S 기능들을 수행하는 것에 비해서 새로운 글로벌 공급체인관리의 본원활동은 기존의 부가가치체인 상에 본원활동을 수행함과 동시에, 네트워크 촉진, 네트워크 구축, 계약관리, 서비스 제공, 인프라 운영 등 5가지 기능을 주로 수행한다.1 네트워크 촉진network promotion은 글로벌 공급체인관리 상에서 획득된 고객과의 네트워크를 지속적으로 촉진하는 단계이다. 네트워크 촉진의 목적은 획득된 고객과 함께 가치를 창출하고 중개자의 역할을 한다. 네트워크 구축network building은 네트워크 촉진을 통해서 획득된 고객과 함께 글로벌 공급체인관리의 성과를 높이기 위해서 운영을 표준화하고, 기술을 개발하는 중개자의 역할을 한다.14 물류서비스제공자Logistic Service Provider: LSP가 제조업자, 수출입자, 소매업자 간의 관계에서 글로벌 공급체인관리의 운영 표준화, 기술개발을 활용하여 네트워크를 구축하고 있는 것이 대표적인 사례이다.15

계약관리contract management는 밸류체인 상에서 고객과 계약을 체결하고, 유지하면서 최종적으로 글로벌 공급체인관리의 목적이 종료되는 시점까지 지속적으로 계약관리를 하는 것을 말한다. 서비스 제공service provider은 밸류체인 상에 있는 기업들 간에 자금, 물적, 정보 흐름을 원활하게 하는 서비스를 제공하는 것을 말한다. 제조자, 수출입자, 소매업자 간의 관계에서 물류서비스제공자Logistic Service Provider: LSP가 중개자의 위치에서 자금, 물류, 정보흐름을 관리해 나간다.16 인프라 운영infra operation은 글로벌 공급체인관리의 운영효율성을 높이기 위해서 밸류체인 상에서 자원관리, 정보공유를 위한 유통센터, 지점 설치, 금융서비스, 창고 및 운송 서비스 등의 제공을 목적으로 인프라를 운영하는 것을 말한다.

그림 5-5 글로벌 공급체인관리 밸류체인의 본원 활동

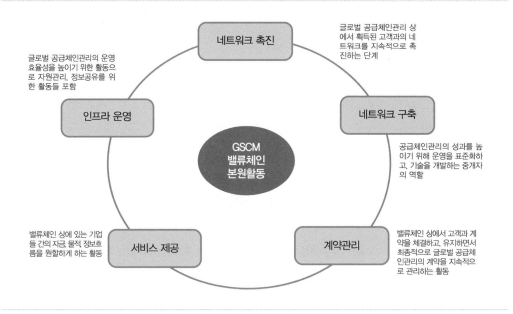

2) 지원활동

글로벌 공급체인관리의 밸류체인에서 지원활동은 부가가치체인 상의 지원활동과 같이 기업하부구조, 인적자원관리, 기술개발, 조달 등의 4가지 기능들이 포함된다. 기업하부구조firm infrastructure는 일반관리, 기획관리, 법무, 재무, 회계, PR, 품질관리 등의 내용이 포함된다. 인적자원관리human resource management는 기업 내 인적자원의 보유, 자기계발교육, 보상 등의 내용이 포함된다. 기술개발technology development은 밸류체인 내의 활동을 지원하는 기술개발에 대한 내용으로 연구개발, 프로세스 자동화, 설계, 재설계 등의 내용이 포함된다. 조달procurement은 원재료, 본체 및 부품, 기계, 건물, 서비스 등의 조달에 대한 내용이 포함된다.17 따라서 글로벌 공급체인관리에서 밸류체인의 지원활동은 기업이 진출하고자 하는 지역, 국가, 산업 등의 특성을 고려하여 전 세계적인 기업들과 글로벌 공급체인관리를 효율적으로 지원할 수 있는 기업하부구조, 인적자원관리, 기술개발, 조달 등을 구축하고 지원하는 데 있다.

그림 5-6 글로벌 공급체인관리 밸류체인의 지원 활동

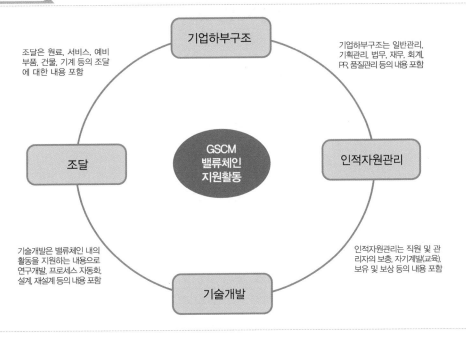

조달은 원료, 서비스, 예비부품, 건물, 기계 등의 조달에 대한 내용 포함

기업하부구조는 일반관리, 기획관리, 법무, 재무, 회계, PR 품질관리 등의 내용 포함

기술개발은 밸류체인 내의 활동을 지원하는 내용으로 연구개발, 프로세스 자동화, 설계 재설계 등의 내용 포함

인적자원관리는 직원 및 관리자의 보충, 자기계발(교육), 보유 및 보상 등의 내용 포함

GSCM의 공급체인 프레임워크

01 | GSCM 공급체인 프레임워크의 외부요인

글로벌 공급체인관리의 프레임워크는 외부요인, 내부요인, 성과요인으로 설계되었다. 외부요인은 환경의 불확실성, 고객 초점, 정보기술 등의 내용이 포함되었고, 내부요인은 전략적 구매가 공급 관리, 공급 네트워크 조정, 물류통합에 영향을 미치는 구조로 설계되었다.[18] 이 프레임워크에서 공급 관리가 중요한데, 공급관리는 커뮤니케이션, 공급자 기반 감축, 장기 관계, 공급자 선정, 공급자 인증, 공급자 관여, 기능별 팀, 신뢰성과 몰입도 등의 내용이 포함되어 있다. 또한 글로벌 공급체인관리의 외부요인이 내부요인에 영향을 미치면서, 그 결과 성과요인인 공급자 성과와 구매자 성과에 영향을 미치는 것으로 글로벌 공급체인관리의 개념적 프레임워크가 설계되었다.[19]

1) 환경의 불확실성

기업 활동이 글로벌화 되면서 공급체인 상의 리드타임이 더욱 길어지고 불확실해지고 있다. 소비자의 요구가 다양화되고 점차 개인화되면서 신제품의 라이프사이클이 점차 짧아지고, 수요의 변동이 심화되고 있다.[20] 공급체인의 소비 단계의 고객 수요 성향과 주문에 대한 정보가 판매 단계에서 공급체인 과정에서 지연, 왜곡되어 결품과 과잉재고 등의 문제가 발생함으로써 환경의 불확실성은 그 어느 때보다 증폭되고 있다.

2) 고객 초점

기업은 고객만족에 목표를 설정하고 가격을 책정하고 이해할 수 있도록 해야 하며, 고객이 어떤 장소에서 어떠한 편의성과 서비스를 요구하는지 파악하고 고객과의 의사소통에 집중해야 한다. 고객만족을 위하여 총공급망 체인통합에 의한 관리운영이 이루어져야 한다. 이러한 노력은 업무 프로세스 혁신을 사내뿐만 아니라 파트너기업과의 관계 속에서도 이루어져야 한다.[21]

3) 정보기술

정보 기술은 프로세스 통합을 가능하게 하는 열쇠이다. 중대한 문제는 정보의 구조와 활용이 기능 조직 간의 관계에 기초하고 있다는 사실에서 초래된다. 짜여진 정보 내에서의 실행은 정보 공유 구조를 발전시켜 왔다. 사용 가능한 정보 내용의 흐름은 오래 유지되어 온 명령과 통제의 기능 조직라인에서만 가능하다.[21] 경영자가 교차기능cross-functional process프로세스가 가능하도록 조직 개편을 시도할 때 정보 보유 구조는 전통적인 기능적 정보 흐름을 유지하도록 하는 보이지 않는 힘이 작동한다. 정보 보유 구조의 효과는 ERP 시스템이 가장 일반적인 관리 수단으로 추진된 이유 중의 하나이다. 정보 보유 구조는 왜 ERP의 실행이 그토록 어려운지를 잘 설명하고 있다.

02 | GSCM 공급체인 프레임워크의 내부요인

1) 전략적 구매

글로벌 공급체인관리를 효율적으로 운영하기 위해서 자동화된 구매 시스템을 활용하여 전략적 구매를 결정하는 것이 중요하다. 자동화된 구매 시스템이 정확하고 명확한 상품일 경우에는 매우 적합하다. 자동화된 구매 시스템은 변동사항이 많은 법률에 관한 서비스나 광고에는 대부분 맞지 않는다. 이런 경우에 공급 매니저들은 전통적으로 기업이 서비스를 지원하는 것으로 계약에 의존해왔다. 자동화된 구매 시스템은 대부분 구매가 전통적으로 간접상품을 취급하는 기업과 서비스 기업들이 쉽게 적용할 수 있다. 제조 기업의 직접적인 상품들은 대다수의 관점에서 지원 프로세스가 다르며 대부분 자재소요계획MRP과 전사적자원관리ERP 시스템의 하부에서 적용되어 다루어진다.[2] 대부분 이 요청서들은 MRP 시스템으로 발송된 주문들이다. 오늘날 기업들은 자재소요계획과 전사적자원관리 시스템을 활용하여 전략적 구매를 하고 있으며, 대부분 이 요청서들은 전자문서교환Electronic Data Interchange: EDI를 통하여 제1차 공급자에게 보낸다. 상품과 서비스의 수령하고 사용자가 주문을 재검토하여 요구되는 수령정보와 함께 구입 기록을 댓글로 달면서 이 정보들은 자동적으로 전자 구입 주문서, 전자송장 혹은 3가지가 어울릴 수 있는 전자 수취인이 지불 가능한 계좌로 발송된다.[22]

2) 공급 네트워크 조정

글로벌 공급체인관리의 프레임워크에서 공급 네트워크를 조정하는 문제는 매우 중요하다. 공급 네트워크 조정은 공급자로부터 구매기업이 원하는 바를 수행하도록 유도하는 것으로 공급자의 현재 역량을 평가하고, 그 역량을 어떻게 개선할 것인지 파악하는 것이 요구된다.[23] 따라서 공급 네트워크 조정에서 주요 활동은 공급자 평가 또는 공급자 역량 파악이다. 이러한 활동은 미래의 구매를 위해 잠재력을 갖추고 있는 공급자를 평가하거나 기존의 공급자를 정기적으로 평가할때 필요하다.[24] 효과적인 공급 네트워크 조정은 기업들이 불성실하거나 문제가 있는 공급자를 배제하고, 성실하고 신뢰할 수 있는 공급자를 선정할 수 있게 한다. 신뢰성 있는 공급자는 대량 구매를 통한 비용절감, 우수한 품질과 양호한 배송 서비스 등 구매기업과 공급체인 네트워크에 상당한 혜택을 제공할 수 있다.

3) 물류 통합

물류 통합은 정보의 공유를 가능하게 하여 판매와 생산의 균형이 이루어지므로 운영비용의 감소, 재고비용의 감소, 고객만족도 향상으로 이어진다.[23] 운영비용의 감소는 공급체인을 통합하여 정보 공유를 통해 생산과 판매를 일치시킬 수 있어 불필요한 생산을 감소시켜 운영비용이 감소하게 된다. 재고비용의 감소는 공급체인 상의 구성원들 간의 정보공유로 인하여 정확한 수요예측이 가능해지므로 공급체인이 통합되기 전보다 적은 재고를 가져가게 되고, 재고비용이 감소된다.[21] 또한 고객만족도 향상은 정보통신기술의 활용을 통한 정보의 공유로 인하여 고객의 주문이 이루어지면 주문에 대한 정보가 공급체인 상의 모든 구성원에게 가시화되므로 보다 신속하게 고객에게 배송이 이루어짐으로서 물류 통합을 통한 고객 서비스와 만족도가 증대된다.

4) 공급 관리

글로벌 공급체인관리는 전 세계 지역, 국가, 산업 간의 차이에서 발생하는 고객의 동질성과 이질성을 고려하여 공급 관리를 수행해야 하며, 경영환경의 불확실성이 높아지면서 시장의 수용에 따른 공급 관리를 효율적으로 운영해 나가는 것이 기업의 경쟁우위의 원천이 된다.[1] 공급 관리는 제조자로부터 고객까지 자금, 물류, 정보, 지식이 흐르는 과정에서 파트너 기업 간의 신뢰성을 기반으로 공급관리를 원활하게 운영하여야 하고, 글로벌 공급체인관리에 참여하는 파트너기업 간의 관계 몰입도를 높여 나가는 것이 무엇보다 중요하다.[25] 글로벌 공급체인관리의 프레임워크에서 공급 관리는 외부요인으로 환경의 불확실성, 고객 초점, 정보기술에 영향을 받으면서, 내부요인으로 전략적 구매에 직접적인 영향을 받는 구조를 보인다. 또한 공급관리의 성과는 공급자 성과, 구매자 성과의 형태로 나타난다. 따라서 공급 관리에 커뮤니케이션, 공급자 기반 감축, 장기 관계, 공급자 선정, 공급자 인증, 공급자 관여, 이기능별 팀, 신뢰성과 몰입도 등의 내용이 포함되어야 한다.

5) 공급자 성과

공급자 성과는 성과 관리 시스템을 개발하고 적용하는 것이 둘 이상의 독립적인 조직 간의 파트너십 구성이라는 점에서 중요한 변화를 가져온다. 성과 측정 매트릭스는 다양한 분야와 서로 다른 시점의 파트너십 라이프사이클을 다루어야 하기 때문에 그 복잡성이 더 심화된다.[24] 전통적인 공급자－구매자 관계의 계약적 조정 모델에서 성공을 위한 주요 요인이었던 제품 지식, 전술적 협상, 벼랑 끝 정책 등 전통적 구매 기술들에 반하여 공급 체인 파트너십을 관리하기 위해서는 훨씬 더 많은 기술들이 요구되고 있다.[25] 몇몇의 주요 파트너링 기술을 연마하기 위한 종업원 훈련은 효과적인 관리를 위한 중요한 방법이다. 기업은 효과적인 팀워크를 위한 훈련, 정보의 더 나은 이용, 사회적 기술의 증진, 상호 의존적인 계획, 문제 해결 등의 과정을 통해서 공급자 성과를 높일 수 있다.

6) 구매자 성과

구매자와 판매자가 공급체인 운영 성과를 향상시키기 위하여 그들의 공정과 활동을 통합하는 것이다. 전체 비용을 줄이고 구매자와 판매자 사이의 운영 흐름을 향상시키기 위하여 운영 통합을 실행하는 것은 공급자와의 제휴 형태로 시작한다.[26] 운영 통합에는 다양한 형태가 있다. 하나의 예로 구매자는 판매자가 구매자의 매출 및 주문 정보시스템에 접근할 수 있도록 하여 판매자가 현재 어떤 제품의 매출이 큰지 인식하고, 향후 구매가 어떻게 일어날 것인지 예상할 수 있게 한다. 이런 정보는 판매자가 더 적은 비용으로 효과적으로 공급활동을 수행할 수 있게 해준다. 판매자는 구매자가 어떤 주문을 할 것인지 더 정확하게 예상할 수 있고, 상품을 급히 전송하는 등 불필요한 일들을 할 필요성이 감소하기 때문에, 결국 전체 비용은 감소한다. 구매자와 판매자는 공급을 유지하기 위해 어떤 공정이 필요한지 확인하고, 이 공정들을 재조직하기 위한 방법을 함께 탐색함으로써 운영 통합의 범위를 확장시킬 수 있다.

✅ 그림 5-7 GSCM의 공급체인 프레임워크

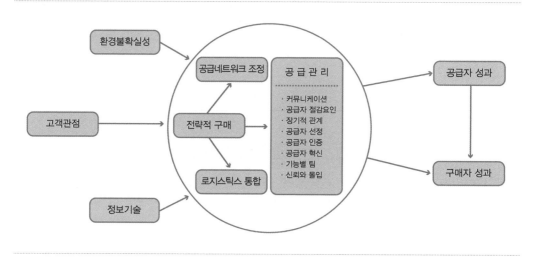

출처: Chen, I. J. and Paularaj, A.(2004), "Understanding Supply Chain Management: Critical Research and A Theoretical Framework, International Journal of Production Research, Vol.42, No.1, p.133.

III GSCM의 성공전략과 위협요인

01 | 성공전략과 위협의 개념

  기업의 경영활동에 대해서 성공전략과 위협에 대해서 가장 많이 알려진 용어는 핵심성공요인Key Success Factors: KSF에 대한 개념이다. 핵심성공요인은 MIT 대학교의 John Rockasrt가 개발한 기법인데, 그는 핵심성공요인이란 개인과 조직이 성공적이면서 경쟁력 있는 성과의 획득을 보장하는 제한된 영역으로 전략, 목적, 목표, 측정, 문제점 등 5개의 영역을 제시하고 있다.[27] 전략strategy은 기업에서 수립한 경영전략을 말하는데, 경영전략은 기업전략, 경쟁전략, 기능별 전략으로 구분한다. 기업전략은 기업에서 어떤 사업을 할 것인가에 대한 내용이고, 경쟁전략은 그 사업에서 누구와 경쟁하는지, 기능별 전략은 기업전략과 경쟁전략을 구체화 시켜 어떻게 수행해 나갈 것인가 하는 것에 대한 내용이다. 목적objectives은 기업이 일정한 사업기간 내에 그 사업을 하고자 하는 목적에 대한 내용이며, 장기적인 관점에서 기업이 구체적으로 실현할 방향에 대한 내용들이 기술된다. 목표golas는 일정한 사업기간 내에 기업이 수립한 전략과 목적을 구체화시킬 수 있는 목표를 말한다. 측정measure은 기업에서 수립한 전략, 목적, 목표, KSF의 성과를 통계적 기법을 활용하여 측정하는 기준을 말한다.[28] 문제점problem은 핵심성공요인을 도출하는데서 발생한 문제점들, 그 문제들이 전략을 수립하는 단계에서 발생한 것인지, 아니면 목적, 목표, 측정 단계에서 발생할 것인지를 평가하고 피드백하는 과정을 거치면서 KSF의 문제점을 진단하고 평가해서 개선시켜나가는 것이다.[29] 따라서 기업이 글로벌 시장을 대상으로 새로운 사업기회를 획득하고 불확실한 진출 시장의 위험을 줄여나가기 위해 기업의 장기적인 관점에서 전략을 수립하고, 이를 구체적으로 달성할 수 있는 목표를 세우고 과학적인 평가기준을 제시하여 문제점을 해결해 나가는 것이 기업의 성공전략과 위협요인의 핵심이다.

02 | GSCM 성공전략과 위협요인

　글로벌 공급체인관리의 운영과 수행은 기회로 작용하는가 하면, 위협요인으로 작용할 수 있다. 공급체인관리 기업들이 글로벌 시장에 진출해서 직면하게 되는 어려움들은 여러 가지가 있을 수 있겠으나, 진출시장에 대한 입지요인, 파트너십, 진입장벽 등이 대표적이다.[30] 본 장에서는 GSCM 성공전략과 위협요인을 입지요인 측면에서 살펴보고, 파트너십 측면에서 정보교류 및 신뢰성 있는 정보공유, 파트너십의 강화 및 장기적 관계지속을 통하여 기업 간의 파트너십이 구체적으로 실현되는 과정을 보고자 한다. 진입장벽 측면에서 국제표준화기구International Organization Standard: ISO의 국제표준인증 확보 역량, 국제무역규제의 활용전략에 대한 이해를 넓히고자 하며, 글로벌 공급체인관리를 성공적으로 수행하면서 위협을 줄여나가고 고객 니즈를 파악할 수 있는 역량에 대해서 설명하고자 한다.[8]

1) 글로벌 비즈니스 환경의 이해 및 시장 활용 역량

　오늘날 글로벌 비즈니스 환경의 특징은 글로벌화, 현지화, 정보기술의 활용으로 요약할 수 있다. 기업들은 해외 진출을 통해 글로벌 효율성을 높이는 데 주력하고 있으나, 이 글로벌 효율성이 글로벌 공급체인관리의 운영효율성에 저촉되지 않은지를 확인해야 한다. 현지화는 진출시장에 현지 대응력을 높이는 과정에서 글로벌 공급체인관리의 전략적 적합성과와 상충관계trade-off가 발생하지 않은지를 파악해야 한다.[23] 또한 4차 산업혁명 시대가 급속하게 확산되고 있는 상황에서 글로벌 공급체인관리 상에서 신기술을 활용해서 시장 활용 역량을 높여야 한다.

2) 정보교류 및 신뢰성 있는 정보공유

　글로벌 공급체인관리의 성공전략과 위협요인에서 정보교류 및 신뢰성 있는 정보를 공유하는 것이 무엇보다 중요하다. 정보교류 및 데이터가 많은 경우, 데이터가 수집되고 분석되고 번역되면, 전체론적 의사결정이 만들어질 수 있다. 현대 정보 기술은 많은 양의 데이터를 분석가능하게 해준다.[21] 비록 기술이 시스템적 사고의 한계를 감소시켰지만, 대부분의 매니저들은 부정확한 정보를 의사결정의 방해요소로 생각하고 있다.[4~6] 그들은 정확히 어떤 정보를 활용하여 의사결정을 할지에 대해 심도있게 고민해야 한다. 또한 정보를 올바른 의사결정자에게 전달하여 보다 나은 전

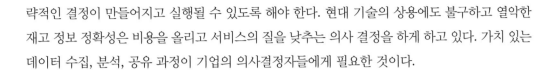

략적인 결정이 만들어지고 실행될 수 있도록 해야 한다. 현대 기술의 상용에도 불구하고 열악한 재고 정보 정확성은 비용을 올리고 서비스의 질을 낮추는 의사 결정을 하게 하고 있다. 가치 있는 데이터 수집, 분석, 공유 과정이 기업의 의사결정자들에게 필요한 것이다.

3) 파트너십의 강화 및 장기적 관계지속

공급체인관리는 한 기업이 아닌 두 기업 이상의 기업들이 공동의 목표 달성을 위해 노력하는 상생전략이다. 기업들이 공급체인관리 추진 효과를 얻기 위해서는 파트너십의 강화가 선행되어야 한다. 기업들 간의 파트너십을 강화하기 위한 중요 요인으로는 기업 최고경영자의 지원, 파트너십을 구축하고자 하는 기업 간의 원활한 의사소통, 상호신뢰, 정보 공유 등의 노력이 요구된다.[25] 공급체인관리의 파트너십을 강화하고 장기적 관계지속을 하기 위해 전략분석 단계, 협력업체 평가 및 선정 단계, 파트너십 수립단계, 유지단계 등 네 단계를 체계적으로 달성함으로써 파트너 기업 간의 장기적 관계가 지속된다.[30] 전략분석 단계에서는 기업 간 파트너십 형성을 통해 얻을 수 있는 수익성에 대한 시뮬레이션을 해야 한다. 협력업체 평가 및 선정 단계는 자신의 기업에게 최적의 성과를 가져다 줄 수 있는 파트너를 선택하는 단계이다. 파트너십 수립 단계는 선정된 기업이 파트너십을 구축하고 실질적인 협업을 하는 과정이다. 유지 단계는 기업의 지속적인 파트너십 유지 및 새로운 파트너의 생성 단계이다. 이 단계의 주요활동은 상호 신뢰감, 상호 협업 문화 형성, 갈등의 최소화 활동 등이다.

4) 국제 무역규제의 이해 및 활용전략

국제 무역규제는 개도국발 무역규제 확대, 간접 무역규제 확대, 녹색규제 확대 조짐, 주요국간 통상 분쟁 발생 등이 대표적인 사례이다. 개도국발 무역규제 확대는 선진국이 글로벌 경기회복 공조차원에서 수입규제를 자제하는 반면, 개도국은 자국산업 보호를 위해 규제를 확대하는 추세이며, 개도국의 반덤핑, 세이프 가드 신규 조사가 대폭 증가하는 사례가 있다.[31] 간접 무역규제확대는 실질적 무역장벽의 역할을 하는 조치가 확대되면서 '회색 수입규제지대Grey Area' 형성되었고, 자국 산업 지원책 실시 현상이 나타났다. 녹색 규제 확대 조짐은 자국 산업 보호 외에 탄소배출 억제, 녹색산업 경쟁력 강화 등 복합적 요인으로 환경 관련 기술장벽 도입 움직임 가시화 등이 있으며, 미국의 국경세 도입 검토, EU 탄소세 도입 논의 등의 사례가 있다.[32] 또한 주요국간 통상 분쟁 발생은 중국산의 점유율 확대, 국내 정치적 압력 등에 기인한 보호무역 조치가 통상 분쟁을 촉발하는 경우가 있으며, 미국의 중국 타이어에 대한 특별관세부과, WTO 제소 및 보복조치 초래, EU 가 철강제품을 중심으로 중국산 전반에 대한 견제를 가중시킨 사례들을 들 수 있다.

5) ISO의 국제표준인증 확보

국제표준화기구International Organization for Standardization, 이하 '국제표준화기구(ISO)'라 한다는는 표준 이란 관련 이해 당사자들 간 합의컨센서스에 의해 정립되고 공인된 표준기구에 의해 승인된 문서 로, 주어진 맥락에서 최적의 결과를 얻을 수 있도록 하는 활동이나 결과에 대한 규격, 지침 또는 특 성을 제공하며 공통적이고도 반복적으로 사용될 수 있는 문서라고 정의하고 있다ISO, 2004.[30] 국제 기구를 통한 국제적 표준인증 획득은 이러한 국제적 표준 선점에 상당한 영향력을 미친다. 또한 국제기구를 통한 표준획득은 경제성장의 원동력이 된다. 이는 다른 나라와 경쟁할 때 중요성이 더 커진다.

또한 기업들은 국제표준화기구ISO에 국제인증을 취득함으로써 글로벌 시장에서 국제인증을 획 득한 기업들과 파트너십을 구축하면서 기업의 핵심역량을 보다 강화시키는 데 활용하고 있다.[20~23]

6) 고객니즈를 파악할 수 있는 역량

글로벌 공급체인관리의 성공전략과 위협요인을 분석하기 위해서 기업들은 고객니즈를 파악할 수 있는 역량을 확보해야 한다. 고객니즈의 파악은 시스템이 구축되어 있어야 하는데, 최근에 인 터넷과 정보기술의 발달로 기업들은 다양한 정보에 접근이 가능하게 되었다.[33] 기업의 가치를 극 대화시킬 수 있는 방법은 고객으로부터 나온다는 인식에 기초하여 빅데이터 등의 정보기술을 이 용하여 고객정보를 전략적으로 활용하면서 고객니즈를 높이고 있다. 시장이 점점 글로벌화 되면 서 기업환경은 경쟁이 심화되고, 경영혁신의 새로운 패러다임이 요구되면서 고객중심사고는 기 업에게 중요한 문제로 인식되기 시작하였다.[16~18] 기업이 대량생산으로 인해 공급이 수요를 초과 하게 되고 제품판매량을 늘리는데 한계를 느끼면서 기업은 고객의 코드를 맞추는 것이 주요 관심 사가 되었다. 기업들은 차별화된 품질관리에 집중하였으나 상품 자체만으로 차별화가 어려워지 는 경쟁이 심화된 환경에서 기업은 제품판매 증대를 위한 기회를 확보하기 위해서 고객니즈를 파 악하는 역량이 더욱 중요해지고 있다.[34] 기업들이 고객니즈를 파악할 수 있는 역량을 확보하기 위 해 어떠한 방식으로 접근해야 되는지를 고려하게 되었고, 경영자들은 차별화된 고객서비스 전략 을 위한 최선의 마케팅 전략을 필요로 하고 있다.

✓ 그림 5-8 GSCM 성공전략과 위협요인

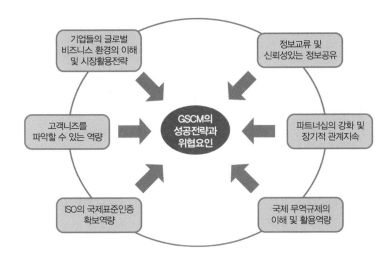

CHAPTER 05
Case ▶

"이랜드그룹 전 세계 공급망으로 빠르게 확대"

공급망의 글로벌화와 다변화로 글로벌 공급사슬관리Global Supply chain Management 'GSCM'의 중요성이 부각되고 있다. 2000년대 들어서면서 기상이변, 정치적 불안 등의 대형 악재가 급증하면서 기업의 공급망 위기는 심화되고 있다. 공급망 위기는 생산 중단, 신제품 출시 지연 등 장기간 심각한 피해를 초래한다.

실제로 최근 한진해운이 법정관리에 들어감에 따라 세계 곳곳에서 2차 피해가 속출하는 상황에서 'GSCM'은 이슈가 되고 있다. 이는 글로벌 생산시스템의 보편화, 공급망 범위의 확대, 공급망 구조의 복잡성 증대 등 다양한 원인에서 기인한다. 여러 가지 변수가 내재한 글로벌 경제환경에서 생산국가의 국내물류, 국제물류, 소비국가의 국내물류를 통합하는 효율적인 관리 필요성이 증대되는 추세다. 궁극적으로 전체 비용 절감을 통한 매출 증대를 모색하고, 다양화되는 소비자의 요구에 신속하게 부응하려는 전략이다. 즉 서비스 수준 향상 및 수익성 제고의 핵심으로서 'GSCM'이 강조되고 있다.

1) 이랜드그룹 공급망 빠르게 확대

이랜드그룹의 공급망은 공격적인 M&A인수합병를 통해 빠른 속도로 글로벌화, 다변화되고 있다. 이랜드그룹은 1980년 의류매장 '잉글랜드ENGLAND'를 모태로 형성된 계열집단이다. 패션산업을 주축으로 유통업, 휴양업, 외식업 등 적극적인 사업영역 확장을 통해 2016년 4월 공정거래위원회가 발표한 상호출자제한기업집단 자산총액기준 51위에 이름을 올렸다. 2016년 3월말 국내법인주채무계열 소속기업체 기준 29개사, 해외법인 108개사중국 40개사, 미국 12개사, 이탈리아 7개사, 기타 지역 49개사를 보유한 기업집단으로 성장했다. 특히 2010년부터 패션부문라리오, 벨페, 피터스콧, 엘칸토, 만다리나덕, 코치넬리, 케이스위스 등, **유통부문**동아백화점, 동아마트, 광주 밀리오레, 그랜드마트 강서점 등, **레저부문**C&우방랜드, 팜스리조트, PIC 사이판, COP 리조트, 계림호텔, 대구프린스호텔, 풍림리조트, 광릉포레스트 CC 등 등 주력 사업부문에 대한 M&A가 활발한 양상이다. 그런데 지난 5월, 무리한 M&A로 신용등급에 '빨간불'이 켜진 이랜드그룹이 재무구조 개선을 위해 티니위니를 매각한다는 풍문이 돌기 시작했다. 나이스신용평가는 지난 5월 높은 차입부담 속에서 이익창출능력이 큰 폭으로 떨어져 영업을 통한 채무상환 능력이 현저히 약화됐다고 평가하며, 이랜드월드와 이랜드리테일 신용등급을 BBB+에서 BBB로, 이랜드파크는 BBB에서 BBB-로 각각 내렸다.

이랜드는 지난해 초까지만 해도 티니위니를 '효자 브랜드'라고 내세우며, 티니위니 라이프스타일숍을 중국 전역과 글로벌로 확장한다는 계획을 밝혔다. 티니위니는 현재 중국 내 주요 대형 백화점을 비롯해 쇼핑몰 입점 매장, 가두점 등 1,300여개 매장이 직영으로 운영되고 있다. 티니위니는 단일브랜드로만 지난해 매출액 4,218억원, 영업이익 1,120억원을 올렸다.

풍문은 사실로 드러났다. 이랜드그룹은 이달 티니위니 신설 법인의 지분 100%를 중국 고급여성복 기업 '브이그라스V-GRASS' 패션에 약 1조원에 매각하는 내용의 계약을 체결했다. 신설 법인은 중국 티니위니 디자인·영업 인력과 중국 사업권, 글로벌 상표권 등을 보유하고 있다. 일각에서는 티니위니 매각이 성사됨에 따라 300%를 넘던 부채비율이 다소 완화될 것으로 예측했다. 다만 재무위기에 겨우 숨통이 트인 정도일 뿐, 부채 부담이 완전히 해소된 건 아니라는 지적이다. 신평사 관계자들은 이랜드그룹이 재무구조 개선을 위해 더 적극적으로 나서야 한다고 입을 모았다. 한국신용평가는 티니위니 매각 계약이 체결됐으나, 이랜드월드 회사채 신용등급BBB과 등급전망부정적을 유지했다.

2) 티니위니 매각, 'SCM' 영향

한국기업평가에 따르면 이랜드그룹은 주력산업인 패션업종국내 및 해외패션이 자산매출액에서 차지하는 비중이 52%59%로 가장 높고, 유통업, 외식·레저업이 각각 30%28%, 14%10%를 차지하는 등 3개 업종의 매출 및 자산의 비중이 압도적으로 높다. 특히 패션사업과 유통사업은 모두 내수소비산업이라는 특성을 갖는다. 그중에서도 패션산업은 국내, 중국, 미국, 유럽 등으로 지역적인 다각화가 이뤄져 있다.

이랜드 관계자는 "이랜드의 사업모델은 넓게 보면 밸류체인이다. 패션이라는 모델을 유통이라는 큰 그릇에 넣고, 유통이라는 그릇 내에는 외식업 등 다양한 사업이 포함돼 있다"며 "공급망이 일직선으로 연결된 것은 아니지만, 전체적으로 촘촘하게 연결돼 있다"고 설명했다.

이랜드그룹 주요 계열사 출자구조(2016. 3.)

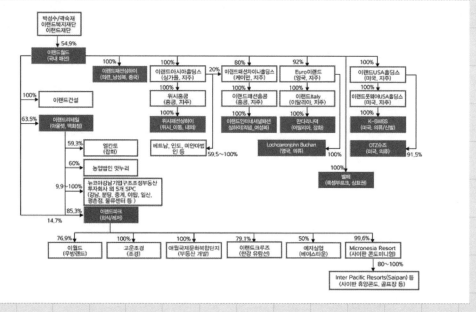

자료: 이랜드월드 공시자료, NICE신용평가

출처: 김동민, 「이랜드그룹 티니위니 매각, '공급망'을 흔들다」,
『KSG』, 2016.09.30.

참고문헌

1. Porter, Micheal E., Competitive Advantage, 1985.

2. 김창봉 · 박상안 · 정재우, 알기쉬운 무역학원론, 박영사, 2010.

3. Lasi, H., Fettke, P., Keuxper, H., Feld, T. and Hoffmann, M., Industry 4.0 Business & Information Systems Engineering, Vol.6, 2014, pp.239－242.

4. Kagermann, H., Helbig, J., Hellinger, A. and Wahister, W., Recommendations for Implementing The Strategic Initiative Industrie 4.0: Security the Furture of German Manufacturing Industry; Final Report of the Industrie 4.0 Working Group, Forschung sunion, 2013.

5. Micheal Abramovici, R. S., Smart Product Engineering, 2013.

6. Lee, J., Bagheri, B. and Kao, H. A., A Cyber－Physical Systems Architecture for Industry 4.0－Based Manufacturing Systems, Manufacturing Letters, Vol.3, 2015, pp.18－23.

7. 김창봉, 식품산업의 글로벌 인증과 파트너십, 식품품질관리, 고객관계관리 간의 영향관계가 기업의 사업성과에 미치는 영향에 관한 연구, e－비즈니스연구, 제14권 제5호, 2013, pp.131－151.

8. Gerrefi, G., Global Value Chains, Industry 4.0, and Korean Industrial Transformation, Gloval Value Chain Center, Duke University, 2017.

9. Aggarwal, sakshi., Smile Curve and Its Linkages with Global Value Chains, Indian Institute of Foreigner Trade, 2017.

10. Hermann, M., Pentek, T. and Otto, B., Design Principles for Industrie 4.0 Sourcings: A literature Review, Techishe Universitat Dortmund, Dortmend, 2015.

11. Groover, M. P., Single－Station Manufacturing Cells, Automation, Production Systems, and Computer －Integrated Manufacturing, Prentice Hall Press, 2007, pp.383－393.

12. Pao, H., Ho, S. and Lee, C., From Partner Selection to Trust Dynamics: Evidence of the Cross－Country Partnership of Taiwanese Construction Firms, Journal of Advances in Management Research, Vol.12, No.2, 2015.

13. Groover, M. P., Group Technology and Cellular Manufacturing, Automation, Production Systems and Computer－Integrated Manufacturing, Prentice Hall Press, 2017, pp.513－577.

14. Panda, D. K., Public Private Partnerships and Value Creation: The Role of Relationship Dynamics, International Journal of Organization Analysis, Vol.14, No.1, 2016.

15. Thatte, A. A., Rao, S. S. and Ragu–Nathan, T. S., Impact of SCM Practices of a Firm on Supply Chain Responsiveness and Competitive Advantage of a Firm, Journal of Applied Business Research, Vol.29, No.2, 2013, pp.499–530.

16. Sachdev. H., Merz, G, R., Barcellos, P, F, P. and Borella, C., Logistics Service Provider–Client Relationship: Comparing U.S.A and Brazil, Atlantic Marketing Journal, Vol.4, No.2, 2015, pp.109–134.

17. You, Y., Xu, Y. and Wang, L., Car Service Spare Parts Procurement Process Improvements Based on SOA, Indonesian Journal of Electrical Engineering and Computer Science, Vol.3, No.3, 2016, pp.554–563.

18. Chen, I, J. and Paularaj, A., Understanding Supply Chain Management: Critical Research and A Theoretical Framework, International Journal of Production Research, Vol.24, No.1, 2004, pp.133.

19. Carvalho, H., Duarte, S. and Machdo, V, C., Lean, Agile, Resilient and Green: Divergencies and Synergies, International Journal of Lean Six Sigma, Vol.2, No.2, 2011, pp.151–179.

20. Robinson, A., 2016 Supply Chain Trends: 7 of 12 Trends that will Drive Supply Chain Management in 2016, E–book: Download the Ultimate Guide to Last Mile & White GLove Logistics, 2016.

21. 김창봉·엄연, 중국 제조기업의 역물류 활동과 사업성과 간의 영향관계에 대한 연구–정보기술의 조절효과를 중심으로, 물류학회지, 제26권 제3호, 2016, pp.1–13.

22. 김창봉·전민주·김종욱, 전자상거래 플랫폼의 신뢰성 및 서비스요인과 기업능력이 전자상거래 활용성과에 미치는 영향: 경쟁강도와 외부지원의 조절효과, 정보기술아키텍처연구, 제15권 제1호, 2018, pp.73–85.

23. 김창봉·정순남, 기업성과 결정요인에 관한 연구: 정보역량을 중심으로, 국제상학, 제24권 제2호, 2009, pp.87–104.

24. Wu, G. C., Ding, J. H. and Chen, P. S., The Effects of GSCM Drivers and Institutional Pressures on GSCM Practices in Taiwan's Textile and Apparel Industry, International Journal of Production Economics, Vol.135, No.2, pp.618–636.

25. 김창봉, 글로벌 공급체인관리의 전략적 파트너십과 성과에 관한 연구, 국제지역연구, 제11권 제1호, 2007, pp.704–721.

26. 김창봉·박륜홍, 프랜차이즈 기업의 사회적 책임활동이 기업평판과 구매의도에 미치는 영향: 치킨기업의 브랜드이미지 조절효과를 중심으로, 한국창업학회지, 제12권 제5호, 2017, pp.174–194.

27. Netland, T. H., Critical Sucess Factors for Implementing Lean Production: The Effect of Contingencies, International Journal Production Research, 2015.

28. Frerreira, P., Cunha, P., Carneiro, L. and Sa, A., An Approach to Performance Management in Collaborative Networks Based on Stakeholders' Key Success Factors, 2017.

29. Cunha, P. F., Ferreira, P. S. and Macedo, P., Performance Evaluation within Cooperate Networked Production Enterprises, International Journal of Computer Integrated Manufacturing, Vol,21, No.2, 2008, pp.174－179.

30. 김창봉·구윤철, 한국 수출입 제조 기업의 국제표준인증 활용과 파트너십 프로세스에 대한 연구, 통상정보연구, 제18권 제2호, 2016, pp.131－150.

31. Jones, G., International Business and Emerging Markets: A Long－Run Perspective, Harvard Business School Working Paper, 2018, pp.1－41.

32. 정순남, 한국 수출 제조기업의 Green SCM 도입 결정요인에 관한 실증연구, 중앙대학교, 2011.

33. 김창봉·박상안·정진영, B2B거래에서 국제표준인증 실행과 CRM만족도가 사업성과에 미치는 영향에 대한 실증적 연구, 무역학회지, 제42권 제2호, 2017, pp.319－344.

34. 김창봉·남윤미·권승하, 기업 문화마케팅 동기와 e－글로벌 전략 요인이 고객관계성과에 미치는 영향관계에 대한 실증 연구, e－비즈니스연구, 제15권 제6호, 2014, pp.57－73.

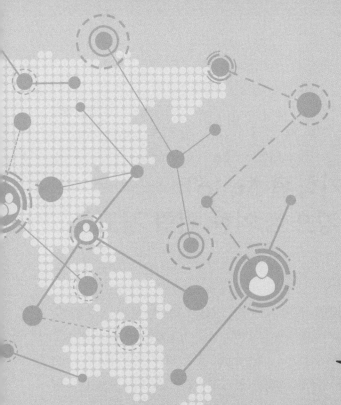

글로벌 위험관리

학습 목표

1. 글로벌 비즈니스와 글로벌 위험관리를 이해한다.
2. 글로벌 비즈니스와 내부 위험요인을 이해한다.
3. 글로벌 위험관리의 정의 및 프레임워크를 이해한다.
4. 글로벌 위험관리의 특성을 이해한다.
5. 글로벌 위험관리의 유형에 대해서 설명한다.
6. 글로벌 공급체인 위험관리 프로세스에 대해서 설명한다.
7. 글로벌 공급체인 위험관리의 대응전략에 대해서 설명한다.
8. 글로벌 공급체인망에서 위험관리요인을 탐색한다.

Chapter 06 Content

Introduction: 세계경제포럼, 무기화된 AI, IoT 해킹으로 인한 위협 경고

Ⅰ. 글로벌 위험관리의 정의 및 프레임워크

Ⅱ. 글로벌 위험관리의 특성 및 유형

Ⅲ. 글로벌 위험관리 프로세스

Chapter 06 Case: 일본 지진으로 세계 자동차 생산량 500만대 감소 전망

Introduction

"세계경제포럼, 무기화된 AI, IoT 해킹으로 인한 위협 경고"

새롭게 부상하는 기술은 준비되지 않은 위협에 기업을 노출시키는 새로운 유형의 사이버공격 형태를 만들어낸다고 세계경제포럼World Economic Forum: WEF는 경고했다. WEF가 발표한 "글로벌 위험 보고서 2017Global Risks Report 2017"는 정치적 불확실성에서 기후변화에 이르기까지 금년도 전 세계가 직면할 새로운 주요 도전과 왜 기술적 변화에 따른 위험에 적절하게 대응하지 못하는지에 대해 상세히 설명했다. 새로운 기술이 세계에 많은 혜택을 주고 있고 더 많은 기업들이 연결되는 데 큰 역할을 하고 있지만, 생산성과 효율성 향상이라는 목적으로 인터넷에 연결되는 산업과 소비자들의 전자제품은 해킹과 데이터 유출의 위험을 증가시키고 있다. 글로벌 보험 중개 및 위험관리 기업인 Marsh社의 사장인 존 드지크John Drzik는 인공지능과 사물인터넷 등과 같은 새로운 기술은 해킹에 의해 데이터를 유출하고 비즈니스를 중단시키며 산업 통제장치를 공격하는 사람들에게 더 많은 공격 기회를 제공해주고 있다고 말했다. 그는 WEF의 이번 보고서 발표장에서, 데이터 유출과 사이버공격 발생가능성이 상위 10대 위협 중에 포함된다고 밝혔다.

보고서와 함께 발표된 그의 기사에서 적대국 혹은 테러 범죄자들에 의해 공격 무기화된 미래 인공지능과 글로벌 위성 시스템에 대한 해킹위협이 보안 전문가들 사이에 발생 가능한 공격으로 인식되고 있다고 주장했다. 작년 WEF에서 발표한 보고서에서는 북미 지역 최고경영자들 사이에서 사이버공격이 주요한 위협으로 논의되었는데, 2016년에 있었던 데이터 유출, 사이버공격, 해킹 등의 위협이 지속적으로 전 세계에 확산될 것으로 예상된다. 2017년 보고서에서 미국, 영국, 일본, 스위스, 호주, 싱가포르, 말레이시아, 아랍 에미레이트 등의 최고 경영자들은 모두 사이버해킹을 기업 비즈니스가 직면한 가장 큰 위협으로 인식하는 것으로 나타났다. 드지크는 최고경영진들이 이 문제를 위협으로 인식하고 있으며, 많은 수의 경영진들은 사이버해킹을 가장 높은 위험으로 여기고 있다고 밝혔다. 그는 지난 10월 발생한 DDoS 인터넷 공격과 서비스 중단이 사이버 위험에 있어서 중요한 전환의 계기가 되었다고 주장했다. 해당 사고로 인해 수십만 대에 이르는 가정용 사물인터넷 디바이스에 연결된 많은 수의 서비스가 오프라인으로 전환되는 상황이 발생하였다. 만일 이러한 사고가 좀더 악의적인 의도를 갖고 행해진다면 심각한 위협으로 부상할 수 있으며, 많은 조직의 존재기반을 흔드는 이슈가 될 수도 있다고 드지크는 경고했다.

WEF는 기술기업들이 일자리 제거 등 사회에 미치는 영향이 막대한 파괴적인 기술을 개발할 때에는 사회가 빠른 기술적 변화에 적절히 대응할 수 있도록 좀 더 많은 사회적 책임을 지는 것이 필요하다고 경고했다. 드지크는 기술변화의 속도는 매우 빠르고, 투자와 혁신을 통한 혜택에 초점이 맞추어져 있으며, 사회적 수준은 물론, 개별 기업 수준의 위험관리에도 관심을 기울여 위험과 보상에 대한 균형을 맞추는 것이 필요하다고 지적했다. WEF의 보고서는 인공지능과 로봇의 잠재적 영향에 대해 지적하면서였다. 이것이 막대한 혜택을 줄 수 있지만, 반면에 부정적인 영향도 미칠 수 있다는 점을 강조하였다. 아울러 기계가 더 많은 일자리를 대체함으로써 대량 실업이 발생할 수 있기 때문에 이에 대비하여 보다 나은 거버넌스 체계를 마련하는 것이 매우 중요하다고 지적하였다.

출처: Danny Palmer, 「Weaponised AI, lot hacking among tech threats, says World Economic Forum」, 『Zdnet』, 2017.01.11.

I 공급체인 위험관리의 배경 및 프레임워크

01 | 글로벌 위험관리의 배경

오늘날 글로벌 위험관리는 매우 중요해지고 있다. 글로벌 기업들의 네트워크 비즈니스 모델이 확산되고, 인터넷과 전자공급체인망의 구축으로 생산과 판매지역의 확장을 통한 리드타임의 단축, 글로벌 파트너 간의 수요공급 일치성 강화, 글로벌 위험요인의 증가와 공급망 간의 연계가 가시화되고 있는 것이 주요 배경이다. 글로벌 위험관리는 기업의 이익을 극대화하고 경영의 안정성을 확보하기 위해서 기업 경영에서 발생할 수 있는 글로벌 위험을 체계적이고 과학적으로 관리하는 것이다. 일례로, 기업이 국가 간의 무역거래를 하면서 국가위험, 환율변동, 가격 하락, 상품 손상 등에 대해 적절하게 대응하는 것을 글로벌 위험관리라고 한다. 글로벌 위험관리의 배경 및 동기를 보면 글로벌 네트워크 체계의 위험, 글로벌 공급망 체계의 위험, 운송공급체계의 위험, 글로벌 통관 체계의 위험 등 네 가지 형태로 글로벌 위험이 증가하고 있다.[3] 글로벌 공급체인관리를 운영하면서 발생하는 위험 중 공급위험은 글로벌 조달 단계에서 발생하는 위험으로 기업의 경쟁력을 저해하거나 고객의 삶과 안전을 위협하는 사건이 발생할 가능성이 높은 위험이며, 운영위험은 기업 내부에 존재하면서 핵심 설비의 고장이나 진부화, 노후화로 인해 제조 또는 프로세싱 역량의 부족으로 인해 발생하는 위험이다.[1] 또한, 수요위험은 부정확한 수요예측으로 인해 재고 부족현상으로 배송이 지연되거나, 부적절한 신상품 도입으로 시장에서 판매기회를 잃어버리는 경우이며, 안전위험은 글로벌 공급체인관리에서 원재료의 공급으로부터 최종고객에게 상품과 서비스가 전달되는 일련의 과정에서 발생되는 안전에 대한 위험이다.[2]

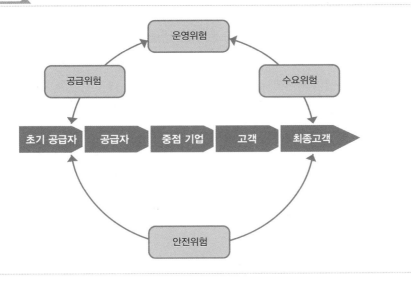

그림 6-1   글로벌 공급체인관리의 위험관리 요인

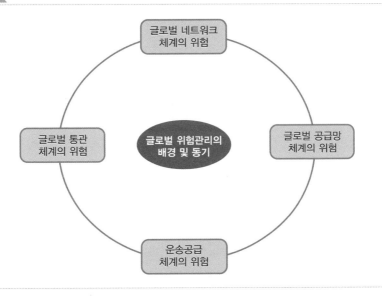

그림 6-2   공급체인 위험관리의 배경 및 동기

1) 글로벌 네트워크 체계의 위험

기업들은 공급체인관리에서 발생하는 글로벌 위험을 경시하거나 해결하려는 노력을 경주하지 않을 때 기업 경영에 장기적인 손해를 가져올 뿐 아니라 공급체인관리의 전체적인 흐름에 장애 요인으로 작용하게 된다. 글로벌 비즈니스를 수행하는 기업들은 글로벌 시장의 불확실성에 항상 노출되어 있기 때문에 기업 내의 경영위험과 외부의 환경위험에 노출된다. 이는 글로벌 공급체인관리를 운영하면서 발생할 수 있는 다양한 사건들에 연계되어 있기 때문에 글로벌 공급체인관리자들은 잠재적 이익과 손해를 고려해서 균형을 유지해야 한다.[4]

✅ 그림 6-3　**글로벌 공급체인관리의 위험 발생**

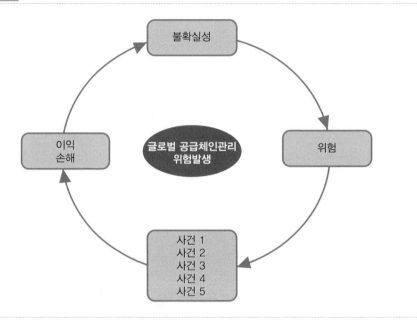

글로벌 네트워크 체계의 위험은 글로벌 생산위험, 글로벌 소싱위험, 글로벌 프로세스 위험 등 세 가지의 위험이 있다. 글로벌 생산위험은 천재지변, 전쟁 테러와 같이 광폭적인 글로벌 위험이 발생하게 될 때 전 세계 주요 핵심산업 분야에 글로벌 위험에 영향을 미치게 된다.[5] 일례로, 일본의 쓰나미로 인해서 일본의 Toyota 자동차 산업생산과 관리체계의 붕괴로 전 세계 자동차 산업의 글로벌 생산네트워크가 마비가 되어서 글로벌 수용에 직접적인 영향을 미친 것이 대표적인 사례이다. 또한, 국제 원자재 가격과 유가의 상승 등으로 인해 글로벌 소싱과 글로벌 프로세스가 일시적으로 교란된 것도 위험사건 발생 사례로 들 수 있다.

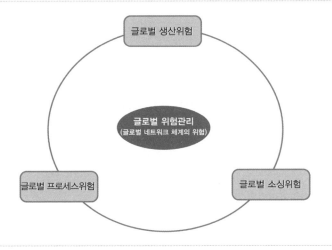

그림 6-4 공급체인 위험관리의 글로벌 네트워크 체계의 위험

2) 글로벌 공급망 체계의 위험

기업이 국가 간의 무역거래를 하면서 국가위험, 환율 변동, 가격 하락, 상품 손상 등에 대해 적절하게 대응하는 것을 글로벌 위험관리라고 한다. 기업의 위험관리는 위험이 발생할 가능성을 파악하고, 위험이 발생한 것은 정확하게 평가해서 미래의 위험을 정확하게 예측하기 위한 대응방안을 세우는 것이다. 글로벌 공급망 체계의 위험은 앞서 언급한 것과 마찬가지로 시장을 대상으로 글로벌 공급체인관리를 운영하면서 발생하는 공급위험, 운영위험, 수요위험, 안전위험 등으로 분류된다.[6]

그림 6-5 공급체인 위험관리의 글로벌 공급망 체계의 위험

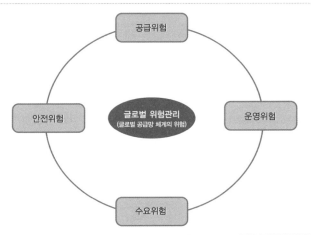

3) 글로벌 운송공급 체계의 위험

기업들이 공급체인관리에서 발생하는 글로벌 위험을 경시하고 해결하려는 노력을 하지 않으면 기업 경영에 장기적인 손해를 가져올 뿐 아니라 공급체인관리의 전체적인 흐름에 장애 요인으로 작용하게 된다.[7] 글로벌 위험관리는 글로벌 공급체인의 운송 총비용의 관점에서 어느 정도까지 총비용을 절감할 수 있는지를 고려해야 하며, 글로벌 환경의 불확실성으로 발생하는 리드타임 단축 문제, 글로벌 공급체인관리의 네트워크 공급자에게 안전성을 보장하면서 최종고객에게 제품과 서비스를 제공하는 것이 글로벌 운송공급 체계 위험의 핵심이다.[3]

✅ 그림 6-6 **글로벌위험관리의 운송공급 체계의 위험**

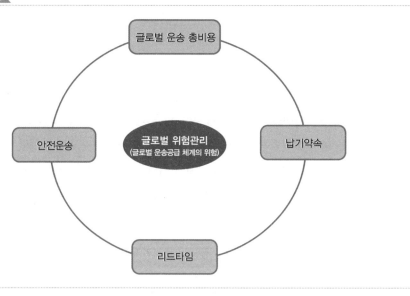

4) 글로벌 통관체계의 위험

글로벌 통관체계의 위험은 품질관리위험, 건강관리위험, 안전관리위험, 환경관리위험 등으로 국가 간의 상품과 서비스를 거래함에 있어서 빈번하게 발생하며, 품질, 건강, 안전, 환경 부문에서 발생하는 글로벌 통관체계의 위험은 국가 간의 ISO 인증 등의 국제표준인증을 확보함으로써 위험을 줄이고 관리를 체계적으로 할 수 있다.[8]

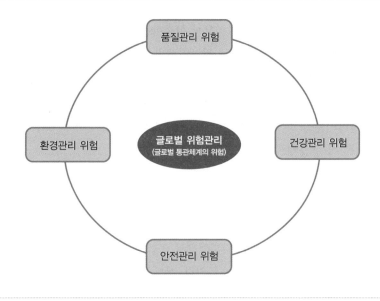

> ✅ 그림 6-7 글로벌위험관리의 **통관체계의 위험**

02 | 공급체인 위험관리의 프레임워크

공급체인관리는 공급체인의 원활한 흐름에서 발생할 수 있는 모든 위험을 다루는 것으로 최초 생산자로부터 최종소비자까지의 과정에서 공급체인이 원활하도록 공급체인의 연속적인 흐름을 지속적으로 관리하는 것이다. 이는 공급체인의 취약성을 줄이고, 저항력을 증진시키면서 회복력을 강화시키는 것으로 설명할 수 있다.[9] 공급체인의 취약성이 줄어든다는 것은 공급체인망에서 발생한 위험에 대해 어떻게 대응할 것인가에 대한 내용이며, 회복력을 강화시킨다는 것은 위험이 발생했을 때 기업이 손실을 복구하는 데 소요되는 시간과 속도를 말한다.[10] 공급체인위험관리는 신속한 공급체인관리의 복구를 위해 글로벌 위험으로부터 발생한 손실을 사전에 예측하고 대응책을 강구해야 한다. 본 장에서는 공급체인 위험관리의 정의 및 프레임워크에 대해서 살펴보고자 한다.

1) 공급체인 위험관리의 정의

공급체인위험관리는 경영활동에 부정적으로 작용하는 위험 요인을 사전에 예측하여 관리하는 것으로, 이는 공급체인망의 제품과 관련된 정보네트워크뿐 아니라 자본 네트워크를 포함시켜, 공급체인망의 상품과 서비스의 흐름을 저해하거나 중지시키는 위험에 대한 관리로 정의할 수 있다.[8] 공급체인위험관리는 공급체인망에 유입되는 원재료, 본체 및 부품, 정보, 지식, 기술 등이 최종소비자까지 전달되는 과정에서 발생하는 모든 위험 요인을 포함하며, 공급체인관리의 흐름을 왜곡시키는 위험들을 공급체인위험요인으로 본다.[10]

2) 공급체인 위험관리의 프레임워크

공급체인 위험관리의 프레임워크는 기본적으로 공급관리, 수요관리, 제품관리, 정보관리 등 4개의 관리 분야로, 공급위험, 수요위험, 제품위험, 정보위험과 같은 위험 요인들을 관리한다. 또한 운영위험관리와 완화위험관리 등 그 등급을 2개의 관리 분야로 나누어 관리할 수 있다. 위험 요인들은 공급관리, 수요관리, 제품관리, 정보관리에 직간접적으로 영향력을 미친다.[11] 본 장에서는 공급체인 위험관리 프레임워크를 공급관리, 수요관리, 제품관리, 정보관리, 운영위험관리, 중단위험관리로 구분하여 설명하고자 한다.

(1) 공급관리

공급자들 또는 공급시장플레이어Player들이 공급의 실패를 발생시킬 수 있는 모든 금액 위험에 해당된다. 공급관리에서 발생하는 위험에 대해 사전 대책을 강구할 수 있고, 높은 수준의 공급 비용에 대비하기 위해서는 불확실한 공급 포트폴리오를 관리할 필요가 있다.[12] 법률과 관련된 위험과 정책시행 가능성으로 발생하는 위험은 행정적으로 명확하지 않은 조직의 규제에서 나타나는 위험이다. 공급체인 외부의 위험은 국가의 규제 정책, 법의 시행 가능성, 정책 변화 등이 해당되며, 기업들이 공급체인을 설계하는 단계에서 이러한 공급체인 외부의 위험을 함께 고려해서 설계해야 한다.

(2) 수요관리

공급체인위험관리에서 수요관리는 공급체인의 하류 공정에서 발생하는 위험으로 유통센터의 지연에서 발생하는 위험, 배송에서 제품을 소비자에게 전달하지 못한 위험과 같은 요인들이 수요관리에 포함된다.[13] 수요관리에서 발생하는 위험은 예상하지 못한 소비자들의 불확실성이 원인이 되기도 한다. 수요관리에는 기업들이 고객에 의해 요구된 물량 확보와 다양한 제품 선택에 영향을 미칠 수 있는 제품 및 서비스 출하 흐름과 관련된 위험요인들이 있다.

(3) 제품관리

공급체인위험관리에서 제품관리는 공급체인의 하류 공정에서 발생하는 위험으로 제품의 R&D, 제품의 생산, 본체 및 부품의 조립, 제품 A/S 등이 포함된다. 제품관리는 제품의 R&D에서부터 A/S까지로 그 범위가 방대하지만, 본 장에서의 제품관리는 공급체인관리의 위험으로 발생할 수 있는 위험에 주안점을 두고 설명하고자 한다.[14] 제품관리의 대표적인 예로 재고 관리를 들 수 있다. 재고는 공급체인 각 단계별로 보유하게 되며, 재고 위치, 물량의 가시성이 확보되어야 한다. 공급체인에는 원재료 공급부터 시작해서, 원재료를 이용하여 완제품을 만들기 위한 중간 단계의 제조공정들이 필요하다. 이때 제조된 부품을 재공품 재고라 한다. 최종 조립 공정을 마친 제품을 완제품 재고라 하는데, 완제품 재고는 고객에게 전달하기 위해 유통업체로 이동된다. 각 공급체인에서 공정을 마친 재고는 다른 공급체인 단계로 이동되는데, 이동 중인 재고를 수송재고라 한다.

(4) 정보관리

공급체인위험관리에서 정보관리는 공급체인의 지원활동에서 발생하는 위험으로 정보시스템 구축, 정보 공유성, 정보 접근성, 정보 유용성 등의 위험을 포함한다. 공급체인관리는 공급 네트워크로부터 시장 유통 네트워크까지 원재료, 본체 및 부품, 재공품 등의 전달 및 흐름을 관리하는 것으로, 이 외에 공급체인관리 내 자본, 기술, 지식, 정보 등의 흐름도 함께 고려해서 관리해야 한다.[15] 완제품을 판매하는 과정에서 공급 네트워크와 통합된 기업, 관련 마케팅 네트워크, 시장 유통 및 판매 네트워크 간의 관계에서 발생되는 모든 정보를 포함시켜야 한다.

(5) 운영위험관리

기업이 제품과 서비스를 생산하기 위해 관리해야 하는 내부적 역량, 제품의 품질과 적시생산 그리고 기업의 수익성에 영향을 미칠 수 있는 위험들이 해당된다. 운영위험관리는 내부운영위험과 외부운영위험으로 구분되는데, 내부운영위험은 해당기업 내부에서 관리해야 하는 사항들과 연관이 있다. 즉, 재고가 과잉된 상태이거나, 배송이 지연된 경우에 발생하는 위험들이 포함되며, 이 외에도 재정적 위험, 잘못된 수요예측, 경미한 사고, 인적 과오, 정보기술 시스템의 실패 등에서 발생하는 위험이 포함된다.[16] 외부운영위험은 해당기업 외부에서 관리되는 사항들과 연관되어 있다. 아웃소싱 기업을 포함한 공급체인망에서 발생하는 위험들은 공급체인 구성원 간의 상호작용에 의해 발생할 수 있다. 원재료의 가용성, 리드타임, 노동쟁의 행위, 다양한 수요와 서비스, 공급자로부터 발생하는 위험요인들이 포함되며, 이 외에도 주문처리 문제, 대금지급 등 소비자로부터 발생하는 위험들도 모두 포함된다.

(6) 중단위험관리

공급체인위험관리에서 중단위험관리는 공급체인의 상류, 하류 공정에서 발생하는 위험으로 공급체인관리를 중단했을 때 발생할 수 있는 위험을 포함한다. 기업의 공급체인관리에서 발생할 수 있는 중단위험은 원재료 공급부터, 제품의 생산, 조립, 구매물류, 출하물류, 마케팅, 판매, A/S 기능에 이르기까지 기업의 전반적인 기능별 활동을 공급체인관리 상에서 중단하였을 때 발생할 수 있는 위험들이 모두 해당된다.[17] 중단위험은 기업 내부적 요인에 따라 발생하기도 하지만, 많은 사례를 볼 때 기업 외부 요인에 영향을 받아서 중단위험이 발생되는 경우가 많으며, 이러한 요인들을 지속적으로 관리해 나가는 것을 중단위험관리라고 한다.

그림 6-8 공급체인 위험관리의 프레임워크

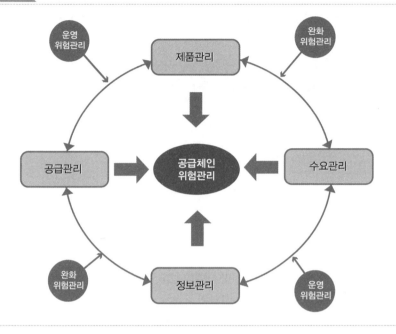

공급체인 위험관리의 특성 및 유형

01 | 공급체인 위험관리의 특성

오늘날 글로벌 비즈니스에서의 위험관리는 전통적인 비즈니스에서의 위험관리에 비해서 위험요인의 수가 상당부분 감소하는 결과를 가져왔으나, 글로벌 환경의 불확실성이 지속적으로 높아짐에 따라 글로벌 공급체인망의 통합적 위험관리체계가 없으면 장기적으로 기업의 경영손실로 이어지게 된다.[18] 일례로 전 세계 부품시장에서 중요한 핵심부품을 생산하는 일본의 경우, 쓰나미와 같은 천재지변으로 인해 생산부문에서 글로벌 위험이 발생하게 되면, 그 핵심부품을 수입하는 수입업체에 글로벌 위험이 전가될 뿐만 아니라, 조립, 운송, 판매망 등 연계된 공급체인망 전반에 위험이 발생하게 된다. 따라서 글로벌 위험관리의 요인을 파악하고 글로벌 위험관리의 공유성이 증대되는 환경에서는 거시적으로 글로벌 체인망을 조망하고 통합적인 위험관리 차원에서 대응방안을 강구해야 한다.

공급체인관리에서 발생하는 위험은 다양한 원인에 의해 발생하고 있으며, 경우에 따라서는 위험이 장기간 발생하지 않은 경우도 있다. 오늘날 기업의 공급체인 네트워크의 연결이 활성화되고 공급체인관리가 복잡해지면서 아웃소싱으로 인해 기업 현장에 글로벌화가 촉진되는 환경에서는 글로벌 공급선이 길어지면서 위험에 노출되는 정도가 커지고 있다. 이 때문에 공급체인위험관리는 성공적인 운영에 필수적인 전략으로 대두되고 있다. 공급체인위험관리를 최적화하기 위해서 연관된 기술, 프로세스, 정보, 계획 등을 확인하여 공급체인위험을 정확하게 분석해야 한다.[8] 공급체인의 글로벌화로 길어진 총 공급선에 의해 기업의 기능 간 협력과 위험이 발생하는 아웃소싱 파트너기업들과 파트너십이 공급체인위험관리에 있어 필수사항으로 되어있다.

02 | 공급체인 위험관리의 유형

공급체인 위험관리의 유형은 공급체인 외부위험과 공급체인 내부위험으로 구분된다. 공급체인 외부위험은 공급체인관리에 영향을 미치는 요인으로 공급 위험, 수요 위험, 환경 위험, 외적 사업 위험, 시설 위험 등이 포함된다. 공급체인 내부위험에는 공급체인관리에 영향을 주는 내부위험요인들로 제조 위험, 내적 사업위험, 계획 및 통제 위험, 완화 및 상황 위험, 문화 위험 등이 포함된다. 본 장에서는 공급체인 위험관리의 두 가지 유형에 대해서 살펴보고자 한다.[13]

(1) 공급체인 외부위험

공급체인 외부위험은 공급체인관리에 영향을 미치는 외부위험으로 공급 위험, 수요 위험, 환경 위험, 외적 사업 위험, 시설 위험 등이 포함된다. 기업들이 글로벌 시장에서 효과적인 공급체인관리를 운영해 나가는 과정에서 원재료, 본체 및 부품, 자금과 지식, 정보 등의 흐름에 장애가 되거나 공급체인 흐름을 왜곡시킬 수 있는 요인들이 공급체인 외부 위험에 해당된다.[19]

① 공급위험(supply risks) 인바운드 공급과 관련된 공급자들 또는 공급시장플레이어들로부터 공급 실패를 유발시킬 수 있는 사건 발생의 가능성에 해당하는 위험이다. 국제물류, 운송부문의 구매물류에서 발생할 수 있는 위험들도 공급위험에 포함된다.

② 수요위험(demand risks) 아웃바운드 흐름과 관련되어 기업들이 고객에 의해 요구된 물량과 다양한 제품 및 서비스 선택에 영향을 미칠 수 있는 사건의 가능성에 해당되는 위험이다. 국제물류, 운송부문의 출하물류에서 발생할 수 있는 운송 위험들이 수요위험에 포함된다.

③ 환경위험(environment risks) 글로벌 시장을 대상으로 기업들이 공급체인관리를 운영하고 있기 때문에 기업들은 다양한 글로벌 환경에 노출 되고 있다. 이러한 글로벌 환경위험은 공급체인관리에 영향을 미치게 된다. 기업이 글로벌 시장을 대상으로 공급망을 운영함에 있어 발생되는 글로벌 정치, 경제, 문화적, 사회적 환경이 환경위험에 포함된다.

④ 외적사업위험(external business risks) 글로벌 공급체인관리 운영에 발생하는 외부위험에 해

당되며, 이는 기업의 외부 네트워크 간의 라이센싱 체결, 전략적 제휴 등을 체결함으로써 나타날 수 있는 위험들이다. 국가 간의 상품과 서비스가 이동하는 과정에서 관세 및 비관세 장벽과 같은 국제통관의 위험이 발생하게 되며, 또한 대금결제를 포함한 국제무역 계약관계에서 발생되는 위험 등이 모두 외적사업위험에 포함된다.

⑤ 시설위험(physical plant risks) 글로벌 공급체인관리는 전 세계시장을 대상으로 원재료, 제품, 정보, 자본 등을 조정하거나 배치함으로써 기업의 수익성을 달성하게 된다. 이 과정에서 글로벌 아웃소싱을 통해 진출한 국가, 혹은 투자국에 플랜트 설비와 같은 대규모 시설위험이 공급체인 관리에 영향을 미칠 수 있다.

(2) 공급체인 내부위험

공급체인 내부위험은 공급체인관리 내부에 영향을 미치는 위험으로 제조 위험, 내적 사업위험, 계획 및 통제 위험, 완화 및 상황 위험, 문화 위험 등이 포함된다. 공급체인 내부위험은 기업들이 고객수요에 대한 신속대응, 리드타임 단축, 예측 정확성 등의 문제로 인해 공급체인관리 상에서 원재료, 본체 및 부품, 자금과 지식, 정보 등의 흐름에 장애가 되거나 공급체인 흐름을 왜곡시킬 수 있는 위험 요인들에 해당된다.[20]

① 제조위험(manufacturing risks) 기업이 제품과 서비스를 생산하기 위한 내부적 역량에 해당하는 위험 요인들로, 제품의 품질과 적시 생산 및 기업의 수익성에 영향을 미칠 수 있는 사건의 가능성에 해당되는 위험들이다.[21]

② 내적사업위험(internal business risks) 글로벌 공급체인관리를 운영하는 데서 발생하는 내부위험에 해당되며, 이는 내부 네트워크인 기업의 계열기업, 혹은 전략적 사업단위 간의 수직적 계열화, 수직적 통합과 같은 전략들로 인하여 발생되는 위험이다.[22]

③ 계획 및 통제위험(planning and control risks) 공급체인관리의 내부위험을 줄이기 위해 계획, 실행, 평가 단계에서 공급체인위험이 지속적으로 나타난다. 공급체인관리의 실행, 혹은 평가 단계에서의 위험관리는 사후적인 통제에 해당되므로 기업경영에 막대한 손실을 가져올 수 있다. 계획 및 통제위험은 공급체인관리의 계획 단계, 사전 통제에 해당되는 위험이다.[23]

④ 완화 및 상황위험(mitigation and contingency risks) 공급체인관리 상에서 발생하는 위험은 사전에 예측될 수 있는 위험의 유형들이 있으며, 이러한 위험들에 대한 영향력을 줄이기 위해 완화 및 상황위험이 나타날 수 있다.

⑤ 문화위험(cultural risks) 글로벌 시장을 대상으로 공급체인관리를 운영함에 있어 원재료, 제품, 정보, 자본 등이 공급체인망을 통해서 흘러가는 과정에서 국가 간, 지역 간의 문화적 차이, 혹은 문화적 충돌로 인해서 공급체인관리에 영향을 미치는 위험이 발생한다.[24]

☑ 그림 6-9 공급체인 위험관리의 유형

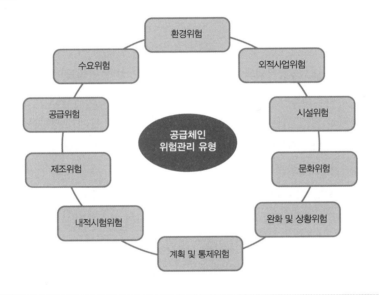

III 글로벌 위험관리 프로세스

01 | 공급체인 위험관리의 동기

기업의 공급체인 위험관리 동기는 홍수, 지진, 화재, 질병과 관련된 자연재해위험, 정치 및 노동 쟁의와 관련된 정치적 위험, 경쟁기업과 관련해 발생하는 시장변동위험들이 있다. 또한, 테러, 전염병, 노동 쟁의 등과 같은 개별적 사건과 환율, 소비자 물가 변화 등 지속적인 위험 등도 공급체인 위험관리의 주요 동기가 되기 때문에 공급체인기업과 공급자 간의 관계에 영향을 미친다. 공급체인 위험은 장비 자체의 고장, 전체에 영향을 미칠 실패위험 등과 같이 위험의 근본적인 원인에 따라 공급체인관리의 운영상의 위험이 나타날 수 있고, 산사태, 지진, 태풍 등과 같은 자연재해로 나타날 수도 있고, 테러와 정치적 불안정 등과 같은 지리적·정치적 위험이 발생할 수 있다.[25]

공급체인 위험관리는 정보기술, 설비고장 등의 문제로 기업의 전반적인 조직의 문제로 나타날 수 있다. 공급체인 위험관리를 통해 기업들이 위험의 흐름을 분석하여 효율적으로 관리하면 위험관련 의사결정의 수준을 향상시키고 공급체인의 원활한 흐름에 기반하여 이익을 도출할 수 있다.[26]

공급체인 위험관리는 무엇보다 기업의 공급체인관리에 중대한 영향을 미치는 위험요인이 무엇인지를 규명하고, 이 위험요인을 체계적으로 관리함으로써 경영 관리의 효율성을 높이게 된다. 이는 기업의 위험관련 의사결정의 수준을 높이고 공급체인관리의 전반적인 프로세스를 원활하게 함으로써 기업의 이익을 증대시킬 수 있다.

공급체인 위험관리가 중요한 이유는 공급체인시장에 예상하지 못한 위험이 표출되어 공급체인에 충격을 주거나 공급체인관리에 부정적 영향을 미칠 수 있기 때문이다.[27]

공급체인기업이 글로벌 시장에서 원재료 공급의 탄력성이 커서 공급시장의 불안정성을 고려하여 원재료를 초과 구매할 경우 보관비의 상승과 창고 수의 증가 등을 포함하여 기업의 재고관리 및 창고결정에 심각한 영향을 미치게 된다.[28]

02 | 글로벌 공급체인 위험관리 프로세스

글로벌 공급체인의 위험은 공급체인시장의 불확실성에 의하여 발생한다. 기업들은 가능성이 있는 위험을 체계화하고 우선순위를 정하여 계획하는 데 형식적인 프로세스가 필요하다. 일반적으로 글로벌 공급체인 위험관리 프로세스는 무엇보다 공급체인의 위험을 인지하는 것이 중요하며, 위험을 분석하고, 그 위험의 결과에 대해 적절하게 대응하는 전략이 필요하다.[28] 본 장에서는 글로벌 공급체인 위험관리 프로세스를 1단계는 내외부환경 규명으로 시작해서, 2단계는 위험규명, 3단계는 위험 분석, 4단계는 위험 사후 평가, 5단계는 위험 관리 전략, 6단계는 공급체인 위험관리 실행, 마지막으로 7단계는 공급체인 위험관리 완화에 이르는 과정을 살펴보고자 한다.[14]

(1) 내·외부환경 규명

글로벌 공급체인 위험관리 프로세스에서 1단계는 내외부환경 규명으로 시작한다. 글로벌 공급체인관리는 내부적 혹은 외부적 환경에 노출됨으로 인해서 공급체인관리에 장애를 유발하거나 기업의 수익성에 막대한 영향을 미치게 된다. 공급체인관리 네트워크 상에서 발생하는 파트너 기업 간의 위험을 분석하고 위험관리활동을 체계적으로 수행함으로써 공급체인관리의 효율성을 높인다. 공급체인관리 상에서 파트너 기업 간의 위험을 관리하고 네트워크 협업을 통해 위험을 동시에 관리함으로 기업의 대응력을 높일 수 있다. 글로벌 공급체인 위험관리 프로세스에서 가장 우선적으로 실행해야 될 것은 내·외부환경을 규명하는 일이다.[29]

(2) 위험 규명

위험관리의 2단계는 공급체인위험과 관련하여 발생할 수 있는 모든 가능한 위험들을 찾아 내고 위험을 규명하는 데 있다. 글로벌 공급체인 위험관리 프로세스에서 위험규명은 위험이 기업에 부정적인 영향을 미칠 수 있는 것으로 간주하고 위험을 초기에 정확하게 규명하고 정의해야 한다. 이는 기업이 공급체인의 의사결정에 도움을 주기 위함이다. 글로벌 공급체인위험에 대해 체계적인 평가를 하기 위해 무엇보다 위험을 정확하게 규명하는 것이 중요하며, 그 규명된 위험을 과학적으로 분석하는 경험을 축적하고, 만약 공급체인의 흐름을 중단시킬 수 있는 위험이 발생했을 때에는 대응력을 높이는 방안을 강구해야 한다.[30]

(3) 위험분석

글로벌 공급체인 위험관리 프로세스의 3단계는 위험분석 단계이다.

위험을 인식하고 난 이후 잠재적 위험이 공급체인관리에 미치는 영향력을 검토해야 한다. 위험 분석 단계에서는 위험의 영향력에 따라 우선순위를 정하고 경영자원을 조정하고 배치하는 결정을 내려야 한다.[31]

기업의 관리자들은 공급체인관리에 가장 크게 영향을 미칠 수 있는 위험을 찾아내서 집중하여, 이 위험을 실제로 줄이거나 제거할 수 있는 방법들을 고민해야 한다.

(4) 위험 사후평가

글로벌 공급체인 위험관리 프로세스의 4단계는 위험 사후평가 단계이다. 위험 사후평가는 기업 자본을 효율적으로 운용하기 위해서 위험관리의 목표 설정, 위험발생에 가장 크게 영향을 미치는 요인들이 무엇인가를 규명하고 평가하는 것이 필요하다.[32] 공급체인위험관리는 무엇보다 기업의 잠재적 원천이 무엇이며 공급체인의 취약성이 어느 정도인가를 파악하는 것이 중요하며, 이를 위해서 글로벌 시장에서 글로벌 공급체인기업들과 지속적인 파트너십을 유지하면서 기업가치를 높일 필요가 있다. 심층적인 위험 사후평가를 위해서 확인된 위험을 구체적으로 이해하는 것은 추가 위험이 발생했을 때 공급체인의 위험을 효율적으로 하는 데 기여할 수 있다.

(5) 위험관리전략

글로벌 공급체인 위험관리 프로세스의 5단계는 위험관리전략 단계이다. 글로벌 공급체인 위험관리 프로세스에서 공급체인 위험에 대해 내외부환경규명을 한 후 위험, 위험분석과 위험 사후 평가를 수행하고 난 이후에, 위험관리전략을 수행한다.[33] 이는 공급체인 위험에 대한 적절한 대응전략을 어떻게 수립할 것인가 하는 데 있다. 관리자들은 위험의 심각성을 인지하고 위험을 다루기 위한 방법들을 고려하여 공급체인의 위험에 대해서 예방하고, 완화시키면서 반응하는 위험관리전략을 수행해야 한다. 공급체인위험에 대응하기 전에 실제적인 위험을 평가하고 적용하는 것이 무엇보다 중요하다.

(6) 공급체인 위험관리 실행

글로벌 공급체인 위험관리 프로세스는 위험평가와 위험관리처리 등 2개의 영역으로 구분되는데, 앞에서 설명한 내외부환경규명, 위험규명, 위험분석, 위험 사후 평가 등 네 가지는 위험평가에 해당되고, 공급체인 위험관리 실행, 공급체인 위험관리 완화 등 두 가지는 위험관리처리에 해당된다. 또한 별도로 위험 관리 전략은 위험평가에서부터 위험관리처리까지의 글로벌 공급체인 위험관리 프로세스를 연결하는 역할을 하고 있다.[34]

(7) 공급체인 위험관리 완화

공급체인 위험관리 완화는 비상사태가 발생할 때 계획을 수립하고 위험완화전략을 모색해야 한다. 효과적인 위험완화 전략은 기업의 전체 공급체인 전략의 부분으로서 전략을 수립해야 하며, 공급체인 흐름을 중단시킬 수 있는 위험을 인지하여 수행할 필요가 있다.[35] 기업은 공급자의 가동시간 비율, 공급체인 중단의 구간, 역량 그리고 유연성 등과 같은 공급자 특성과 기업이 지니는 위험에 대한 내적 비용에 따라 위험완화 전략을 수립하고 수행해야 한다.

그림 6-10 공급체인위험관리의 단계적 관리 방안

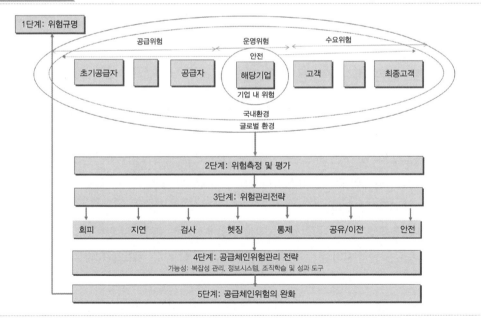

CHAPTER 06
Case ▶

"일본 지진으로 세계 자동차
생산량 500만대 감소 전망"

KARI, BMW.GM.PSA 등 글로벌 업체들도 영향...부품 확보 경쟁까지 치열
일본 메이커 '방사능 오염 차' 인식에 감산까지...차 산업 구조 변화도 전망

일본 대지진의 영향으로 자국 메이커는 물론 BMW, GM, 포드, PSA 등 글로벌 메이커들의 올해 생산 차질이 최대 500만대에 이를 것이라는 전망이 나왔다. 한국자동차산업연구소KARI가 최근 발표한 자료에 따르면 대지진의 여파가 일본은 물론 세계 자동차 산업 전반으로 급속하게 확산되고 있으며 도요타, 혼다 등 일본 메이커와 미국, 유럽 업체까지 부품 부족에 따른 감산으로 이어지고 있다고 밝혔다. 피해가 가장 큰 일본 메이커들은 지난 3월 한 달간 무려 50만대 이상의 생산 차질이 이미 발생했고 부품 공급망의 붕괴로 GM, BMW, 르노, PSA 등 해외 업체들도 생산 중단 및 감산 등의 조치를 취하고 있다.

1) 생산차질로 일본 내수 감소율 37%에 달해

지난 3월 한 달 동안 일본 최대의 메이커 도요타의 생산량이 당초 계획보다 19만대나 감소했고 혼다와 닛산도 각각 8만대, 5만5000대가 줄어들면서 내수 판매 감소율이 37%에 달한 것으로 집계됐다.

또한 일본 부품업체 의존도가 큰 GM, 포드, BMW, 르노, PSA 등도 핵심부품인 반도체와 배터리, 도료, 변속기 등이 공급되지 않아 감산 등이 불가피해졌고 사태가 장기화될 경우, 공장 가동을 중단해야하는 최악의 상황까지 염려하고 있다.

일본에서 온세미 커넥터의 반도체칩과 히타치 에어플로어 센서를 공급 받고 있는 GM과 PSA, 산요의 배터리와 머크의 도료를 공급 받아 온 포드, 자트코의 변속기를 탑재하는 르노 등이 현재 가장 큰 타격을 받고 있다.

특히 닛산 이와키 공장은 후쿠시마 원전 56㎞ 반경 안에 위치하고 있어 향후 방사선 누출에 따른 피해

지역이 될 공산이 커져 인피니티와 한국의 르노삼성차 등에 탑재되는 VQ 엔진의 공급이 완전 중단될 수 있다는 위기감도 고조되고 있다.

2) 日 주요공장 완전 멈춰...장기화 우려

현재 일본 주요 업체의 공장 가운데 생산을 중단하는 조치를 취하는 곳도 점차 늘고 있다. 도요타는 18개 공장의 가동을 완전 중단한 상태고 혼다는 일본 내 전 공장, 그나마 상황이 조금 나은 닛산도 제한적인 생산 활동만 유지하고 있다.

문제는 VW, GM, BMW 등 해외 업체들도 현재 보유하고 있는 부품의 재고가 소진되면 공장 가동을 멈출 수밖에 없다는 것이다. 특히 보쉬와 콘티넨탈 등 다국적 부품업체에 부품을 공급하는 일본 내 업체들의 상당수가 공장 가동을 멈추고 있어 생산 차질이 더욱 장기화될 것으로 우려되고 있다.

공장 가동이 정상화된다고 해도 방사능에 오염된 부품을 사용했다는 소비자들의 우려를 해소하는데도 상당한 기간이 필요해 보인다. KARI는 "일본 업체들이 오는 11일부터 공장 가동을 계획하고 있으나 장담하기 어렵다는 것이 대체적인 의견"이라며 "부품 공급이 2개월 이상 차질을 빚으면 생산 감소 규모가 100만대 이상 달할 것으로 보여 세계 완성차 업체의 순위 구도에도 중대한 변화가 예상된다"고 말했다.

한국지엠의 한 관계자는 "구매부서 뿐만 아니라 모든 인력들이 부품을 조달하기 위해 일본 현지에서 악전고투를 벌이고 있다"며 "그러나 부품을 확보하기 위한 업체 간 경쟁도 그만큼 치열해 상황이 여의치 않다"고 말했다.

일본 현지 소식통에 따르면 생산 현장 인력의 상당수가 이번 지진으로 목숨을 잃거나 방사능 오염을 우려해 공장 접근을 피하고 있어 피해 공장의 기본적인 정리 작업조차 아직 이뤄지지 않고 있는 것으로 알려지고 있다.

3) '린' 생산방식의 취약점 노출...재고 필요성 대두

부품의 과잉 생산을 방지하고 시장의 변화에 신속하게 대응할 수 있는 가장 효율적 시스템으로 그 동안 평가돼왔던 '린' 생산 방식에 대한 회의론도 제기되고 있다.

'필요한 물건을 필요한 때에 만들어 필요한 만큼만 공급'하는 린 생산 방식은 도요타를 비롯한 일본 기업들의 성장에 든든한 배경으로 작용해왔으나 이번 지진으로 하나의 부품 생산에 차질이 발생하면 연쇄적으로 산업 전반에 매우 심각한 영향을 미칠 수 있다는 허점이 노출됐기 때문이다.

이 때문에 린 생산방식의 효율성을 유지하면서도 공급망의 집중 또는 편중화를 분산시켜 글로벌 공급망에 대한 재구축 등 새로운 방식의 검토가 필요하다는 지적이다.

　　KARI는 리스크를 줄이기 위해 전략적 재고 보유, 부품의 분산 생산과 조달, 지역 완결형 공급망 구축, 글로벌 유연 생산 시스템 구축 등의 대응 방안이 필요하다고 지적했다.

　　한편 KARI 관계자는 "완성차 업체 가운데 현대 · 기아차는 국내 부품 조달 비중이 높기 때문에 일본 지진으로 인한 생산 차질 등의 사태는 우려할 수준은 아니다"면서 "그러나 르노삼성차와 한국지엠은 핵심 부품을 일본에서 공급 받고 있는 만큼, 적지 않은 영향을 받게 될 것"이라고 말했다.

日, 3월 생산 차질 대수(단위: 대)

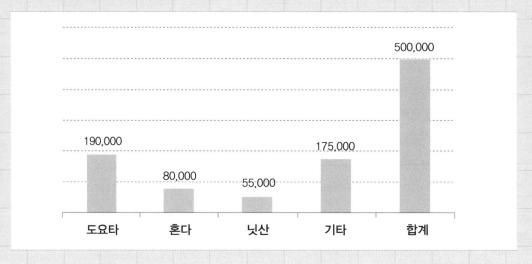

출처: 「日本 지진 영향, 세계 자동차 생산량 500만대 감소 전망」,
『교통신문』, 2011.04.05.

참고문헌

1. 김창봉 · 대문정, 중국 기업의 공급체인위험 간의 관계가 기업의 경쟁력에 미치는 영향관계에 대한 연구, e – 비즈니스 연구, 제17권 제3호, 2016, pp.341 – 360.

2. 김창봉 · 권승하, 우리나라 제조기업의 공급체인 위험관리 프로세스에 관한 연구, 물류학회지, 제22권 제5호, 2012, pp.133 – 156.

3. 김창봉 · 권승하, 공급체인관리의 파트너십이 위험관리 성과에 미치는 영향, 물류학회지, 제38권 제1호, 2013, pp.91 – 112.

4. 김창봉 · 박세환 · 권승하, 한국수출기업의 무역대금결제의 위험관리에 따른 무역보험제도에 관한 실증적 연구, 통상정보연구, 제19권 제2호, 2017, pp.213 – 236.

5. 김창봉, 전략적 공급체인관리와 가시성, SCRM 실행전략 및 성과의 관계연구, 무역학회지, 제37권 제5호, 2014, pp.457 – 475.

6. Cagnin F. Oliverira M. C., Simon, A. T., Helleno, A. L. and Vendramini, M. P., Proposal of a Method for Selecting Suppliers Considering Risk Management: An Application at the Automotive Industry, International Journal of Quality & Reliability Management, Vol.33, No.4, 2016, pp.488 – 498.

7. Konig, A. and Spinler, S., The Effect of Logistics Outsourcing on the Supply Chain Vulnerability of Shippers: Development of s Conceptual Risk Management Framework, The International Journal of Logistics Management, Vol.27, No.1, 2016, pp.121 – 141.

8. 구윤철, 한국 수출입기업의 국제표준인증 활용수준과 운영성과에 관한 실증적 연구, 중앙대학교 대학원 박사학위논문, 2017.

9. 김창봉 · 박상안 · 정재우, 알기쉬운 무역학원론, 2017.

10. 권승하, 공급체인위험관리 성과 결정요인에 관한 실증연구: 우리나라 제조기업을 중심으로, 중앙대학교 대학원 박사학위논문, 2013.

11. Vilko, J., Ritala, P. and Edelmann, J., On Uncertainty in Supply Chain Risk Management, The International Journal of Logistics Management, Vol.25, No.1, 2014, pp.3 – 19.

12. Zsidisin, G. A., Managerial Perceptions of Supply Risk, The Journal of Supply Chain Management, Vol.39, No.1, 2003, pp.14 – 25.

13. Chopra, S. and Sodhi, M. S., Managing Risk to Avoid Supply – Chain Breakdown, Sloan Management Review, Vol.46, No.1, 2004, p.53.

14. Manuj, I. and John T. Mentzer, Global Supply Chain Risk Management Strategies, International Journal of Physical Distribution & Logistics Management, Vol.38, No.3, 2008b, pp.196 – 197.

15. Hendricks, K. B. and Singha, lV. R., Association between Supply Chain Glitches and Operating Performance, Management Science, Vol.51, No.5, 2005, p.696.

16. Wagner, S. M. and Bode C., An Empirical Examination of Supply Chain Performance along Several Dimensions of Risk, Journal of Business Logistics, Vol.29, No.1, 2008, pp.307－325.

17. Waters, D., Supply Chain Risk Management; Vulnerability and Resilience in Logistics, MPG Books, 2007, pp.98－99.

18. 김창봉, SCM의 정보역량 및 위험관리가 사업성과에 미치는 영향요인에 관한 실증연구, 통상정보연구, 제14권 제2호, 2012, pp.295－315.

19. Choi, T. Y. and Krause, D. R., The Supply Base and Its Complexity; Implications for Transaction Costs, Risks, Responsiveness, and Innovation, Journal of Operations Management, Vol.24, 2006, pp.649－650.

20. Sheffi, Y. and J. B. Rice Jr., A Supply Chain View of The Resilient Enterprise, MIT Sloan Management Review, Vol.47, No.1, 2005, p.45.

21. Shah, R. and Ward, P. T., Defining and Developing Measures of Lean Production, Journal of Operations Management, Vol.25, No.4, 2007, pp.785－805.

22. Lo, H. Y. and Yeung A., Managing Quality Effectively in Supply Chain: A Preliminary Study, Supply Chain Management: An International Journal, Vol.11, No.3, 2006, pp.208－215.

23. Christopher, M., Mena, C., Khan O. and Yurt O., Approaches to Managing Global Sourcing Risk, Supply Chain Management: An International Journal, Vol.16, No.2, 2011, p.67.

24. Matook, S., Lasch R. and Tamaschke R., Supplier Development with Benchmarking as Part of a Comprehensive Supplier Risk Management Framework, International Journal of Operations & Production Management, Vol.29, No.3, 2009, pp.247－249.

25. Thun, J. and Hoenig, D. An Empirical Analysis of Supply Chain Risk Management in the German Automotive Industry, International Journal of Production Economics, Vol.131, 2011, p.244.

26. Olsan, D. L. and Wu D. D., A Review of Enterprise Risk Management in Supply Chain, Kybernates, Vol.39, No.5, 2010, pp.697－698.

27. Kundu, J., Risk In Supply Chain Management and Its Solution, Global Institute of Science & Technology, 2013.

28. Souza, R. D., Goh, M. and Meng, F., A Risk Management Framework for Supply Chain Networks, The Logistics Institute－Asia Pacific White Papers Series, Vol.7, 2006, pp.1－19.

29. Ritchie, B. and Brindley C., Supply Chain Risk Management and Performance: A Guiding Framework for Future Development, International Journal of Operations & Production Management, Vol.27, No.3, 2007, pp.303－322.

30. Neiger, D., Rotaru K. and Churilov, L., Supply Chain Risk Identification with Value—Focused Process Engineering, Journal of Operations Management, Vol.27, No.2, 2009, pp.154—168.

31. Lee, H. L., Aligning Supply Chain Strategies with Product Uncertainties, California Management Review, Vol.44, No.4, 2002, pp.107—114.

32. Kleindorfer, P. R. and Saad, G. H., Managing Disruption Risks in Supply Chains, Production and Operations Managements, Vol.14, No.1, pp.58—59.

33. Williams, R., Bertsch, B., Dale, B., Wiele, T., Iwaarden, J., Smith, M. and Visser, R., Quality and Risk Management: What are the Key Issues?, The TQM Magazine, Vol.18, No.3, 2006, pp.67—86.

34. Hallikas, J., Karvonen I. U., Pulkkinen, V. Virolainen and Tuominen, M., Risk Management Processes in Supplier Networks, International Journal of Production Economics, Vol.90, 2004, p.54.

35. Merna, T. and Al—Thanib, F. F., Corporate Risk Management Second Edition, John Wiley & Sons Ltd, Southern Gate, Chichester, 2008, p.4.

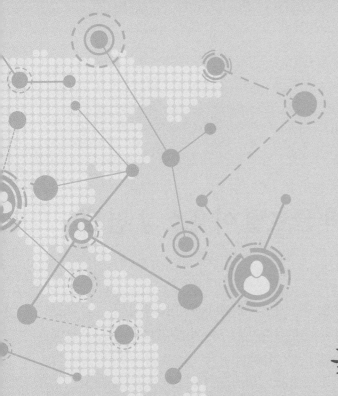

글로벌 아웃소싱

학습 목표

1. 글로벌 공급체인관리와 글로벌 아웃소싱을 이해한다.
2. 글로벌 아웃소싱의 정의 및 프레임워크를 이해한다.
3. 글로벌 아웃소싱의 현황 및 특성을 이해한다.
4. 글로벌 아웃소싱의 유형을 이해한다.
5. 기업의 핵심역량을 이해한다.
6. 핵심역량의 정의 및 프레임워크를 이해한다.
7. 글로벌 아웃소싱 성과에 관하여 설명한다.
8. 글로벌 공급체인관리와 핵심역량 간의 사례를 설명한다.

CHAPTER 07 Content

Introduction: 롯데마트–롯데슈퍼 글로벌 아웃소싱 전략

Ⅰ. 글로벌 아웃소싱의 배경 및 동기

Ⅱ. 글로벌 아웃소싱의 개념 및 프레임워크

Ⅲ. 글로벌 공급체인관리의 핵심역량 강화

Chapter 07 Case: 한샘 글로벌 아웃소싱 전략

Introduction

"롯데마트-롯데슈퍼 글로벌 아웃소싱 전략"

롯데마트와 롯데슈퍼가 글로벌소싱본부를 통합하고 규모의 경제를 통해 비용을 절감하는 사업 개편을 추진한다. 아마존 등 초대형 해외 유통기업이 한국 진출을 타진하고 모바일, 온라인쇼핑 시장이 약진하는 등 급변하는 유통 환경에서 보다 빠르게 대응하기 위한 차원이다.

롯데마트 서울양평점 외관

롯데슈퍼 고양삼송점 모습

11일 롯데그룹에 따르면 대형마트 사업을 하는 롯데마트와 기업형 슈퍼마켓SSM 사업을 하는 롯데슈퍼는 글로벌 소싱을 공동으로 진행하기로 했다. 이를 위해 이르면 다음달 '글로벌소싱본부'를 출범할 계획인 것으로 알려졌다.

롯데그룹 관계자는 "글로벌 소싱 작업을 공동으로 진행하면 그룹 유통 BU 내에서 유통 계열사 간 시너지를 낼 수 있다는 판단"이라며 "불필요한 비용을 줄이는 등 중장기적으로도 긍정적인 효과가 나타날 것으로 예상한다"고 말했다.

롯데마트 · 롯데슈퍼 회사 개요

구분	롯데마트	롯데슈퍼
1호점 개점	1998년 강변점	2001년 전농점
대표이사	김종인	최춘석
국내 직원 수	1만 3,814명	6,609명
점포 수	290개(국내 120개)	465개
매출	8조 5,080억원	2조 1,954억원

※ 직원 수와 매출은 2016년 기준.

　롯데마트의 '글로벌소싱본부'는 롯데마트와 롯데슈퍼가 각자 진행하던 해외 상품 구매와 조달작업을 하나의 조직에서 진두지휘하는 컨트롤타워 역할을 하게 된다. 본부에서 해외 제품을 일괄 구매해 슈퍼와 마트로 공급해주는 방식이 유력하다.

　롯데그룹은 이제까지는 롯데쇼핑 법인 내에서 롯데마트와 롯데슈퍼가 각각 대표이사를 두고 사업부문 간 간섭 없이 책임경영을 하는 데 초점을 뒀다. 이번에 신설하는 글로벌소싱본부는 슈퍼와 마트라는 형식에 얽매이지 않고 '롯데'의 브랜드 파워를 극대화하자는 아이디어에서 출발했다.

　현재 두 사업부가 갖고 있는 국내 점포는 2017년 현재 롯데마트120개와 롯데슈퍼465개로 총 585개에 달한다. 지금은 롯데마트와 롯데슈퍼가 해외에서 같은 제품을 수입하더라도 마트와 슈퍼에서 따로 계약을 맺지만, 글로벌 소싱을 통합하면 원가절감 효과가 기대된다. 해외 물품을 들여올 때 마트와 슈퍼의 전체 수요만큼 대량 구매하면 구매력을 최대로 끌어올릴 수 있다. 국내에 수입되지 않은 상품을 처음으로 들여올 때도 마트와 슈퍼가 공동으로 사들일 경우 협상에서 유리해진다.

　그룹 측은 올해 말레이시아와 태국, 인도네시아 등 동남아시아의 가공식품을 시작으로 내년 나이키, 폴로, 토미힐피거 등 미국 브랜드의 의류제품에 이르기까지 공동 소싱 품목을 확대할 예정이다.

　롯데그룹은 업계 경쟁사인 이마트 운영 방식에도 주목하고 있다. 이마트는 (주)이마트가 대형마트인 이마트 외 수입상품 등 특정 상품을 대량 구매해 할인 판매하는 트레이더스, 이마트 자체 브랜드 상품을 판매하는 노브랜드, 체험형 가전 전문점 일렉트로마트 등 전문점카테고리 킬러 사업을 총괄한다. 이 중에서 가장 주목받는 사업 중 하나가 이마트 트레이더스다. 모바일 · 온라인 시장이 성장하고, 출점 제한 등 유통 관련 규제로 오프라인 유통업체가 고전하는 상황에서도 해외 상품을 중점적으로 판매하는 창고형 할인점 이마트 트레이더스는 꾸준히 성장해왔다.

　코스트코가 독점해 온 대단량 수입 가공식품과 신선식품 등에서 차별화된 제품과 가격 경쟁력을 무기로 빠르게 시장점유율을 높였다는 평가다.

올해 상반기 트레이더스 매출은 31.7% 증가해 같은 기간 이마트 할인점 매출 증가 폭3.2%의 10배에 가까운 성장세를 자랑했다. 대형마트 출점이 거의 없다시피한 올해도 트레이더스는 지난달 24일 스타필드 고양점에 오픈했고, 이르면 연내 김포와 군포에 매장을 낸다.

내년에는 월계와 위례에 점포를 추가해 16개 점포를 확보할 예정이다.

성장이 정체된 롯데마트와 롯데슈퍼에서도 구매력을 키워 해외 상품, 새로운 상품에 대한 고객의 욕구를 충족시켜야 한다는 이야기가 나오는 이유다. 아마존 등 해외 유통기업의 국내 진출을 앞두고 글로벌 시장에서 롯데의 경쟁력을 높여야 한다는 것도 글로벌소싱본부 출범 결정에 영향을 미친 것으로 알려졌다.

롯데 관계자는 "국내외 유통업체들이 무한 경쟁을 벌이는 유통 환경에서 주도권을 갖기 위해 바잉파워를 늘리겠다는 의미"라며 "소비자에게 더 좋은 상품을 더 싸게 공급하는 방안을 계속 추진해 나가겠다"고 말했다.

출처: 손일선, 이유진, 「롯데마트–롯데슈퍼 글로벌 공동 소싱한다」
『매일경제』, 2017.09.11.

I 글로벌 아웃소싱의 배경 및 동기

01 | 글로벌 아웃소싱의 배경

오늘날 글로벌 아웃소싱의 흐름은 글로벌 시장에서 공급받은 원재료를 각 글로벌 생산기지를 거쳐, 생산이 완료된 완제품을 글로벌 유통센터를 통해서 유통시키고, 일부는 글로벌 창고에 저장하여, 글로벌 시장의 수요변화에 따라 글로벌 보관을 저장하는 단계에서 각 단계별 공급파트너들과 글로벌 아웃소싱을 함으로써 운영효율성을 높인다.[1]

그림 7-1 글로벌 아웃소싱의 흐름

글로벌 생산   글로벌 유통센터   글로벌 창고   글로벌 보관

기업이 글로벌 아웃소싱을 하는 이유는 글로벌 시장에서 핵심역량을 확보하고 강화시키고자 하는 동기에서 출발하고 있으며, 기업의 핵심역량 강화를 통한 글로벌 아웃소싱은 핵심사업분야 집중, 반제품 아웃소싱 효과, 전문기업 등장, 신사업분야 발굴 등 4가지 방향으로 수행된다.[2]

그림 7-2   글로벌 아웃소싱의 배경

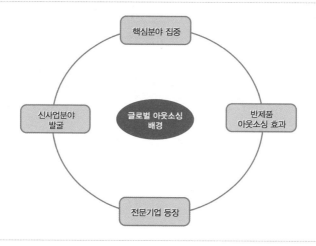

글로벌 아웃소싱의 핵심사업분야 집중은 기업의 경영활동 중 잘할 수 있는 1개의 핵심분야를 선택해서 집중시키는 것이며, 나머지 주변 분야는 과감하게 글로벌 아웃소싱을 통해 이전하는 전략을 수행한다.[3] 예를 들어 운송, 생산, 판매 부문 중에서 잘할 수 있는 분야에 집중하면 기업의 핵심역량이 강화될 뿐만 아니라, 나머지 주변 분야에서도 핵심역량을 강화시킬 수 있으며, 이에 따른 시너지 효과가 확대되어 사물형인터넷IoT, 인공지능AI 등의 접목과 함께 Industry 4.0의 효과를 기대할 수 있다.

그림 7-3   글로벌 아웃소싱의 핵심분야 집중

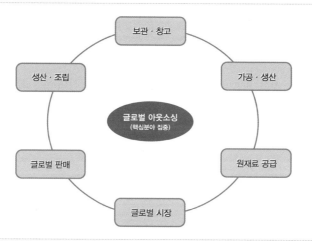

글로벌 아웃소싱의 반제품 아웃소싱 효과는 글로벌 시장을 대상으로 생산활동을 할 때, 가까운 지역에 반제품, 혹은 재공품을 이전해서 완제품을 생산하는 것이 효과적이며, 실제로 본국에서 완제품을 생산해서 투자국에 이전시키는 것보다 투자국에서 반제품, 재공품 아웃소싱을 통해 생산하는 것이 더 효과적으로 작용한다.[4] 기업은 반제품의 글로벌 아웃소싱을 통해 아웃소싱 효과를 획득함과 동시에 기업의 핵심역량이 강화되는 결과를 가져온다.

그림 7-4   글로벌 아웃소싱의 반제품 아웃소싱 효과

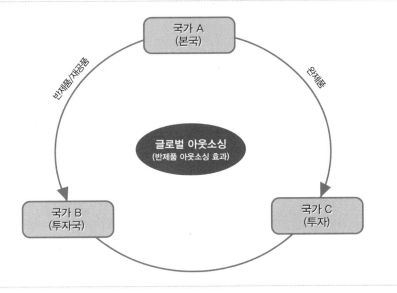

글로벌 아웃소싱 전문기업의 등장은 전 세계시장에 공급체인망의 글로벌 아웃소싱, 오프쇼링 Offshorinrg이 확대되면서 생산제조, 판매마케팅, 물류유통 분야에 전문기업들의 등장으로 시장이 재편되는 양상을 보이고 있기 때문이다. 일례로, 컴퓨터 및 주변기기 분야에서 휴렛 패커드 기업은 생산제조 분야 글로벌 아웃소싱을 강화시켜 전문기업으로 성장하였으며, 글로벌 로지스틱스가 확대되고 고객서비스 수준이 높아지면서 Maersk사는 로지스틱스 분야를 특화시켜 전문기업으로 급성장한 대표적인 사례이다.[5]

그림 7-5 　글로벌 아웃소싱의 전문기업 등장

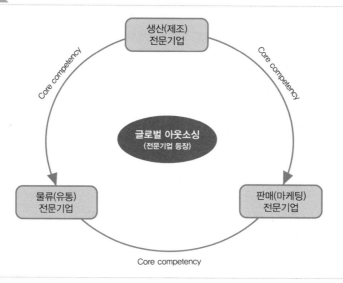

글로벌 아웃소싱의 신사업분야 발굴은 공급체인망에 글로벌 아웃소싱이 확대되고 글로벌 시장에서 신사업분야의 역할과 기능이 강화되면서 부각되는 추세이다. 일례로, 통신서비스 분야에서 국제교환전화 서비스를 필리핀에 아웃소싱하면서 기업의 핵심역량이 강화시켜 온 것이 대표적인 사례이며, 또한 건물의 수립 및 관리분야에서 빌딩 유지관리 전문기업에게 유지관리를 글로벌 아웃소싱을 함으로써 기업의 효율성이 함께 개선된 것이 신사업분야 발굴에 좋은 사례이다.

그림 7-6 　글로벌 아웃소싱의 신사업분야 발굴

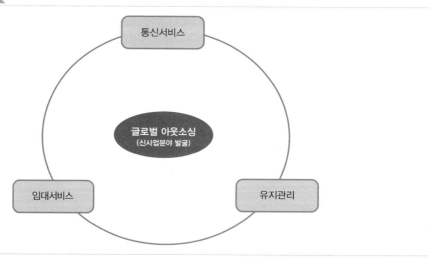

02 | 글로벌 아웃소싱의 동기

오늘날 전 세계적으로 동일산업, 관련산업, 비관련산업, 이업종 분야에서 글로벌 아웃소싱이 활발하게 일어나고 있는데, 많은 기업들이 글로벌 아웃소싱을 통하여 기업의 사업성과를 개선할 수 있는 여지가 있는 반면, 어떤 분야는 글로벌 아웃소싱을 함으로써 기업의 핵심역량이 약화되는 경우도 있다.[7] 글로벌 아웃소싱이 단기적으로 기업에 긍정적인 이익으로 작용하는 면도 있으나, 장기적으로는 기업 경쟁력을 약화시키는 결과를 가져오기도 한다. 기업이 글로벌 아웃소싱을 함으로써 장기적으로 글로벌 시장에서 경쟁력을 잃게 되는 경우도 있기 때문이다. 본 장에서는 기업이 글로벌 아웃소싱을 하는 목적과 동기에 대해서 살펴보고자 한다.

생산, 조립, 물류, 운송, 보관, 판매 등의 기능을 하나의 기업이 독립적으로 운영하는 데에는 한계가 있기 때문에 기업들은 이 기능들을 기업의 역량에 기반하여 아웃소싱할 수 있다. IT기술을 사용한 전사적 통합을 통해 기업 간 통합이 가능하게 되었으며, 오늘날 기업들은 글로벌 공급체인망 통합을 활용하여 글로벌 아웃소싱의 이점을 적극 활용하고 있는 추세이다.[8] 기업들이 글로벌 아웃소싱을 하고자 하는 이유는 원재료의 구매, 운송국제물류 아웃소싱, 통관신고 대행, A/S 아웃소싱이 주된 동기이다. 전 세계시장이 글로벌화 확대에 따른 현지 대응력이 높아지고 정보통신기술의 활용이 확산되면서 원재료의 구매를 포함한 운송국제물류, 통관, A/S 등의 기능들을 기업이 독자적으로 운영하는 것보다 글로벌 아웃소싱을 함으로써 장기적으로 기업의 사업성과를 높이는 데 긍정적으로 작용하고 있다.

✓ 그림 7-7 글로벌 아웃소싱의 동기

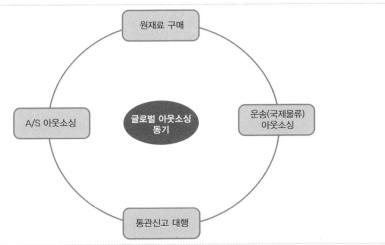

03 | 글로벌 아웃소싱의 기능

    비즈니스 분야에서 글로벌 아웃소싱의 기능은 기업의 핵심역량의 부분이 아니었으나, 글로벌 아웃소싱 기능이 조직에 의해 좀 더 효과적으로 수행될 수 있을 때에는 해당 기능이 핵심 역량이 될 수 있다. 대부분의 기업들은 간접적이거나 중요치 않은 구성요소들을 구입, 조달시키는 기초적인 프로세스 관리를 하는데, 이 자체는 핵심역량이 아니다.[9] 오늘날 공급체인망이 글로벌 지역으로 확장되면서 나타난 글로벌 아웃소싱 또한 효율을 증가시키기 위한 기회가 되었다. 글로벌 아웃소싱의 향상된 운영상의 이점은 외부에서의 조달 모델의 빠른 적용이 될 수 있다는 점이다. 글로벌 아웃소싱 공급자들은 일반적으로 선납 할인의 이점을 얻을 수 있고 송장의 처리과정을 최대한으로 활용할 수 있다.[10] 또한, 운영의 조정과 리포팅 능력은 완벽한 절차와 예산 책정의 더 나은 정확성에 의하여 강화되어질 것이다. 추가적으로, 글로벌 아웃소싱 공급자들은 육상, 해안 그리고 해상 장비들을 포함하는 혼합된 인력을 이용함으로써 더 나은 비용모델로 배송을 할 수 있다.[3] 최근 몇 년간, 대부분의 주요 조직들은 그들의 조달 능력을 향상시키기 위해 새로운 인재를 고용하거나 프로세스와 기술을 향상시키는 방법으로 이러한 일들을 해왔다. 그런데 조직 변화와 같은 일을 하는 조직들은 종종 문화의 충돌 등에 의하여 방해를 받기도 한다. 외부 조달의 환경에서 변화는 더욱 빠르고 효과적이고 반대성향 없이 이루어질 수 있다.[5]

글로벌 아웃소싱의 개념 및 프레임워크

01 │ 글로벌 아웃소싱의 개념 및 정의

　최근 기업들은 조직적으로 전문분야나 기술을 특화할 것인지 또는 기업이 수직적 연결을 통합하여 통제하도록 하여야 하는지가 중요한 쟁점으로 대두되었다. 기업은 전문화를 위하여 핵심역량을 개발하는 데 주력하여 시장점유율과 마진을 유지함으로써 기업의 경쟁우위를 향상시키도록 노력했다.[11] 기업이 고객의 니즈와 성공요인들을 이해하고, 고객의 니즈를 충족시키기 위해 조직의 핵심역량들을 개발하고 구체화시킬 필요가 있다. 즉, 기업은 공급체인에서 기업의 역할이 무엇인지 결정하고 부가가치를 창출하기 위해 기업의 역량을 구축하고 사용하는 방법을 결정해야한다. 기업의 자원은 한정되어 있기 때문에 자원을 가장 효율적이고 효과적으로 사용하는 방법을 결정하는 것이 매우 중요하다.[12]

　글로벌화, 정보화, 소프트화, 서비스화가 진전되어 제품수명주기가 짧아지는 등 변화된 경영환경에서 기업이 새로운 가치창출을 위해 미래를 대비하는 새로운 경영혁신전략들이 요구되면서 글로벌 아웃소싱에 대한 관심이 높아지고 있다. 전통적으로 대기업들은 필요한 재화나 서비스를 직접 생산하기 위해서 대규모의 제조 설비를 보유하고 구매에 대한 결정은 기업 내부에서 생산되는 제품의 원재료 구매에 국한되었다.[13] 그러나 경영의 패러다임이 변화하면서 유연성과 신속성 등을 증대하고 핵심기술의 강점을 가지기 위해 글로벌 아웃소싱을 선택하는 기업들이 증가하게 되었다. 대기업이라 할지라도 모든 제품과 모든 서비스의 생산에 경쟁력을 갖추는 것은 어려운 일이다. 기업 내에서 경쟁력이 없는 제품이나 서비스를 외부 공급자로부터 구매하여 주력 제품이나 서비스에 경쟁력을 갖출 수 있다.

02 | 글로벌 아웃소싱의 특성 및 유형

1) 글로벌 아웃소싱의 특성

기업은 비용을 절감하기 위해 글로벌 아웃소싱을 도입한다. 비용절감은 글로벌 아웃소싱의 주요 근거가 되며 규모 및 범위의 경제를 실현시켜 줄 수 있다. 글로벌 아웃소싱을 통하여 기업의 전문성이 향상되면 기업 내부에서 할 수 없는 업무가 가능해지며 제품 또는 서비스의 품질과 부가가치가 향상된다.[14] 또한 글로벌 아웃소싱의 도입으로 인원을 해고 또는 배치전환하여 인건비를 절감할 수 있게 되고, 노하우가 없는 기업이 물류나 소프트웨어 분야를 구축하기 위해서는 막대한 투자와 시간이 소요된다. 이것은 고정비가 되어 재무적인 압박이 될 수 있는데 글로벌 아웃소싱을 통하여 비용절감을 할 수 있다. 글로벌 아웃소싱에서 얻는 경영의 효율화 부분으로는 전문성 향상, 비용절감, 업무 스피드 증대 등을 들 수 있다.[15]

글로벌 아웃소싱은 핵심역량에 초점을 맞추어 내부자원을 집중시킴으로서 불필요한 자원낭비를 막을 수 있다. 따라서 불필요한 부문을 외부화시킴으로서 기업의 성장과 경쟁력을 높이고, 핵심역량을 강화하기 위해 기업의 일상적이고 반복적인 업무보다는 전략적이고 핵심적인 중요한 업무에 전념할 수 있게 된다. 글로벌 아웃소싱의 활용을 통해 외부와의 연결이 강화되어 정보네트워크의 확대가 기대된다. 정보화는 고도화되고 복잡화되어 있는 기업활동의 측면에서 광범위한 정보수집이 가능하다. 또한 외부의 전문기관과 적극적으로 기업 간 네트워크를 구축하고 확대하면서 자사와 글로벌 아웃소싱 기업 간의 경영정보를 교환함으로써 제품의 고도화나 새로운 부가가치의 창출과도 연결할 수 있다.[16]

글로벌 아웃소싱의 활용을 통하여 상품검사, 시장조사, 환경평가, 재고관리, 업무의 표준화, 인사평가 등을 외부의 중립적 기관에 위탁함으로써 자사보다 객관적이고 공정한 평가를 받을 수 있다. 자체적으로 직접 할 수도 있지만 외부의 전문능력을 활용함으로써 외부에 맡길 경우 같은 기능을 제공받으면서 동시에 서비스 수준도 향상되고 비용도 절감할 수 있다. 또한 내부에서 처리하기가 불가능하거나 어려운 업무를 수월하게 처리함으로써 업무의 신속성과 정확성을 높일 수 있다. 이는 기업의 경영전략에 따라 구체적인 글로벌 아웃소싱의 대상, 기능 등은 다르지만, 가장 효과적으로 활용하는 것은 고도의 전문적 기능을 활용하는 것이다.

2) 글로벌 아웃소싱의 유형

글로벌 아웃소싱의 유형은 비용절감형 아웃소싱, 핵심역량 자체의 아웃소싱, 분사형 아웃소싱,

네트워크형 아웃소싱, 기능별 아웃소싱 등 5개의 유형으로 구분된다. 비용절감형 아웃소싱은 글로벌 아웃소싱의 단순한 형태로 특정 기능에 대한 외부로부터의 지원이 주요 목적이다. 기업들이 글로벌 아웃소싱을 하고자 하는 것은 비용절감을 통해 경쟁력을 높이거나, 기업이 보유하고 있는 핵심역량은 자체적으로 보유하면서 나머지는 분산시키려고 하는 동기에서 한다. 핵심역량 자체의 아웃소싱은 핵심역량 자체를 글로벌 아웃소싱을 하는 것으로 기업이 외부 경쟁에 심하게 노출되어 있는 경우 사용하는 형태이며, 핵심사업 경쟁력을 강화시키고자 할 때 사용한다.[17] 분사형 아웃소싱은 이익추구형과 스핀오프형으로 구분되는데, 이익추구형Profit-center은 전문성을 확보하고 있는 기능을 분사화시킴으로서 외부경쟁을 통한 수익 창출을 도모하고자 하는 아웃소싱의 형태이다. 스핀오프형Spin-off 글로벌 아웃소싱은 자사가 보유한 기업의 역량, 일정기술, 공정제품 등을 분사화하여 비즈니스화함으로써 조직을 슬림화하는 방식이다. 네트워크형 글로벌 아웃소싱은 핵심역량이나 핵심제품 이외의 모든 기능을 글로벌 아웃소싱함으로써 공급체인 네트워크 간의 수평적 네트워크를 통한 시너지를 높이고자 함이다.[18] 네트워크형 아웃소싱은 다수의 주체가 경영자원을 공유하고 상호보완적으로 활용하는 글로벌 아웃소싱이다. 기능별 아웃소싱은 제품디자인 아웃소싱, 연구개발 아웃소싱, 제조 아웃소싱 등이 있다. 제품 디자인 아웃소싱은 전통적 제조업에서 이전부터 해왔던 방식이며, 연구개발 아웃소싱은 업체 리더 간의 전략적 제휴를 통해 기업의 시너지 효과를 높이고 있는 아웃소싱이다. 또한 제조 아웃소싱은 기술력과 브랜드력이 부족한 제조업체들이 주문자상표방식Original Equipment Manufacturing: OEM 위주로 성장해왔다.[19]

그림 7-8 글로벌 아웃소싱의 유형

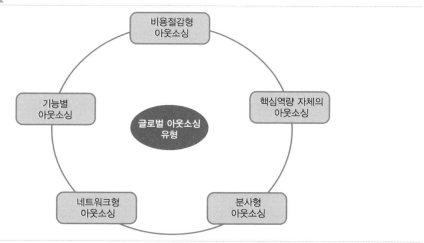

03 | 글로벌 아웃소싱의 프레임워크

글로벌 아웃소싱의 프레임워크의 1단계는 프로세스 중요도 분석 단계로 글로벌 아웃소싱의 프로세스 상에서 중요하게 고려되어야 할 것이 무엇인지를 분석하는 것이다. 2단계는 프로세스 역량 분석 단계로 글로벌 아웃소싱의 프로세스 역량을 파악하고 도출해 내는 과정에 해당된다. 3단계는 소싱전략 선정 단계로 경쟁우위의 프로세스 중요도와 상대적 역량 확인 등에 기초하여 소싱전략을 선정하는 단계이다. 4단계는 아웃소싱 실행 및 관리 단계로 소싱전략 선정이 적절하다면 최종적으로 아웃소싱의 실행 및 관리를 결정하는 단계이다.[17] 글로벌 아웃소싱의 프레임워크는 전체 네 단계로 프레임워크가 설계되었다.

(1) 프로세스 중요도 분석

1단계는 프로세스 중요도 분석 단계로 글로벌 아웃소싱의 프로세스 상에서 중요하게 고려되어야 할 요인이 무엇인지를 분석하는 것이다. 예를 들어 기술의 경우 기업에서 보유하고 있는 기술역량이 기업의 부가가치로 작용하여 고객인식에 중요하게 기여하고 있거나, 기업의 기술역량이 경쟁기업을 복사하거나 모방하기 힘든 기술을 보유하고 있는지를 프로세스 중요도 분석을 통해 핵심 프로세스 요인을 도출해 발굴해야 한다.[18]

(2) 프로세스 역량 분석

2단계는 프로세스 역량 분석 단계로 글로벌 아웃소싱의 프로세스 역량을 파악하고 도출해 내는 과정에 해당된다. 핵심역량은 조직에서의 총체적인 학습, 다양한 생산 기술과 복합적인 기술의 흐름을 통합시키는 방법을 말하며, 다른 경쟁자와 구별되는 경쟁우위를 제공하는 독특한 기술과 속성들의 혼합으로 정의될 수 있다. 핵심역량은 공급체인 파트너기업 간의 시너지 창출을 통해 고객에게 가치를 제공할 수 있을 뿐만 아니라, 고객가치를 제공하는 제품과 서비스를 공급하는 방법에서 기업의 전체적인 결정과 내부적 능력을 함께 고려할 수 있다.[19]

(3) 소싱 전략 선정

3단계는 소싱 전략 선정 단계로 경쟁우위의 프로세스 중요도와 상대적 역량 확인 등에 기초하여 소싱전략을 선정하는 단계이다. 소싱전략 선정 단계는 경쟁우위의 프로세스 중요도에 따라 조직의 성공 중요도가 높으면 내부적 성과에 투자 or 외부조달, 내부적 성과에 투자 or 내부조달 등 2개의 글로벌 소싱전략을 선택하고, 조직의 성공 비중요도가 높으면 외부조달, 외부조달 or 내부조달 등 2개의 글로벌 소신전략을 선택하여 실행한다.[20]

(4) 아웃소싱 실행 및 관리

4단계는 아웃소싱 실행 및 관리 단계로 소싱전략 선정이 적절하다면 최종적으로 아웃소싱의 실행 및 관리를 결정하는 단계이다. 아웃소싱 실행 및 관리를 효율적으로 하기 위해 무엇보다 글로벌 아웃소싱의 프레임워크에서 프로세스 중요도 분석을 통해 프로세스 상에서 어떤 핵심역량이 주요요인으로 발굴되었는지를 체계적인 분석을 통해서 도출해 내는 작업이 가장 중요하며, 이를 토대로 프로세스 역량 분석을 수행하여, 기업 보유 핵심역량이 무엇인지를 파악하는 것이 중요하다.[21] 성공적인 아웃소싱 실행 및 관리를 위해 프로세스 중요도 분석, 프로세스 역량 분석을 통해 핵심역량을 도출해 내는 것이 중요하며 또한 기업의 내적 환경과 외적 환경을 고려하여 소싱전략을 선정해서 글로벌 아웃소싱을 실행하고 관리해야 한다.

그림 7-9 글로벌 아웃소싱의 프레임워크

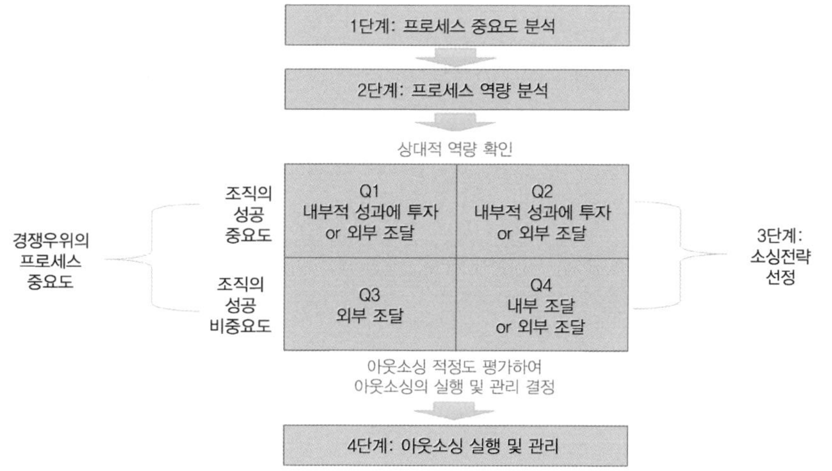

글로벌 공급체인관리의 핵심역량 강화

01 | 핵심역량의 개념

핵심역량은 개인과 조직이 보유하고 있는 유·무형자산으로 경쟁기업과 차별화될 수 있는 내부역량이면서 기업 경쟁력의 원천이다. 핵심역량은 개인과 조직이 외부적 환경의 변화에 대한 학습과 공유를 통해 지속성장 가능성을 추구하고 달성함으로써 개인과 조직의 역량이 신지식인과 학습조직의 형태로 나타난다. 기업의 핵심역량은 Hamel & Prahalad 1990가 주창한 이론으로 오늘날 경영전략 분야뿐만 아니라, 인적자원관리, 조직행동론, 리더십이론에 이르기까지 폭넓게 확산되고 있다. 최근에는 OECD 국가들을 중심으로 국가의 인적자원개발 차원에서 사회구성원들인 개인의 능력을 어떻게 핵심역량화하여 개발해서 국가경영에 접목시킬 것인가에 대한 폭넓은 논의가 이루어지고 있다.[22]

기업의 핵심역량은 경영전략에 따라 개인과 조직의 전략적 목표와 내부역량이 달라진다. 경영전략은 기업전략, 사업전략, 기능전략으로 구분되며, 이 때 기업의 핵심역량은 기업 수준에서 최고경영자를 중심으로 경영진과 조직의 미션과 비전으로 나타나며, 사업부 수준에서 핵심역량은 조직의 중간관리자와 사업부 조직이 보유하고 있는 경쟁력의 원천으로 나타난다.[23] 또한 기능별 수준에서 핵심역량은 조직의 각 기능별 현장책임자와 조직이 보유하고 있는 내부역량으로 표출된다. 핵심역량은 기업의 조직적 수준이 어디에 있느냐에 따라 최고경영자, 중간관리자, 현장책임자가 보유하고 있는 개인의 역량과, 이들이 속해 있는 조직의 역량에 따라 다르게 나타난다.

02 | 핵심역량의 정의

핵심역량은 조직에서의 총체적인 학습, 다양한 생산 기술과 복합적인 기술의 흐름을 통합하는 방법을 말하며, 다른 경쟁자와 구별되는 우위를 제공하는 독특한 기술과 속성들의 혼합으로 정의할 수 있다. 핵심역량은 공급체인 파트너기업 간의 시너지 창출을 통해 고객에게 가치를 제공할 수 있을 뿐만 아니라, 고객가치를 제공하는 제품과 서비스를 공급하는 방법에서 기업 전체적인 결정과 내부적 능력을 함께 고려할 수 있다.[24] 기업이 보유하고 있는 기술역량이 기업의 부가가치로서 고객인식에 중요하게 기여하고 있거나, 기업의 기술역량이 경쟁기업이 복사하거나 모방하기 힘든 기술을 보유하고 있어서, 다른 기업과 구분되는 독특한 역량이면서 기업의 경쟁력의 원천이 되고 있다면, 그 기업은 핵심역량을 보유한 것으로 볼 수 있다. 독특한 기술역량을 보유하고 있는 기업들은 해외시장에 진출함에 있어서 다양한 시장이나 사업에 진입할 수 있는 독점적 우위를 확보하고 있는 것이며, 기업이 진출하고자 하는 시장 또한 다른 기업들이 진입하기에 장벽으로 나타날 수 있는 입지우위로 작용할 수 있다.[25]

03 | 핵심역량의 프레임워크

핵심역량은 초기에 경영학자들에 의해 주창되었으며, 기업들이 불확실한 경영환경에 직면해 있을 때 다른 기업과 차별화되는 독특한 기업역량으로 설명된다. 이러한 기업의 독특한 역량을 발휘해 시장에서 경쟁우위의 원천이 됨과 동시에, 기업의 지속성장가능성을 제시할 수 있다는 점에서 학자들의 많은 반향을 불러 일으킨 이론이다.[26] 오늘날 핵심역량은 경영학뿐만 아니라, 행정학, 교육학, 조직학뿐 등 폭넓은 학문 분야에서 적용되고 있으며, 오늘날 많은 국가들이 인적자원을 개발하는 데 있어 핵심역량의 지표들을 개발하여 사용하고 있다. 본 연구에서 글로벌 공급체인관리의 핵심역량의 프레임워크로 납기관련 성취결과, 대인관계 구축, 미래를 위한 전략적 계획 등 3개의 영역으로 구분하여 핵심역량의 프레임워크를 제시하고자 한다OECD, 2014.[22] 핵심역량의 납기관련 성취결과는 분석적 접근, 성취 관점, 초안작성 능력, 유연적 사고, 자원관리, 팀워크 및 팀 리더십 등 6개의 요인으로 설명하고, 대인관계 구축은 고객 관점, 외교적 민감성, 영향력, 협상력, 조직 지식 등 5개의 요인으로 설명하고자 한다. 또한 미래를 위한 계획은 재능 개발, 조직적 연계, 전략적 네트워킹, 전략적 사고 등 4개의 요인으로 설명하고자 한다.

(1) 납기관련 성취 결과

핵심역량의 납기관련 성취결과는 분석적 접근, 성취 관점, 초안작성 능력, 유연적 사고, 자원관리, 팀워크 및 팀 리더십 등 6개의 요인으로 구분된다. 분석적 사고는 주어진 문제를 보다 단순한 부분들로 구분하여 주어진 문제의 원인을 확인하고 해답을 찾아가는 사고 과정을 의미한다. 분석적 사고는 납기관련 성취결과를 이끌어 낼 수 있는 핵심역량이다. 성취관점은 삶의 의미는 주관적인 이끌림이 객관적인 매력과 결합되었을 때 비로소 성취될 수 있다는 관점이다.[26] 우리는 삶의 의미가 자신의 열정을 발견하고 추구하는 과정에서 드러나는 모든 것을 성취관점이라고 한다. 성취관점은 납기관련 성취결과를 이끌어 낼 수 있게 하는 핵심역량이다. 초안 작성 능력은 어떤 일을 함에 있어서 초기에 일을 기획하는 과정이며, 초안을 어떻게 작성하고 설계하는가는 매우 중요하다.

(2) 대인관계 구축

대인관계 구축은 고객 관점, 외교적 민감성, 영향력, 협상력, 조직 지식 등 5개의 요인으로 설명하고자 한다. 또한 미래를 위한 계획은 재능 개발, 조직적 연계, 전략적 네트워킹, 전략적 사고 등 4개의 요인으로 구분된다.[27] 고객 관점은 기업의 경영활동에서 원재료와 부품의 공급에서부터 완성품이 생산되어 고객에게 공급되는 과정에서 고객관점의 경영관리를 수행하는 것을 뜻한다. 고객 관점은 대인관계 구축을 이끌어 낼 수 있는 핵심역량이다.

(3) 미래를 위한 전략적 계획

전략적 네트워킹은 기업의 경쟁력의 원천이 되고 있으며, 어떤 네트워크와 전략적 네트워킹을 구축하고 있는가에 따라 기업의 지속성장가능성이 달성될 수 있다. 전략적 네트워킹은 미래를 위한 전략적 계획을 이끌어 낼 수 있는 핵심역량이다. 전략적 사고는 기업의 중요한 의사결정을 하는 과정에서 매우 중요하며, 이 전략적 사고는 막연한 생각이 아니고 반드시 성취되고 달성될 수 있는 점에서 차이가 있다. 전략적 사고는 미래를 위한 전략적 계획을 이끌어 낼 수 있는 핵심역량이다.[28]

그림 7-10 핵심역량의 프레임워크

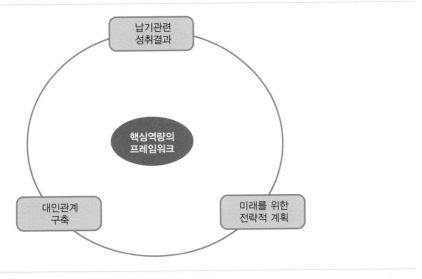

출처: OECD, Competency Framework, 2014.

CHAPTER 07
Case ▶

"한샘 글로벌 아웃소싱 전략"

대한민국에 일던 식자재 열풍이 홈인테리어 시장 확대로 이어지면서 주목받는 기업이 있다. 국내 1등 종합 홈인테리어 전문기업 (주)한샘대표이사 최양하, www.hanssem.com이 바로 그 주인공이다.

글로벌 홈인테리어 가구기업 이케아가 국내 시장 상륙할 즈음 대부분의 국내 시장 관계자들은 이케아를 대적할만한 업체가 없어 고전을 예상했었다. 하지만 한샘에겐 새로운 이 시점이 기회로 작용, 1:100으로 당당히 시장을 지켰다는 평가를 받는다. 물론 그 첫 번째 배경은 빼어난 제품 경쟁력이다. 반면 이에 앞선 숨은 경쟁력은 바로 최적화된 물류 공급망과 협업에 있었다.

한 치의 오차도 없이 지난 46여 년간 물류현장에서 겪었던 시행착오를 온몸으로 경험하며 개선한 한샘만의 SCMSupply Chain Management과 동종 업계와 만들어내는 협업모델이야말로 위기를 기회를 살려낸 중요한 한샘만의 성공 포인트다. 물류신문은 조그만 부엌가구 제조회사에서 대한민국 대표 기업을 넘어 세계적인 홈인테리어 기업으로 지속적인 성장을 꿈꾸고 있는 (주)한샘의 숨은 경쟁력을 알아보고, 한샘 물류혁신팀을 맡고 있는 통합물류사업부 이향호 부장을 만나 최적화된 한샘의 물류 FLOW 이야기를 들어봤다.

1) 부엌가구에서 인간의 일상 편안함 추구

부엌 개념조차 없었던 1970년, 관련 가구 제조회사로 사업을 시작한 한샘은 1997년 인테리어 가구시장 진출에 이어 2000년대 후반 건자재 사업등 지난 46여 년간 한 우물만 판 국내 1위 종합 홈인테리어 전문기업이다.

별 볼일 없던 중소기업에서 이제 당당히 대기업들과 어깨를 나란히 하며 제품력과 서비스로 비교해도 손색이 없을 만큼 성장한 한샘의 숨은 경쟁력은 과연 무엇일까? 기자는 높은 기술력이 필요하거나 애플과 삼성과 같은 전문 IT분야도 아닌 우리 일상 바로 옆의 공간을 꾸미는 소소하지만 깊이 있는 기술력이 궁금

했다. 그 해답은 경기도 시흥에 위치한 한샘 물류센터를 방문해서야 찾을 수 있었다. 한샘의 시흥 제1 물류센터는 여느 센터와 달리 단순 보관이 아닌 크로스도킹입고되는 상품을 분류 또는 재포장의 과정을 거쳐 곧바로 다시 배송하는 시스템개념의 물류거점이었다. 최적화된 주문에 맞춰 그날그날의 물량을 순환체제로 운영하는 물류 현장의 노하우가 그대로 녹아있었다.

이를 위해 한샘은 홈인테리어 분야에서 철저하게 고객들과 눈높이를 맞추는 고객 우선주의를 표방한다. 무조건 수익을 얻기 위한 판매우선이 아니라 고객 만족을 최대한 이끌어 낼 수 있는 만큼만 판매하고 출고하는 최적화 전략이야말로 여타 경쟁사들이 갖지 못한 장점이다. 결국 무조건 수익만을 극대화하는 현 산업시장과 달리 한샘만의 시장 공략 전략을 물류 현장에서부터 찾을 수 있었다.

2) 출발은 부엌가구, 경쟁력은 업계 '협업'

1970년 부엌가구 하나로 시작한 한샘이 조 단위 매출 중견기업으로 성장할 수 있었던 원동력은 함께 성장하겠다는 동종업계와의 협업 노력이다.

물론 한샘의 자체 마케팅 전략은 '주거 공간'을 중심으로 연관성 있는 사업영역 확대에서 출발한다. 부엌가구에서 시장 판도를 바꾸고 주도하며 저가상품에서 2006년 1월 프리미엄급 부엌가구 브랜드 '키친바흐Kitchen Bach'를 출시하는 등 고급화되는 시장변화에 유연성 있는 시장 대응전략도 주효했다.

또 부엌가구에서 침실, 서재, 거실, 욕실 등 주거환경과 관련된 연관성 있는 사업으로 영역을 확대, 2013년 국내시장에서 최초로 매출 1조원을 달성하며 명실상부한 대한민국 대표 홈인테리어 기업에 등극했다. 하지만 한샘은 2002년까지 급속한 성장가도를 달리다가 이후 약 7년간 정체 과도기를 거친 후 2009년부터 비로소 안정적인 성장을 위한 핵심역량을 찾아냈다.

그건 바로 시장 흐름에 유연성 있는 대응이 바로 그것. 그 핵심은 최고의 부엌가구 제조 노하우를 바탕으로 고객의 구매 행태가 주택 리모델링 공사의 일부로 전환되는 것에 맞춰 주택과 아파트의 인테리어 공사를 전문으로 하는 전국의 중견 인테리어 업체와 광범위한 제휴다. 혼자서 북 치고 장구 치는 식의 대기업 판매 전략이 아닌 관련 업계 전문가들과의 협력모델을 만든 것.

이 같은 노력으로 한샘은 2016년 현재 전국 300여개의 대리점과 대형 직영매장인 한샘플래그샵 9개, 키친&바스 전시장 22개, 리하우스 전시장 4개, 한샘몰온라인 등 강력한 유통망을 가진 매출 규모 1.7조원2015년 매출, 공시기준의 중견기업으로 성장했다. 올해엔 시장 성장세가 주춤하지만 한샘은 최근 국내 홈인테리어 시장의 폭발적인 관심에 힘입어 최근 몇 년간 30% 이상의 성장을 이어왔다. 시류도 탔고, 시장도 커졌다. 그러나 이 성장세는 단순 홈인테리어 산업 유행 때문만은 아니다.

3) 시장 유연성 맞춘 현장 중심 전략이 주효

홈인테리어 시장은 빠르게 유행을 탄다. 이 때문에 한샘은 향후 부엌가구와 수납가구, 욕실, 마루, 창호, 도어, 조명 등 건자재까지 개별 또는 패키지로 제품을 공급하는 ik아이케이, Interior Kitchen을 2008년부터 출시, 기존 대리점 유통 외에 인테리어 업체와 제휴를 통한 새로운 유통망을 구축에 나섰다.

올해에는 이들 전국 인테리어 업체 제휴를 2,000여개에서 3,000개로 확대, 부엌, 수납가구와 함께 건자재까지 유통을 본격적으로 확대할 예정이다. 이와 함께 온-오프라인을 아우르는 유통 경쟁력은 또 다른 한샘의 미래 경쟁력이다. 한샘은 1997년 서울 방배점을 시작으로 서울 논현, 잠실 경기도 분당, 부산 해운대 센텀, 서울 목동, 대구 범어동에 이어 올해 3월에는 수원 광교에 5월에는 서울 상봉에 대형 인테리어 직매장인 한샘 플래그샵한샘 키친앤바스, 한샘인테리어 대형대리점, 한샘리하우스전시장, 한샘몰(온라인)을 속속 오픈했다. 이에 따라 온 오프라인을 망라하는 한샘 플래그샵은 한국인의 주거환경에 맞는 평형대별, 공간별 토탈 인테리어 패키지 전시 등을 통해 경쟁업체들과 차별화를 꾀하고 있다.

특히 한샘 플래그샵은 도심지역에 위치해 접근이 편리하고, 원스탑 쇼핑이One-Stop Shopping 가능한 인테리어 전문 매장으로 부엌가구 및 인테리어 가구뿐 아니라 조명, 패브릭, 소품에 이르는 모든 인테리어 아이템들이 침실을 포함한 부엌, 욕실에 이르기까지 주택을 구성하는 공간별로 전시돼 고객들이 손쉽게 집안을 꾸밀 수 있도록 되어 있다.

현재 25조원 규모로 추정되는 국내 홈인테리어 시장은 글로벌 기업뿐 아니라 국내 건자재 대기업들과의 치열한 경쟁국면에 놓여 있다. 이에 따라 한샘은 각 사업부문별 경쟁력을 확보하는 한편 홈 인테리어 시장에 소요되는 건자재 유통을 확대, 국내매출 10조와 더불어 현재 750조원의 중국인테리어 시장에 본격 진출하는 등 총 매출 100조원의 홈 인테리어 부문 세계최강의 기업을 꿈꾸고 있다. 그 중심엔 한샘 혼자가 아니라 중견 협력사들이 곳곳에 포진해 전방위 시장 공략을 후방 지원하고 있다.

출처: 손정우, 「한샘, 최적화된 물류 공급망이 '경쟁력'」
『물류신문』, 2016.08.01.

참고문헌

1. 김창봉 · 장영철, 한국 수출입 기업의 글로벌 아웃소싱 결정요인에 관한 실증적 연구, e−비즈니스연구, 제13권 제5호, pp.101−119.

2. 김창봉 · 박완수, 글로벌 아웃소싱의 전개와 성과에 관한 연구, 통상정보연구, 제14권 제4호, 2013, pp.153−174.

3. 김창봉 · 박완수, 글로벌 아웃소싱의 전개와 성과에 관한 연구, 통상정보연구, 제14권 제4호, 2012, pp.151−172.

4. 김창봉 · 임승택, 글로벌 e비즈니스 환경에서 FTA의 경제적 효과와 아웃소싱 간의 관계가 기업의 사업 성과에 미치는 영향에 대한 연구, e−비즈니스연구, 제17권 제4호, 2016, pp.351−366.

5. 장영철, 한국 수출입 제조기업의 글로벌 아웃소싱에 영향을 미치는 요인에 관한 실증적 연구, 중앙대학교 대학원 박사학위논문, 2013.

6. 김창봉 · 임승택, 글로벌 e비즈니스 환경에서 FTA의 경제적 효과와 아웃소싱 간의 관계가 기업의 사업 성과에 미치는 영향에 대한 연구, e−비즈니스연구, 제17권 제4호, 2016, pp.351−366.

7. Bustinza, O. F., Molina, L. M. and Gutierrez−Gutierrez Leopoldo, J., Outsourcing as seen from the Perspective of Knowledge Management, Journal of Supply Chain Management, Vol.46, No.3, 2010, pp.23−39.

8. Hsiao, H. I., Vorst, J. G. A. J., Demp, R. G. M. and Omta, S. W. F., Developing a Decision−Making Framework for Levels of Logistics Outsourcing in Food Supply Chain Networks, International Journal of Physical Distribution & Logistics Management, Vol.40, No.5, 2010, pp.395−414.

9. 김창봉 · Jin Wei Xu · 박영연, 중국 수출 · 입 제조 기업의 물류서비스 요인과 파트너십 및 아웃소싱 효과의 영향관계 연구, 貿易 硏究, 제10권 제6호, 2014, pp.313−331.

10. Katerina, G., Pantelis, L. and Fortis, V., The Logistics Services Outsourcing Dilemma: Quality Management and Financial Performance Perspectives, Supply Chain Management: An International Journal, Vol.15, No.6, 2010, pp.438−453.

11. Su, H., Fang, S. and Yong, C., Relationship Transparency for Partnership Enhancement an Intellectual Capital Perspective, Journal of Business & Industrial Marketing, Vol.26, No.6, 2011.

12. 김창봉, 식품산업의 Outsoutcing 수준, 파트너십 관계, 안전성 및 사업성과의 관계 연구, 유통정보학회지, 제13권 제5호, 2010, pp.133−152.

13. Sardar, S., Lee, Y, H. and Memon, M, S., A Sustainable Outsourcing Strategy Regarding Cost, Capacity Flexblity, and Risk in a Textile Supply Chain, Sustainability, 2016.

14. Choi, T. M., Local Sourcing and Fashion Quick Response System: The Impacts of Carbon Footprint Tax. Transp. Res. E Logist. Transp. Rev. Vol.55, 2013, pp.43−44.

15. Sarder, S. and Lee, Y. H., Analysis of Outsourcing Strategies for Cost and Capacity Flexibility in Textile Supply Chain Management. Proceesings of the 17th International Conference on Industrial Engineering Theory, Applications and Practice, Pusan National University, Busan, Korea, 2013, pp.218−225.

16. Grober, A., Laugen, B. T., Arkader, R. and Fleury, A., Difference in Outsourcing Strategies between Firms in Emerging and in Developed Markets. Int. J. Oper. Prod. Manage, Vol.33, 2013, pp.296−321.

17. Abdel−Malek L., Kullpattaranirun, T. and Nanthavanji, S., A Framework for Comparing Outsourcing Strategies in Multi−Layered Supply Chains. Int. J. Prod. Econ, Vol.97, 2005, pp.318−328.

18. Liu, X. and Zhang, J., A Capacitated Production Planning with Outsourcing: A General Model and its Algorithm. In Intelligent Computing; Springer: Berlin, Germany; Heidberg, Germany, 2006, pp.997−1002.

19. Tsai, W. H. and Lai, C. W., Outsourcing or Capacity Expansions: Application of Activity−Based Costing Model on Joint Product Decisions. Comput. Oper. Res, Vol.34, 2007, pp.3666−3681.

20. Wu, J. Z., Chien, C. F. and Gen, M., Coordinating Strategic Outsourcing Decisions for Semiconductor Assembly Using a Bi−Objective Genetic Algorithm. Int. J. Prod. Res, Vol.50, 2012, pp.235−260.

21. Zhen, L., A Three−Stage Optimization Model for Production and Outsourcing under China's Export−Oriented Tax Policies. Transp. Res. E Logist. Transp. Rev, Vol.69, 2014, pp.1−20.

22. OECD, Compentency Framework, 2014.

23. Kolibáčová, G., The Relationship between Competency and Performance, 2014.

24. Bucur, I., Managerial Core Competencies as Predictors of Managerial Performance, on Different Levels of Management, Procedia Social and Behavioral Science, Vol.78, 2013, pp.365−369.

25. Chang, T. and Chuang, S., Performance Implications of Knowledge Management Processes: Examining The Role of Infrastructure Capability and Business Strategy, Expert System with Applications, Vol.38, 2011, pp.6170−6178.

26. Patll, E. A., Sylvester B. J. and Cheon−woo, H., The Role of Competency in the Effects of Choice on Motivation, Journal of Experimental Social Psychology, Vol.50, 2014, pp.27−44.

27. Robinson, M. A., Sparrow P. R., Clegg, CH. and Birdi, K., Forecasting Future Competency Requirements: A Three−phase Methodology, Personnel Review, Vol.36, No.1, 2007, pp.65−90

28. Savaneviciene, A., Stukaite, D. and Silingiene, V., Development of Strategic Individual Competencies, Engineering Economics, Vol.3, 2008, pp.81−88.

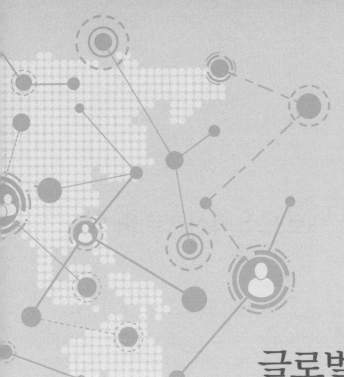

글로벌 프로세스 혁신

학습 목표

1. 글로벌 프로세스 혁신에 관한 정의 및 개념을 이해한다.
2. 글로벌 프로세스 혁신의 필요성과 중요성을 이해한다.
3. 기능별 조직을 파악하고 그 기능별 역할에 따른 글로벌 프로세스 혁신과의 관계를 이해한다.
4. 글로벌 프로세스 혁신을 수행하기 위한 접근방법을 살펴보고, 주요 공급체인 프로세스를 파악한다.
5. 글로벌 프로세스 혁신 추진할 때 고려되어야 하는 사항에 대해 논의한다.
6. 신제품 개발 및 자재구매 프로세스와 시스템 분석 단계를 살펴보고, 삼성전자 사례를 분석하여 프로세스 혁신을 응용한다.
7. 글로벌 비즈니스 프로세스 혁신 추진시 주요 선결과제에 대해 논의한다.
8. 향후 글로벌 프로세스 혁신 방향에 관하여 논의한다.

CHAPTER 08 Content

Introduction: 글로벌 경제 저성장, 프로세스 혁신으로 뚫자

Ⅰ. 글로벌 프로세스 혁신의 정의 및 개념

Ⅱ. 글로벌 프로세스 혁신의 수행 접근방법

Ⅲ. 글로벌 프로세스 혁신의 응용

Chapter 08 Case: IBM 글로벌 프로세스 혁신

Introduction

"글로벌 경제 저성장, 프로세스 혁신으로 뚫자"

최근 나라 안팎으로 경제 환경이 그리 녹록지 않다고들 한다. 세계 경제는 지속적인 저성장 기조 속에 수요가 창출되지 않는 구조적 저성장의 부진한 경제 상황이 지속되고 있고, 우리의 가장 큰 교역국이자 세계 경제 성장의 핵심 동인이었던 중국의 경기 둔화세가 뚜렷한 상황이 전개될 것으로 예상되고 있다. 이러한 대외적인 어려움 속에서 지속적이고 안정적 성장을 이어가려면 대외환경의 어려움 속에서도 내적 역량을 갖춰 미래 시장에서의 경쟁우위를 확보할 수 있도록 부단한 노력을 기울여야 할 것이다. 그중에 중요한 핵심 요소가 바로 기업 내 업무활동을 보여주는 프로세스다.

프로세스는 기업의 자원을 효과적으로 적재적소에 투입해 자원의 부가가치를 극대화한 산출물을 창출하는 업무활동이다. 이는 고객 관점과 기업운영 관점에서 바라볼 수 있는데, 자원을 투입해 산출된 가치가 또 다른 자원으로 투입되는 활동이다. 기업은 자원을 조달하고 부가가치 활동을 통해 고객에게 제품을 판매하는 활동을 수행하고, 영업이라는 업무활동을 통해 고객의 요청사항을 각각의 연관되는 구매 · 생산 등의 프로세스에 전달하고 이를 제품이라는 가치로 창출해낸다. 이러한 과정들 하나하나가 서로 연관돼 유기체처럼 움직이는 활동이 곧 프로세스다. 또한 이를 수행하는 조직 내 직원들 각각은 업무 활동의 부단한 효율성 강화 노력을 통해 납기, 생산기간, 품질, 원가절감 등을 통해 경쟁력을 증대시켜야만 한다. 이러한 노력들이 바로 프로세스 혁신 활동이라 볼 수 있다.

프로세스 혁신은 오래전부터 기업의 성장을 위한 개념으로 자리 잡아 왔다. 이것은 조직 간 경계 사이에서 업무활동들이 막힘 없이 수행되도록 하기 위해 비즈니스를 수행하는 프로세스와 업무가 구성되는 방식을 '프로세스' 중심적인 관점에서 '근본적으로' 다시 생각하고 지속적으로 개선하는 활동이다. 기업에서는 비용, 품질, 제품혁신, 조직 등에서 다양한 문제가 서로 얽혀 있다. 프로세스 혁신은 이런 다양한 기업의 문제들을 모두 해결할 수 있다는 가정에서 출발하고, 전제조건은 한 부분의 향상이 다른 영역에 영향을 줘 불이익을 초래하면 안 된다는 것이다. 기업 또는 조직의 비전이나 전략적 우선순위와 합치될 수 있도록 회사의 가치, 조직구조, 경영철학, 인프라 등을 다각적으로 고려하고 조직의 업무 프로세스를 경영환경에 적응토록 지속적으로 재구성함으로써 완성되는 것이다. 그러나 프로세스 혁신은 단순히 업무운영을 효율적으로 개선하고자 하는 것이 아니다. 미래를 예상하고 경쟁우위를 확보해 기업의 중장기 비전을 달성하고자 하는 것이고, 미래에 성장된 기업을 이끌어가는 조직을 변화시키는 과감한 도전 또한 함께 담고 있다.

기업은 급변하는 경영환경 속에서 지속적으로 성장하는 데 있어 사업범위를 확대하고 기존 사업에 대한 판매를 강화하여 수익성을 증대해야 한다. 아울러 조직과 업무 운영의 효율성을 극대화해 원가 절감을 통한 지속적인 경쟁우위를 가져가야만 한다. 프로세스 혁신이란 기업 성장의 이 두 가지 명제를 효과적으로 달성케 할 수 있는 기업 운영의 전략적 활동이자 연결고리 역할을 수행한다고 볼 수 있다. 프로세스 혁신은 수익성을 증대할 수 있도록 신규 제품 개발, 신사업 발굴, 적극적 영업을 통한 고객 발굴 등의 프로세스를 강화해 매출 성장에 기여하게 하고, 현재 주어진 환경 내에서 최적의 생산성과 효과성을 가져갈 수 있도록 인적자원을 적재적소에 분배 · 관리해 조직 운영의 효율성을 증대시킬 수 있다. 또 재고 및 물류비용을 최소화할 수 있는 공급망 관리 프로세스를 개선해 최상의 제품과 납기 준수를 통해 고객만족을 극대화함과 동시에 업무 운영의 효율성을 달성함으로써 지속적인 원가절감과 경쟁력을 강화시킬 수 있는 것이다.

그러나 여기에는 반드시 수반돼야만 하는 것이 대내외 환경이 시시각각으로 변하는 것처럼 상시적 혁신과 조직변화 관리가 함께해야 하고, 이러한 과정상에 도출된 가치 있는 산출물들에 대해선 미래 혁신과 경쟁우위 자산이 될 수 있도록 내부 역량과 노하우로 내재화돼야만 한다. 운영의 효율성 달성은 기업의 가치 사슬 상의 모든 업무 활동상의 비효율적 요소를 제거해 낭비되고 유실되는 부분에서의 원가 절감을 이루는 것뿐만 아니라, 기업의 미래를 위한 재투자 자원을 확보하는 역할을 한다. 또한 매출 성장의 가속도를 올려 경쟁우위를 가져올 수 있는 요인으로 작용하는 것이다.

출처: 김태환, 「글로벌 경제 저성장기조, 프로세스 혁신으로 뚫자」,
『매일경제』, 2016.05.03.

Ⅰ 글로벌 프로세스 혁신의 배경 및 동기

01 │ 글로벌 프로세스 혁신의 배경 및 동기

최근의 글로벌 비즈니스는 글로벌 시장에서 공급받은 원재료를 글로벌 생산단계를 거쳐서 생산된 완제품을 글로벌 유통을 통해서 공급하고, 일부는 글로벌 창고에서 저장하고, 글로벌 시장의 수요변화에 따라 글로벌 보관 단계에서 저장하는 과정에서 각 단계별 공급파트너들과 파트너십을 통해서 글로벌 프로세스 혁신을 높이고 있다.

> ✅ 그림 8-1 **글로벌 프로세스 혁신의 흐름**

글로벌 원재료 글로벌 생산 글로벌 유통 글로벌 창고 글로벌 보관

기업이 글로벌 시장에서 원재료 구매 단계부터 최종고객 단계까지 글로벌 공급체인관리를 운영하는 상의 글로벌 시장의 복잡성, 리드타임 지연, 법규 및 유역제도 상이 등의 글로벌 시장 변화에 대응하기 위해 글로벌 비즈니스 기업들이 글로벌 프로세스 혁신 채택하고 있다.[1] 기업의 글로벌 공급체인관리에서 글로벌 프로세스 혁신은 원재료 구입 프로세스 혁신MPI, 공급자 주도형 재고관리VMI, 협력적 계획Collaborative Planning, 수요예측 및 재고보충CPFR, 제조자 주도형 유통혁신MDI 등 네 가지 방향으로 수행되고 있다.[2]

> **그림 8-2** 글로벌 프로세스 혁신의 배경 및 동기

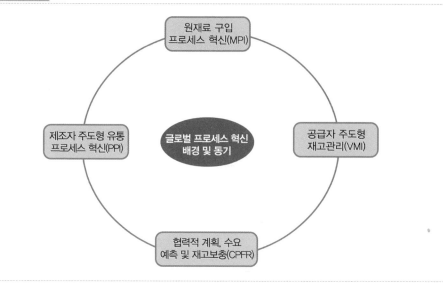

1) 원재료 구입 프로세스 혁신

원재료 구입 프로세스 혁신Material Process Innovation : MPI은 30일 간의 운송, 교통 혁신으로 로지스틱스 기간을 단축하고, 원재료 구입단계를 줄이며, 구입비용을 절감하고 있다. 글로벌 공급체인 관리에서 원재료 구입은 단순히 구매비용과 거래비용을 절감하는 차원이 아니라, 기업의 성장 및 리스크 관리, 공급망 네트워크의 지속성장 가능성 등을 고려한 총비용 관점에서 글로벌 프로세스 혁신이 수행되어야 한다.3

운송 및 교통혁신은 글로벌 공급체인관리에 네트워크 참여자가 증가함으로 인해 글로벌 시장의 복잡성, 리드타임 증가하고 있는 추세에서 높게 나타난다. 오늘날 공급체인관리 시장에서의 글로벌 시장의 복잡성, 리드타임 증가로 인해 운송기간이 점차 길어지기 때문에 운송, 교통의 개선을 통하여 글로벌 프로세스 혁신을 높여야 한다. 또한 원재료 구입 단계 및 비용 축소는 운송 및 교통혁신과 함께 원재료 구입 단계를 축소하고, 구입비용을 절감함으로써 로지스틱스 효율성을 높이고 고객서비스 수준을 향상시키는 방향으로 발전되어야 한다.4

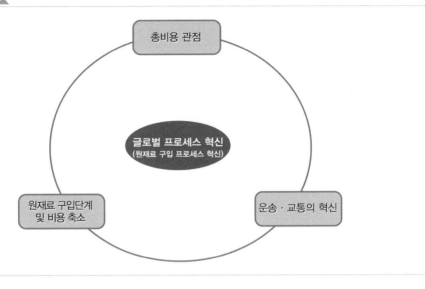

그림 8-3 글로벌 프로세스 혁신의 원재료 구입 프로세스 혁신(MPI)

2) 공급자 주도형 재고관리

공급자 주도형 재고관리Vender Managed Inventory: VMI는 원재료공급판매자인 공급자Vender가 재고 부담을 줄이고, 재고비용을 절감하기 위해서 관리하는 글로벌 프로세스 혁신이며, 이 공급자 주도형 재고관리를 통해 재고관리의 효율성을 높이고, 수용의 가시화와 함께 조달기간을 단축시키는데 초점을 맞춘다. 재고관리의 효율성은 공급자 입장에서 과잉생산, 과잉재고의 문제를 해결하고 효율성을 향상시키는 것이며, 수요의 가시화는 제품 생산능력을 향상시키고, 예측능력을 높임으로써 수요의 현황을 한 눈에 정확하게 판단할 수 있게 한다. 또한 수요자 입장에서는 재고관리 자체가 필요없기 때문에 발주비용도 발생하지 않으며 상품의 조달기간이 단축되는 효과를 가져온다.[5]

| 그림 8-4 | 글로벌 프로세스 혁신의 공급자 주도형 재고관리(VMI) |

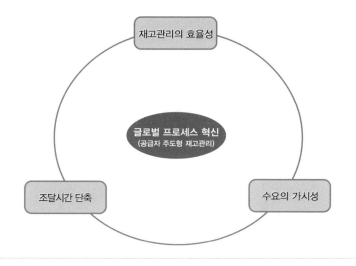

3) 협력적 계획, 수요예측 및 재고보충

기업은 협력적 계획, 수요예측 및 재고보충Collaborative Planning, Forcasting and Replenishment: CPFR 체계를 활용함으로써 제조단계를 감축하고, 새로운 파트너십 관계를 구축하고 강화하여, 정보공유 등의 글로벌 프로세스 혁신을 수행함으로써 기업의 사업성과를 높이고자 한다. 협력적 계획, 수요예측 및 재고보충은 안전재고 유지 가능, 제품 결품률 감소, 신산업의 기회 포착 가능성 등의 비용절감과 고객서비스 효과가 나타난다. 안전재고 유지 가능은 공급자 측면에서 판매정보를 미리 인지할 수 있기 때문에 생산 및 재고관리의 효율성을 높이고, 적은 양으로 안전재고 유지를 가능하게 하여, 고객서비스가 개선되는 효과를 가져오게 한다.[6] 제품 결품률 감소를 보면 수요자 측면에서 협력적 계획, 수요예측 및 재고보충 체계를 활용함으로써 제품 결품율을 감소시키면서 안전재고를 유지하여 비용절감 효과에 기여할 수 있다. 또한 공급자, 수요자 측면 모두 조달기간이 단축되고, 수요예측 정확성이 증대되면서 신산업의 기회를 포착할 가능성을 높임으로써 고객서비스가 달성되는 효과가 나타난다.[7]

4) 제조자 주도형 유통 혁신

　기업은 제조 단계에서 고객 단계까지 도소매 중간 유통 단계를 생략하여 제조자 주도형 유통 혁신Manufacture-Managed Distribution Innovation: MDI을 함으로써 글로벌 프로세스 혁신을 수행한다. 제조 단계에서 고객 단계까지 제조자가 주도적으로 리드타임을 단축하고, 운송기간을 감축시키고, 환경규제에 대응함으로써 제조자 주도형 유통혁신으로 고객서비스 수준을 높인다.[8] 리드타임 단축을 보면 제조 단계에서 도소매 단계를 거쳐 최종 고객 단계까지 이어지는 공급망에서 제조자 주도로 유통혁신을 함으로써 리드타임을 단축시킬 수 있다. 운송기간 감축을 보면 글로벌 시장의 복잡성으로 인해 제조자가 주도적으로 운송기간을 감축함으로써 고객서비스 수준을 높인다. 또한 국가와 지역별로 친환경 규제가 심화되는 상황에서 제조자가 주도적으로 친환경 규제에 대응해야 한다.

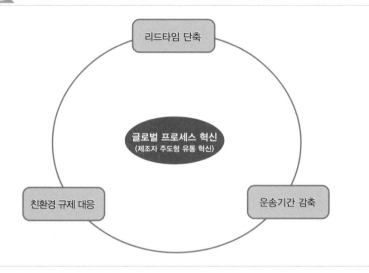

그림 8-6 글로벌 프로세스 혁신의 제조자 주도형 유통 혁신(MDI)

02 | 글로벌 프로세스의 전략적 목적

　기능적 조직에서 프로세스적 경영으로 이동하면서 새로운 사고가 필요하다. 그것은 시스템적 사고를 필요로 한다. 시스템적 사고란 즉각적이고 지엽적인 수익과 장기적인 시스템적인 세분화 결정을 고려한 전체적인 프로세스의 고려를 뜻한다.[9] 반면 전통적인 기능적 사고는 주로 시스템 활동의 비용에 기초하여 지엽적 최적조건을 맞추려고 하고 있다. 조직 내에서 프로세스 관리의 필요성은 시스템적 고려와 개선된 정보 기술로 인해 가능하게 된 비즈니스 프로세스의 근본적인 재구성을 나타낸다. 공급체인 프로세스에서 수요와 공급을 일치시키는 데 재고단계와 생산단계를 증가시키거나 감소시키는 적절한 시기를 파악하는 것으로 생산성을 증가시키기 위해서는 글로벌 프로세스 혁신을 통하여 공급체인의 효율성을 극대화시킬 필요가 있다Jeffery, 2005. 글로벌 프로세스 혁신은 기업의 업무에서 효율적이고 효과적인 활동을 영위하는 데 많은 비중을 차지하고 있으며, 고객의 요구에 신속대응력을 높이고 새로운 환경에 유연하게 대응하는 것을 뜻한다김창봉, 2009. 기업은 글로벌 프로세스 혁신을 통해 업무 프로세스를 전략적으로 개선시킬 수 있으며 지속적인 변화가 요구되고 있다. 일례로 오늘날 인터넷과 정보기술이 발달함으로써 정보시스템을 이용하여 기업의 프로세스를 내부에서 외부까지 연계시키는 네트워크가 발달하였으며, 기업들이 실시간 정보공유를 통하여 생산성을 높이고 고객니즈를 충족시키기 위해서는 효율적으로 프로세스가 조정되고 관리될 필요가 있다.[10]

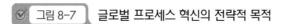
그림 8-7 **글로벌 프로세스 혁신의 전략적 목적**

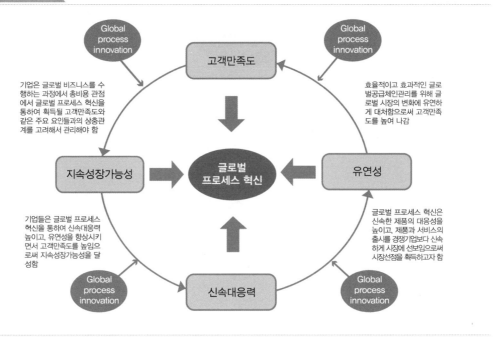

03 │ 글로벌 프로세스 혁신의 필요성

최근 몇 년 동안 프로세스 관리자들은 기업의 프로세스를 구성하는 데 있어 보다 향상된 방법의 필요성을 인식해왔다. 경영은 기업의 성공이 정보, 물자, 자본, 인적능력 등의 흐름과 자본적 요소의 상호관계를 이해하는 데 달려있다. 이러한 흐름이 서로 연관되는 시스템으로 서로를 증폭하고 변화시키며 동기화하는 것은 의사결정, 기업방침, 조직형태와 투자 선택에 영향을 끼치게 된다. 프로세스 관리는 기업을 제한하고 창의적인 생각을 지연시키며, 기능적 결정에 의존해있는 기업들의 경우 미래 경쟁적 전쟁에서 패배할 것이라는 것을 밝히려 했다.[11] 반면에 프로세스 관리는 협동을 지원하고 회사의 저비용을 가능하게 하여 고객만족을 실현할 수 있게 해준다. 기업의 경영활동 과정에서 프로세스 혁신의 잠재적인 이점에도 불구하고 기업이 일하는 방식의 본질을 바꾸지 않은 한 가지 이유는 프로세스 혁신이 구성원들에게 친숙한 프로세스의 방식을 벗어나야 하기 때문이다. 프로세스 관점은 사람들이 어떻게 서로 관계되어 있는지, 교차 업무 기능에 있어서 중요한 변화를 일으킨다. 또한 기업의 성과측정에서부터 규칙을 관리하는 데 따른 업무 내용, 조직적 구조 등의 모든 면에 영향을 미친다. 따라서 기업의 임원들은 프로세스를 실제적인 변화와 구성원들이 업무에 접근하는 방식을 변화시킬 수 있도록 수용하여야한다. 그러할 때 공급체인관리가 좀 더 경쟁력 있는 사업모델이 될 수 있다.[12]

II 글로벌 프로세스 혁신의 개념 및 정의

01 | 글로벌 프로세스 혁신의 개념

우리나라 수출기업들은 급변하는 무역 패러다임의 변화에 대응하기 위해 내외부 조직의 역량 강화가 중요한 이슈로 부각되고 있다. 기업들의 조직역량은 공급체인에 부가가치를 창출하는 기업의 역량에 사업성과를 도출하여 업무를 성공적으로 수행하는 능력을 의미한다. 글로벌 무역환경의 변화에 신속하게 반응하고 효과적으로 대응하는 것은 우리나라 수출입 기업의 공급체인의 흐름을 원활하게 하는 것이 중요하다는 연구결과를 볼 수 있다Kim and Ronto, 2010.[13] 전 세계 공급체인기업은 소비자 수요의 변화, 영업이익의 축소, 환경기준이 규제준수, 자료의 세분화 및 가시성 등과 같은 글로벌 환경에 직면하고 있으며, 이 글로벌 환경을 극복하기 위해 글로벌 프로세스 혁신의 관점에서 프로세스를 통합하고 사업을 혁신시켜, 기술수준을 높이는 방향으로 공급체인 관리를 하고 있다Pandy and Panday, 2013.[14] 공급체인관리의 가장 중요한 문제는 불확실성으로 공급체인 프로세스에서 수요와 공급의 균형을 위한 조달, 생산, 판매의 적절한 시기를 파악하는 데 어려움이 있기 때문에, 기업의 사업성과를 향상시키기 위해서는 글로벌 프로세스 혁신을 통한 공급체인 효율성의 극대화가 필요하다.

공급체인의 글로벌 프로세스 혁신은 기업이 생산 프로세스와 제품을 생산할 때 사용되는 원천 기술 및 정보시스템의 이해를 요구한다. 기업의 노하우는 글로벌 프로세스 혁신의 목적을 위해서 기술적으로 관계된 자원, 절차, 지식을 습득하고, 완전히 이해하면서 변형시켜 이용할 수 있다 Frishammar et al., 2012.[15] 오늘날 글로벌 공급체인 기업은 글로벌 시장과 생산에서 글로벌 프로세스 혁신을 얼마나 신속하게 대응하는가 하는 것이 기업의 글로벌 경쟁력에 근간이 되고 있다. 글로벌 프로세스 혁신은 주로 기술집약적이며, R&D 집약도가 높은 중소기업의 경우 조직 내에서 빠르게 혁신의 정도가 확산되고 있으며, 이는 곧 기업의 사업성과에 직접적인 영향을 미치고 있다Shahidan and Netadj, 2015.[16]

공급체인의 글로벌 프로세스 혁신은 효율적이고 효과적인 공급체인 활동에 많은 비중을 차지하고 있으며, 고객요구에 신속하게 대응하면서 새로운 환경에 유연하게 대처하는 것을 말한다. 기업이 업무 프로세스를 전략적으로 개선하고 지속적으로 혁신하는 것은 기업 내부의 프로세스를 체계적으로 개발하여 기업 외부 프로세스까지 연계하는 네트워크로 확장하기 위함이다. 우리 기업들은 글로벌 지역으로 생산과 판매 영역이 확장되면서 공급체인선이 길어지고 고객의 요구에 대한 신속대응력이 요구되고 있기 때문에 우리 기업들과 글로벌 시장에서 경쟁하는 국가들은 신속대응력을 높이기 위해 상이한 무역정책을 집행하고 있다.[17] 공급체인관리는 공급체인의 이해당사자들 간에 정보, 원재료, 서비스 등의 흐름을 통합적으로 관리하는 도구이다. 글로벌 경쟁은 정보, 제품, 서비스의 인바운드와 아웃바운드 흐름을 원활하게 하기 위해 공급자, 기업 내부적 프로세스, 고객들 간의 통합을 요구하고 있기 때문에 비즈니스 단위 내에 공급체인 정보를 필수적으로 공유하고 있다. 본 장에서는 글로벌 프로세스 혁신의 정의 및 개념에 대해서 살펴보고, 글로벌 프로세스 혁신의 필요성과 중요성에 대해서 설명하고자 한다.

02 | 글로벌 프로세스 혁신의 정의 및 요인

1) 글로벌 프로세스 혁신의 정의

오늘날 글로벌 비즈니스의 특성은 리드타임의 단축, 불확실성의 증가, 수요예측의 변동성이 커지게 때문에, 기업들의 주된 관심은 글로벌 지역으로 확장된 글로벌 비즈니스 모델을 어떻게 확보해 나갈 것인가에 달려 있다. 글로벌 비즈니스 모델은 제조, 판매, 고객 간의 관계에서 국제물류가 그 중간에서 위치하여 글로벌 비즈니스를 촉진시켜 주는 역할을 한다. 글로벌 프로세스 혁신은 신속한 제품의 대응성을 높이고, 제품과 서비스의 출시를 경쟁기업보다 신속하게 시장에 선보임으로써 시장선점을 노리고자 하는 것이다.[18] 이는 기업들이 글로벌 프로세스 혁신을 통해 끊임없이 신제품 선점효과를 시장에 각인시켜나가면서 지속성장 가능성을 유지해 나가고자 함이 목적이다. 글로벌 프로세스 혁신은 경영활동의 프로세스를 단순히 혁신하는 차원이 아니라, 전체 글로벌 비즈니스의 관점에서 글로벌 프로세스 혁신을 통하여 고객만족도와 총비용 간의 상충관계trade-off를 어떻게 관리해 나갈 것인가에 대한 목표가 대단히 중요하다. 한마디로 글로벌 프로세스 혁신은 제조, 운송 및 물류, 보관, 역물류 부문에 글로벌 프로세스를 단계별로 줄여나가는 것이다.[18] 글로벌 프로세스 혁신의 정의는 성과지표가 내부효율을 목표로 하면 내부 효율에 초점을 맞춘 글로벌 프로세스가 구축되어야 하고, 고객만족을 목표로 하면 고객만족을 극대화하는 방향으로 글로벌 프로세스를 혁신해야 한다.

오늘날 공급체인통합의 다양한 형태는 내부 통합, 고객 통합, 공급자 통합, 기술과 계획, 측정, 네트워크 관계통합, 전략적 통합으로 분류되고 있다Stank et al., 2001.[19] 공급체인통합은 공급체인망의 내부 네트워크와 외부 네트워크를 통합하는 것인데, 내부 네트워크 통합 공급체인관리 프로세스 내에 전략, 실행, 절차와 행동을 구조화하여 고객서비스 수준을 높이는 것이다Chen and Paulraj, 2004; Stank et al., 2001.[20] 또한 외부통합은 프로세스 내에 조직적인 전략, 실행, 절차, 행동을 구조화하기 위해서 기업의 주요 공급체인 구성원들인 고객과 공급자와 함께 파트너 관계를 유지하는 것을 말한다.

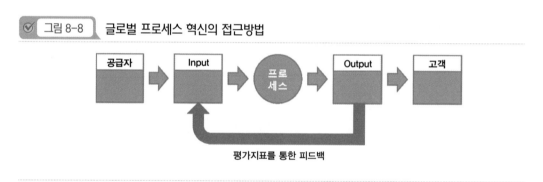

그림 8-8 글로벌 프로세스 혁신의 접근방법

출처: 동아일보 미래전략연구소, 프로세스 혁신 방법론: 프론트로딩–기술혁신이 쉬어진다.
동아비즈니스리뷰, 제45호, 2009.11.13.

2) 글로벌 프로세스 혁신의 주요 요인

글로벌 프로세스 혁신은 성공적인 공급체인관리를 수행하기 위해 기업내부의 조정능력과 파트너십을 높이고, 통합성을 강화하면서, 정보교환의 효과를 높이는 것이다. Hung2006은 프로세스 관점에서 글로벌 프로세스 혁신의 관리가 기업들이 경쟁력을 유지하는 데 가장 중요한 관리원칙이라고 설명하면서, 글로벌 프로세스 혁신의 관리와 조직적인 성과를 달성하기 위해 프로세스 조정능력과 구성원 참여도가 글로벌 프로세스 혁신의 성공적인 주요 요인이 되고 있다는 점을 강조하였다.[21] Lewis et al2007은 기업의 글로벌 프로세스 혁신을 수행하고 관리하는 데 다수의 이해관계자들과의 잠재적인 상반된 이견들에 접근해서, 성공적인 글로벌 프로세스 혁신을 수행하기 위해 다수의 이해관계자의 의견을 이해하고 종합적으로 조정하는 노력이 필요하다는 점을 제시하였다. 이들은 성공적인 글로벌 프로세스 혁신을 설계하기 위해 이해관계자들을 참여시키는 단계로부터 시작하여 프로세스 데이터 수집, 프로세스 지식을 설명하고, 최종적으로 프로세스 혁신 단계에 이르는 과정이 포함되어야 한다는 점을 강조하였다.[22] 또한 Zhang2003은[23] 글로벌 프로세스 혁신을 설계하는 과정에서 프로세스 계획과 스케줄링은 일괄제조 환경에서 프로세스 혁신을 위한 유일한 방법 중에 하나로 프로세스 간의 통합은 본질적으로 현실적인 프로세스 계획을 발생시켜 생산자원의 최적의 사용과 수정이 거의 없이 즉시 수행되어야 한다고 주장하였다.

03 | 글로벌 프로세스 혁신의 전략적 방향

글로벌 프로세스 혁신은 글로벌 비즈니스 프로세스에 확실하게 연계하여 기업의 경영기법을 혁신적으로 전환시키는 것을 말하며, 글로벌 공급체인관리는 이 글로벌 비즈니스 프로세스를 촉진시키고 글로벌 프로세스 혁신을 강화시키는 데 중요한 역할을 하고 있다. 기업이 공급체인을 설계하는데 필요한 새로운 사고, 무역 관계의 새로운 패러다임, 비즈니스의 글로벌화 그리고 새로운 정보기술 개발에 투자하는 것은 기업이 공급체인관리 방법을 고려하여 국제 환경변화에 대응 전략을 도입시키는 것이다. 특히 정보기술을 강화한 공급체인의 설계는 기술의 발달과 함께 가시화되고 있다.[24]

글로벌 프로세스 혁신은 제품이나 서비스의 특징을 개선하고 한편으로는 비용을 절감하고 품질을 유지하거나 향상시키면서 프로세스를 재설계하기위해 시도하는 것이다. 자동차회사에서 글로벌 프로세스 혁신은 각 기능별로 사전에 계획된 원가 목표를 달성하기 위해서 부품이나 하부 기능을 설계하거나 재설계하는 것을 포함한다.[25] 예를 들어 자동차의 기본적인 기능은 수송하는 것으로 2차적 기능에는 안락함, 연비 효율, 안전 등이 포함된다. 이러한 각각의 기능과 하부기능은 고객에게 가치를 창출하는 부품이나 서비스를 요구하며 자동차의 원가와 품질에 기여한다. 밸류체인 활동을 수행할 조직원들로 프로세스 팀을 구성할 때 조직원 외에 공급자나 고객을 팀원으로 포함하기도 한다. 이런 프로세스 팀의 과제는 제품이나 서비스가 수행해야 할 역할을 확인하고, 원가 목표를 달성하는 동시에 가치와 품질 목표를 달성할 목적으로 각 역할에 공급되는 부품이나 서비스를 분석하는 것이다.

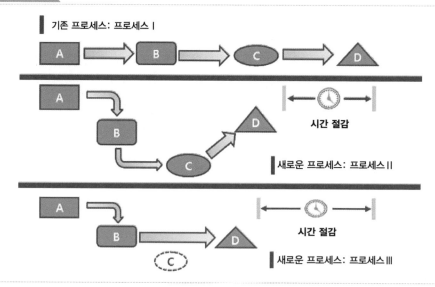

| 그림 8-9 | 글로벌 프로세스 혁신의 전략적 방향

출처: 동아일보 미래전략연구소, 프로세스 혁신 방법론: 프론트로딩–기술혁신이 쉬어진다.
동아비즈니스리뷰, 제45호, 2009.11.13.

III 글로벌 프로세스 혁신의 응용

01 | 시스템 분석의 개념

시스템 개념은 언급된 목적들을 달성하기 위해 필수적인 요소들의 통합을 추구하는 분석적인 도구이다. 물류 시스템의 요소들은 일반적으로 기능으로 불리고 있다. 시스템분석 방법연구의 목적은 일부분 또는 기능의 단순한 합보다 더 큰 효과를 나타내는 통합을 만들어내는 것이다. 이러한 통합은 더 높은 성과를 위해 기능들 간의 시너지효과를 나타낸다.[26]

시스템이라는 용어를 통해 기능적 탁월성은 전체적인 프로세스에 기여하는지 아니면 반대로 특정 분야에서 고립된 역할을 수행하는지에 따라 구분된다.

프로세스 관점에서 분석해 볼 때 최종 목적은 회사 내의 기능적 영역과 전체적인 공급망 간의 균형잡힌 성과를 내는 것이다.

02 | 글로벌 프로세스 혁신의 시스템 분석 단계

(1) 핵심목표의 설정

글로벌 프로세스 혁신의 시스템 분석 단계의 첫 번째 단계는 기업이 시스템 분석을 통해 어떤 핵심목표를 설정하고 달성하고자 하는 노력을 할 것인가 하는 것에서 출발한다. 글로벌 프로세스 혁신의 시스템 분석 단계에서 핵심목표를 설정하기 위해서 다음과 같은 내용을 우선적으로 고려해야 한다.[27]

(2) 시스템 경계의 정의

글로벌 프로세스 혁신의 시스템 분석의 두 번째 단계는 기업의 경영활동의 각 기능별로 시스템 경계의 정의를 정하는 것이다. 장벽 없는 문화를 만들기 위한 가장 일반적인 접근방법은 교차 기능적이고 내부조직적인 팀을 만드는 것이다. 신제품 개발은 고객 니즈에 대한 통찰 혹은 기술적인 혁신으로부터 아이디어를 도출해 내고 아이디어가 확정되면 개념화와 설계활동을 시작한다.[28]

(3) 상호관계의 결정

글로벌 프로세스 혁신의 시스템 분석 단계의 세 번째 단계는 상호관계의 결정이다. 하부조직에 대한 충성심은 전체론적 시각을 어렵게 한다. 목표, 규정, 책임, 훈련들은 주로 기능적으로 발생된 것이다. 마케팅은 판매대상을 잡는데 중점을 두고 있고, 제조는 생산성에, 물류는 분배 비용의 저하에 중점을 두고 있다.[29]

(4) 필요한 정보의 결정

글로벌 프로세스 혁신의 시스템 분석의 네 번째 단계는 필요한 정보를 결정하는 단계이다. 많은 양의 데이터가 수집되고 분석되고 번역되면, 전체론적 의사결정이 만들어질 수 있다. 좀 더 나은 데이터 수집과 분석과 공유가 의사결정자들이 전체적으로 올바른 의사 결정을 하는 데 필요하다.[30]

(5) 교환관계의 분석

글로벌 프로세스 혁신의 시스템 분석의 다섯 번째 단계는 교환관계를 분석하는 단계이다. 통합 물류 시스템의 교환관계 분석을 보면 재고감소의 목표를 달성하기 위해 통합물류 시스템은 반드시 재고자산 상태와 재고 회전에 대해 반드시 관리해야 한다. 재고자산 상태는 재고의 효율적 활용의 금융적인 가치이다.[31]

(6) 시스템 제약조건의 고려

글로벌 프로세스 혁신의 시스템 분석의 여섯 번째 단계는 시스템 제약조건을 고려하는 단계이다. 제약조건은 하나의 시스템의 목적으로 지속적인 최대화를 목표로 한다. 시스템 제약조건에 따르면 모든 영리 조직에는 시스템이 상대적으로 더 높은 실적을 달성하는 것을 방해하는 한 개 이상의 제약이 있다.[32]

(7) 의사결정

글로벌 프로세스 혁신의 시스템 분석의 일곱 번째 단계는 의사결정을 하는 단계이다. 글로벌 프로세스 혁신의 시스템 분석 단계는 핵심목표의 설정에서 시작해서 시스템 경계의 정의, 상호관계의 결정, 필요한 정보의 결정에 이르는 과정이며 글로벌 프로세스 혁신의 시스템 분석 단계의 최종목표인 의사결정에 도달하는 과정에서 추가적으로 교환관계의 분석, 시스템 제약조건의 고려와 함께 시스템 분석 단계에서 검토되어야 한다.[33]

(8) 성과

글로벌 프로세스 혁신의 시스템 분석의 여덟 번째 단계는 성과를 측정하는 단계이다. 글로벌 프로세스 혁신은 공급체인 내부통합을 강화시켜서 성과로 이어지게 한다. 우리나라 수출입 제조기업의 내부통합은 공급체인의 공급자 통합과 고객통합을 향상시켰으며 공급체인 성과를 높이는 결과를 가져왔다.[34]

글로벌 프로세스 혁신의 시스템 분석 단계를 핵심목표의 설정에서 시작해서 시스템 경계의 정의, 상호관계의 결정, 필요한 정보의 결정에 이르는 과정을 단계별로 살펴보고, 글로벌 프로세스 혁신의 시스템 분석 단계의 최종목표인 의사결정에 도달하는 과정과 성과 간의 관계에서 추가적으로 교환관계의 분석, 시스템 제약조건의 고려에 대한 부분으로 설명되고 있다. 공급체인관리에서 공급체인망의 내부통합, 공급자통합과 사업성과 간의 관계에서 글로벌 프로세스 혁신이 공급체인관리의 통합성을 높이고 사업성과를 높이는 데 중요한 역할을 하고 있다는 점을 강조하였다 김창봉. 2013.

그림 8-10 글로벌 프로세스 혁신의 시스템 분석 단계

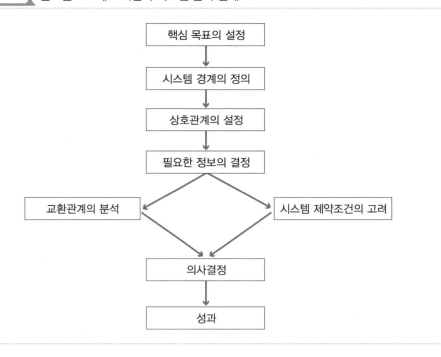

CHAPTER 08
Case ▶

"IBM 글로벌 프로세스 혁신"

1) 고객 중심 경영혁신으로 다시 일어선 IBM

80년대 초, 「포춘」지가 4년 연속으로 초우량 기업 1위로 선정했던 IBM은 80년대 중반이후, 다운사이징 추세와 그에 따른 고객의 변화된 기대에 제대로 부응치 못한 끝에 90년대 초반에는 수십억 불 적자를 내는 위기에 처했었습니다.

오늘날 IBM 세계 최대의 서비스 및 컨설팅 회사, 세계 최대의 기술회사, 세계 최대 규모의 e-비즈니스 회사라는 평가를 받으며 업계를 다시 선도하고 있습니다.

IBM의 극적인 재기의 비결은 고객중심의 경영혁신에 있었습니다. 인터넷이 주도하는 새로운 시장을 미리 예측하고 과감한 구조조정과 전략혁신, 그리고 프로세스의 재구축 및 기업문화 혁신을 통해 고객의 기대에 신속하게 대응하며 고객을 만족시키는 데 성공한 것입니다.

IBM 80여 년 역사상 최초로 외부에서 영입된 CEO였던 루 거스너 전회장의 강력한 리더십 아래 IBM이 오늘날까지 추진해온 고객중심의 경영혁신은 구조조정Restructuring, 사업전략 혁신Repositioning, 핵심업무 프로세스 혁신Reengineering, 그리고 기업문화 혁신Revitalizing을 이루어 고객만족을 구현하는 것으로 요약할 수 있습니다.

2) 과감한 구조조정과 재통합

위기에 처했을 당시 IBM의 최우선 과제는 살아남는 것이었습니다. 따라서 IBM은 핵심사업이 아니라고 판단되는 사업과 자산을 신속히 처분했습니다. 명예퇴직제도를 시행하여 인력을 감축했으며 관리자의 수와 단계를 줄이고 핵심인력을 외부에서 영입하여 효율성을 높였습니다. 그 결과 IBM은 첫해 65억 달러의 비용을 절감하며 기사회생의 발판을 다질 수 있었습니다. 고비용 구조도 꾸준히 개선해 한때 매출 대비 38%까지 이르던 비용 비율이 오늘날에는 22%까지 낮아졌습니다.

또한 모든 제품분야와 전 세계적으로 분산된 나라별 조직을 하나의 글로벌 IBM 조직으로 통합했습니다. 이는 IBM의 장점이 우수한 기술력과 IT에 관련된 통합적 서비스 능력, 그리고 광범위한 고객기반에 있으며, 이러한 장점은 IBM이 강력한 하나의 단일 조직으로서 시너지를 발휘할 때 가치가 있다는 루 거스너 회장의 확신에 기반한 것이었습니다. 이와 더불어 전사적 지식경영 인프라와 최고경영자의 사내 커뮤니케이션을 크게 강화하여, 각 나라의 조직 및 IBM 직원들에게 일체감과 소속감을 심어주었습니다.

3) 최대의 서비스 및 토탈 솔루션업체로 변신

구조조정에 성공한 다음 IBM은 변화된 시장에 맞추어 핵심역량과 사업전략을 혁신하는 데 집중했습니다. 우선 전 세계에 분산된 영업 조직을 고객의 입장에서 주요 산업별 솔루션 조직으로 재구성했습니다. 이는 고객의 산업을 더 깊이 알고 고객을 만족시키는 기술력과 경험을 축적하여 고객에게 차별화된 가치를 제공하고자 시행된 것이었습니다.

나아가 IBM은 하드웨어 중심의 회사에서 '서비스 회사'로 변신하였습니다. 모든 것을 시장 중심의 고객 요구와 기대를 최우선으로 한다는 원칙 아래, 고객에게 end-to-end 솔루션과 서비스를 제공하기 위해 힘썼습니다. 그 결과 IBM은 93년 당시 총매출의 27%에 불과하던 IBM의 서비스 사업을 2002년에는 총매출의 45%를 차지하는 364억 달러 규모의 국내 최대 '서비스 회사'로 변신하는 데 성공하였습니다.

IBM은 또한 로터스를 인수하여 협업 및 지식경영 솔루션을 확보하고, 티볼리 인수를 통해 시스템 관리 분야의 경쟁력을 키웠고 최근에는 업계 1위의 소프트웨어 개발 툴 업체인 래쇼날 인수를 통해 e-비즈니스 시대의 통합 솔루션 서비스 회사로의 입지를 강화했습니다.

이와 더불어 마케팅 기능을 대폭 강화하고, 비즈니스 파트너사 및 소프트웨어 개발업체와의 협력관계를 적극 강화하여 글로벌 협업체제를 이루었습니다.

4) 프로세스 중심의 업무 혁신

IBM은 전세계 160여 개국에 산재한 방대한 고객지원 조직과 슈퍼컴에서 PC 및 프린터에 이르는 하드웨어, 서비스, 소프트웨어 등 다양한 사업 조직을 효율적으로 관리하기 위해 공통의 관리시스템을 도입해 최적화를 이루었습니다.

나아가 IBM은 1997년 업계 최초로 'e-비즈니스'를 주창하면서 회사의 모든 핵심역량 및 인프라를 개방형 표준에 맞게 재구축함으로써 스스로 대표적인 e-비즈니스 회사로 변신했습니다.

즉 제품 개발, 공급사슬, 구매, 생산, 고객관리, 재무, 인사, 정보기술, 자산관리 등 10개의 핵심 업무프로세스를 웹에서 재통합하고, 시장과 고객중심으로 재설계함으로써 어떠한 고객의 요구에도 언제든 유연하게 대처할 수 있는 체제를 갖추었습니다.

그 결과 IBM은 500억불에 달하는 구매물량을 전자구매 프로세스로 바꾸고 매출부분의 30%를 전자상거래화했습니다. 내부교육의 50%를 온라인교육으로 바꾸고 웹을 통해 고객을 지원하는 방법을 획기적으로 개선함으로써 수십억 불의 비용을 절감했습니다. 나아가 제품개발 주기를 배 이상 단축하고 적기출하율을 95% 이상으로 유지하면서 중복구매율을 최소화 하는 등 효율화를 통해 지속적으로 고객만족도를 높일 수 있었습니다.

5) 기업문화 혁신

기업문화 혁신은 직원들에게 새로운 가치와 비전을 심어주고, 맡은 일에서 효과적이고 효율성 있게 높은 성과를 달성하게 함으로써, IBM이 고객에게 가치를 제공하고 고객을 만족시키는 기업으로 계속 성장하게 하는 신바람을 일으키는 것입니다.

급변하는 기업환경에서 IBM은 최적의 인재를 뽑고 발굴하는 역동적인 관리시스템을 갖추고, 수시로 벤치마킹하며 시장중심의 경쟁력 있는 인력관리를 이루고 있습니다. 디지털 환경에 걸맞게 모바일오피스 제도를 채택하고, 네트워크 중심의 협업 환경을 갖추었습니다. 직원 개개인이 전문적 기술력을 갖출 수 있도록 '공인전문가제도'를 시행하였고, 평가시스템도 관리자 중심에서 협업 파트너에 의한 평가시스템으로 확대하여 글로벌 협업체제를 강화하였습니다. 또한 전 세계 30만 명의 직원에게 신속 정확한 의사소통과 지식경영이 가능한 사내 커뮤니케이션 환경을 구현하고, 성과에 따른 변동급여, 종업원지주제도, 스톡옵션 등을 통해 의욕을 고취시켰으며, 역동적인 기업문화 창출에 직원들이 적극 참여하게 하고 있습니다.

6) 앞선 기술로 고객을 위한 가치 창출

IBM의 최대 강점은 바로 세계 최고의 기술과 인력을 보유한 기업이라는 데 있습니다. 전 세계 8개의 연구소에 3천여 명의 과학자와 엔지니어가 종사하고 있고 전세계 24개의 제품개발 연구소에 12만 5천 명의 연구원이 제품개발 연구에 몰두하고 있습니다. 5명의 노벨 수상자를 배출하였고 지난 9년 연속 미국 내 최다 특허등록기업이 되었습니다. 참고로 2002년 미국에서 IBM이 획득한 3,411개의 특허는 IT부문 특허 보유 기업 2위에서 13위까지의 특허 등록을 합산한 규모입니다.

IBM은 또한 최대 규모의 기술인력과 고객 지원 경험을 축적해 온 기업입니다. 최근 IBM은 앞선 기술이 기술로만 끝나지 않고 고객을 위한 가치로 전환되도록 주력하고 있습니다. IBM은 기술을 경영에 접목시켜 고객을 위한 가치를 창출하고 고객만족을 구현하겠다는 의지를 다짐하고 있습니다.

출처: 「글로벌 IBM 소개」, http://www-903.ibm.com/kr/ibm/global/overview_mgmt.html

참고문헌

1. 김창봉, SCM 프로세스 혁신의 생산성 결정요인에 관한 연구, 생산성 논집, 제23권 제1호, 2009, pp.165－183.

2. Kamalapurkar, D., Benefits of CPFR and VMI Collaboration Strategies in a Variable Demand Environment, A Dissertation of Degree of Doctor of Philosophy, Western Michigan University, 2011.

3. Ashok, M., Narula, R. and Martinez－Noya, A., How Do Collaboration and Investments in Knowledge Management Affect Process Innovation in Services?, Journal of Knowledge Management, Vol.20, No.5, 2016, pp.1004－1024.

4. 김창봉, SCM의 프로세스 혁신과 사업성과, 무역학회지, 제29권 제6호, 2004, pp.255－274.

5. 김창봉·박상안·조흔매, 중국의 파트너십과 프로세스혁신의 관계가 기업의 성과에 미치는 영향에 대한 연구: 시장지향성의 조절효과를 중심으로, 물류학회지, 제27권 제2호, 2017, pp.93－104.

6. Gómez, J., Salazar, I. and Vargas, P., Sources of Information as Determinants of Product and Process Innovation, PloSone, Vol.11, No.4, 2016.

7. Huo, B., The Impact of Supply Chain Integration on Company Performance: An Organizational Capability Perspective, Supply Chain Management: An International Journal, Vol.17, No.6, 2012, pp.596－610.

8. 김창봉, SCM의 프로세스 혁신과 공급체인통합이 수출입 기업의 사업성과에 미치는 영향, 무역학회지, 제38권 제4호, 2013, pp.255－275.

9. 김창봉·정혜총, 중국 섬유의류산업에서의 프로세스혁신과 파트너십, 정보역량, 사업성과 간의 관계에 대한 연구, 무역학회지, 제40권 제4호, 2015, pp.87－109.

10. 김창봉·권승하, 국제인증 기업들의 글로벌 파트너십과 공급체인 대응성이 기업성과에 미치는 영향, 유통정보학회지, 제16권 제6호, 2013, pp.109－119.

11. 권승하·정순남·김화경, 우리나라 수출입 제조기업의 파트너십 수준 및 파트너십 프로세스와 공급체인 성과 간의 관계연구, 물류학회지, 제24권 제5호, 2014, pp.27－52.

12. 김창봉·박상안·조흔매, 중국의 파트너십과 프로세스혁신의 관계가 기업의 성과에 미치는 영향에 관한 연구, 물류학회지, 제27권 제2호, 2017, pp.93－104.

13. Kim, C. B. and Ronto, S. E., Business Performance, Process Innovation and Business Partnership in The Global Supply Chain of Korean Manufactures, Journal of Korea Trade, Vol.14, No.4, 2010, pp.61－83.

14. Panday, P. N. and Panday, S., Successful Supply Chain Management (SCM) Requires Quality Process Integration, Business Innovation and Technology, Management, Working Paper, 2013.

15. Frishammar, J., Kurkkio, M., Abrahamsson, L. and Lichtenthaler, U., Antecedents and Consequences of Firms' Process Innovation Capability: A Literature Review and a Conceptual Framework, IEEE Transactions on Engineering Management, Vol.59, No.4, 2012, pp.519-529.

16. Shahidan, M. and Netadj, M., Global Supply Chain Management and Innovation, Conference Proceedings, 13th Toulon-Verona Conference, 2015, pp.1065-1073.

17. 김창봉, SCM의 프로세스 혁신과 공급체인통합이 수출입 기업의 사업성과에 미치는 영향, 무역학회지, 제38권 제4호, 2013, pp.255-275.

18. 김창봉, SCM의 프로세스 혁신과 공급체인통합이 수출입 기업의 사업성과에 미치는 영향, 무역학회지, 제38권 제4호, 2013, pp.255-275.

19. Stank, T. P., Keller, S. B. and Daugherty, P. J., Supply Chain Collaboration and Logistical Service Performance, Journal of Business Logistics, Vol.22, No.1, 2001, pp.29-48.

20. Chen, I. J., Paulraj, A. and Lado, A. A., Strategic Purchasing, Supply Management, and Firm Performance, Journal of Operations Management, Vol.24, No.5, 2004, pp.505-524.

21. Hung, R. Y., Business Process Management as Competitive Advantage: A Review and Empirical Study, Total Quality Management, Vol.17, No.1, 2006, pp.21-40

22. Lewis, M., Young, B., Mathiassen, L., Rai, A. and Welke, R., Business Process Innovation Based on Stakeholder Perceptions, Journal of Knowledge Systems Management, Vol.6, 2007, pp.7-27.

23. Zhang, Y. F., Saravanan, A. N. and Fuh, J. Y. H., Integration of Process Planning and Scheduling by Exploring the Flexibility of Process Planning, International Journal of Production Research, Vol.41, No.3, 2003, pp.611-628.

24. 김창봉·정혜총, 중국 섬유·의류산업에서의 프로세스혁신과 파트너십, 정보역량, 사업성과 간의 관계에 대한 연구, 貿易學會誌, 제40권 제4호, 2015, pp.87-109.

25. 김창봉, 우리나라 수출입 기업의 역물류(Reverse Logistics) 프로세스에서 정보 및 포장 활동이 역물류 성과에 미치는 영향, 물류학회지, 제21권 제1호, 2011, pp.229-249.

26. Ahire, S. L. and Dreyfus, P., The Impact of Design Management and Process Management on Quality: An Empirical Investigation, Journal of Operations Management, Vol.18, 2000, pp.549-575.

27. 김창봉·권승하, 우리나라 제조기업의 공급체인 위험관리 프로세스에 관한 연구, 물류학회지, 제22권 제5호, 2012, pp.47-68.

28. 김창봉, SCM 프로세스혁신의 생산성 결정요인에 관한 연구, 生産性論集, 제23권 제1호, 2009, pp.165-183.

29. Fitjar, R. D. and Rodriguez−Pose, A., Firm Collaboration and Modes of Innovation in Norway, Research Policy, Vol.42 No.1, 2013, pp.128−138.

30. 김창봉, 우리나라 수출입 기업의 역물류(Reverse Logistics) 프로세스에서 정보 및 포장 활동이 역물류 성과에 미치는 영향, 물류학회지, 제21권 제1호, 2011, pp.229−249.

31. Fawcett, S. E., Jones, S. L. and Fawcett, A. M., Supply Chain Trust: The Catalyst for Collaborative Innovation, Business Horizons, Vol.55, No.2, 2012, pp.163−178.

32. Kim, D. Y., Kumar, V. and Kumar, U., Relationship between Quality Management Practices and Innovation, Journal of Operations Management, Vol.30, No.4, 2012, pp.295−315.

33. Moretto, A. and Rice, J. B., Supply Chain Innovation: A Conceptual Framework, 2012.

34. Prajogo, D. I., The Strategic Fit between Innovation Strategies and Business Environment in Delivering Business Performance, International Journal of Production Economics, Vol.171, No.2, 2016, pp.241−249.

CHAPTER 09

글로벌 로지스틱스

Introduction: BMW 신차 유라시아 물류망 구축
Ⅰ. 글로벌 로지스틱스의 정의 및 개념
Ⅱ. 글로벌 로지스틱스의 발전단계
Ⅲ. 제3자 물류의 개념 및 활용
Chapter 09 Case: KOTRA 해외공동물류센터

CHAPTER 10

역물류(Reverse logistics)와 해외직구

Introduction: 유럽의 회수물류 BSH Group과 DHL
Ⅰ. Green SCM의 정의 및 개념
Ⅱ. 친환경 물류의 정의 및 개념
Ⅲ. 역물류와 해외 역직구
Chapter 10 Case: 국경을 넘는 역물류, 역직구 전략

CHAPTER 11

글로벌 소싱

Introduction: Maesk 그룹의 글로벌 소싱 전략
Ⅰ. 글로벌 소싱과 글로벌 조달 역량
Ⅱ. 글로벌 소싱의 전략적 방향
Ⅲ. 글로벌 조달
Chapter 11 Case: 미국 연방정부 480조 조달시장 진출
전략

CHAPTER 12

국제표준인증과 글로벌 파트너십

Introduction: ISO 국제경영시스템 표준의 변천
Ⅰ. 국제표준인증의 개요
Ⅱ. 글로벌 파트너십의 개념
Ⅲ. 국제표준인증과 글로벌 파트너십
Chapter 12 Case: IBM, 머스트, 딜로이트의 글로벌 파
트너십

글로벌 협력의 패러다임과
글로벌 공급체인관리

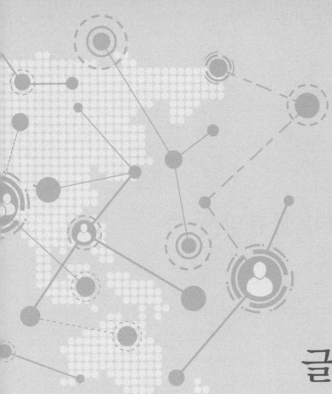

글로벌 로지스틱스

학습 목표

1. 글로벌 공급체인망에 있어서 글로벌 로지스틱스의 중요성을 이해한다.
2. 글로벌 로지스틱스의 정의 및 개념을 이해한다.
3. 글로벌 로지스틱스의 발전단계를 이해한다.
4. 글로벌 로지스틱스의 Hub & Spoke 전략을 충분히 이해한다.
5. 제3자 물류의 개념 및 활용을 이해한다.
6. 국내 제3자 물류시장의 현황에 대해 논의한다.
7. 글로벌 로지스틱스의 통합운영에 대해 논의한다.
8. 공동물류센터의 효과에 대해 학습한다.

CHAPTER 09 Content

Introduction: BMW 신차 유라시아 물류망 구축

Ⅰ. 글로벌 로지스틱스의 정의 및 개념

Ⅱ. 글로벌 로지스틱스의 발전단계

Ⅲ. 제3자 물류의 개념 및 활용

Chapter 09 Case: KOTRA 해외공동물류센터

Introduction

"BMW 신차 유라시아 물류망 구축"

BMW가 내년에 시베리아철도TSR 등 유라시아 물류망을 통해 완성차와 부품을 한국으로 수송하는 방안을 추진한다.

유라시아 물류망이 가시화하면 문재인정부가 역점적으로 추진 중인 '신북방 정책' 산업 협력의 한 축이 활성화할 전망이다. 국내 BMW 소비자 입장에서는 부품 대기 기간이 한 달가량 단축되는 효과를 볼 수 있을 것으로 분석된다.

5일 대통령 직속 북방경제협력위원회와 자동차 업계에 따르면 BMW는 내년 3월부터 2019년 7월까지 러시아 시베리아 철도를 거쳐 한국으로 차·부품을 실어 나르는 파일럿시험 물류 운송에 나선다.

BMW코리아는 파일럿 프로젝트 결과를 분석한 후 본사와 논의해 유라시아 물류망을 정기화하는 방안까지 검토하기로 한 것으로 전해졌다. 북방경제위원회 고위 관계자는 "문재인정부의 북방경제 정책과 관련해 기업들도 실제로 해보고 싶어 하는 부분이 있다"며 "BMW코리아가 TSR를 통해 한국으로 차와 부품을 실어 나르겠다는 구상을 갖고 있다"고 말했다. BMW 관계자도 "TSR를 통한 새로운 물류망을 시험하는 방안을 추진한다"고 밝혔다.

현재 BMW는 유럽~동남아~부산항으로 이어지는 남방 해운항로를 통해 차·부품을 실어 나르고 있다. 이렇게 한국으로 수송하는 물량은 연간 40피트 규모 컨테이너 1,500대분이다.

BMW는 내년 유라시아 파일럿 물류망을 통해 연간 약 100대 분량매주 40피트 컨테이너 2대씩 차·부품을 운송할 것으로 알려졌다. 전체 7%에 달하는 물량을 유라시아 물류망을 통해 시험하는 셈이다. BMW는 독일 바이에른 딩골핑 공장에서 생산된 차·부품을 러시아 TSR로 실어 나른다. 이후 중국 동북 지역 제2항만도시인 다롄 인근 잉커우항을 거쳐 부산항~경기 안성 부품물류센터RDC로 이어지는 물류망을 가동하게 된다.

남방항로를 거쳐 들어오는 BMW 차·부품 운송 기간은 60여 일이다. 유라시아 물류망을 거치면 총 운송 기간35일이 약 25일 단축될 것으로 분석된다.

전문가들은 TSR가 활성화하면 국내 기업 수송 경쟁력도 높아질 수 있을 것으로 보고 있다.

종전까지 TSR 최대 문제점이 동·서양 물동량 차이였기 때문이다. 예컨대 한국 기업이 TSR을 통해 동유럽 제조기지로 전자기기·자동차 부품을 실어 날라도 유럽에서 한국으로 들어오는 물량이 없으면 빈 컨테이너로 와야 하기 때문에 물류 비용이 높아질 수밖에 없다. 하지만 유럽에서 한국으로 들어오는 물량이 생기면 종전 유럽으로 가는 물류 비용까지 절감할 수 있는 요인이 생긴다.

성원용 인천대 동북아국제통상학부 교수는 "유럽 기업이 TSR를 활용하면 물류 축으로서 TSR 신뢰도가 올라가게 될 것"이라며 "국내 기업 입장에서도 해상 이외에 경쟁력 있는 철도 운송 루트가 개발된다는 것은 굉장히 좋은 시그널"이라고 말했다. 그는 "TSR 루트가 활성화하면 그동안 침체됐던 한·러 협력에 박차를 가하는 계기가 될 수 있을 것"이라고 내다봤다. 한 완성차 업체 고위 임원은 "현 정부 신북방 정책 실현 강도에 따라 극동 러시아 등을 거쳐 한국으로 물량을 들여오는 모델도 검토하고 있다"고 분위기를 전했다.

이와 관련해 문재인정부는 TSR를 국내 기업 새 '물류 동맥'으로 육성하려는 움직임을 보이고 있다. 문재인 대통령은 지난달 14일 아세안 정상회의 참석차 필리핀을 방문하던 중 드미트리 메드베데프 러시아 총리와 회동하며 삼성전자·현대차 등 한국 기업이 TSR를 이용할 수 있게 통관 절차를 간소화하고 열차를 확보해 달라고 요청했다. 문 대통령은 지난달 23일 '한국·우즈베키스탄 비즈니스 포럼'에 보낸 축전에 "유라시아 국가와 협력하기 위한 북방경제협력위원회를 설립해 산업, 교통, 에너지 등 다양한 협력사업을 추진할 계획"이라고 강조했다. 물류 전문가들은 "유럽 기업이 한국~러시아 수송 동맥을 이용하면서 러시아 철도 운송에 대한 신뢰성이 높아진다는 점에서 의미가 있다"며 "향후 한·러 경제 협력이 활발해지면 삼성전자, 현대차 등 국내 기업이 유라시아 물류망을 이용하는 비중이 높아질 수 있다"고 말했다.

출처: 김정한 기자, 「신차 '유라시아 물류망' 타고 한국 온다」,
『매일경제』, 2017.12.05.

Ⅰ 글로벌 로지스틱스의 배경 및 동기

01 | 글로벌 로지스틱스의 배경 및 동기

글로벌 공급체인에 참여하는 기업들은 글로벌 시장에 원재료가 공급되는 단계로부터 최종고객까지 전달되는 공급체인망 구조에서 많은 네트워크 공급자가 참여하게 된다. 일례로, 원재료가 공급되는 탄광회사로부터 출발해서 철강회사, 컨테이너 회사, 가공회사를 거쳐서 상점에 완성품이 공급되어 최종고객에게 전달되는 글로벌 로지스틱스 흐름으로 연결되어 있다. 공급체인관리에서 석탄 및 철과 같은 원재료의 공급은 글로벌 채굴회사의 글로벌 로지스틱스를 통해서 시장에 공급되며, 철강회사는 채굴회사를 통해서 공급된 석탄 및 철을 철강공장에서 제련작업을 수행한 후, 컨테이너 회사로 철강재료를 공급하고 컨테이너 회사는 그 철강으로 컨테이너를 제작한다.[1] 또한 가공회사는 글로벌 컨테이너 회사에서 제작한 컨테이너를 받아서 가공처리된 제품을 컨테이너에 싣고 운송하며, 소매점은 글로벌 가공회사에서 공급받은 제품을 최종 고객에게 전달하는 역할을 한다.

그림 9-1 **글로벌 로지스틱스의 흐름**

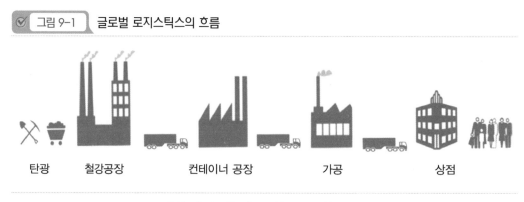

| 탄광 | 철강공장 | 컨테이너 공장 | 가공 | 상점 |

출처: Coyle, Bardi, and Langley, The Management of Business Logistics:
A Supply Chain Perspective, 7th Ed., 2010

글로벌 기업들은 원재료를 구입한 지역과, 반제품, 재공품을 구입하거나 공급받는 방식이 지역별로 차이가 있으며, 글로벌 비즈니스의 환경변화에 따른 글로벌 로지스틱스의 대응 필요성이 높아지고 있다.[2] 기업의 글로벌 로지스틱스의 주요 배경 및 동기는 네트워크 관점에서 총비용을 고려해야 하며, 복합운송의 안정운송, 고객의 요구에 따른 신속대응이 무엇보다 중요한 시대가 되었다. 또한 글로벌 비즈니스를 수행하는 기업들은 고객서비스 수준을 향상시키면서 고객만족을 어떻게 높일 것인가를 고민하고 있다.

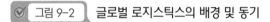

그림 9-2 글로벌 로지스틱스의 배경 및 동기

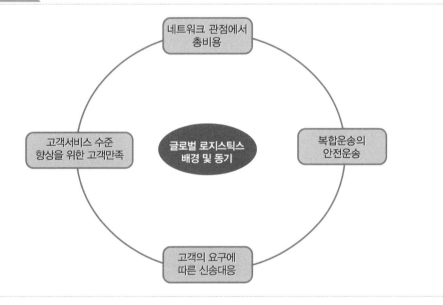

1) 네트워크 관점에서 총비용

네트워크 관점에서 총비용은 글로벌 로지스틱스의 경쟁우위 방법에 따라 차이가 있으며, 전통적인 로지스틱스 방법은 기능적이고 개별비용의 감소와 안전운송에 초점이 맞추어진 반면에, 최근 글로벌 로지스틱스는 글로벌 공급체인에 참여하는 네트워크 관점에서 총비용을 절감하는 데 초점이 맞추어져 있다.[3] 네트워크 관점에서 총비용은 영업비용, 품질, 비용을 절감하고 글로벌 로지스틱스의 효용성은 높이며, 최종적으로 글로벌 로지스틱스를 통한 고객서비스를 향상시키는 데 있다.

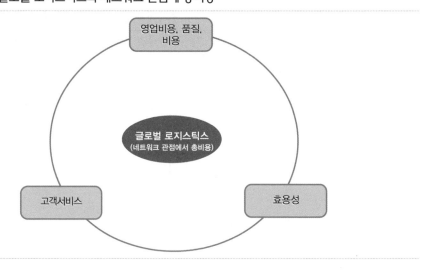

그림 9-3 글로벌 로지스틱스의 네트워크 관점에 총비용

영업비용, 품질, 비용

글로벌 로지스틱스
(네트워크 관점에서 총비용)

고객서비스

효용성

2) 복합운송의 안전운송

복합운송의 안전운송을 보면 글로벌 로지스틱스는 다른 기업에 비해서 글로벌 로지스틱스 시장에서 경쟁우위를 확보하기 위함이다. 복합운송의 안전운송은 복합운송의 국제운송 기능에 따른 안정성, 화주 입장에서 일괄운송에 따른 안정성, 높은 안정성에 따른 보험료 절감 등의 내용이 반영되어야 한다.[1]

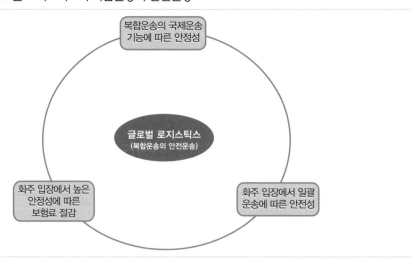

그림 9-4 글로벌 로지스틱스의 복합운송의 안전운송

복합운송의 국제운송 기능에 따른 안정성

글로벌 로지스틱스
(복합운송의 안전운송)

화주 입장에서 높은 안정성에 따른 보험료 절감

화주 입장에서 일괄 운송에 따른 안전성

3) 고객의 요구에 따른 신속대응

고객요구에 따른 신속대응을 보면 글로벌 로지스틱스는 글로벌 기업들이 생산과 판매시장이 확장되고, 글로벌 고객들에게 제품을 신속하고 안전하게 저렴한 비용으로 공급함으로써 경쟁우위를 확보할 수 있다.[4] 기업은 글로벌 로지스틱스를 통해서 고객의 요구에 신속 대응력을 확보하여 글로벌 시장에서 지속적 경쟁우위를 유지할 수 있으며, 기업들은 글로벌 로지스틱스를 통하여 리드타임 단축, 재고감소, 가격인하 등과 같은 고객의 요구에 신속하게 대응할 수 있는 역량을 구축하여야 한다.

그림 9-5　글로벌 로지스틱스의 고객요구에 따른 신속대응

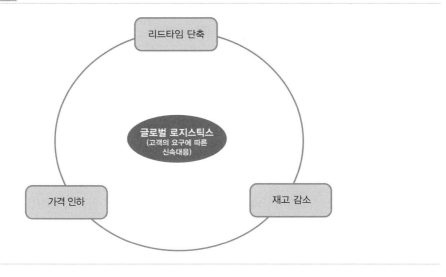

4) 고객서비스 수준 향상을 위한 고객만족

고객서비스 수준 향상을 위한 고객만족을 보면 오늘날 글로벌 비즈니스를 수행하는 기업들은 원재료 구입 지역, 반제품, 재공품의 구입, 조립제품의 제공방식 등의 변화에 대응할 필요성이 높아지고 있다. 글로벌 비즈니스에서 글로벌 로지스틱스의 역할은 원재료 구입에서 반제품 및 재공품의 운송과 완성된 제품을 도소매 단계를 거쳐서 최종 고객에게 전달하는 것이다. 글로벌 로지스틱스는 고객서비스 수준 향상을 도모하고 고객만족을 실현시키는 데 있다.[5]

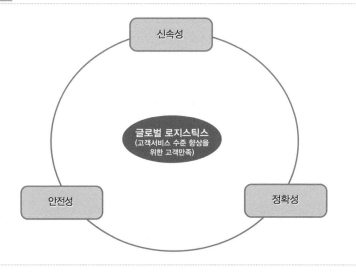

그림 9-6 | 글로벌 로지스틱스의 고객서비스 수준 향상을 위한 고객만족

02 | 글로벌 로지스틱스의 중요성

오늘날 글로벌 비즈니스는 생산과 판매의 효율적인 운영과 시장 근접성이 높은 글로벌 지역에 조립 어셈블리assembly와 생산을 기반한 설비시설을 갖춘 공장을 운영함으로써 고객에게 신속하고 안전하게 제품을 운송하는 거래 형태로 변화하고 있다. 이는 원재료에서 최종소비자까지의 제품을 국제운송이 전체 공급체인망 통합 형태로 글로벌 비즈니스가 이루어지고 있기 때문에 가능한 것이다. 본 장에서는 글로벌 로지스틱스가 글로벌 비즈니스에서 차지하는 중요성과 역할에 관하여 진지하게 이해하도록 한다.6

최근 글로벌 비즈니스의 특성은 해외에 현지공장을 설립하고 영업법인과 물류센터를 구축하고 있으며, 글로벌 고객과 공급자와의 지식과 정보의 교환, 진출한 업종과 산업의 특성에 따른 네트워크 편재, 네트워크 및 조직의 통합관리에 집중하고 있다. 경제적 측면에서 글로벌 로지스틱스의 중요성이 강조되고 있는 것은 국제물류를 원활히 추진함으로써 국제 간의 생산 및 소비가 조화롭도록 형성하여 국민경제의 지속적인 발전을 이룰 수 있기 때문이다.7 글로벌 로지스틱스는 원재료, 제품, 서비스, 정보, 지식의 국가 간 이동에 있어서 수반되는 일련의 활동들을 모두 포

함하고 있다.

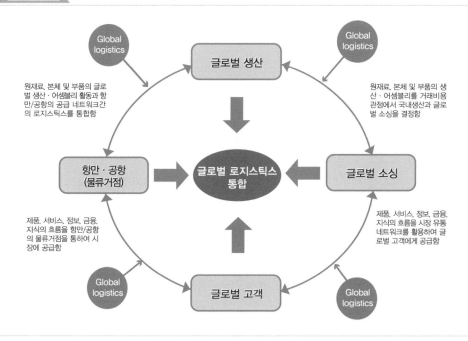

✓ 그림 9-7   글로벌 로지스틱스 통합

03 │ 글로벌 로지스틱스의 개념

(1) 글로벌 로지스틱스의 정의

글로벌 로지스틱스는 생산과 소비가 2개국 이상에 걸쳐 이루어지는 경우 그 생산과 소비의 시간적, 공간적 차이를 극복하기 위한 유, 무형의 재화에 대한 물적 이동활동을 의미한다. 글로벌 로지스틱스는 원료조달, 생산가공 제조 및 판매활동 등이 2개국 이상에 걸쳐서 유·무형의 재화에 대한 물적 활동이 이동되는 것이다.[8] 유·무형의 재화에 대한 이동 외에 통관절차, 수출입 절차, 운송방법 등으로 인해 로지스틱스 관리가 복잡하고, 운송영역이 넓은 경우 대량화물을 통한 운송을 하여야 하기 때문에 경제적 효율성을 고려해야 한다.[9]

글로벌 로지스틱스는 총비용 관점에서 공간적, 혹은 시간적 효용성을 높이는 데 집중되어 있다. 글로벌 로지스틱스에서 운송관리가 차지하는 비중이 크기 때문에 항만, 공항, 내륙 터미널 등을 어떻게 연계시켜서 운송효율을 높일 것이며, 최적의 운송수단은 무엇을 사용할 것인가하는 요인들을 결정하는 것이 중요하다.[1]

(2) 글로벌 로지스틱스의 특성

글로벌 로지스틱스는 원료조달, 생산가공 제조 및 판매활동 등이 생산자와 소비자가 국내시장이 아닌 해외시장을 거쳐 재화와 서비스가 이동되고, 통관절차, 수출입 수속 및 절차, 운송영역의 다양화로 인하여 글로벌 로지스틱스의 이전과정과 운송방법이 복잡하기 때문에 글로벌 환경적 영향을 많이 받는 특성을 보인다.[10] 본 장에서는 국제물류의 여러 가지 특성 중에서 글로벌 비즈니스들의 국제물류 활동에 가장 많은 영향을 미치는 활동의 다양성, 장거리 운송구간, 서류의 복잡성, 중개자의 존재, 주문절차의 복잡, 문화의 중요성을 중심으로 국제물류의 특성을 살펴보고자 한다.

활동의 다양성variety of activities은 오늘날 글로벌 로지스틱스가 2국 이상의 국가 간에 이루어지므로 각국의 정치경제, 사회문화적인 차이를 반영시켜 활동의 다양성을 넓혀야 하기 때문에 글로벌 로지스틱스의 기본적 기능을 운영하는 데 있어서 선택과 조합이 중요하다.[1] 장거리 운송구간long distance transportation은 글로벌 로지스틱스에서 가장 중요한 요인이며, 운송거리는 로지스틱스 총비용의 관점에서 고려되어야 하는 것이기 때문에 글로벌 로지스틱스에 있어서 장거리 운송구간을 어떻게 효과적인 운영할 것인가 하는 것이 글로벌 로지스틱스의 핵심이다.[11] 또한 서류의 복잡성document complexity은 글로벌 로지스틱스의 원활한 운영을 위해 통관서류, 신용장, 선하증권, 내륙운송 등과 관련된 서류를 준비해야 하고, 이러한 서류들과 관련된 전문적인 기술과 지식을 습득하여 글로벌 로지스틱스 현장에서 활용해야 한다.[12]

중개자의 존재the presence of intermediaries는 국제복합운송인으로 중재자의 역할을 해야 한다는 점에서 글로벌 로지스틱스에서 매우 중요한 내용이며, 화주와 운송업자 사이에 존재하는 국제복합운송인은 글로벌 로지스틱스의 효율성을 높이는 데 기여한다. 글로벌 로지스틱스에서 제품과 서비스의 생산공정과 주문절차는 수출주문과 연계되어 있고, 이 수출주문은 해외의 현지 판매 및 마케팅 법인과 연계되어 있으므로 주문절차가 복잡한 구조를 띠고 있다. 또한 문화의 중요성the importance of culture은 글로벌 로지스틱스가 국경을 초월하여 경영활동이 이루어지기 때문에 지역과 국가 간의 다양한 지정학적인 요인으로 발생하는 문화적 차이를 고려하여 운영해야 한다.[14]

(3) 글로벌 로지스틱스의 기능

① 복합운송에 의한 국제운송 관점에서 글로벌 로지스틱스 수행

글로벌 로지스틱스의 기능은 복합운송에 의한 국제운송을 수행하는 방향과, 글로벌 네트워크에 의하여 총비용 관점에서 글로벌 로지스틱스를 수행하는 방향으로 발전되고 있다. 복합운송에 의한 국제운송을 수행하는 것은 기본적으로 하역기능, 운송기능, 포장기능, 정보기능으로 구분된다.[1]

하역기능unloading function은 하역차량 및 지게차를 이용해서 컨테이너에 적입하는 과정에서부터 트럭터미널, 철도, 공항, 항만에서의 작업까지 하역활동과 관련된 모든 활동을 말한다. 운송기능transportation function은 오늘날 글로벌 로지스틱스의 효율성을 높이기 위해 육, 해, 공상을 복합하는 복합일관운송이 이루어지고 있으며, 육상운송인, 운송주선인, 항공사, 선박사 등을 통하여 글로벌 로지스틱스를 수행한다.

포장기능packing function은 상품의 품질과 가치를 보호하면서 원거리 운송에 적합하도록 포장을 하거나, 해외시장의 판매와 마케팅 활동을 촉진하고자 하는 목적으로 활용하고 있다. 또한 정보기능information function은 글로벌 로지스틱스의 기본적인 기능을 원활하게 수행토록 지원하고, 로지스틱스의 총비용 관점과 운영효율성을 높이는 데 있어서 정보기능의 역할이 중요하다.[15] 정보기능은 인터넷 및 전자문서교환Electronic Data Interchange: EDI, 전화, 팩스 등을 이용하여 특정국가 내부나 전 세계를 연결시키는 부가가치통신망Value Added Network: VAN을 이용하여 글로벌 로지스틱스를 관리할 수 있다.[16]

② 글로벌 네트워크에 의하여 총비용 관점에서의 글로벌 로지스틱스 수행

최근의 글로벌 로지스틱스는 글로벌 네트워크에 의하여 총비용 관점에서 글로벌 로지스틱스가 수행되고 있다.[1] 글로벌 로지스틱스에서 글로벌 네트워크를 활용하는 것은 총비용과, 총공급망 관리 관점에서 수행되는데, 총비용 관점은 기업이 영업비용, 고객서비스의 최적화를 목표로 조직의 집권화된 기능을 활용하는 것이다.[17] 총공급망 관리 관점은 품질, 비용, 효용성을 동시에 달성함으로써 고객만족과 부가가치의 성과를 얻으려는 많은 기업들이 비즈니스 프로세스를 통합하여 공급체인 전체의 효율성을 높이려는 방향으로 운영하고 있다.

II 글로벌 로지스틱스의 발전단계

01 | 글로벌 로지스틱스의 구조적 변화

한국기업들이 생산과 판매시장을 글로벌 지역으로 확장하면서 국제물류의 구조에도 다음과 같은 변화가 시작되고 있기 때문이다. 먼저 생산거점의 해외이전에 의해 국내 설비투자가 감소하고 이에 따라 반제품 및 완성품의 생산량도 줄어들었다.[18]

다음으로, 한국기업의 해외진출에 따라 해외생산품의 역수입이나 한국을 대신하여 현지로부터의 3국간 무역에 의하여 물동량의 이전현상을 들 수 있다. 또한 상품수입의 증가로서 한국기업이 현지에서 생산한 제품이나 반제품이 한국에 역수입되는 경우이다.[19]

최근 한국의 수출화물 운송방식은 문전door to door 운송방식이 주를 이루고 있다. 과거의 수출화물은 항구 간 운송방식이 주를 이루었으나 최근 컨테이너를 운송단위로 한 문전 운송방식에 의해 국제복합운송방식이 핵심적 수단으로 부상하고 있다.[2] 이는 생산지로부터 해외의 목적지까지 일관된 수송전체를 효율적으로 결합시킴으로써 비용의 감소를 유도하는 운송시스템이라 하겠다.

02 | 글로벌 로지스틱스의 발전단계

물류는 마케팅 분야에서 가장 먼저 사용된 용어이지만, 1941~1945년 제2차 세계대전 중에 전쟁 보급면에서 로지스틱스가 연구되기 시작하였고, 1950년경에 비즈니스 로지스틱스로 발전하였다. 이 시대에 물류는 물적유통physical distribution, 자재관리material management에 주안점을 두고 연구가 시작되었다.[20] 1960년대에 기업조직 속에 물류부나 자재부가 등장하고, 기업이 물류에 본격적으로 참여하게 되었으며, 이 시대에 주로 마케팅 로지스틱스, 산업 로지스틱스, 로지스틱스 관리, 비즈니스 로지스틱스 등의 물류 용어가 등장하면서 오늘에 이르게 되었다. 본 장에서는 국제물류의 발전단계를 1단계로 보관 및 운송 단계1960년대까지, 2단계 총 원가관리 단계1970~1980년대, 3단계 통합된 로지스틱스 단계1980~1990년대, 4단계 총 공급망 관리 단계1990~2000년대 등 4개의 단계로 구분하여 살펴보고자 한다.21

✅ 그림 9-8　글로벌 로지스틱스의 발전단계

출처: Ross, F.(1998), "Competing Through Supply Chain Management: Creating Market-Winning Strategies Through Supply Chain Partnership"과, 김창봉 외(2010) 무역학원론, p.103의 내용을 참고하여 재작성한 것임

(1) 보관 및 운송

국제물류는 1960년대까지 보관 및 운송 단계에 머물러 있었고, 기업경영은 영업성과에 주안점을 두면서 조직구조는 분권화된 기능을 유지하고 있었다. 기업들은 물적 유통, 사회물류시스템에 주된 관심을 집중하였으며, 이 시기 유통채널의 기본원리는 고압적 마케팅 방식push marketing을 이용하여 고객의 요구를 고려하지 않은 일방적인 생산을 추구함으로써 높은 재고비용을 초래하였다. 회사의 조직 구조는 교차 기능적 Cross-functional process프로세스를 억누른다. 대부분의 회사 조직은 기능적인 업무를 기준으로 권력과 책임을 정렬한다. 본질적으로 구조와 재정은 업무 책임과 밀접한 관련이 있다. 전통적인 관행은 재고관리, 창고관리, 운송과 같은 기능적인 부서에서

특정한 일을 실행하는 데 연관된 모든 인원들을 그룹으로 만든다. 각각의 조직은 기능적인 목표가 반영된 운영 책임을 가지고 있다.

이 시기에 보관 및 운송은 전통적으로 독립된 부서에서 관리되어져왔다. 업무 단절이 발생하고, 운송과 재고 관리의 목적이 상반될 수도 있다.

(2) 총 원가관리

국제물류는 1970년대부터 1980년대까지 총 원가관리에 머물러 있었고, 기업경영은 영업비용, 고객서비스의 최적화에 주안점을 두면서 조직구조는 집권화된 기능을 유지하고 있었다. 기업들은 사내물류로 자재관리에 신경쓰면서 사회물류로 물적유통을 확대하려고 하였으며, 이 시기 기업의 국제물류는 자재관리와 물적유통을 결합하여 비용절감을 높이려는 데 있었다.[20]

이 시기에 자재관리는 자재소요계획Material Requirements Planning: MRP 프로그램이 주로 국제물류 현장에 도입되어 사용되었다. 자재수요계획은 단순히 목표 생산량을 차질 없이 생산하기 위한 적절한 자재 수급시기와 수량을 결정하기 위한 도구로써 최종 목표 생산량을 달성하기 위한 변수로 자재 수급 외에 대량 소요가 전혀 없다고 가정하고 계획을 수립하는 방법이다.[21] 규모가 일정 수준 이상인 기업의 경우 소요되는 부품 및 반제품의 수가 수작업으로 감당하기 어려울 정도로 많으므로 자재소요계획을 시스템화하여 관리한다.

(3) 통합된 로지스틱스

국제물류는 1980년대부터 1990년대까지 통합된 로지스틱스 단계에 머물러 있었고, 기업경영은 전술 및 전략 로지스틱스 계획에 주안점을 두면서 조직구조는 기능의 통합을 유지하고 있었다. 기업들은 국제물류 분야에서 시장의 특성변화가 물류발전에 미치는 영향을 파악하기 위하여 소비자들의 가격이나 품질에 대한 요구가 증가되었고, 유통구조 및 관계의 변화로 인해 상품과 서비스에 대한 규모, 범위 및 유통방식에 변화가 야기되었던 시기이다.[20]

이 시기에 통합된 로지스틱스를 관리하기 위해 생산자원계획Manufacturing Resource Planning: MRP II이 국제물류 현장에 도입되었다. 생산자원계획은 자재뿐 아니라 생산에 필요한 모든 요소들을 계획 수립에 반영하고 효율적으로 관리하기 위한 것이었다.[22] 생산 현장의 실제 데이터와 제조 자원의 용량 제한을 고려하여 자동화된 공정 데이터 수집, 수주관리, 재무관리, 판매관리 등의 기능이 추가되어 실현 가능한 생산 계획을 제시하면서 스케줄링 알고리즘과 시뮬레이션 등 생산

활동을 분석하는 도구가 되면서 더욱 지능적인 생산관리 도구로 발전되었다.

(4) 총 공급망 관리

국제물류는 1990년대부터 2000년대까지 총 공급망 관리에 머물러 있었고, 기업경영은 공급망, 비전, 목적, 목표에 주안점을 두면서 조직구조는 파트너십, 가상조직, 통합평가를 유지하고 있었다. 1990년대에 글로벌 경쟁체제로 들어서면서 급변하는 경영환경과 시장구조가 생산자 중심에서 소비자 중심으로 전환되어가고 있는 가운데 기업들은 IT 자원을 활용한 첨단의 경영기법을 도입해야 하는 상황에서 자연스럽게 전사적자원관리Enterprise Resource Planning: ERP 시스템이 주목받게 되었다.[24] 전사적자원관리는 생산뿐만 아니라 기업경영에 필요한 인사, 회계, 영업, 경영자정보 등의 모든 자원의 흐름을 언제든 정확하게 추출하여 기업에서 소요되는 자원의 효율적 배치와 평가를 목적으로 하는 시스템이다.

이 시기에 기업은 공급체인관리Supply Chain management: SCM를 국제물류 현장에 도입하면서 기업의 경영성과를 높이던 시기이다. 1990년대 말 고객 중심의 경영철학이 본격화되면서 제품생산을 위한 원재료 조달, 제품생산, 판매, 고객만족을 구현하기 위해 공급체인의 전체적인 관리가 중요하게 대두되었던 시기이다. 공급체인의 관련 당자자들에게 부가가치를 창출할 수 있도록 비즈니스 프로세스를 통합하여 공급체인 전체의 효율성을 제고시키고 구성원 상호 간의 파트너십을 강조하는 것이 주된 목적이다.[25]

III 제3자 물류의 개념 및 활용

01 | 제3자 물류의 등장 배경

제3자 물류는 물류의 새로운 형태의 하나로 1990년 중반부터 미국의 산업계와 학계에서 고도의 관심을 갖기 시작하였다. "제3자 물류"란 물류 업무의 아웃소싱 개념과 일체화적 물류 서비스 이론을 내포하는 것으로 이미 많은 화주기업들과 물류기업들은 제3자 물류 활용을 해나가고 있다.[26]

제3자 물류 개념은 1980년대 중반 미국에서부터 출현하게 되었다. 1988년 미국 물류관리 담당자는 고객서비스에 관하여 조사하던 중 "제3자 서비스 제공자"라는 용어를 최초로 사용하기 시작하였다. 일반운송인Common Carrier과 계약운송인Contract Carrier보다 반드시 높은 서비스를 제공해야 한다는 것이며, 제3자 물류의 등장은 물류전문기업을 통하여 글로벌 로지스틱스를 운영하는 것을 말한다.

02 | 제3자 물류의 개념

(1) 제3자 물류의 정의

일본의 물류 서적에서는 제3자 물류에서 "제3자"를 두 가지로 해석하였다. 하나는 공급업체와 제조업체 등 판매자 입장의 업체를 제1자로 보고 도매업체와 소매업체 등 구매자 입장의 업체를 제2자로하며 어느 입장에서든 막론하고 모두 상품 소유권의 소지인이라 보고 있다.[27]

대한상공회의소1999의 정의에 의하면 "제3자 물류는 화주기업이 고객서비스 향상, 물류비 절감 등 물류활동을 효율화할 수 있도록 공급체인supply chain상의 기능 전체 혹은 일부를 대행, 수행하는 업종으로 정의할 수 있다.28

제3자 물류를 글로벌 로지스틱스 활동의 주체가 누구인가에 따라 정의를 달리 할 수 있다. 첫째, 기업이 사내에 물류조직을 두고 물류업무를 직접 수행하는 경우 이를 자사물류1PL라 하며, 둘째는 기업이 자회사를 독립시키는 경우인데, 사내의 물류조직을 별도로 분리하여 독립된 자회사 물류2PL를 관리한다. 셋째는, 외부의 전문 업체에게 물류업무를 아웃소싱하는 경우로 이를 3PL이라고 한다.29

(2) 제3자 물류의 특성

제3자 물류의 개념을 정확하게 이해하기 위하여 물류업무를 외주위탁의 관점에서 제3자 물류의 특징을 분석하여 봐야한다. 기업 물류업무는 외주위탁의 형태로 다음과 같이 3가지가 있다.

첫째, 화주기업 자사가 직접 물류시스템을 설계 개발하여 재고 관리하는 것으로 물류정보관리를 수행하면서 화물운송, 보관 등 물류업무에 관한 구체적인 물류업무활동을 외부의 물류기업에게 아웃소싱한다는 관점이다.30

둘째, 물류기업이 물류시스템을 설계 개발하여 이를 화주기업에게 제공하면서 물류활동의 수행을 책임지고 담당하는 것이다.

셋째, 물류기업이 화주기업의 입장에서 물류활동을 수행하고 있는 물류시스템을 대신 설계 개발하여 모든 시스템의 운영을 맡아 책임지고 있다.

03 | 제3자 물류의 기대효과

(1) 기업의 핵심 경쟁력 제고

사회화 분업의 가속화와 사회 전문화 과정의 제고에 따라 기업의 부문 및 기능을 아웃소싱으로 해결하는데, 이것은 기업 자사의 전문 분야에서 우세를 충분한 발휘할 가능성을 높여주며 핵심 경쟁력을 강화시켜준다. 제3자 물류는 기업 내 글로벌 공급체인관리의 도입 및 확산을 촉진하는 역할을 하며, 로지스틱스 업체는 화주기업의 협력자이면서 공급체인망에 참여하는 네트워크에 대한 로지스틱스 및 공급체인관리 정보를 공유하면서 효율성을 높이는 데 그 목적이 있다.[31] 대부분의 화주기업은 물류분야를 비핵심업무로 분류하여 물류 활동을 아웃소싱함으로써 자사의 핵심업무에 집중할 수 있게 되므로 유한한 자원을 핵심 업무에만 활용한다. 이는 기업의 자원을 더욱더 효율적으로 활용시켜 그 효과를 극대화시킬 뿐만 아니라 동시에 제3자 물류 전문 기업의 핵심 경영능력을 활용하여 경쟁시장에서 강한 경쟁 우위를 다질 수 있게 한다.

(2) 경영원가 절감

오랫동안 기업들은 공급체인의 흐름 하에서 수요변화에 대응하기 위해 반드시 일정한 양의 재고를 반드시 갖추어야 했다. 기업들은 제3자 물류 서비스 기업이 갖추고 있는 물류설비와 높은 품질의 서비스 제공이 가능한 관리기술 능력을 적절히 활용한다면 기업으로서는 재고를 줄이며 원가 하락과 동시에 시장에 대한 반응능력을 강화시킬 수가 있다.[26] 기업들은 제3자 물류 업체를 통하여 획득할 수 있는 규모 경제의 우세와 원가절감 우세를 적절히 활용하여 그들의 물류 활동과 관련된 인력 및 관리와 운영비용을 절감하는 효과를 가져올 수 있으며 자본금 점유를 줄이고 원가를 낮출 수 있는 기회를 얻게 된다.[23]

(3) 물류서비스 수준 상승

제3자 물류는 특별한 물류 서비스의 제공을 위한 물류활동 프로세스 모형을 재구성하여 고객의 특별 니즈에 대하여 "고객화 맞춤 제작"을 목표로 개별화되고 특별한 솔루션을 제공한다. 기업은 새로운 시장 진입시 제3자 물류 서비스제공자의 우수한 지식, 다양한 경험, 건실한 네트워크와 신속한 관련 업무처리의 활용으로 새로운 시장개척을 보다 용이하게 해주며 새로운 시장 고객의 요구에 적극적으로 대처하여 만족도를 높일 수 있다.[32]

(4) 시장변화에 대한 대응성 강화

물류활동 분야를 제3자 관리로의 활용은 급변하는 시장의 변화에 대한 대응력을 강화시켜줄 수 있게 한다. 고객니즈의 변화와 기술 발전은 제3자 물류 서비스 업체에게 새로운 시설구축과 정보 및 관리기술을 지속적으로 발전시키게 하였으며, 환경변화에 적합한 재통합을 진행하게 하여 대응성 및 민첩성을 강화시켰다.[33] 기업은 시장수요의 급속한 변화를 근거로 제3자 물류 서비스제공자와 협력하여 물류활동을 수행해나감으로써 투자금의 부담을 줄이고 시장 변화의 민감도에 대한 반응 능력을 강화시킬 수 있다. 계절 변화에 따라 요구되는 제품은 종종 실질적인 소비계절보다 앞당겨 생산을 하여야 하기 때문에 시장의 피드백효과에 따라 즉각적인 생산 배치조정을 진행해야 하며, 생산계획 활동에서 민첩성을 갖추어야 한다.

(5) 상품과 서비스의 시장 투입 진행과정의 신속화

상품과 서비스에서 시간의 경쟁력을 획득하기 위해서는 반드시 목표 시장에 신속히 추진하는 전략이 필요하다. 제3자 물류는 강화된 물류네트워크를 활용하여 고객에게 신속함의 경쟁우위를 실현할 수 있도록 도와준다.[11] 이것은 정보교류의 강화를 통해 창고, 운송 등 물류활동의 속도를 제고시키며 물품인도와 배송 및 반응시간을 체크하고 프로세스를 신속히 진행시켜 제품생산 기간을 단축시키고 물품인도 시기를 앞당겨, 제품을 각 생산거점기지 또는 시장 수요지에 신속 정확하게 전달함으로써 시간의 경쟁력에서 우위를 획득할 수 있게 한다.[2]

CHAPTER 09
Case ▶

"KOTRA 해외공동물류센터"

국내수출기업의 해외시장 진출확대 지원을 목적으로 KOTRA 해외무역관이 현지의 전문 물류서비스 업체와 제휴하여 수출기업의 해외 현지 물류창고 입출고 및 보관, 반품 지원 등 물류 관련 서비스를 지원하여 국내 수출기업의 해외시장 진출확대를 지원한다.

해외물류네트워크 사업은 KOTRA 무역관과 해외 전문 물류서비스 기업과의 긴밀한 공조하에 국내 수출 기업이 저렴하게 물류서비스를 이용하도록 지원하고 있다. 현지 물류창고 이용을 지원하며, 물류컨설팅 제공을 통해 국내수출기업의 해외시장 진출확대를 지원하는 사업이다.

신청대상기업은 현지 시장에 판로를 이미 확보하고 있으나, 직수출에 따른 물류비 과다지출 및 신속한 납품 시스템JIT 부재로 수출 확대에 애로가 있는 국내기업을 대상으로 하며, 국내 사업자등록증을 소지한 대한민국 국적기업국내법에 의거 모기업이 대한민국 영토 내으로 제조 · 유통 · 무역업체 대기업공정위 발표 대기업군 및 공공기관은 지원대상에서 제외한다.

가. 사업 개요
- 조직운영 : 제3자 위탁 · 운영 방식
  - 해외무역관 : 물류 컨설팅, 현지 물류관련 업무 지원섭외, 계약, 마케팅 등
  - 실무 : 제3자 물류회사수송, 통관, 보관, 배송 등
- 설치 지역 : 12개국 22개소
  - 북미 : 뉴욕, LA, 시카고, 마이애미, 토론토
  - 일본 : 도쿄
  - 중국 : 청두, 칭다오, 상하이, 베이징, 광저우, 다롄, 정저우, 항저우
  - 유럽 : 암스테르담, 런던, 브뤼셀, 프랑크푸르트
  - 중남미 : 파나마, 상파울루
  - 러시아 · CIS : 알마티
  - 아시아 · 대양주 : 호치민

나. 지원내용

■ 물류지원

　- 최적 물류수단 확보, 물류비용 절감방안 등 물류컨설팅 제공

　- 현지 물류창고이용 : 1개사당 1년간 60, 120, 240cbm 이용 가능

　- 현지 물류전문업체와 협력하여 현지 통관 및 운송, 창고 입출고, 재고관리 등 물류서비스 제공

　- B2C 물류서비스Fulfillment 지원 뉴욕, LA, 시카고, 도쿄, 보세창고 이용 지원 중국 5개소* *상하이,
　　칭다오, 정저우, 항저우, 광저우

　- 중국지역 반품지원공동물류센터 상하이

■ 지원가능 서비스 분류지역에 따라 차등

구분	지원항목	서비스 내용
운송	내륙운송	도착항에서 물류창고, 바이어 공장까지 트럭, 철도 등을 이용한 내륙운송 서비스
통관	수입 통관	화물 수입 시, 현지 통관업무 대행
	관세 대납	관세 및 부가세 등 통관 시 발생하는 세금 대납 서비스
창고보관	물류센터 보관	도착항에서 물류센터 입/출고 업무 대행
	재고관리	물류센터 내 제품 보관 및 시스템 재고관리(WMS)
VAL	VAL	가공, 조립, 분류, 수리, 포장, 라벨링, 검수 등
AS	A/S 콜센터 운영	A/S 요청 제품 접수 및 Happy Call 서비스
	Rework 서비스	수리 및 교체 서비스, 불량내역 분석 및 Reporting 서비스
구매/판매 대행	구매/판매 대행	딜러계약 대행, 상품 출고, 영수증발행, 판매대금 수취 및 송금 등
배송	일반 배송	B2B 형태의 배송으로 바이어 대상 운송 서비스
	홈 딜리버리	B2C 형태의 배송으로 개별 소비자 대상 운송 서비스
기타	기타	현지물류회사와 서비스 계약체결 지원, 사후관리, 클레임 처리, 수출기업 현지업무 지원, 물류비 보조 등

다. 참가대상

■ 현지 시장에 판로를 확보하고 있으나, 물류비 과다지출 및 신속한 납품 시스템 부재로 수출확대에
　애로가 있는 국내 사업자등록번호를 보유한 중소 · 중견기업

라. 사업 참가절차

1) KOTRA 홈페이지www.kotra.or.kr에서 해외공동물류센터 참가신청

2) 글로벌 역량진단 실시

3) 무역관 시장성 검토 및 참가업체 선정

4) 물류비 예상 견적 산출

5) 참가비 납부 및 가입 완료

6) 사업 참가 협약 체결

7) 물류창고 운영회사와 위탁운영 계약 체결

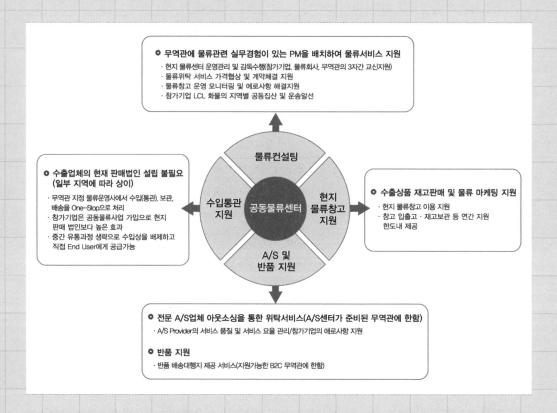

○ 무역관에 물류관련 실무경험이 있는 PM을 배치하여 물류서비스 지원
· 현지 물류센터 운영관리 및 감독수행(참가기업, 물류회사, 무역관의 3자간 교신지원)
· 물류위탁 서비스 가격협상 및 계약체결 지원
· 물류창고 운영 모니터링 및 애로사항 해결지원
· 참가기업 LCL 화물의 지역별 공동집산 및 운송알선

물류컨설팅

○ 수출업체의 현재 판매법인 설립 불필요 (일부 지역에 따라 상이)
· 무역관 지정 물류운영사에서 수입(통관), 보관, 배송을 One-Stop으로 처리
· 참가기업은 공동물류사업 가입으로 현지 판매 법인보다 높은 효과
· 중간 유통과정 생략으로 수입상을 배제하고 직접 End User에게 공급가능

수입통관 지원   공동물류센터   현지 물류창고 지원

A/S 및 반품 지원

○ 수출상품 재고판매 및 물류 마케팅 지원
· 현지 물류창고 이용 지원
· 창고 입출고 · 재고보관 등 연간 지원 한도내 제공

○ 전문 A/S업체 아웃소싱을 통한 위탁서비스(A/S센터가 준비된 무역관에 한함)
· A/S Provider의 서비스 품질 및 서비스 요율 관리/참가기업의 애로사항 지원

○ 반품 지원
· 반품 배송대행지 제공 서비스(지원가능한 B2C 무역관에 한함)

출처: KOTRA 유망기업지원팀 : 전화 (02) 3460-7443, 팩스 (02) 3460-7919
※ 홈페이지 : www.kotra.or.kr → 사업안내 → 해외시장개척지원 → 해외물류네트워크사업

참고문헌

1. Coyle, John C., Bardi, Edward J. and Langley, John C., The Management of Business Logistics: A Supply Chain Perspective, 7th Ed, 2010.

2. 김창봉, 글로벌 경쟁시대의 GSCM전략, 보명사, 2005.

3. 김창봉·김성근, 물류기업의 IT 역량의 효과 및 영향 요인에 관한 연구, 유통경영학회지, 제15권 제2호, 2012, pp.25-36.

4. 김창봉, 국제인증 기업들의 글로벌 파트너십과 공급체인 대응성이 기업성과에 미치는 영향, 유통경영학회지, 제16권 제6호, 2013, pp.109-119.

5. 김창봉, 중국 기업의 정보교환, 공급체인 통합 프로세스와 고객만족 간의 인과관계에 대한 연구, 한국유통경영학회지, 제17권 제6호, 2014, pp.95-106.

6. 김창봉·박상안·조흔매, 중국의 파트너십과 프로세스혁신의 관계가 기업의 성과에 미치는 영향에 대한 연구-시장지향성의 조절효과를 중심으로, 물류학회지, 제27권 제2호, 2017, p.93-104.

7. 김창봉·권승하·유민영, 제3자 물류기업의 SCM 사업성과 결정요인에 관한 실증연구, 물류학회지, 제20권 제1호, 2010, pp.27-54.

8. Donald J. Bowersox, Roger J. Calantone and Alexandar M. Rodriguez, Estimation of Global Logistics Expenditures Using Neural Networks, Journal of Business Logistics, Vol.26, No.2, 2005, pp.1-16.

9. Hamdan, A. and Rogers, K., Evaluating the Efficiency of 3PL Logistics Operations, International Journal of Production Economics, Vol.113, No.1, 2008, pp.235-244.

10. Jaewhan P., Changbong K. and Daecheon Y., An Empirical Study of the Impact of a Host Country's Tax Regime on Inbound and Outbound Foreign Direct Investment, Journal of Korea Trade, Vol.17, No.2, 2013, pp.21-51.

11. RedPrairie, Supply Chain Digest: The 10 Keys to Global Logistics Excellence, 2007.

12. Rafiq, M. and Jaafar, H. S., Measuring Customers' Perceptions of Logistics Service Quality of 3PL Service Providers, Journal of Business Logistics, Vol.28, 2007, pp.159-175.

13. Hebous, S., Ruf, M. and Weichenrieder, A., The Effects of Taxation on the Location Decision of Multinational Firms: M&A vs. Greenfield Investments, CESifo Working Paper Series, 2010, p.3076.

14. Li, K., Sivakumar, A. I. and Ganesan, V. K., Analysis and Algorithms for Coordinated Scheduling of Parallel Machine Manufacturing and 3PL Transportation, International Journal of Production Economics, Vol.115, 2008, pp.482-491.

15. Bradley, R. and Byrd, T., Information Technology Architecture as a Competitive Advantage −yielding Resource: A Theoretical Perspective, Americas Conference on Information Systems, 2006.

16. Richey, R. G., Daugherty, P. J. and Roach, A., Firm Technological Readiness and Comple mentarity: Capabilities Impacting Logistics Service Competency and Performance, Journal of Business Logistics, Vol.28, No.1, 2007, pp.195−228.

17. 김창봉·임은정, 한국 자동차산업의 GSCM 구축과 정보역량 결정에 관한 실증연구, e−비즈니스연구, 제10권 제1호, 2009, pp.159−177.

18. 김창봉·박상안·정재우, 알기쉬운 국제무역, 박영사, 2010

19. 김창봉·현화정, 원산지제도의 취약성, FTA 장벽 및 원산지검증 수준과 원산지성과에 대한 연구, 통상정보연구, 제16권 제5호, 2014, pp.281−300.

20. 김창봉·박상안·정재우, 알기 쉬운 국제무역, 박영사, 2010, p.103

21. Rose, F., Competing Through Supply Chain Management: Creating Market−Winning Strategies Through Supply Chain Partnership, 1998.

22. 김창봉, SCM 도입에 의한 글로벌 기업의 생산성 강화 사례연구, 生産性論集, 제23권 제1호, 2009, pp.51−71.

23. 김창봉·정순남, 공급체인 통합과 친환경 활동이 환경성과에 미치는 영향에 관한 연구, 국제지역연구, 제15권 제1호, 2011, pp.447−466.

24. 김창봉, 공급체인 위험요인과 관계몰입, 신뢰, 사업성과 간의 관계 연구, 물류학회지, 제21권 제5호, 2011, pp.299−321.

25. 김창봉, SCM의 프로세스 혁신과 공급체인통합이 수·출입 기업의 사업성과에 미치는 영향, 貿易學會持, 제38권 제4호, 2013, pp.255−275.

26. 김창봉·장영철, 우리나라 제3자 물류 기업의 IT 역량 요인들과 사업성과 간의 관계 연구, 물류학회지, 제22권 제1호, 2012, pp.59−80.

27. 김창봉·우려사, 중국 제3자 물류기업의 기업역량 및 서비스수준과 기업의 사업성과간의 관계 연구, 물류학회지, 제14권 제5호, 2014, pp.1−26.

28. 김창봉·권승하·유민영, 제3자 물류기업의 SCM 사업성과 결정요인에 관한 실증연구, 물류학회지, 제20권 제1호, 2010, pp.27−54.

29. Büyüközkan, G., Orhan, F. and Ersoy, S., Evaluation of 4PL Operating Models: A Decision Making Approach Based on 2−additive Choquet Integral, International Journal of Production Economics, Vol.121, 2009, pp.112−120.

30. 김창봉·권승하·유민영, 제3자 물류기업의 SCM 사업성과 결정요인에 관한 실증연구, 물류학회지, 제20권 제1호, 2010, pp.27−54.

31. 김창봉·장영철, 우리나라 제3자 물류 기업의 IT 역량 요인들과 사업성과 간의 관계 연구, 물류학회지, 제22권 제1호, 2012, pp.59－80.
32. 김창봉·우려사, 중국 제3자 물류기업의 기업역량 및 서비스수준과 기업의 사업성과간의 관계 연구, 물류학회지, 제24권 제5호, 2014, pp.1－26.
33. 김창봉, SCM의 프로세스 공급체인통합이 수·출입 기업의 사업성과에 미치는 영향, 貿易學會誌, 제38권 제4호, 2013, pp.255－275.

역물류(Reverse logistics)와
해외직구

학습 목표

1. Green SCM을 이해한다.
2. Green SCM의 정의 및 개념을 이해한다.
3. 친환경 물류의 중요성을 최근 경영환경에 비추어 이해한다.
4. 친환경 물류의 정의 및 개념을 이해한다.
5. 공급체인환경관리(SCEM)를 이해한다.
6. 역물류(Reverse logistics)의 정의 및 개념을 이해한다.
7. 역물류(Reverse logistics)의 사례에 관해서 설명한다.
8. 해외직구의 개념 및 사례를 이해하고 설명한다.

CHAPTER 10 Content

Introduction: 유럽의 회수물류 BSH Group과 DHL

Ⅰ. Green SCM의 정의 및 개념

Ⅱ. 친환경물류와 역물류

Ⅲ. 해외역직구

Chapter 10 Case: 국경을 넘는 역물류, 역직구 전략

Introduction

"유럽의 회수물류 BSH Group과 DHL"

글로벌화로 인한 시장 확대는 기업 간 경쟁을 치열하게 하고 있으며 비용 절감의 압력을 높아지게 하고 있다. 이에 따른 기업의 제반 활동은 사회적, 환경적 책임에 대한 요구도 증가시키고 있다. 회수물류의 설계는 기업 활동에 있어 새로운 조직의 구성과 업무 프로세스를 추가로 요구하고 있다. 그동안 회수물류는 기업 공급망 최적화뿐 아니라 절세 측면에서 도움을 주는 것으로 연구되고 있다.

1) 유럽의 회수물류 인식

PWC의 조사2008에 의하면 기업 이윤에 미치는 영향이 적은 것으로 인한 최고 경영층의 무관심, 실행을 위한 시간 부족, 물류부서 측면에서 회수물류는 마케팅 활동으로 인식, 회수물류를 위한 공급망상의 적절한 조직 부재 그리고 기업 운영과 세금 측면에서 높은 잠재적 가치에 대한 인식 부족으로 나타났다. PWC 조사에 의하면 유럽의 소비자 전자제품을 생산하는 기업 중 60%는 회수물류를 중요한 것으로 인식하고 있으며 이들 중 회수물류에 대한 확실한 전략이 수립되어 있다고 답을 한 45%의 기업은 제품혹은 부품의 재사용은 기업의 가치를 재창출하고, 매출액의 증대에 영향을 미칠 분 아니라 낭비를 줄인다고 인식하고 있다. 이것은 이들 기업이 선제적 리콜과 적절한 폐기 처분이 환경과 소비자의 손해를 줄이고, 법적 소송을 막을 수 있으며, 기업의 투명한 이미지를 높일 수 있는 것으로 인식하고 있다는 점이다. 이에 반해 32%만이 회수물류 운영에 대해 만족하고 있는 것으로 나타났다.

반면 판매자할인매장 등들은 생산자와 달리 60%의 응답자가 회수물류를 주요한 수입원으로 고려하고 있으나 20%만이 만족하고 있는 것으로 나타나 유럽에서 회수물류에 대한 생산자와 판매자 간의 인식의 차이가 큰 것으로 나타났다. 회수물류를 직접 실행하는 물류기업의 90%는 회수물류를 주요한 수입으로 인식하고 있는 반면 의외로 40%는 회수물류에 대한 특별한 운영전략을 인식하고 있지 못한 것으로 나타났다.

제조기업의 50%는 최근 2년간 회수물류 기능의 향상을 위해 제품의 디자인 단계에서부터 최종 단계에 이르기까지 재설계를 하였다. 재설계 시 제품 분해 및 재사용을 용이하게 하기 위한 설계를 주요한 고려사항으로 간주하여 환경적/사회적 비용을 절감할 수 있도록 하였다. 즉 디자이너들은 "요람에서 요람"의 관점에서 설계를 하여 안전한 부품을 사용하고, 효율적이고 재생 가능한 에너지의 사용으로 기업의 지속 가능성을 제시할 뿐 아니라 지속할 수 있도록 하였다.

2) 유럽의 회수물류 GEODIS 사례

IBM과 프랑스의 대표적인 물류기업의 GEODIS 간의 협력 사례를 들 수 있다. IBM은 환경에 대한 사내 정책을 1971년부터 갖고 있었다. 최근 IBM은 제반 기업 활동에 있어 환경 측면에 대한 앞선 인식을 갖고 있으며, 이의 실행을 위해 GEODIS와 오랜 관계를 유지해오고 있다. 그들의 협력 관계는 1950년대부터 시작되었으며 최근에는 유럽에서 임대 기간이 끝난 퍼스널 컴퓨터의 회수물류를 위한 계약을 체결하였다. GEODIS는 임대 기간이 만료된 퍼스널 컴퓨터를 자원회수센터Asset Recovery Center로 가져와 다음의 절차를 수행하고 있다.

- 컴퓨터의 수령확인
- 하드 디스크의 데이터 삭제
- 재사용을 위한 컴퓨터 테스트
- 문제 있는 컴퓨터 수리
- 판매를 위한 운영 시스템 탑재 및 사양 검토
- 폐기할 컴퓨터에서 재사용 가능한 부품의 회수 및 폐기
- 판매 대기 및 배송

위와 같은 절차로 일부 부품을 재사용하거나 수리를 통해서 백만 대가 넘는 컴퓨터가 재판매되게 하였는데 이는 회수된 컴퓨터 중 85%에 달한다. 이러한 프로세스는 지속 가능 발전에 크게 기여하고 있으며 주요 성공 요인으로는 다음과 같다. 전 단계의 관리와 책임, 효율적인 소비자 대응, 재작업의 높은 품질 유지, 창고 공간의 유연성, 회수물류 전담 조직의 운영, 권한의 부여 및 프로세스의 가시성 확보가 주요 관건이었다.

3) 유럽의 회수물류 BSH Group과 DHL 사례

Bosch and Home Appliance GroupBSH Group과 DHL 사례이다. 포장과 제품의 손상이 주요한 반품의 이유로 소비자 반품 비율은 매우 낮은 편이다. 재포장의 경우 DHL이 제품을 보관하고 재포장을 담

당한다. 제품 리콜의 경우 공장으로
보내져 수리를 하게 되고, 일부 손
상되었으나 사용 가능한 제품은
"B-Store"를 통해 할인 가격으로
재판매된다. 고장 제품은 BSH 서
비스 회사로 보내져 수리를 하고,

수리 불가능 제품은 네덜란드의 기계 및 전기 제품을 폐기를 담당하는 NVMPDutch Foundation for the Disposal of Metal and Electrical Products 보내져 폐기하게 된다. 이 경우 폐기를 위한 세금을 지불한다. 그러나 소비자에 의해 수명이 다 된 제품의 폐기는 지자체의 절차에 따라 폐기된다.

회수물류 과정에서 비용 절감 및 기업의 사회적 책임 측면에서 경쟁사인 Electrolux와 밀크-런 milk-run도 수송을 위한 협력을 하고 있다. 즉, 네덜란드의 동일한 소비자대부분 판매회사에게 제품을 공급하기 위해 같은 물류회사를 이용하여 동시에 공급을 하고 있다. 이를 통해 양사 간 규모의 경제와 수송거리를 단축하고 있지만 양사가 제품의 공급 기한을 다르게 갖고 있어 보다 깊은 협력 관계를 갖는데 한계가 있다.BSH 24시간 이내 / Electrolux 36 시간 이내

출처: 홍석진, 「유럽에서의 회수물류 사례」, 『물류신문』, 2013.01.24.

Green SCM의 정의 및 개념

01 | Green SCM의 시대

　과학기술의 발전과 산업화가 빠르게 진행됨에 따라 지구 온난화와 대지진 등 심각한 수준의 환경 문제가 빈번하게 발생하고 있다. 이러한 환경 문제가 심각해지면서, 국제 환경에서 무역거래뿐만 아니라 제조, 생산, 포장, 조달, 운송 등 전체 분야에 걸쳐 환경의 중요성에 대해 인식하게 되었다.[1] WTO는 환경과 교역의 연계에 따른 무역마찰을 해소시키고자 환경세를 비롯하여 생산방법과 관련된 무역규제 방안을 제시하고 있으며, 선진국 등을 중심으로 한 많은 국가들은 소비자 보호와 사회적 환경의 보호를 위해 기업에 친환경 생산을 요구하였으며, 이러한 흐름 속에서 국제무역 또한 새로운 패러다임으로 변화되었다. 친환경 제품뿐만 아니라 공급체인 과정상에서 등장하는 원재료, 반부품 등 모든 재화에 대하여 환경과 관련된 인증이 요구되고 있다. 또한 소비자들의 환경 인식 능력이 높아짐에 따라 환경성을 고려하지 않은 경우 시장에서 인정받을 수 없는 상황이 되었다. 미국과 유럽은 지금으로부터 10년 전에 이미 미국 소비자의 70%, 유럽 소비자의 약 80%가 가격에 관계없이 친환경 제품을 더 선호하는 것으로 조사된 바가 있다.[2]

　이러한 환경문제를 해결하기 위해 전 세계의 주요 국가들은 다양한 환경 정책을 추진하고 있는데 몇 개 국가를 살펴보면 다음과 같다. 우선 주요 선진국의 경우 환경 기준에 미달하는 제품의 수입을 일방적으로 규제하는 정책을 추진하고 있다. 예를 들어 EU의 경우 절전형 가전제품 판매 및 친환경 포장기술의 도입하여 미작동 상태일 때 전력소비량이 10W 이하인 제품의 유통만을 허용하며 포장재는 중금속 함유량이 660ppm 이하로 규제하면서 50~65%를 분리수거가 가능하도록 의무화하고 있다.[3]

　아시아 지역의 경우 중국은 환경산업을 수출 주력산업으로 발전시키고, 국내 환경시장에서 선진국과 대등한 경쟁력 및 시장지배력을 확보하고자 하였다. 북경, 천진, 중경, 요녕, 산동, 강소, 절

강 등 7개 성/시를 모범 지역으로 선정하고 국내 환경시장을 확대하고자 하고 있다.[4]

베트남의 경우 환경산업을 국가의 주요 국제협력 산업으로 발전시키고, 환경시장에서 선진국과 대등한 경쟁력과 시장지배력을 갖춘다는 목표아래 대외경제협력기금EDCF를 통해 새로운 시장경쟁력 창출을 위한 환경친화적인 시범사업들을 개발하고 이행하고 있다.[5]

02 | Green SCM의 개념

1) Green SCM의 정의

친환경공급체인관리GSCM: Green Supply Chain Management, 이하 친환경 SCM는 1980년대부터 논의가 되기 시작하였으며 1990년대에 들어 공급체인관리SCM: Supply Chain Management의 개념과 함께 진화되었다. 친환경 SCM은 사용 목적과 연구 범위에 따라 Environmental Supply Chain Management, ECO SCM, SCEM 등 다양한 명칭을 가지고 있으나, 일반적으로 Green SCM, GSCM 이라는 용어를 많이 사용하고 있으며, 이것은 기존의 Supply Chain Management 용어에 녹색을 의미하는 Green을 접목시켜 공급체인관리에 있어 환경적인 측면을 강조한 용어라고 볼 수 있다.[6]

Green SCM은 녹색구매, 친환경 제조 및 자재관리, 친환경 유통 및 마케팅, 역류 등의 개념이 결합된 형태로 볼 수 있으며, 기존의 공급체인관리에 친환경적인 요소가 추가되어 순류forward flow 와 역류reverse flow를 모두 포괄하는 공급체인관리의 조직, 프로세스, 시스템을 통합적으로 관리해 나가는 것으로 정의할 수 있다. Green SCM은 환경중심 실행들이 공급체인 내에서 친환경 디자인마케팅, 엔지니어링, 친환경 구매활동공급자 인증, 친환경 원자재 및 제품 구매, TQEM내부성과 측정, 공해 방지, 친환경 포장과 운송부터 공해 감소, 재사용, 재생산, 재활용의 다양한 제품최종 처리까지의 과정으로 정의할 수 있다. 이는 Green SCM이 역물류 활동으로 인해 전통적인 공급체인을 순환구조로 파악하고 있으며 원재료가 시장가치가 있는 제품으로 재사용, 재생산, 재활용하는 활동들이 포함되고 있으며, 에너지, 배출물, 화학, 위험 폐기물을 제거하거나 최소화하는 내용들이 포함된 다정순남, 2011.[1]

Green SCM은 성과 측면에서 정의하면 환경 친화적인 기업관리 또는 관리기법을 공급체인관리에 적용하여 환경적인 성과와 기업적인 성과를 동시에 달성하고자 하는 목표를 가지고 있으며 결론적으로 지속가능 경영을 구현하고자 하는 것을 핵심 과제로 삼고 있다. 따라서 Green SCM은 성과 측면에서 이전의 SCM이 단순히 비용과 이익에 초점을 두고 공급체인 활동을 관리해 나갔다면, 지금의 Green SCM은 기존의 비용과 이익의 요인에 환경 요인을 포함시켜서 공급체인 활동의 혁신을 하는 것으로 설명할 수 있다.

그림 10-1 Green SCM 도식화

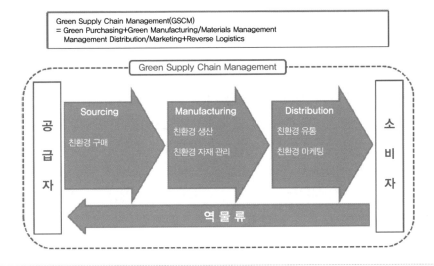

출처: 정순남, 한국 수출제조기업의 Green SCM 도입 결정요인에 관한 실증연구,2011, p.44.

2) Green SCM의 필요성

(1) 정부 규제의 강화

각국 정부는 시간이 지날수록 환경적인 규제를 더욱더 강화하는 추세를 보이고 있다. 과거부터 진행해오던 에너지 효율이나, 자동차 연비 등의 제품 성능 관리 수준이 아닌, 완제품부터 반제품, 부품, 원재료까지의 유해물질 함량부터, 대기 중으로 방출되는 오염물질 등까지 관리하기 시작하였다.[6]

앞에서도 언급했던 사례와 또 다른 예로 미국은 오존층 파괴물질을 사용한 제품에 대한 CFC 경고 라벨을 부착하고 있으며, 독일은 생산자와 직접회수 및 재생포장 재사용 쿼터를 설정하여 쓰레기 오염방지 정책 등을 시행하는 등의 모습을 보이고 있다. 이러한 규제를 기업이 준수하지 못할 경우, 기업은 금전적 비용과 시간을 낭비할 가능성이 있기 때문에 친환경 SCM을 구축하고자 한다. 2007년 7월 바비인형으로 유명한 미국 장난감 업체 Mattel은 제품 중 하나에서 인체에 치명적인 납 페인트가 검출되어 967,000개의 제품을 회수하였다. 중국 염료업체에서 납이 포함되지 않았다는 인증서를 발급하여 그 염료가 페인트사로 공급되고 그 페인트사에서 Mattel로 공급되어 이와 같은 사태가 발생하게 된 것이다. 비록 발 빠르게 대처하였지만 이로 인해 Mattel은 2009년 미국 소비자 안전위원회Consumer Product Safety Commission으로부터 230만 달러의 벌금을 부여받았다.[1]

(2) 탄소발자국 관점의 인증제도 등장

최근 들어 제품수명주기와 관련하여 원재료의 생산부터 제품 폐기까지의 과정에서 환경 영향력을 검증하는 인증제도가 등장하기 시작했다. 특히 온실가스와 관련된 인증제도는 빠르게 증가하고 있는데, 이에 따라 글로벌기업들은 공급체인 상에서 온실가스의 관리를 위해 기업의 제품과 서비스 생산공정 등을 점검하는 것이 중요해지고 있다.[7]

또한 소비자들 역시 인증마크에 대한 인식이 높아지고 유통업체들도 적극적으로 참여하면서 친환경 SCM에 대한 인지도는 높게 증가하는 추세이다. 이러한 흐름에 국제표준기관ISO는 제품 전체의 수명주기에서 배출되는 온실가스에 대한 표준인 ISO 14067탄소성적표지를 통해 제품의 온실가스량을 이산화탄소 배출량으로 환산하여 제품에 라벨형 상태로 표기하는 제도를 하고 있다. 또한 ISO 14046물발자국제도을 통해 세계적인 물 부족 문제를 해결하고 절약하기 위해 노력하고 있다.[1]

(3) 온라인과 시민단체 감시 강화

다양한 시민단체가 등장하면서, 환경 문제에서도 문제를 일으킨 기업뿐만 아니라 해당 기업과 거래 관계에 있는 글로벌 기업에게도 조치를 청구하는 경우가 늘고 있다. 또한 정보통신기술의 발달로 이들 시민단체는 SNS 등 온라인 소통 도구를 활용하여 현황에 대해 더 폭넓은 대중에게 정보를 공개하고 있다. 이에 따라, 기업이 환경 기준에 도달하지 못하게 되거나 이를 제대로 관리하지 못할 경우 기업 평판과 브랜드 가치가 훼손될 확률이 더 높아지고 있다.[8]

(4) 핵심 경쟁우위 확보

친환경 SCM은 장기적 관점에서 환경 규제에 대해 지속 가능한 경영을 모색하는 기업에게 비용 절감과 제품 차별화를 가능하게 하는 중요 요소가 될 것이다. 에너지 소모량이 적고, 유해물질이 포함되지 않은 제품을 생산하고자 한다면, 그에 걸맞은 기술력을 보유하고 있어야 하며, 원재료에 대해 구체적인 속성에 관하여 인지하고 있어야 한다. 이를 달성하기 위해 기업은 환경 관련 웹 솔루션을 구축하고 관련 인증에 대해 인지하고 획득할 수 있도록 노력해야 한다.[9]

01 | 친환경 물류의 등장 배경

과거 진행되었던 전통적인 물류는 부품의 공급과 생산, 완제품 유통, 소비자 배송에 이르는 생산, 수송, 보관, 하역 포장 등을 얼마나 효율적으로 할 것인가에만 초점을 맞추어 왔다. 최근 관심 사항 중 금광석을 1톤을 채굴할 경우 추출할 수 있는 금의 량은 5g에 불과한 것에 비해, 폐가전제품 1톤에서 추출할 수 있는 금은 종류에 따라 상이하지만 400g휴대전화, 52g컴퓨터, 20g가전제품으로 훨씬 효율성이 높기 때문이다.[7]

역물류는 가장 빠르게 처리할수록 해당하는 제품의 잔존가치가 극대화되지만, 회수물류의 특성상 회수 또는 반품 처리되는 제품의 수량과 시기 및 상태의 예측이 매우 어렵다. 더불어 반환되는 제품이 어느 부분까지 도달하였는가에 대한 추적 가시성이 매우 부정확하다. 또한 역물류는 수집부터 운반, 수송, 재활용 처리 등의 전체 공급체인을 거쳐야 하기 때문에 관련 당사자의 참여와 협조가 필요하다.[12]

산업 전 분야에서 제품의 반환율은 판매의 3%에서 50%까지 발생된다고 이야기한다. 의류제품은 19.4%, 온라인 판매제품은 20%, 가전제품은 8.5% 정도이며, 판매비의 5% 이상이 반환에 소모되는 비용으로 추정되고 있다. 역물류 관리의 중요성이 더 부각될 수 있는 이유는 지금보다 더 온라인 시장은 확대될 것이며 제품별 기능은 더 향상되고 있으나, 개성 등의 이유로 제품의 수명주기는 점점 더 단축되고 있기 때문에 반품되는 제품의 성능은 일정 수준 이상에 있어 재활용하기 적합하며, 반품량은 상당기간 더욱 늘어날 것으로 전망할 수 있다.[11]

02 | 친환경 물류의 개념

일반적으로 물류영역은 조달물류, 사내물류, 판매물류, 리버스물류reverse logistics, 이하 역물류로 구분한다. 역물류는 학자마다 다양한 관점에서 정의를 내리기는 하지만 일반적으로 제품이 원재료부터 소비지로 향하는 일반적인 물류의 흐름과 반대의 흐름backword flow을 총칭한다.

미국물류협회에서는 역물류를 '소비지에서부터 최종 폐기처리까지 상품 및 관련 정보의 효율적인 흐름을 계획, 실행 및 관리하는 과정'이라고 정의하고 있다. 역물류는 크게 반품물류, 회수물류, 폐기물류로 구분할 수 있다. 반품물류란 고객으로부터 클레임이 청구된 제품이나 유통기간이 초과된 제품이 다시 공급자에게 되돌아오는 과정을 의미하며, 회수물류란 양호한 상태의 빈 병이나 포장재 등을 재사용하기 위해 고객으로부터 회수되어 오는 물류를 의미한다. 폐기물류는 제품, 포장, 이송용 용기, 자재 등의 폐기처분을 위한 물류를 의미한다.

친환경 물류는 역물류라고 지칭하기도 하며 기업이 사용가능한 자원의 양을 절감하고, 재사용하고, 재생산하는 것을 통해서 환경적인 효율성을 높이는 모든 프로세스로 정의하였다Carter et al., 1998. 또한 친환경 물류는 재생이나 가치창조 혹은 적절한 폐기를 위한 목적으로 소비지점으로부터 원자재, 유통과정상의 재고, 완제품과 관련된 정보의 흐름에 효율성을 높이고 효과성을 달성하는 것으로 회수물류, 판매물류, 유통물류 등을 모두 포괄하는 개념으로 정의하였다Council of Logistics Managment, 2004.[12]

03 | 역물류

1) 역물류의 등장

최근 기업경영에 있어서 환경 및 에너지의 중요성이 부각되고 있으며, 이와 관련하여 세계 각국의 환경 및 에너지에 대한 규제가 강화되고 있다. 이에 따라 기업들도 지속성장의 관점에서 친환경 경영을 새롭게 인식하게 되었다. 환경관련 규제를 보면 RoHS,[a] 교토의정서,[b] WEEE[c] 등 각종

---

a) RoHS(Restrictions of Hazardous Substance)는 EU에서 2006년 7월부터 시행하고 있으며, 납, 수은, 카드뮴 등 6가지 유해물질이 포함된 전자제품의 판매를 금지하는 내용을 포함한다.

환경 관련 규제가 점차 강화되면서 기업의 입장에서 친환경 공급체인 구축을 통하여 이 환경 관련 규제를 극복해 나가려고 하는 움직임을 보이고 있다. 오늘날 세계각국의 환경 관련 규제의 흐름에 따라 국내기업들도 국내 제품의 환경정책에 많은 변화가 있었으며, 환경설계 기법 개발, 설계 가이드라인 정립, Life Cycle Inventory D/B 구축 등에서 선진국 시장에 진입하려고 하는 노력이 있어 왔다. 일례로 환경설계 기법 개발Design for Environment: DFE은 미국, 일본 등 선진국에서 개별기업 차원에서 이미 활발하게 개발해서 적용되고 있는 선진 환경경영기법으로 제품에 대한 전 과정 영향평가LCA와 총비용분석TCA을 기초로 분해를 고려한 설계Design for Disassembly: DFD와 재활용을 고려한 설계Design for Recyling: DFR, 회수 및 재사용을 고려한 설계Design for Recovery and Reuse: DFR 등을 주된 내용으로 하는 선진 제품 설계 기법이다.

이 환경 및 에너지 관련 규제는 기업들로 하여금 상품의 제조에서 최종 목적지까지 프로세스 관리를 위해 정보 네트워크 기반의 역물류, 해외직구 활동을 활성화하여 자산가치의 최적화, 자산가치의 복구, 이윤 극대화 등을 할 수 있는 경쟁력을 확보할 필요성을 요구받고 있다. 오늘날 공급체인관리의 큰 변화는 전통적인 판매 유통 물류가 네트워크를 중심으로 생산에서 최종 소비자까지의 흐름을 반영한 반면에, 역물류와 해외직구는 일차적 사용을 기반으로 한 소비영역에서 생산영역으로 흘러가는 활동을 포함하고 있으며, 정보 네트워크를 통하여 상호 정보 교환을 통하여 피드백을 하고 있다. 이는 물류 전략을 수립할 때 제조, 판매, 수출업체 등의 기업들이 역물류, 해외직구 활동을 고려하여 고객만족을 할 수 있도록 서비스 체계를 구축하여야 함을 의미한다.

2) 역물류의 개념 및 정의

최근에 기업에 종사하는 실무자나 선진 연구자들은 물류 기능간의 호환성을 확보하기 위하여 수, 배송 계획 및 통제를 위해 정보 시스템을 구축하여 운영하거나 신속한 업무 처리를 위하여 정보시스템을 구축하는 등 정보의 실시간 공유를 위하여 정보기술을 활용하는 역물류에 많은 관심을 가지고 있다. 역물류의 용어는 유사한 활동을 나타내지만 그 기능에 따라 역 흐름 로지스틱스 reverse flow logistics, 역 유통recverse distribution, 역 공급체인reverse supply chain, 폐쇄 경로 공급체인

---

b) 교토의정서(Kyoto Protocal)는 지구 온난화의 규제 및 방지를 위한 국제협약으로 이 의정서를 인준한 국가는 이산화탄소 등 6종류의 온실가스 배출량을 감축하며, 배출량을 줄이지 않는 국가는 비관세 장벽을 적용함을 규정하고 있다.

c) WEEE(Waste Electrical and Electronic Equipment)는 EU에서 2005년 8월부터 시행하고 있으며, 생산자가 폐전기, 전자제품을 직접 회수하여 처리하고 품목별로 재생의무비율을 준수해야 함을 명시하고 있다.

시스템close loop supply chain system, 공급 루프supply loops 등의 용어로 사용되고 있으며, 이는 역물류의 주된 요소가 상품이 의도하는 유용성이 전체적으로, 혹은 부분적으로 소비된 후에 한 장소에서 다른 장소까지 상품뿐만 아니라 포장재를 포함한 상품의 이동을 의미한다.

　역물류의 기능은 기본기능과 부가기능으로 구분되는데, 기본기능은 수요 충족의 관점에서 기존의 물류 기능, 즉 운송, 보관, 하역, 포장 등을 역물류의 운영 측면에서 관리하는 것을 말한다. 부가기능은 수요 창조의 관점에서 로지스틱스 서비스를 고도화하기 위하여 물류를 통한 유통 채널을 강화하며, 유통 채널의 물류를 효율적으로 지원하도록 한다.

3) 역물류의 공급체인 시스템

　기존의 물류에서 상품 및 자산의 가치는 생산자와 소비자 사이의 프로세스 상에서 나타나는 상품 및 원료의 프로세스 가치만을 대상으로 관리, 통제된 반면에, 역물류는 프로세스 상에서 반환되거나 소비자로부터 다시 반환되는 원료나 상품은 신상품과는 다른 가치를 가지게 되며 이는 자산에 대한 가치의 재조정을 요구한다. 또한 프로세스 과정에서 새로운 부가가치를 창출하기보다 상품 가치의 복구에 중점을 두고 있으며 환경적 규제도 중요한 문제로 부각되고 있다.

　[그림 10－2]는 일반적인 공급체인 시스템이 정방향 공급체인과 역방향 공급체인 등 두 개의 구성 요소에 대해서 설명하고 있다. 정방향 공급체인Forward Supply Chain: FSC은 원재료 공급 업체로부터 최종 고객에 이르기까지의 흐름을 말하며, 역방향 공급체인Backward Supply Chain: BSC은 일반적인 공급체인 시스템의 흐름이 역방향으로 향하는 모든 완제품, 중간 조립품, 구성 요소 등의 제품 흐름을 보여 주고 있다.14

　[그림 10－3]는 일반적인 공급체인 시스템과 역물류 운영에 대한 설명으로 다양한 공급체인 관계 당사자들이 가지는 일반적인 공급체인 시스템과 관련된 역물류가 유기적으로 연결되어 있는 과정을 보여주고 있다.15

그림 10-2 일반적인 공급체인 시스템

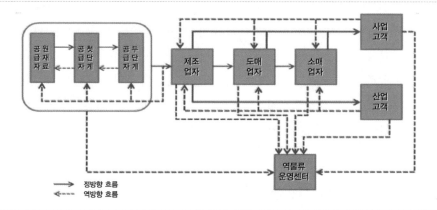

출처: 김창봉, 권승하, e-역물류의 성과 결정요인에 관한 실증연구, e-비즈니스 연구, 제11권 제4호, p.55.

일반적인 공급체인 시스템과 역물류 운영의 초기 단계는 Gate-keepingGK이라 명명하고 있으며, 제품 RSC에 진입하고자 할 때 진입 여부를 점검받는 단계이며, 이 GK 단계를 통과한 제품들은 수집되어 적절한 장소로 이동하게 되며, 제품은 상황에 따라 분류, 저장되며 일반적인 창고 활동을 하는 중앙 반품 센터CRC로 통합되게 된다. 다음 단계는 제품을 적절한 배열로 분석하는 자산 복구AR 프로세스로 이어지며, 마지막 단계는 제품이 쓰레기 매립지 혹은 FSC에서의 위치 등 적절한 처리 지역에 도달했는지를 확인하는 단계를 거치게 된다.

그림 10-3 일반적 공급체인 시스템과 역물류 운영

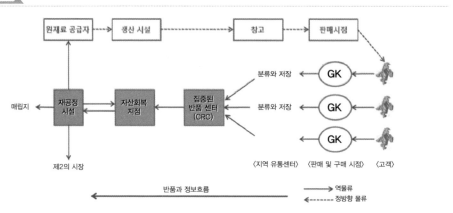

출처: 김창봉, 권승하, e-역물류의 성과 결정요인에 관한 실증연구, e-비즈니스 연구, 제11권 제4호, p.55.

III 해외 역직구

01 | 해외 직구의 개념 및 정의

해외직구는 무역의 관점에서 볼 때 '수입', 해외역직구는 '수출'의 부분집합이다. 이와 유사한 개념으로서 사용되고 있는 '전자상거래 무역'은 해외직구와 해외역직구를 모두 포괄하는 개념이라고 볼 수 있다. 정부에서는 같은 대상을 소관 부처의 특징과 이력에 따라 다소 다르게 호칭하고 있다. 관세청에서는 '해외직구'와 '역직구'라는 용어를 그대로 사용하고 있으며, 통계청에서는 해외직구를 '온라인 해외 직접구매'로, 해외역직구를 '온라인 해외 직접판매'라는 용어로 사용하고 있다. 산업통상자원부에서는 '무역', '전자상거래', '전자무역' 등으로 혼용하여 사용하다가, 최근에는 '전자상거래 무역'이라는 용어로 수렴하여 사용하고 있다.

전자상거래 무역은 '전자상거래'와 '무역'이 결합한 용어다. '전자상거래'는 전자상거래법 제2조 정의[a]에서 "재화나 용역을 거래할 때 그 전부 또는 일부가 전자문서에 의하여 처리되는 거래전자문서란 컴퓨터 등 정보처리시스템에 의하여 전자적 형태로 작성, 송수신 또는 저장된 정보를 말함"로 정의하고 있다. '무역'은 대외무역법[b]에서 수출과 수입을 말한다. 이를 통합하면 '재화나 용역이 전자문서에 의해 수출 및 수입이 이루어지는 행위'를 '전자상거래 무역'이라고 말할 수 있다.

---

[a] 전자상거래법은 '전자상거래 소비자보호에 관한 법률'의 약칭으로서 법률 제2조 정의에서 전자상거래를 전자문서법의 제2조 정의를 인용하고 있다. 전자문서법은 1999년에 전자거래기본법이란 법명으로 제정되었다가 2012년 6월 전문개정이 되면서 명칭이 '전자문서 및 전자거래 기본법'으로 변경되었고 현재 '전자문서법'이란 약칭으로 불리우고 있다.

[b] 대외무역법 제2조(정의) 1. "무역"이란 다음 각 목의 어느 하나에 해당하는 것(이하 "물품등"이라 한다)의 수출과 수입을 말한다.
가. 물품
나. 대통령령으로 정하는 용역
다. 대통령령으로 정하는 전자적 형태의 무체물(無體物)

해외역직구 및 해외직구의 영문명칭으로는 Global Electronic Commerce, Global Electronic Trading, Cross Border Electronic Commerce, International Electronic Commerce 등의 용어들이 혼용되고 있으며, 대부분이 글로벌 전자상거래 무역이라는 같은 대상을 칭하고 있다.

✅ 표 10-1 전자상거래 무역 vs. 전자상거래 vs. 전통무역 vs. 전자무역

	전자상거래 무역 (해외직구 · 역직구)	전자상거래	전통적인 무역	전자무역
정의(法)	–	전자거래기본법	대외무역법	대외무역법 전자무역촉진법
태동	2010~	1999~	1900~	1991~
플랫폼	쇼핑몰 사이트	쇼핑몰 사이트	국제무역표준	전자무역인프라
의사표현	타임스탬프 (일부 전자서명)	타임스탬프 (일부 전자서명)	계약서류	전자문서
구매결정	짧은 소요시간	짧은 소요시간	해외출장, 답사 등	–
결제수단	신용카드	신용카드, 현금이체 등	신용장, 송금, 추심	신용장, 송금, 추심
운송	배송대행사	배송 전문 업체	운송사, 포워더	전자문서
관세	200불미만무관세	無	관세법령	–
서비스관계	B2C, B2B	B2B, B2C, G2B	B2B	B2G, G2G
이해관계자	쇼핑몰 사업자 (입점업체 포함)와 소비자(구매자)	쇼핑몰 사업자 (입점업체 포함)와 소비자(구매자)	무역업체, 은행, 보험사, 관세사, 포워더, 관세청, 항만청 등	전자무역기반사업자, 전문서비스업자 등
관련 기업	아마존, 아리바바 등	지마켓, 11st 등	삼성, 현대, 쏘니 등	KTNET, ecplaza 등
정부정책	규제 폐지	규제 폐지	시장보호	Paperless化

출처: 김창봉 외, 해외직구 · 역직구시장에서 중소기업의 참여와 성과에 영향을 미치는 결정요인에 관한 실증연구, 통상정보연구, 제18권 제4호, p.5

해외직구 및 역직구라는 용어적 접근은 최근에 일부에서 진행되었으며, 그전까지는 글로벌 전자상거래, 국경 간 전자상거래라는 의미로 진행되었다. 해외직구 및 역직구는 기존의 글로벌 전자상거래, 국경간 전자상거래의 개념을 포함해서 기업 간 전자상거래B2B, 기업과 소비자간 전자상거래B2C, 소비자간 전자상거래C2C, 기업 정부 간 전자상거래B2G, 정부 간 전자상거래G2G 및 온라인 거래 등을 모두 포괄하는 대외무역거래의 광범위한 범위를 포함하고 있으며, 서로 다른 국적을 보유한 개인, 기업, 정부가 특정 플랫폼을 통해 상품구매 및 결제, 국제로지스틱스를 통한 운송 및 수취를 하는 것으로 일반적인 전자상거래와 달리 국제 결제 및 물류, 수출입 통관을 필요로 하는 광의의 대외무역의 개념으로 정의할 수 있다.[10]

02 | 해외 직구의 시장규모

해외직구 및 역직구 시장은 정보통신기술의 발달, 합리적 소비문화의 확산, 그리고 소비패턴의 변화바람을 타고 하나의 단일시장이 되면서 시장규모도 급속하게 확대되었다. 글로벌 해외직구 시장규모는 2014년 2,330억 달러에서 2020년 9,940억 달러로 증가하고, 2014년 온라인 쇼핑 대비 해외직구의 비중도 14.6%에서 2020년 29.3%로 상승할 것으로 전망된다.[c]

글로벌 시장의 빠른 성장과 함께 우리나라 해외 직구 시장규모도 2010년 3,109억원에서 2015년 1조 7,014억원 규모로 연평균 32.9% 성장하였다.[d] 해외 역직구 시장 규모는 <표 10-2>에서 보듯이, 2016년 2/4분기 4,974억원으로 전년 동분기 대비 83% 증가하였다[e]. 이는 동년도 동기 실적으로 해외 직구 시장 규모가 4,118억원으로 5% 증가한 것과 비교되는 수치이다.

표 10-2 국내 해외 역직구 · 직구 실적(2014~2016) (억원, %)

	2014년		2015년		2016년		증감률	
	연간	2/4분기	연간	2/4분기	1/4분기	2/4분기	전분기비	전년동분기비
해외 역직구1)	6,791	1,536	12,544	2,717	5,071	4,974	-1.9	83.0
해외 직구2)	16,471	3,828	17,014	3,920	4,463	4,118	-7.7	5.0

1) 본선인도조건(FOB)으로 작성
2) 일반 및 간이 신고는 운임보험료 포함조건(CIF), 목록통관은 인도조건(FOB)으로 작성

출처: 김창봉 외, 해외직구 · 역직구시장에서 중소기업의 참여와 성과에 영향을 미치는 결정요인에 관한 실증연구, 통상정보연구, 제18권 제4호, p.8

c) 근거: 삼정KPMG 경제연구원이 알리리서치 자료 이용 추계(2015년 이후는 전망치)
d) 근거: 삼정KPMG 경제연구원이 알리리서치 자료 이용 추계(2015년 이후는 전망치)
e) 통계청 "2016년 2/4분기 온라인 해외 직접 판매 및 구매 동향" 보고서, 2016.8월

2016년 2/4분기 해외직구 거래액 총 4,118억원 중에 미국이 2,669억원으로 64.8%를 차지하였고, EU는 792억원으로 19.2%30.1%p, 중국이 332억원으로 8.1%45.5%p, 일본이 233억원으로 5.7%38.9%p였다. 2016년 1/4분기에는 역직구 거래액이 4,787억원으로 전년 동분기 대비 84.5% 증가하였고 직전 분기인 2015년 4/4분기 대비 13.9% 성장하여 처음으로 역직구 거래액이 직구 거래액4,463억원을 역전하는 실적을 기록하였다. 해외 역직구 거래국가별로는 2016년 1/4분기 중국이 3,732억원으로 전체 4,974억원 중 75%를 차지하였다.[15]

그림 10-4 국가(대륙)별 온라인 해외 직접구매액 구성비

출처: 통계청, 온라인쇼핑 동향: 해외직구 역직구 동향, 2016.

03 | 해외 직구 및 역직구의 비즈니스 모델

해외 직구 및 역직구 비즈니스 모델은 여러 환경과 형태의 차이로 인하여 국내의 전자상거래와 비교하여 다소 복잡하고 불특정한 이해관계가 관여되고 있다. 보통의 전자상거래와는 달리, 해외 직구 및 역직구는 소비자와 판매자가 국적을 달리하는 동시에, 오픈마켓 형태의 온라인 쇼핑몰과 입점기업이 말단의 두 주체인 소비자와 판매자 사이에서 전자상거래의 주체로 등장하는 구조이다.

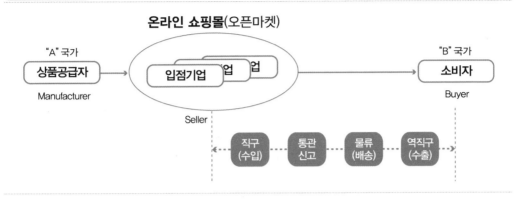

그림 10-5 해외직구 · 역직구의 기본구조

온라인 쇼핑몰(오픈마켓)

"A" 국가
상품공급자
Manufacturer

입점기업 기업 기업

Seller

"B" 국가
소비자
Buyer

직구(수입) — 통관신고 — 물류(배송) — 역직구(수출)

<그림 10-5>에서 보듯이, 해외 직구 및 역직구 모델에서는 Seller와 Buyer 사이의 구간에서 국경을 넘는 무역거래가 이루어진다. Seller가 해외 기업인 경우에는 직구수입 거래가 되며, Seller가 우리나라 국적인 기업인 경우에는 역직구수출 거래가 된다. Seller는 수출신고 업무를 처리해야 하고 Buyer는 수입신고 업무를 처리해야 한다.[16]

해외직구 및 역직구 비즈니스 모델은 온라인 쇼핑몰의 형태오픈마켓,독립몰 등와 위치국내, 해외, 물류창고의 위치국내, 해외, 해외 보세구역 등를 기준으로 하여, 해외직구수입 모델은 첫째, 해외 글로벌 온라인 쇼핑몰 직구 모델, 둘째, 구매대행 모델, 셋째, 물류대행 모델배송대행지활용로, 해외 역직구수출 모델은 첫째, 국내 오픈마켓 입점 모델, 둘째, 국내 독립몰 운영 모델, 셋째, 해외 글로벌 온라인 쇼핑몰 입점 모델, 넷째, 해외 직판 쇼핑몰 운영 모델, 다섯째, 해외 보세구역 모델 등으로 구분하였다.

표 10-3 해외직구 · 역직구시장 비즈니스 유형[f]

구분		비즈니스 모델
전자상거래 수출	I. 해외 역직구	1. 국내 오픈마켓 입점 모델
		2. 국내 독립몰 운영 모델
		3. 해외 글로벌 온라인 쇼핑몰 입점 모델
		4. 해외 직판 쇼핑몰 운영 모델
		5. 해외 보세구역 모델 등

f) 산업자원통상부 · KTNET 공동연구, "전자상거래무역 미래모델 수립",(2016.3월,page20)을 토대로 하여 재정리

전자상거래 수입	II. 해외 직구	1. 해외 글로벌 온라인 쇼핑몰 직구 모델
		2. 구매대행 모델
		3. 물류대행 모델(배송대행지 활용)

출처: 김창봉 외, 해외직구·역직구시장에서 중소기업의 참여와 성과에 영향을 미치는 결정요인에 관한
실증연구, 통상정보연구, 제18권 제4호, p.7

<표 10-3>에서 해외 역직구전자상거래 수출 Ⅰ-1~2 두 가지의 비즈니스 모델은 오픈마켓, 독립몰, 종합몰 등 온라인 쇼핑몰이 국내에 있는 경우로서, 지마켓, 쿠팡 등에 해외 소비자들이 직접 접속하여 구매하는 것이다. Ⅰ-4 비즈니스 모델에서는 2014년 6월 한국무역협회가 직접 개발하여 개통한 중소기업 온라인 해외직판 쇼핑몰인 'Kmall24[g]'가 대표적인 사례로 꼽힌다. Kmall24는 우리나라 중소·중견기업의 온라인 수출을 지원하기 위한 목적으로 개발된 만큼 중소기업 1,000개사, 8,000개 상품이 입점한 상태다2015.3월기준. 해외 역직구 중에서 가장 대표적이면서 가장 큰 비중을 차지하는 비즈니스 모델은 Ⅰ-3 '해외 글로벌 온라인 쇼핑몰 입점 모델'이다. 시장 규모도 가장 클 뿐 아니라 급속하게 성장하고 있고 우리나라 중소기업에게 많은 기회가 열리고 있는 모델이다.[17]

---

g) 한국무역협회가 운영 중인 Cross Border e-Commerce 온라인 쇼핑몰 사이트,('14.6월 오픔), http://www.kmall24.com

CHAPTER 10
Case ▶

"국경을 넘는 역물류, 역직구 전략"

미국의 공급망물류 전문매체 SCM리뷰에 따르면 산업 전 분야에서 제품의 반송률은 판매의 3%에서 50%까지 이루어지고 있다. 얼마 전 화제가 된 갤럭시노트7 리콜 사태부터 글로벌 역직구 반품까지. 반품, 리콜 등으로 인해 소비자의 손을 떠난 제품의 행방은 어디로 향하고 있을까. 우리에게 친숙하게 느껴지는 정방향 물류가 아닌 역물류의 세계에 들어가 보자.

"사과를 배송했는데 고객으로부터 시다고 환불 요청이 들어왔어요. 사과가 당연히 신거 아닌가요?", "그건 양반이에요. 고객이 마트에서 주문한 5봉입 신라면이 맵다고 교환 요청이 들어왔어요. 신라면이니까 매운건 당연한 것 아닌가요? 고객에게 안 먹은 4봉지를 보내주시면 반품해준다고 하니 맛이 없어서 버렸다고 새로 덜 매운 신라면으로 보내달라고 답하더라고요."

고객의 반품, 교환 요청과 관련된 업계의 에피소드들이다. 온라인 상거래가 일반화된 지금, 고객의 반품 요청 처리는 유통업체들의 새로운 고민으로 자리 잡고 있다. 제품에 불만을 가진 소비자가 교환, 환불을 요구할 때반품, 혹은 최종 소비자가 더 이상 물건이 필요하지 않거나 유통기한이 지난 상품을 처리할 때폐기 필요한 것이 바로 '역물류'다.

일반적인 정방향 물류Forward Logistics는 공급자부터 소비자까지 이어지는 화물物의 흐름流을 의미한다. 반면 역물류Reverse Logistics는 그 반대방향으로 이루어진다. 공급자는 역물류 상황에서 다시 소비자에게 제품을 회수하여 그 화물의 특성에 따라 재사용, 폐기 등을 결정한다.

우선 반품된 제품은 제품 상태를 확인하기 위해 품질 심사 과정Screening Process을 거친다. 이 과정에서 회사는 재사용이 가능한 제품과 폐기해야 되는 제품을 나눈다. 심사 과정을 거친 반품제품은 처분 경로에 따라 수집 및 분류Collection and Sorting 과정을 거친다. 위 모든 과정을 거친 상품들이 최종적으로 처분Disposition되는 식이다. 가령 반품의류의 경우 재사용될 수 있다면 중고제품 판매점이나 아울렛 같은 유통채널로 재분류되어 판매된다. 제품에 하자가 있더라도 재가공 과정을 거쳐 하자를 없앨 수 있다면 이 역시 재판매된다.

물류와 역물류 개념도

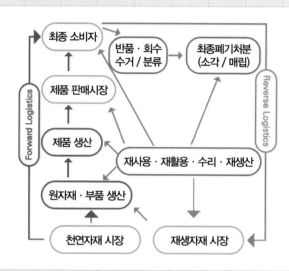

자료: 정보통신정책연구원 「환경친화적 물류활동」 재구성

　　한편 상품군의 차이에 따라 제품 처분 방법이 달라지기도 한다. 가령 전자제품은 재가공을 통해 반품 제품의 재활용이 가능하다. 혹여 제품을 폐기해야 되는 상황에 봉착하더라도 전자제품 안의 모든 부품이 재활용되지 못하는 것은 아니다. 이 경우 다시 사용할 수 있는 제품을 추려 재활용할 수 있다.

　　반면 식품의 경우는 하루하루 지날수록 신선도가 떨어지고, 음식을 먹는 사람의 건강에 직접적인 영향을 줄 수 있기 때문에 재판매가 어렵다. 반품 상품은 고스란히 기업의 재고 부담, 혹은 폐기 부담으로 이어진다. 한국식품공업협회의 2011년 조사에 따르면 반품받은 가공식품의 처리는 푸드뱅크 등 구호기관에 기증_{유통기한이 지나지 않은 제품}이 44%, 폐기 41%, 재활용 방안 모색은 12%에 그친 상황이다.

1) 기업의 회수물류, 리콜

　　배터리 결함 문제가 발생했던 삼성전자의 갤럭시노트7이나 가습기 살균제 성분이 함유된 치약, 선루프 결함이 발견된 현대자동차 쏘나타 등이 취한 조치가 바로 '리콜Recall'이다. 리콜은 역물류 중 회수물류에 속한다. 이는 상품에 하자가 발견되어 기업이 소비자들에게 교환, 환불 처리해주고 해당 제품을 회수하는 것을 의미한다.

소비자의 자발적 반품이든 기업이 주도한 리콜이든 회사 측면에서 중요한 것은 제품 회수 이후 재판매 가능 여부다. 만약 상품이 소비자에게 도착하기 전 단계에서 회수가 되는 경우에는 재판매가 용이하다. 가령 휴대폰의 경우 외관상 유행은 지났지만, 부품을 활용할 수 있거나 공정과정을 거쳐 다시 사용할 수 있는 상태라면 심사 과정을 거쳐 상태를 확인한 뒤 다시 유통되기도 한다. 만약 휴대폰 제조업체가 글로벌 기업이라면, 다국적 판매채널을 활용하여 리콜 제품을 타국가에 재포장 작업하여 판매할 수도 있다. 검수 과정에서 재판매가 불가능하다 판단될 경우에만 폐기처리로 넘어가는 식이다.

최근 5년간 유형별 리콜 실적 비교

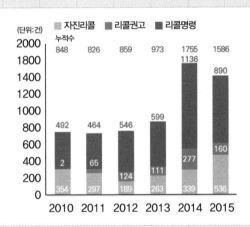

출처: 공정거래위원회

심각한 제품 하자로 인해 회수된 제품을 재가공할 수 없거나, 재가공에 들어가는 비용이 판매수익보다 크다면 기업은 해당 제품의 폐기를 결정한다. 폐기 단계에서는 제품으로부터 재활용할 수 있는 원재료를 추출하는 과정을 거친 뒤 최종적으로 소각 · 매립된다. 폐기처리 과정에서 상품을 분해하여 다시 사용할 수 있는 부품만 추출하거나, 아예 폐기과정을 거쳐 휴대폰에서 나오는 금, 은, 구리, 철 등 재사용할 수 있는 자원의 형태로 추출하는 방법이 사용된다.

2) 국경을 넘는 역물류, 역직구의 숙제

역직구 반품은 일반 국내 반품과 같이 크게 두 가지로 분류할 수 있다. 제품 하자에 따른 반품과 고객 단순 변심에 따른 반품이다. 수출하는 국가와 셀러가 사용하는 플랫폼에 따라 비용부담 정책에는 다소 차이가 있지만, 대부분 제품 하자에 따른 반품은 셀러가 모든 반품 물류비와 상품 환불비를 지불하는 식이다.

반면 단순 변심으로 인한 반품은 소비자에게 그 부담이 전가되기도 한다. 그러나 소비자가 반품비를 부담하더라도 실제 반품 프로세스에 들어가는 물류비는 소비자 부담 금액보다 큰 경우가 대부분이다. 때문에 많은 업체들은 개별 업체들이 감당하기 어려운 반품 비용을 분산시키고자 '현지 반품'과 '국내 반품'을 혼용하는 방식을 사용한다.

국내로 다시 들어오는 국내 반품물류의 대부분은 우체국 EMS, DHL, FedEx 같은 특송업체를 통해 진행된다. 대한무역투자진흥공사KOTRA에 따르면 EMS나 특송업체를 사용하게 되면 물동량과 건수에 따라 다르지만 보통 중국 기준 약 1kg당 보통 만원 중반대 이상의 비용이 청구된다. 가전제품류 중 국내로 들어오는 반품 건들은 혼재Consolidation해서 들어오는 경우가 대부분이며, 규모가 어느 정도 되는 기업들은 컨테이너를 통해 정기적으로 반품 물량을 보내기도 한다.

하지만 업체들은 국내 반품보다는 현지에서 상품을 처리하는 현지 반품물류를 선호한다. 현지 반품물류는 크게 '폐기'와 '재사용'으로 분류할 수 있다. 의류, 신발 등은 특히 사이즈가 맞지 않거나 혹은 취향에 맞지 않다는 이유로 반품률이 높은 상품이다.

국내 역직구업체 한 관계자는 "그럼에도 현재까지는 반품건을 폐기하고 손실로 처리하는 것이 전체 반품 시 투입되는 비용대비 저렴하다"며 "대부분의 업체들은 반품된 패션 제품이나 화장품을 폐기하는 방식을 고수하며, 상품 자체를 고마진 전략으로 포지셔닝해 마진율로 반품 손실은 메꾸는 식"이라 설명했다.

반면 원가가 상대적으로 비싼 전자제품의 경우는 재사용되는 경우가 다수이다. 미세한 결함이 발견된 경우 현지 공장을 통해 수리하여 다시 출고하거나, 혹은 사용했던USED 상품을 소비자에게 전달하기도 한다. 단순한 겉포장 파손 등의 반품 요청된 건들은 현지에서 재포장해 다시 판매하거나 이벤트나 프로모션 상품으로 재판매된다.

출처: 임예리, 김정현 「다시 쓰고 고쳐 쓴다. 역물류가 뭐길래」,
『CLO』, 2016.12.14.

참고문헌

1. 정순남, 한국 수출 제조기업의 Green SCM 도입 결정요인에 관한 실증연구, 중앙대학교 박사학위논문, 2011.

2. 환경산업기술원, 미국친환경 컴퓨터 정보제공시스템 E-PEAT등록제품을 빠르게 증가 추세, 환경규제브리핑, 2007.

3. 환경산업기술원, EU의회 친환경제품 및 서비스에 낮은 VAT부과 주장, 월간 해외환경규제동향, 제84호, 2011.

4. 글로벌윈도우, 중국상품시장에서도 주목받는 에너지 절약, 2014.

5. KOTRA, 베트남 소비자, 친환경제품 관심도 증가, 2012.

6. 김창봉·정순남, 공급체인통합과 친환경 활동이 환경성과에 미치는 영향에관한 연구, 국제지역연구, 제15권 제1호, 2011, pp.447-466.

7. 김창봉·심수진·정재우, 환경규제와 수출중소기업의 Green SCM활용의 영향 관계에 관한 연구, 무역학회지, 제42권 제5호, 2017, pp.183-211.

8. 김창봉·고혁진, 친환경활동이 공급체인 성과와 환경성과에 미치는 영향에 대한 연구, 통상정보연구, 제12권 제4호, 2010, pp.257-277.

9. 정찬삭, 핀테크 오픈플랫폼 환경에서 안전한 금융 거래를 위한 보안 방법 연구, 숭실대학교 대학원 박사학위논문, 2016, pp.4-54.

10. 김창봉·민철홍·박상안, 해외직구-역직구시장에서 중소기업의 참여와 성과에 영향을 미치는 결정요인에 관한 실증연구, 통상정보연구, 제18권 제4호, 2016, pp.3-29.

11. 김창봉·권승하, e-역물류(Reverse Logistics)의 성과 결정요인에 관한 실증 연구, e-비즈니스 연구, 제11권 제4호, 2010, pp.51-70.

12. Council of Logistics Management, Council of Logistics Management to become Council of supply Chain Management Professionals in 2005, 2004.

13. 김창봉·권승하, e-역물류(Reverse Logistics)의 성과 결정요인에 관한 실증 연구, e-비즈니스 연구, 제11권 제4호, 2010, pp.54-55.

14. 김창봉·권승하, e-역물류(Reverse Logistics)의 성과 결정요인에 관한 실증연구, e-비즈니스 연구, 제11권 제4호, 2010, pp.55-56.

15. 통계청, 온라인 쇼핑동향: 해외직구 역직구 동향, 2016.

16. 산업자원통상부, KTNET공동연구, 전자상거래 무역미래 모델수립, 2016.

17. 온라인 해외 판매 정보포탈 Kmall 24 (https://www.kmall24.co.kr)

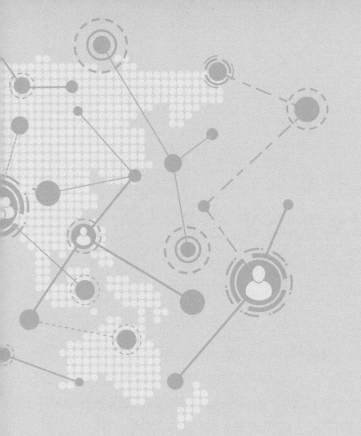

CHAPTER

11

글로벌 소싱

학습 목표

1. 글로벌 소싱에 관한 정의 및 개념을 이해한다.
2. 글로벌 공급체인관리에서 글로벌 소싱의 중요성을 이해한다.
3. 전략적 글로벌 소싱의 3가지 차원을 이해한다.
4. 글로벌 공급체인관리에서 글로벌 소싱의 발전방안을 설명한다.
5. 산업별 글로벌 소싱의 사례를 통해 이해를 높인다.
6. 글로벌 소싱이 왜 필요한지 탐구한다.
7. 글로벌 소싱이 활용되는 이유에 대해 학습한다.
8. 향후 글로벌 소싱의 발전방향에 대해 논의한다.

CHAPTER11 Content

Introduction: Maesk그룹의 글로벌 소싱 전략

Ⅰ. 글로벌 소싱의 개념 및 동기

Ⅱ. 전략적 글로벌 소싱의 전략적 방향

Ⅲ. 글로벌 조달

Chapter 11 Case: 미국 연방정부 480조 조달시장 진출 전략

Introduction

"Maesk그룹의 글로벌 소싱 전략"

(1) 기업 개요

　　머스크 그룹A.P. Moller–Maersk은 컨테이너 해상운송 및 물류사업, 에너지 개발사업을 영위하고 있다. 1904년 증기선 조선사업으로 시작해 1970년대 유조선, 컨테이너선 등 해상운송으로 사업영역을 확장했고 물류 및 에너지개발 업체를 인수하면서 성장해 왔다. 2016년 기준 사업부별 매출비중은 컨테이너운송 58%, 터미널하역 12%, 석유 16% 등이다. 2015년 이후 해운시장 불황과 유가하락으로 영업이익이 급감하면서, 비주력 사업인 에너지 부문을 축소하는 대신 컨테이너 해상운송에 역량을 집중하고 있다. 그룹 내 매출의 약 60%를 차지하는 Maersk Line은 글로벌 1위 컨테이너선사로 공급능력 기준 M/S가 17%에 이른다. APM Terminals는 세계에서 두 번째로 큰 컨테이너 하역업체로 전 세계 59개국 76개 항만에서 하역사업을 영위하고 있다. Maersk 그룹은 컨테이너사업에 주력하기 위해 에너지사업 부문을 분할할 방침이다. 이에 따라, 지난 8월 전체 매출에서 Maersk Line 다음으로 비중이 큰 Maersk Oil은 2016년 기준으로 14%로 프랑스 에너지 업체인 토탈에 75억달러에 매각하기로 결정했다.

머스크 그룹의 사업부문 구조 및 매출비중(2016년)

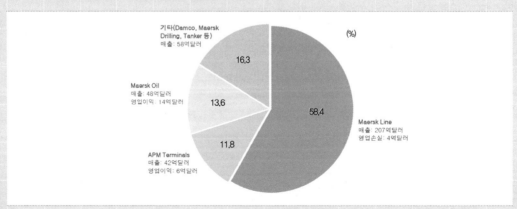

(2) 사업 현황

머스크 그룹Maersk Group은 그동안 해운업황 부진과 유가하락이 이어지면서 모든 사업부에서 매출이 줄었으나, 2017년부터 컨테이너 운임과 유가 반등이 그룹의 자체적인 비용 효율화 노력과 맞물려 컨테이너 운임 결정권 강화, 비주력 에너지 사업부문 정리, 이익 턴어라운드 본격화 등을 통하여 운임 상승 주도할 세계 1위 업체로 시장을 선도할 것으로 예상된다.

컨테이너 운임결정권 강화를 보면, Maersk Line은 Hambug Sub 인수 및 2M 얼라이언스 강화를 통해 시장점유율이 19.2%에 달할 정도로 공급능력 및 비용구조의 효율화를 달성할 전망이며, 그동안 영업적자를 기록했던 2016년에 공급 및 비용구조의 효율화 등으로 체질을 개선한 효과가 2017년 업황 회복과 맞물려 본격화되면서 Maersk Line은 이러한 대형화 추세를 주도하는 세계 1위 컨테이너선사로서 규모의 경제를 통해 상대 우위의 가격경쟁력을 확보하고 있다.

비주력 에너지 사업부문 정리를 보면, 머스크 그룹은 2016년 9월 해운/물류와 에너지 사업을 분할하기로 공식 발표를 한 이후에, 컨테이너 불황에 더해 저유가 기조가 장기화되면서 두 사업 부문 모두 부진한 상황에서 선택과 집중을 통해 타개책을 찾으려는 노력을 하고 있다. 머스크 그룹의 에너지 비주력 에너지 사업부문 정리를 통해서 2016년 대규모 손상차손이 발생했던 에너지 부문에 대한 불확실성이 해소되는 동시에 대형화 흐름이 빨라지는 컨테이너 부문에 자원을 집중할 수 있게 된다는 점에서 사업분할 계획이 구체화되고 있다.

이익 턴어라운드 본격화를 보면, 2017년에는 컨테이너 운임과 유가 반등에 힘입어 턴어라운드할 전망이며, 2016년에 머스크 그룹은 2009년 금융위기 이후 처음으로 순손실을 기록했다. 그동안 비용절감 등 체질 개선을 바탕으로 향후 주력사업인 컨테이너 운송에 역량을 집중함으로써 업황 회복의 수혜가 실적 개선으로 나타날 전망이다.

(3) 글로벌 소싱 전략

Maersk Line은 국제운송 및 물류 분야에서 저렴하고 신속한 국제운송 및 물류의 이점을 확보하기 위해서 글로벌 소싱을 활용하였다. Maersk Line은 물류업체로서 물류 부문이 중심이 되어서 구매물류, 출하물류와 같은 기능별 활동을 글로벌 소싱 함으로써 전 세계 해운산업을 재편하는 역할을 하고 있다. 이 회사는 전 세계적으로 선박 공급과잉, 컨테이너 운임 하락으로 장기불황에 시달리는 해운업계에서 지난 20년 간 물동량 기준 세계 1위를 고수하고 있는 기업이다. 이 회사의 성공비결은 파트너기업과의 지속적인 파트너십을 통하여 고객에 대한 신뢰성과 안정성을 확보함과 동시에, 비용을 절감하고 핵심사업에 집중하는 전략을 통하여 오늘날 세계적인 기업으로 성장하였다.

Maersk 그룹의 실적추이(2016년) (단위: USD bn, USD, %, x)

	FY12	FY13	FY14	FY15	FY16	FY17F	FY18F
매출액(부문별)	49,535	47,386	47,569	40,308	35,464	36,561	38,193
Maersk Line	27,141	26,196	27,351	23,729	20,715		
APM Terminals	4,210	4,332	4,455	4,240	4,176		
Damco	3,232	3,212	3,164	2,740	2,507		
Maersk Oil	10,163	9,142	8,737	5,639	4,808		
Maersk Drilling	1,684	1,972	2,102	2,517	2,297		
Others	3,105	2,532	1,760	1,443	961		
영업이익	7,129	7,070	5,564	1,618	(128)	2,699	3,476
Maersk Line	526	1,571	2,504	1,431	(396)		
APM Terminals	864	826	1,134	760	587		
Damco	91	(89)	(241)	40	55		
Maersk Oil	5,333	4,050	1,466	(1,971)	1,408		
Maersk Drilling	442	647	601	914	(691)		
Others	(126)	65	100	444	(1,091)		
영업이익률	14.4	14.9	11.7	4.0	(0.4)	7.4	9.1
세전이익	6,921	6,620	5,311	1,447	(843)	2,035	3,177
세전이익률	14.0	14.0	11.2	3.6	(2.4)	5.6	8.3
순이익	3,744	3,450	5,015	791	(1,939)	1,344	3,032
순이익률	7.6	7.3	10.5	2.0	(5.5)	3.7	7.9
EPS	172	158	230	37	(93)	63	134
EPS 증가율	31.9	(7.9)	45.6	(83.9)	(352.2)	(167.4)	113.7

주: 1. US GAAP 기준. 2. FY20116 → 2016.1~2016.12

출처: Maersk, 블룸버그 추정치, 한국투자증권

I 글로벌 소싱의 개념 및 동기

01 | 글로벌 소싱의 등장 배경

글로벌 소싱은 글로벌 비즈니스에서 글로벌 공급체인망 통합에 의해 가능해졌다. 전 세계 지역으로부터 원재료, 부품, 완성품 등을 구매조달하여 부가가치가 높은 밸류체인을 구성하여 기업의 경쟁우위를 확보하는 경영기법으로 활용하고 있다. 오늘날 글로벌 소싱이 가능하게 된 배경은 글로벌 지역의 정확한 구매정보 및 무역 원활화와 상호조정에 의한 제품 공급과 수요조절이 가능성을 들 수 있다. 글로벌 소싱은 한마디로 비용이 싼 국가들로부터 원재료를 저렴하게 구입하고자하는 것인데, 오늘날 글로벌 소싱은 원재료를 공급하고 구매하는 데 있어 세계적인 공급기반이 형성되었고, 많은 글로벌 비즈니스들의 글로벌 소싱 활동으로 인해 전 세계 원재료 구매시장에서 공급자, 품목, 수량, 가격 등과 같은 구매자의 선택폭이 넓어졌다는 점이다.[1]

향후 글로벌 소싱은 세계적인 공정, 세계적인 원천의 확산으로 21세기 글로벌 비즈니스의 화두가 될 전망이며, 현재, BRICs 시장에서 중국과 인도시장이 전 세계 글로벌 비즈니스에서 가장 매력적인 시장으로 등장하고 있다. 특히 중국은 저렴한 원재료 구매시장으로 최근 몇 년간 주목받는 시장으로 성장하여 왔고, 이제 세계 최고의 공급원들 중에 하나로 각광받고 있으며, 그 외 동유럽, 멕시코, 인도 또는 환태평양 시장이 중국 다음의 공급원으로 글로벌 비즈니스의 글로벌 소싱의 대상이 되고 있다. 글로벌 구매시장에 참여하는 공급체인기업의 성과는 글로벌 소싱을 통한 구매성과에 직접적인 영향을 받으며, 공급체인기업의 구매성과는 자원준거관점에서 기업이 보유하고 있는 자원의 특화, 배치, 관여도에 따라 성과가 달라지며, 또한 집중화, 표준화와 같은 거래비용의 이점을 어떻게 활용하는가에 따라 기업의 성과에 있어 차이를 보인다Tressin and Richter, 2015.[2] 글로벌 시장에 진출한 기업들은 기업이 확보하고 있는 글로벌 소싱의 수준에 따라 공급체인관리의 성과에 차이를 보이며, 이 글로벌 소싱과 공급체인관리성과 간의 관계는 기업 내 조직의 시스템,

제품과 서비스의 거래비용, 시장의 네트워크 역량 등과 밀접한 관련이 있다Mbole and Mwangi, 2016.[3]

Wal－Mart는 전 세계 공급체인망을 활용하여 글로벌 소싱을 통한 비용절감의 효과를 높이고 있다. Wal－Mart는 전 세계적으로 자사 매장의 구매력을 통합하는 방법으로 공급체인망에서 수십억 달러의 비용을 절감하고 있으며, 이는 제3의 조달 회사나 공급업체를 통하기보다 직접 제조업체에서 구매하는 상품의 비율을 늘리고 있다. 연 매출이 4,000억 달러가 넘는 이 회사는 공급업체들과의 협상을 하고, 할인을 위해 자사의 구매 규모를 이용하며 매우 치밀한 구매전략을 수립하고 있다.[1] Wal－Mart는 전 세계 공급체인망을 활용해서 직접구매로의 전환을 통해 향후 5년 내에 공급체인망에서 글로벌 소싱을 통하여 5~15%의 비용절감을 할 것으로 예상되며, 향후에 구매물량의 80%를 직접구매로 전환함으로써 전 세계 대형 소매유통시장에서 글로벌 소싱을 활용하여 장기적으로 40~120억 달러의 비용절감을 할 것으로 예상되고 있다.[4]

오늘날 글로벌 소싱은 원자재, 본체 및 부품, 재공품, 완제품 등의 재화 및 서비스를 구매하는 단계에서, 기업의 인적자원과 서비스를 강화시키면서, 더 나아가 비즈니스 프로세스 아웃소싱 Business Process Outsourcing: BPO 단계까지 그 영역과 범위가 확대되고 있다, 글로벌 소싱은 성공했을 때 비용절감으로 인해 커다란 경영이익이 기대되지만, 실패하면 글로벌 소싱의 위험으로 인해 막대한 경영손실을 유발한다.[5] 글로벌 소싱은 성공과 실패에 따라 기업에게 새로운 사업기회를 제공하는 반면에, 위협이 될 수 있는 양날의 칼과 같이 작용한다. 글로벌 소싱의 성공요인은 집중된 통합/의사결정을 유도하면서 분산된 운영활동과, 실시간 커뮤니케이션 방법, 공급자와 정보공유를 어떻게 활용하는가에 따라서 성공적인 글로벌 소싱을 관리할 수 있게 되며, 또한 글로벌 소싱에 사용될 이용가능한 중요자원, 소싱 및 계약 체계, 국제구매 사무실 지원 등이 효과적으로 구축되어 있을 때 글로벌 소싱의 성공율이 더욱 높아지는 것으로 나타났다.[6]

☑ 그림 11-1 　글로벌 소싱의 성공요인

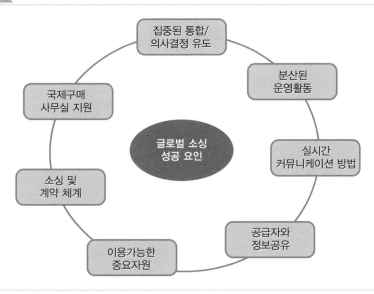

02 │ 글로벌 소싱의 정의 및 개념

1) 글로벌 소싱의 정의

　글로벌 소싱global sourcing은 전 세계시장을 대상으로 원재료를 공급하고 구매함으로써 공급자의 입장에서 글로벌 공급체인망을 통한 세계적인 공급기반이 형성되었다는 점이다. 구매자의 입장에서는 기업활동에 필요한 재화와 서비스를 전 세계시장을 대상으로 적시적기에 합리적인 가격으로 구매가 가능하게 되었다. 또한 기업들은 글로벌 소싱 활동을 통해서 지구촌 곳곳에 분산되어 있는 글로벌 소싱 시장에서 공급자, 품목, 수량, 가격 등과 같은 구매자의 선택폭이 넓어진다는 이점이 있다.[7]

　본 장에서는 글로벌 소싱의 정의를 보다 명확하게 정리하기 위해서 국제구매international purchasing와 글로벌 소싱을 비교해서 글로벌 소싱에 대한 개념을 제시하고자 한다.

　글로벌 소싱의 정의를 보면, 국제구매는 공급교란, 급격한 통화 및 환율 변화, 국내 공급기반의 감소, 국제 경쟁자 출현 등과 같은 구매환경에 대응하면서 기업활동에 필요한 재화와 용역을 거래비용으로 구매하는 것이며, 글로벌 소싱은 기업활동에 필요한 품목, 원자재, 공정, 설계, 기술, 공급자 등과 같은 재화와 용역을 통합과 조정을 통해서 적시에 합리적 가격으로 조달하는 것으로 정의한다.

국제구매와 글로벌 소싱의 범위, 거래, 이점 등에 대해서 비교해 보면, 국제구매는 국제시장을 대상으로 상업적 구매를 통한 거래비용의 이점을 높이는 반면에, 글로벌 소싱은 글로벌 시장을 대상으로 경영활동에 필요한 모든 과정을 구매하면서 통합 및 조정의 이점을 달성한다는 점에서 차이가 있다.

국제구매와 글로벌 소싱의 동기를 보면, 국제구매는 국제시장을 대상으로 경영활동에 필요한 재화 및 용역을 구매하는 과정에서 리드타임 단축, 규칙 및 규제 차이, 통화 변동성, 고객 요구사항 수렴, 언어 및 시차 적응에 효과적으로 대응하고자 함인 반면, 글로벌 소싱은 글로벌 시장을 대상으로 경영활동에 필요한 재화 및 용역을 조달하는 과정에서 비용/가격혜택, 제품 및 공정기술의 접근, 품질, 이용가능한 원천에 대한 접근, 국내 공급자에 대한 경쟁도입, 경쟁자의 구매패턴에 대한 대응, 현재 해외시장 진출 등이 글로벌 소싱의 주요 동기로 나타났다.[6]

☑ 그림 11-2 글로벌 소싱의 개념

	국제구매	글로벌 소싱
정의	공급 교란, 급격한 통화 및 환율 변화, 국내 공급기반의 감소, 국제 경쟁자 출현에 대응하면서 재화와 용역을 거래비용으로 구매함	기업활동에 필요한 품목, 원자재, 공정, 설계, 기술, 공급자 등과 같은 재화와 용역을 통합과 조정을 통해서 적시에 합리적 가격으로 조달함
이점	거래비용	통합 및 조정
거래	상업적 구매	경영활동에 필요한 모든 과정 구매
범위	국제시장	글로벌 시장
동기	리드타임 단축, 규칙 및 규제 차이, 통화 변동성, 고객 요구사항 수렴, 언어 및 시차 적응	비용/가격혜택, 제품 및 공정기술의 접근, 품질, 이용가능한 원천에 대한 접근, 국내 공급자에 대한 경쟁도입, 경쟁자의 구매패턴에 대한 대응, 현재 해외시장에 진출

2) 글로벌 소싱의 동기

글로벌 환경의 불확실성과 글로벌 비즈니스의 위협 요인이 높아지는 때에 기업들이 전 세계시장을 대상으로 글로벌 소싱을 하는 동기에 대해 비용/가격혜택, 제품 및 공정기술의 접근, 품질, 이용가능한 원천에 대한 접근, 국내 공급자에 대한 경쟁 도입, 경쟁자의 구매패턴에 대한 대응, 현재 해외시장 진출 등의 요인을 중심으로 살펴보고자 한다.[6, 8]

① 비용/가격혜택(cost/price benefits) 국제구매와 관련된 모든 비용이 포함되며, 글로벌 소싱을 통해서 2~30%의 비용/가격 혜택을 가져온다. 비용/가격 혜택은 국가별로 낮은 노동율, 다른 생산성 수준, 낮은 이윤마진을 채택하기 위한 의지, 환율차이, 원자재의 저원가 투입, 정부원조 등으로 인해 발생한다.

② 제품 및 공정기술의 접근(access to product and process technology) 미국 기업들에게 있어서 제품수명주기에 따른 제품 및 공정기술의 접근이 글로벌 소싱에 중요한 요인으로 작용하지 않은 반면에, 아시아 전자 컴포넌트 업종에 참여하는 첨단기업들이 글로벌 소싱 시장에 참여하는 데 있어서 제품 및 공정기술의 접근은 중요한 요인으로 작용한다.

③ 품질(quality) 일본과 독일 기업은 세계시장 중에서 선도적인 산업의 범위 내에서 품질을 통한 글로벌 소싱으로 세계시장을 선점하는 반면에, 미국 기업은 자국 내 시장에 품질 저하로 글로벌 소싱을 통해서 고품질과 저가격의 이점을 획득하고 있다.

④ 이용가능한 원천에 대한 접근(access to source available) 품목, 가격, 수량, 공급자 등과 같은 기업활동에 필요한 재화와 서비스의 불안정으로 인해 글로벌 소싱 시장에 경제침체, 합병, 정부의 환경규제 등과 같은 글로벌 환경으로 인해 기존의 공급체인망 시장을 교란시키는 요인으로 작용한다.

⑤ 국내 공급자에 대한 경쟁 도입(introduction competition to domestic suppliers) 산업 내에서 가격과 서비스 수준을 유지하기 위해 경쟁력에 의존하는 기업들은 국내 공급기반의 경쟁력을 유도하기 위해서 글로벌 소싱을 활용한다. 공급체인망 시장이 보다 경쟁력 있는 시장이 되기 위해서 시장의 지배력이 미국의 공급자로부터 구매자에게 이동하거나, 혹은 판매자로부터 구매자

에게 이동하는 형태를 보인다.

⑥ 경쟁자의 구매패턴에 대한 대응(react to buying patterns of competitors) 글로벌 소싱 시장에서 경쟁자의 구매패턴에 대해서 대응하는 전략을 취하는 기업들은 많지 않다. 글로벌 소싱에 참여하는 기업들은 경쟁기업의 구매패턴을 따라하거나, 경쟁자의 전략을 모방하는 일은 거의 없다. 진입시장과 지역이 같은 입지에서 경쟁기업과 동일하게 글로벌 소싱 전략을 채택하게 되면 위험이 증가하고 글로벌 시장에서 원가 열위로 밀려날 가능성이 높기 때문이다.

⑦ 현재 해외시장 진출(estabilish a presence in a foreign market) 글로벌 소싱을 하는 기업들은 제품과 서비스의 잠재적 시장규모를 보고 현재 시점에서 해외시장에 진출하는 경우가 있다. 기업이 내부적으로 역량이 부족한 상태에서 현지시장에 진출하는 것은 단기적으로 손실로 작용할 수 있으나, 장기적으로 해외시장에서 신뢰를 쌓아가면서 현지기업과 좋은 유대관계를 맺으면서 향후 시장 확대의 교두보로 활용될 수 있다.

 그림 11-3 글로벌 소싱의 동기

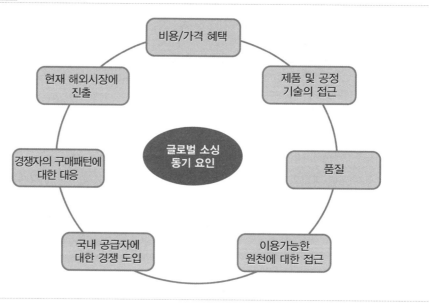

II 글로벌 소싱의 전략적 방향

01 | 글로벌 소싱의 중요성

　오늘날 글로벌 소싱이 공급자 관계와 일치성, 공급자의 선발, 협상을 바탕으로 한 관계를 중심으로 그 중요성을 살펴보고자 한다. 공급자 관계와 일치성을 보면, 대부분의 기업들도 제품 공급자와의 접속 네트워크 설계와 관계에 있어 오랜 거래시간 동안 돈과 에너지를 투자해 왔다. 실질적으로 그들은 이러한 일들을 하는 네트워크를 만들어 왔다. 그러나 새로운 공급원의 기회를 찾는 것은 쉽지 않다. 공급자 일체성 프로세스의 예는 종종 북미에서 일어나는데, 이는 공급자들 간에 광범위한 정보가 표준화된 비즈니스 언어로 널리 존재한다. 대부분의 기업들 또한 공급 관리와 공급원 조직이 잘 알려진 영역에서 일하는 것을 경험해 왔다. 그러나 중국 같은 비용이 낮은 국가들은 공급원 정보가 분열되어 이를 얻어내기가 어렵다. 이러한 복잡성은 언어의 차이에 의해 더 커지고, 이는 글로벌 공급자들을 다룬 경험이 있는 사람이나 재교육된 사람을 필요로 한다.[9]

　공급자의 선발을 보면, 권유와 선발 그리고 선발 후보자 명단을 만드는 과정을 통해 이루어진다. 미국의 경우 그들이 아시아 사람과 함께 일을 할 때 또는 서부 유럽인들, 심지어 멕시코인 공급자들과 일을 할 때까지 쉽게 변화시킬 수 있기 때문이다. 이러한 논거의 예를 들자면 정보는 시스템의 한계성과 언어의 장벽 때문에 이를 얻기 어려울 뿐만 아니라 통합하고 제공하는 것도 어려워진다. 품질 표준화와 합법적인 감시는 아마도 엄격하지는 않을 것이다. 그 의미는 충분한 근면 책임감들이 공급관리자들에게 더 많이 있다는 것이다.[7]

　협상을 바탕으로 한 관계를 보면, 기업들은 품질과 서비스, 가격을 협상할 때 지역 비즈니스 문화 관계들의 이해를 구체화할 필요가 있다. 이것은 특히나 중국에 일치하는데 이것은 자본주의와 다른 경제 체계를 갖춘 많은 국가들에 있어 흔히 일치한다. 예를 들어 중국에서 알맞은 관계가 아니면 고객을 우선시하는 일은 없다. 사실 중국은 관계에 있어서 종종 상업적인 실질성만을 강조한

다. 이것은 그리 빠르지는 않지만 변화하고 있다.[9]

02 | 글로벌 소싱의 전략적 방향

　지속적인 글로벌 소싱을 유지하기 위하여 재정능력이 안정적인 파트너를 선정해야 한다. 파트너의 재정상황으로 인해 글로벌 소싱이 중단되면 운송지연, 납기지연 등의 여러 가지 문제가 발생할 수 있다. 파트너기업과 글로벌 소싱을 체결하는 과정에서 리드타임이 단축된 업체와 리드타임이 긴 업체 간의 글로벌 소싱을 체결하게 되면 한쪽 파트너는 글로벌 소싱을 통해서 이점이 발생되는 반면에, 다른 쪽 파트너는 리드타임의 결과로 나타나는 재고로 인해서 비용이 증가하는 결과가 나타나게 된다.[8] 기업들은 글로벌 소싱을 통해서 낮은 비용으로 기업 내부의 기능을 제공받으려고 하고 있으며, 실제로 글로벌 소싱을 체결하는 기업들 중에서 비용이 낮은 기업들과 파트너십을 체결하면서 글로벌 소싱을 통한 비용 우위의 이점을 활용하고 있다. 본 장에서는 글로벌 소싱의 전략적 방향으로 신중성, 특유성, 상호보완성을 중심으로 설명하고자 한다.[10]

① 신중성(discretionality)
　공급자와 구매자는 글로벌 소싱 시장에서 신중성을 가지고 시장에 참여하고 있다. 2020년대의 글로벌 소싱은 공급자와 구매자 간의 신중성과 상호의존성을 중심으로 글로벌 소싱을 관리해 나가야 한다. 이 시기는 지금보다 글로벌 소싱 시장에 불확실성이 높아지며 시장의 동태성이 증가하기 때문에 파트너기업 간의 신중성은 필수적이며, 여기에 파트너기업 간의 상호의존성이 높은 경우에 글로벌 소싱을 통한 성과가 증가하게 나타난다.

② 특유성(specificity)
　글로벌 소싱에 참여하는 공급자와 구매자는 다른 기업과 차별적 우위를 확보할 수 있는 특유성을 가지고 있어야 성공적인 글로벌 소싱관계를 유지하면서 사업성과도 향상되는 결과를 가져올 수 있다. 2010년대의 글로벌 소싱은 공급자와 구매자가 보유하고 있는 제품, 기술, 생산, 시장 부문에서 특유성을 확보하고 있으면서, 파트너기업 간의 상호의존성을 높이면서 장기간 지속적인 글로벌 소싱관계를 형성하게 된다.

③ 상호의존성(interdependence)

글로벌 소싱에 참여하는 공급자와 구매자는 글로벌 소싱이 장기간 지속될수록 상호의존성이 높아진다. 2000년대의 글로벌 소싱은 전 세계시장에서 공급자와 구매자는 글로벌 소싱을 통해서 발생하게 될 위험요인 때문에 신중하게 글로벌 소싱에 참여하였고, 글로벌 소싱에 참여한 이후에는 파트너기업 간의 상호의존성이 높은 결과를 보였다. 파트너기업 간의 상호의존성이 높다는 것은 글로벌 소싱을 지속적으로 장기간 협력관계를 유지하는데는 효과적이나, 파트너기업 간의 기회주의적 행동을 막지 못하는 결과를 보였다.

✅ 그림 11-4 　글로벌 소싱의 전략적 3가지 방향

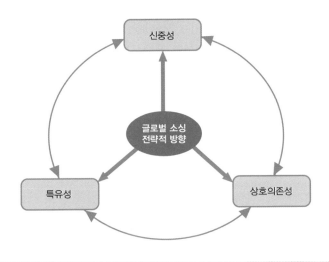

03 | 국제구매와 글로벌 소싱의 발전

국제규모와 글로벌 소싱은 국내구매단계에서부터 국제구매단계까지 국제화가 진행되고, 더 나아가 전 세계지역에 산재해 있는 품목, 과정, 설계, 기술을 글로벌하게 조정하고 통합하는 단계까지 발전한다. 국제구매와 글로벌 소싱의 발전 과정을 보면 국내구매한정 함 단계에서 출발하여, 국제규모필요 시 단계에서부터 국제규모부분적 전략적 소싱 단계까지로 이어진다. 또한 사업단위의 글로벌 소싱 전략의 통합 및 조정 단계로부터 기능별 집단의 글로벌 소싱 전략의 통합 및 조정까지는 글로벌 소싱에 해당된다.[6]

① 국내구매(한정함) 기업이 국내에 한정해서 구매가 이루어지는 1단계이며, 글로벌 소싱 또한 자국 내 생산시설을 갖춘 공급자가 공급하는 제품과 서비스를 국내적으로 구매하기 때문에 1단계에서는 국내구매와 소싱 간의 차이는 없다.

② 국제구매(필요시) 기업들이 필요시에 국제구매를 하는 2단계이며, 기본적인 국제구매는 보통 입지와 사업단위 간의 대응을 하나, 아직까지 조정을 하는 단계는 아니다.

③ 국제구매(부분적 전략적 소싱) 기업들이 국제구매를 하면서 부분적으로 전략적 소싱을 하는 3단계이며, 전략적 소싱의 주요 개선 사항들을 채택하고 접목하는 과정에서 전략적 소싱 전략이 수행된다. 이 단계에서 전략적 소싱 전략은 전 세계의 구매 입지, 운영센터, 기능별 집단, 사업단위 등을 아직까지 조정하는 단계는 아니다.

④ 사업단위의 글로벌 소싱 전략의 통합 및 조정 전 세계의 구매 입지 간의 글로벌 소싱을 통한 통합과 조정을 하는 4단계이며, 이 단계에서 사업단위의 글로벌 소싱 전략의 통합 및 조정은 전 세계 정보시스템, 정교한 지식과 기술을 갖춘 인력, 확장된 조정 및 커뮤니케이션 기능, 글로벌 통합의 중앙 통제를 촉진할 수 있는 조직구조, 소싱의 글로벌 접근을 지지할 있는 리더십 등이 기업에 갖추어져 있어야 한다.

⑤ 기능별 집단의 글로벌 소싱 전략의 통합 및 조정 4단계에서 글로벌 소싱 전략의 통합 및 조정이 산업단위에서 발생한 반면에, 5단계에서는 기능별 집단에서 발생한다. 이 단계는 소싱의 국제화 과정이 가장 많이 진화된 단계이며, 전 세계지역에 산재해 있는 품목, 과정, 설계, 기술을 글로벌하게 조정하고 통합하는 단계이다. 또한 기업이 신제품을 개발하거나, 에프터마켓 요구사항 혹은 지속적인 수요를 충족하기 위해 품목 및 서비스를 소싱하는 과정에서 글로벌 소싱 전략의 통합을 활용한다.

그림 11-5　국제구매와 글로벌 소싱의 발전

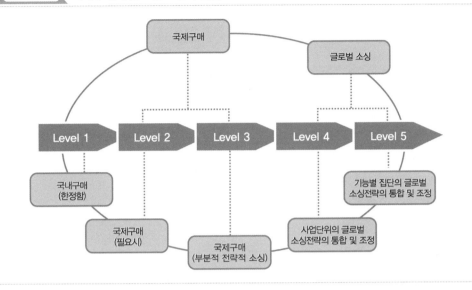

III 글로벌 조달

01 | 글로벌 조달의 주요 역량

1) 글로벌 조달의 개념

글로벌 조달이란 전 세계 시장에서 기업이 상품 및 서비스 계약을 맺어 필요한 자원을 획득하여 기업 주체 활동을 원활하게 하는 것을 뜻한다. 글로벌 조달은 저렴한 비용으로 얻게 되는 이점과 함께, 비즈니스의 글로벌화로 인해 동일한 품질과 수량의 제품을 판매하면서 인건비 및 자재 비용 절감의 혜택을 누릴 수 있는 이점도 작용한다. 기술과 관련한 글로벌 조달은 기본적으로 기업이 보유하지 못한 기술을 글로벌 조달로부터 확보하여 단기간에 글로벌 경쟁력을 확보하는 데 있다.

글로벌 조달은 비용 절감, 글로벌 경제 활성화, 소비자 기반 확대라는 이점 등이 있다. 비용 절감은 생산과 서비스 활동에 참여하는 기업들이 전 세계시장을 대상으로 가장 값싼 원료 및 원자재를 공급받음으로써 비용 절감 효과를 누릴 수 있으며, 글로벌 경제 활성화는 많은 기업들이 글로벌 조달에 적극 참여하고 전 세계 생산의 유휴시설을 적극 활용함으로써 글로벌 경제 활성화에 기여하는 효과로 나타난다.[12]

2) 글로벌 조달의 주요 역량

글로벌 조달은 글로벌 비즈니스를 수행하는 기업에게 비용절감의 이점을 제공함과 동시에, 전 세계시장에서 재화 및 서비스를 효율적으로 공급함으로써 글로벌 경제를 활성화시킨다. 글로벌 조달을 수행하는 기업들은 본국과 투자국 모두에게 소비자 기반을 확대함으로써 기업의 지속성장 가능성에 기여하면서 국가경제에 긍정적으로 작용하게 된다. 글로벌 조달시장은 정부조달, 공공조달, 글로벌 조달, 디지털 조달, e-조달 등 조달시장의 범위와 규모가 폭넓다. OECD2018에서는

2025년에 글로벌 조달의 주요 이슈를 새로운 문화, 새로운 자세, 새로운 협상력, 새로운 조직력 등 4가지 요소로 결정하고 글로벌 조달의 핵심 지표로 보고 있다. 본 장에서는 글로벌 조달의 주요 역량으로 사람, 위험, 지속가능성, 글로벌화, 통합화, 금융, 혁신, 협력, 투명성, 정보 등 10가지에 대해서 살펴보고자 한다.[13]

① 사람(people) 글로벌 소싱 분야에서 글로벌 조달에 참여하는 사람들은 새로운 문화를 가진 사람들로써 새로운 조직력을 기반으로 대하기 때문에 글로벌 조달에 참여하는 기업들은 새로운 자세와 새로운 협상력을 가지고 대응할 필요가 있다.

② 위험(risk) 글로벌 조달에서 위험이 발생하게 되면 불확실한 미래에 발생할 수 있는 상품, 서비스, 자본 또는 정보에 부정적인 영향을 미치게 되며, 위험이 발생하는 범위는 보험, 금융, 인류, 조직행동에 이르기까지 예측할 수 없는 위험으로 인해서 막대한 손실을 유발하기 때문에 글로벌 조달의 효과를 높이기 위해서 위험을 잘 관리해야 한다.

③ 지속가능성(sustainability) 지속가능성은 장기간 지속되는 실제 이익과 생산의 증가를 말한다. 글로벌 조달은 경영환경의 불확실성 하에서 기업들이 글로벌 조달 활동을 통해서 지속가능성을 달성하면서 미래에도 지속적으로 성장하는 것을 말한다.

④ 글로벌화(globalization) 글로벌화는 정치적, 사회적, 종교적 차원에서도 광범위하게 논의되지만, 경제적 차원에서도 심도 있게 논의된다. 글로벌 조달 측면에서 글로벌화는 국가 간에 교류를 저해하는 각종 관세 및 비관세장벽이 완화되어 상품, 생산요소, 기술, 정보 등 경제적 교류가 내용적으로 확대되고, 지리적으로 확산되는 변화의 과정 등이 글로벌 조달의 효과를 증진시키는데 기여한다.

⑤ 통합화(integration) 공급체인관리에 참여하고 있는 공급자, 구매자, 고객 간의 글로벌 소싱과 관련된 기술, 정보, 지식을 함께 공유하고 통합화하는 과정이 성공적인 공급체인관리의 운영에 필수적이다. 글로벌 소싱에서 통합화는 단지 공급자와 구매자, 고객 간의 통합화 뿐만 아니라, 공급체인관리의 원자재, 완성품, 자금, 지식, 정보 등을 통합화하는 것을 모두 포함한다.

⑥ 금융(finance) 글로벌 조달은 전 세계의 금융자산이 자율화되고 글로벌화됨으로써 글로벌 조달이 촉진되는 결과를 가져 왔다. 글로벌 조달은 단지 원료 및 원재료를 값싸게 구매함으로 얻게 되는 상품 및 서비스의 조달뿐 아니라 금융의 글로벌 조달을 통해서 자본비용이 낮은 금융 자산을 실물경제에 활용하여 이익을 획득할 수 있다.

⑦ 혁신(innovation) 글로벌 조달은 공급체인관리를 통해 효과가 극대화되는 결과를 가져온다. 신제품의 개발 및 생산, 신기술의 도입 및 활용 등에서 나타나는 혁신은 글로벌 조달의 효과가 더욱 확대되는 결과를 낳는다.

⑧ 협력(collaboration) 오늘날 기업들은 과거의 일대일 경쟁에서 오는 기업의 이점을 추구하는 것보다는 글로벌 조달 활동, 즉 기업 간 협력을 통한 상호이익이 증진되는 결과가 나타난다. 글로벌 소싱 분야에서 특히 글로벌 조달은 공급자와 구매자 간의 파트너십을 통한 협력 이점이 활발하게 일어나고 있다.

⑨ 투명성(transparency) 오늘날 전 세계로 공급되는 상품과 서비스는 공급체인관리를 통해 원자재, 완성품, 자금, 지식, 정보 등이 흘러가는 구조를 보이고 있는데, 특히 공급체인관리에서 글로벌 조달은 파트너기업 간의 투명성을 전제로 하고 있으며, 투명성이 확보된 글로벌 조달 네트워크는 장기간 파트너기업 간의 상호이익을 높이는 데 기여하고 있다.

⑩ 정보(information) 글로벌 조달 시장에서 정보는 시장정보의 접근성, 기술정보의 공유, 신기술정보의 활용 등 많은 정보 유용성을 제공한다. 글로벌 조달에 참여하는 기업들은 공급자와 구매자 간의 장기 협력관계를 유지하기 위해 정보를 누구와 공유할 것이며 어떻게 활용할 것인가에 대해 심도있게 고민해야 한다.

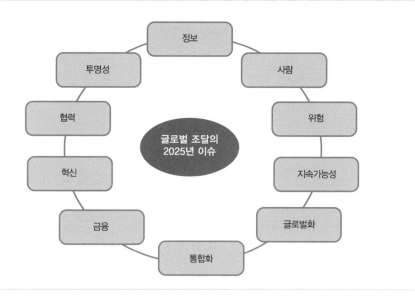

그림 11-6 글로벌 조달의 2025년 이슈

02 | 전자조달 요인

전자조달e-procurement은 기존의 수작업 위주의 조달 작업을 디지털화함으로써 업무의 효율성과 비용을 절감하는 전략이다. 조달 과정의 효율적인 전자화를 통해 연락과 계약 등 반복적인 활동에 소요되는 시간과 노력, 비용을 획기적으로 줄일 수 있으며, 이 과정에서 제품의 주문이 접수되면 구매가 승인되고 이를 신속히 처리하고 대금을 지불하는 과정이 포함된다.[14] 오늘날 전자조달이 중요하게 각광받고 있는 것은 전자조달시스템을 활용하는 기업들이 글로벌 소싱을 통해서 일상의 소모적인 거래활동에서 벗어나 부가가치를 만들어낼 수 있는 비즈니스에 초점을 맞추는 방식을 채택함으로써 그 중요성을 갖게 된다.[15] 오늘날 기업경영에 있어서 물류와 조달이 기업의 중요한 관리대상으로 떠오르면서 공급체인관리와 전자조달이 핵심적 관리 기법으로 부각되고 있다. 공급체인관리는 기업 전체 물류 관리 업무를 최첨단 정보통신기술과 새로운 물류 관리 기법을 활용해서 기업 내부의 최종 사용자로부터 관련 부서와 기업 외부의 이해관계자에 이르기까지 공급체인망을 실시간으로 관리하고 운영할 수 있기 때문에 공급체인관리에서 전자조달은 조달 업무의 디지털화를 통해 조달에서 원가 절감을 실현하고 있다.[16] 본 장에서는 전자조달의 결정요인으로 전자조달 영향요인과 전자조달 성과요인으로 구분하여 살펴보고자 한다. 전자조달 영향요인은 기술, 조달정책, 최고경영자 지원, 조직구성원 역량 등의 요인으로 살펴보고, 전자조달 성과요인은 정보기술 사용, 전자조달 도구 및 서비스 이용, 혁신, 전자조달 사용, 의사결정 과정 등의요인에 대해서 설명하고자 한다.

1) 전자조달 영향요인

① 기술(Technology) 정부가 e-조달을 촉진하기 위해서 전산화된 재고기법, 온라인 커뮤니케이션을 적극적으로 활용하고 있으며, e-조달 실행을 활성화하기 위해서 e-조달과 관련된 기술지원, 기술변화수용, 신기술지원을 적극적으로 촉진한다.

② 조달정책(Procurement policy) 정부가 e-조달을 촉진하기 위해서 규제를 적절하게 사용하고 있으며, 정부가 e-조달의 활성화를 위해서 정책적 지원, 기술수용과 관련된 정부지원, e-조달 사용과 관련된 교육훈련을 적극적으로 제공하고 있다.

③ 최고경영자 지원(Top management support) 정부가 e-조달을 촉진하기 위해서 관리수준, 의사결정과정을 중요한 요인으로 인식하고 있고, e-조달 실행을 위해서 적극적으로 재정지원하면서 조직문화와 조직구조를 e-조달에 최적화시켜 유연하게 관리해 나간다.

④ 조직구성원 역량(Staff competence) 정부가 e-조달을 촉진하기 위해서 조직구성원들의 경험, 교육수준, 스킬, 전문가격 등을 중요하게 인식하고 있고, e-조달의 활성화를 위해서 조직구성원에 대한 교육훈련과 전문성 개발을 통하여 조직구성원의 역량을 높여 준다.

2) 전자조달 성과요인

① 정보기술 사용(Use of information technology) 정보기술을 사용함으로써 e-조달 업무에 참여하는 조직구성원의 운영효율성이 개선되었다.

② 전자조달 도구 및 서비스 사용(Use of e-procurement tools and services) e-조달 도구 및 서

비스를 사용함으로써 e-조달과 관련된 데이터 관리가 개선되었다.

③ 혁신(Innovation) e-조달 혁신을 통해서 데이터 정확성이 높아졌다.

④ 전자조달 사용(Use of e-procurement) e-조달을 글로벌 소싱에 활용함으로써 부서 데이터 관리가 용이해 졌다.

⑤ 의사결정과정(Decision making process) e-조달을 글로벌 소싱에 활용함으로써 의사결정과정이 빨라졌다.

그림 11-7   **전자조달의 결정요인**

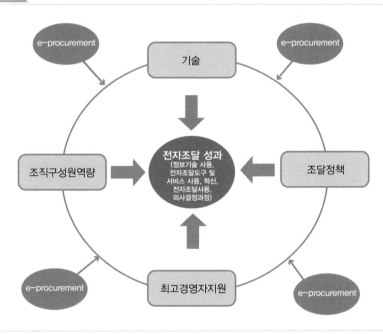

CHAPTER 11
Case ▶

"미국 연방정부 480조 조달시장 진출 전략"

미국 연방정부 조달시장은 2014년회계연도 기준 약 480조원4450억달러에 이르는 세계 최대 단일 조달시장이다. 지난해 한국정부 전체 예산375조원보다도 20%를 웃도는 규모다.

한국 기업은 이 시장에 직접 참여하는 길을 적극 모색해야 한다. 미국과의 자유무역협정FTA 체결로 미국산 우선구매법Buy American Act의 제한을 받지 않는 북대서양조약기구NATO 국가 기업들과 같은 법적 지위를 확보하고 있다. 일부 국방 제한 품목을 제외한 대부분의 제품에 대해 미국 정부 조달사업에 직접 참여할 수 있다는 뜻이다.

또 한국은 일반무역협정Trade Agreement Act 대상국으로서 일반 품목의 공공조달 입찰에도 참여할 수 있기 때문에 미국 정부조달을 위해 거쳐야만 하는 미국 조달청 계약관리시스템SAM 등록 시 한국 기업이라고 해서 제한받지 않는다.

한국 기업들이 매달리고 있는 주한미군 조달사업은 미국 연방정부 조달시장의 일부일 뿐이다. 2014년 기준 약 2조원18억달러 규모로 미국 연방 전체 조달구매예산의 0.5%에 불과하다. 주한미군 조달사업은 미국 정부가 정식으로 정부예산으로 배정하는 충당자금 이외에 한국 내 수익금으로 구성된 미충당자금과 한국방위분담금으로 구성돼 있어 순수한 미국 연방정부 예산으로 볼 수는 없다.

현재 미국 연방조달통계시스템FPDS에 나오는 한국 기업의 연방 조달계약 실적은 미국 방산업체로부터 구매하는 엄청난 무기체계와 방산장비를 감안하면 매우 작은 규모다. 그럼에도 한국 업체 간 저가입찰을 통한 과당경쟁으로 제대로 된 수익을 거두지 못하고 있다.

유엔 조달시장 역시 마찬가지다. 2015년 기준 한국 정부는 유엔 회원국 중 13번째로 많은 5,000만달러 이상 분담금을 부담하고 있다. 하지만 모든 유엔 가입국에 개방된 유엔 조달시장에서 한국 기업은 2015년 기준 약 45억원420만달러 규모로 조달 순위 48위에 머물고 있다. 한국의 유엔 분담금 부담 수준을 감안할 때 한국 기업이 유엔 조달시장에서 유엔 분담금의 10%도 안 되는 실적에 그치고 있는 것은 비정상적인 구조다. 적어도 유엔 조달실적의 30% 이상을 점유해야 마땅하다.

한국 기업들이 미국 연방정부조달이나 유엔 조달시장에 좀 더 적극적으로 참여하기 위해서는 몇 가지 구체적인 행정 및 사업전략이 필요하다.

　　첫째, 한국 정부의 장기적이고 전략적인 계획과 지원이 필요하다. 기업 자체적으로 이 시장을 공략하기에는 구조적 한계가 있다. 유관 기관들의 유기적이고 일관성 있는 전략과 정책적 배려가 절실하다.

　　둘째, 공공조달은 사전에 철저히 준비된 기업만이 성공할 수 있다. 기술력, 실적, 가격과 관련한 기업역량을 키우고 장기적인 사업 계획을 갖고 접근하며, 일반적으로 공정한 평가를 하는 미국 연방조달규정과 유엔 조달규정에 따르면 목표를 달성할 수 있을 것이다.

　　셋째, 해외 공공조달 성공의 관건은 다른 업체와의 협업과 업무협조에 있다. 한국 기업은 미국 연방법에 따라 전체 조달 예산의 23%약 110조원 규모 조달사업을 보장받고 있는 미국 중소기업청SBA의 우대기업과 파트너십을 통한 진출을 검토해야 한다.

　　마지막으로 공공조달 전문가를 양성해 새로운 시장을 개척하고 해외 공공조달 시장 진출을 원하는 기업에 청년 취업을 유도하는 것이야말로 창조경제를 실현시키는 길이다. 조달규정, 절차, 기업분석, 제안서 작성 등 전문적이고 체계적인 교육이 필수적이다.

출처: 김만기, 「480조 미국 연방정부 조달시장을 뚫자」
『한국경제 biz칼럼』, 2016.06.23.

참고문헌

1. 김창봉·장영철, 한국수출입기업의 글로벌 아웃소싱 결정요인에 관한 실증적 연구, e-비즈니스연구, 제13권 제5호, 2012, pp.101-119.

2. Tressin, T. and Richter, N. F., The Influence of Organizational Structure on International Purchasing Success, Proceeding Paper, 2nd International Symposium on Partial Least Squares Path Modeling, Seville (Spain), 2015.

3. Mbole, K. B. and Mwangi, G. J., Influence of Global Sourcing and Supply Chain Performance in The Manufacturing Sector in Kenya, International Academic Journal of Procurement and Supply Chain Management, Vol.1, No.1, 2016, pp.50-65.

4. Walmart, 2013 Global Responsibility Report, 2013.

5. Gonzalez-Padron, T. Hult, G. T. and Calantone, R., Expliting Innovative Opportunities in Global Purchasing: An Assessment of Ethical Climate and Relationship Performance, Industrial Marketing Management, Vol.37, 2008, pp.69-82.

6. Coyle, John J., Edward J. Bardi, C. and John Langley Jr., The Management of Business Logistics: A Supply Chain Perspective 7th Edition, 2003.

7. 김창봉·박완수, 글로벌 아웃소싱의 전개와 성과에 관한 연구, 통상정보연구, 제14권, 2012, pp.153-174.

8. 김창봉·서정위·박영연, 중국 수출입 제조 기업의 물류서비스 요인과 파트너십 및 아웃소싱 효과의 영향관계 연구, 무역연구, 제10권 제6호, 2014, pp.313-331.

9. 김창봉·왕소, 중국 제조기업의 공급체인 통합수준이 기업의 아웃소싱 수준에 미치는 영향에 관한 연구, 국제상학, 제29권 제3호, 2014, pp.77-96.

10. Jia, Fu, Guido Orzes, Marco Sartor. and Guido Nassimbeni, Global Sourcing Strategy and Structure : Towards a Conceptual Framework, International Journal of operations & Production Management, Vol.37, No.7, 2017, pp.840-864.

11. Jensen, Per Anker, Strategic Sourcing and Procurement of Facilities Management Services, Journal of Global Operations and Strategic Sourcing, Vol.10, No.2, 2017, pp.138-158.

12. Audet, D., Government Procurement: A Synthesis Report, OECD Journal on Budgeting, Vol.2, No.3, 2002, pp.149-194.

13. Burton, N., Procurement 2025: 10 Challenges that will Transform Global Sourcing, 2015.

14. Knudesen, Paniel, Aligning Corporate Strategy, Procurement Strategy and e−Pro curement Tools, International Journal of Physical Distribution & Logistics Management, Vol.33, No.8, 2003, pp.720−734.

15. Jensen, P. and Petersen, B., Global Sourcing of Services and Manufacturing Activities: Is it any Different?, Working Paper, 2012.

16. Choga, M. R. and Kipkorir, G., Strategic Determinants of the Implementation of Electronic Procurement in the Public Sector: A Case of County Government of Kilifi, The Strategic Journal of Business & Change Management, Vol.4, Iss2, 2017, pp.69−87.

CHAPTER

12

국제표준인증과
글로벌 파트너십

학습 목표

1. 국제표준인증의 개념과 유형에 대해서 이해한다.
2. 글로벌 공급체인관리와 국제표준인증 간의 관련성을 이해한다.
3. 국제표준인증의 주요 이슈를 이해한다.
4. 주요 국제표준인증 사례를 학습한다.
5. 최근까지 구축한 국제표준인증 유형에 대해 학습한다.
6. 향후 국제표준인증의 전개 방향에 관해 논의한다.
7. 글로벌 파트너십에 관한 개념을 이해한다.
8. 공급체인관리의 글로벌 파트너십의 주요 이슈를 이해한다.

CHAPTER 12 Content

Introduction: ISO 국제경영시스템 표준의 변천

Ⅰ. 국제표준인증의 개요

Ⅱ. 글로벌 파트너십의 개념

Ⅲ. 국제표준인증과 글로벌 파트너십

Chapter 12 Case: IBM, 머스크, 딜로이트의 글로벌 파트너십

Introduction

"ISO 국제경영시스템 표준의 변천"

ISOfocus 7-8월 호에서, Garry Lambert는 경영시스템 표준MSS: Management System Standards의 지난 30년을 되돌아보고 경영시스템 표준이 조직과 고객 그리고 사회 전반에 미치는 영향을 강조하였습니다. 세계 최초의 경영시스템 표준인 ISO 9001이 1987년에 발행되었을 때, ISO 9001이 전 세계 모든 산업 분야에 걸친 60개 이상의 경영시스템 표준MSS: Management System Standards 개발을 이끌어 낼 것이라고 누가 상상할 수 있었을까요?

Lloyd's RegisterLR은 그 시작부터 함께하였습니다. Lloyd's Register Quality AssuranceLRQA은 품질경영 시스템QMS 인증서를 발행할 수 있는 인정accreditation을 획득한 첫 인증 기관이었습니다. LRQA는 경영시스템 인증의 성장과 경영시스템 인증이 전세계 조직에 주는 이점들을 지켜보았습니다. 2015년에 발행된 ISO 9001과 ISO 14001 개정판은 기술, 경영 환경 그리고 새롭게 성장한 서비스 분야에서 요구하는 사항들이 반영되었습니다. LR System and Governance Manager인 Steve Williams은 다음과 같이 말하였습니다.

"전 세계가 변화하고 있기 때문에 이를 반영하기 위한 표준 개정이 필요합니다. 표준을 개정함으로써, 진정한 성공의 척도로 한발 더 다가가게 되는데 이는 조직이 효율적이고 효과적으로 새로운 표준으로 전환하고, 변화를 받아들이며 경영 시스템의 이점을 실현할 때 가능합니다. 이를 통해 해당 조직은 '규정 준수' 상태에서 '성과' 창출의 단계로 발전시킬 수 있습니다.

ISO/TC 307같은 새 표준들이 새로운 기술을 다루고 이를 응용하기 위해 연구되고 개발되고 있습니다. 따라서 ISO표준은 다가올 미래에 우리 모두의 삶에서 큰 역할을 할 것으로 확신합니다.

"ISO 9000과 ISO 14000은 전 세계적으로 가장 포괄적인 경영시스템 표준을 위한 촉매제 역할을 하였습니다. 비즈니스, 산업, 정부의 전문가들이 더 안전하고, 지속가능하며 낭비가 없는 세상을 만들기 위해 표준에 대한 요구에 부응하는 경영시스템 표준을 개발하였기 때문입니다."

"관료주의적인 것에서 벗어나, 훨씬 더 많은 ISO 경영시스템 표준들이 놀라운 방식으로 실용성과 혁신을 결합하고 있습니다. 예를 들어, ISO 20121:2012는 2012년 런던 올림픽 대회에서 이벤트 지속 가능 경영을 가능하게 하였으며, 스웨덴 말뫼Malmö에서 열린 2013 Eurovision Song Contets가 지속가능한 이벤트로 전환할 수 있도록 사용되었습니다."

출처: Garry Lambert, 「국제 경영시스템 표준의 지난 30년을 되돌아 보며」,
『ISOfocus, July–August 2017』, 2017.07.24.

Ⅰ 국제표준인증의 개요

01 | 국제표준인증과 글로벌 무역규제

오늘날 기업들은 글로벌 시장에서 진입하는 데 있어서 환경, 기후, 기술, 물류 등과 관련된 비관세 장벽으로 인해서 글로벌 무역규제가 갈수록 심화되고 있는 추세이다. 이 글로벌 무역규제의 환경 속에서 환경, 기후, 기술, 물류 등과 관련된 국제표준인증을 획득하지 못한 기업들은 글로벌 시장에 진입하기도 어려울 뿐만 아니라, 기업의 생존권까지도 위협받는 상황에 직면하게 되었다. 본 장에서는 기업들에게 있어서 국제표준인증이 공급체인관리에서 중요하게 부각되게 된 이유를 국제표준인증 획득을 통한 파트너십 강화, 기술력 확보, 사업성과 측면을 중심으로 설명하고자 한다.

국제표준인증 획득을 통한 파트너십 강화를 보면, 기업 간의 전통적 파트너십은 원가절감, 납기단축, 신뢰성 구축, 운송의 정확성에 초점이 맞추어져 있었으나, 오늘날 글로벌 파트너십은 국제표준인증을 획득한 기업 간의 제조와 판매 간 거래, 제조와 물류 간 거래, 물류와 판매 간 거래에서 로지스틱스 정보를 공유하고, 로지스틱스 지식을 확산하고, 로지스틱스 위험에 공동 대응해 나가는 글로벌 파트너십을 강화시켜 나가고 있다.[1]

국제표준인증 획득을 통한 기술력 확보를 보면, 기업 간의 전통적 파트너십은 문화적 차이, 지역별 차이, 기술적 격차 등에 초점이 맞추어져 있었으나, 오늘날 글로벌 파트너십은 공급체인관리의 통합적 관점에서 기술력 확보를 담보로 한 국제경쟁력을 강화하는 방향으로 발전되고 있다. 기업들이 글로벌 시장에서 경쟁하기 위해서 국제무역의 흐름을 이해하고, 국제표준인증 획득을 통해서 기술력을 확보하고, 국제적으로 공인된 기관에서 국제표준인증을 획득하는 것이 기업의 생존에 영향을 미친다.[2]

국제표준인증 획득을 통한 사업성과를 보면, 글로벌 시장에서 경쟁하는 기업들 중에서 국제표준인증을 획득한 기업들이 기술적 우위를 통한 경쟁우위를 획득하고 있을 뿐만 아니라, 국제표준인증을 획득한 기업 간에 글로벌 파트너십을 강화시킴으로서 사업성과가 향상되는 결과를 가져왔다.[3] 기업들은 제조, 판매, 물류 부문 간의 파트너십을 확대해나가는 차원에서 국제표준인증, 공인경제운영자AEO, 종합물류기업 인증제도 등을 통하여 제조와 판매 간 거래, 제조와 물류 간 거래, 물류와 판매 간 거래 등에서 글로벌 공급체인관리의 글로벌 파트너십이 강화되고 확산되는 효과를 가져왔다.[4, 5]

02 | 국제표준인증의 확산 배경

오늘날 국제표준인증은 글로벌화의 추세, 신흥개발도상국의 부상, 자유무역협정의 확산 등에 힘입어서 지구촌 구석구석에 전 산업에 걸쳐서 보편적으로 자리 잡게 되었다. 글로벌화의 추세를 보면, 21세기에 있어 최대의 논제 중 하나는 글로벌화의 추세이다. 글로벌화는 정치적, 사회적, 종교적 차원에서도 광범위하게 논의되지만, 경제적 차원에서도 심도 있게 논의된다. 경제적 의미의 글로벌화는 국가 간에 교류를 저해하는 각종 관세 및 비관세장벽이 완화되어 상품, 생산요소, 기술, 정보 등 경제적 교류가 내용적으로 확대되고, 지리적으로 확산되는 변화의 과정이 뚜렷이 목격되는 것을 의미한다양동휴, 2004.[6] 실제 통계적으로도 이를 충분히 확인할 수 있는데, 1980년에서 2010년 사이에 전술 세계의 상품무역은 약 7.5배 증가하였고, 기업에 의한 해외직접투자foreign direct investment : 이하 'FDI'라 한다는 동일한 기간에 비해서 25.7배 증가하였다전응길, 2014.[7] 우리가 사는 지금의 시대는 바야흐로 상품, 자본 등이 국경을 넘나드는 시대임에는 틀림없다. 또한 경제활동을 영위하는 전형적인 경제주체인 가계, 기업 및 정부도 글로벌 시대라는, 과거에 겪어보지 못한 새로운 외부적 환경을 맞이하고 있다.

신흥개발도상국의 부상을 보면, 세계적인 금융기관인 골드만 삭스Goldman Sachs는 2000년대 초반에 개발도상국으로 알려진 브라질Brazil, 러시아Russia, 인도India, 중국China이 향후 세계경제 성장의 한 축을 형성할 것으로 예견한 바 있다Dominic, 2003. 이러한 국가를 이들 국가의 첫 머리글자를 따서 BRICs로 지칭하였다. 또한 이 BRICs 국가들이 2050년에는 세계 경제대국인 미국에 버금가는 국가로 성장할 것으로 예측된 바 있다. 이 BRICs 국가들 중에서도 가장 경제성장이 두드러진 국가는 다름 아닌 중국이었다.[31] BRICs 국가들 중에서 중국의 경제성장이 가장 경이적인 것으로 평가되었다. 중국은 2001년 WTO에 가입한 이후 거의 매년 10%에 가까운 경제성장률을 기록했는데 그 이유 중 하나는 중국이 외국인 투자 자본을 중국으로 많이 유치하였기 때문이다. 또한 외국 자본이 중국으로 투자한 이유는 중국의 인건비가 다른 국가에 비해 저렴하여 중국의 노동력을 이용하려 했기 때문이다.

03 | 국제표준인증의 개념 및 유형

오늘날 기업들은 국제표준화기구ISO에 국제인증을 취득함으로써 해외 국제인증을 취득한 기업들과 파트너십을 체결하면서 기업의 내부 프로세스를 강화하고 경영성과를 향상시키는 결과를 가져왔으며, 기업들이 글로벌화 추세, 개발도상국의 부상, 자유무역협정의 확산과 같은 외부적 환경이 작용하면서, 이 외부적 환경이 제조업, 환경분야, 공급체인 분야에 각각 ISO 9000, ISO 14000, ISO 26000 시리즈와 같은 국제표준인증의 유형으로 발전되었다.[27]

먼저, 국제표준인증의 개념을 살펴보면, 지금의 표준화는 무엇보다 사물이나 절차에 있어 국제표준화의 선점은 단순한 사물의 규격 표준화와는 달리 자국기술의 국제적 확산을 도모하고 그 역량을 넓혀 세계시장에서 사물이나 절차의 세계적 표준화를 도모할 수 있다는 점에서 상당히 중요한 요소로 인식되고 있다Henk et al., 2008. 국제기구를 통한 표준획득이 기업성장의 원동력이 되고, 이는 다른 나라와 경쟁할 때 중요성이 더 커진다. 또한 기업들은 글로벌 경영환경에서 국제표준화기구가 인증한 국제표준인증을 획득함으로써 고객에게 고품질의 제품을 지속적으로 공급할 수 있는 기반을 구축한다.[8]

다음으로, 국제표준인증의 유형을 살펴보면, 대표적으로 잘 알려진 제품과 서비스 관련 ISO 9000인증, 환경관리 방법과 체제 관련 ISO 14000 인증, 사회적 책임 이슈 관련 ISO 26000 인증, 식품위생관리체계 관련 HACCP 인증, 정보통신업체의 품질시스템 관련 TL 9000인증 등이 있다. 유형별로 정리하면 다음과 같다.[9] ISO 9000 인증은 제품과 서비스에 대한 품질시스템 기준으로, ISO 9001은 전 생산 과정에 걸친 품질보증체제와 관련된 국제표준인증이고, ISO 9002는 제조와 설치부문에 한정된 품질보증체제이고, ISO 9003은 최종검사 및 시험에 관한 체제, ISO 9004는 품질경영시스템에 대한 자문 등으로 ISO 9000 인증 시리즈에 속한다.[10]

ISO 14000 인증은 환경관리 방법과 체제를 통일시키기 위해 제정한 국제규격이며, ISO 14000 인증 시리즈에서 ISO 14001을 제외한 나머지 ISO 14000 시리즈는 모두 지침을 상세히 제시하고 있다.[11]

ISO 26000 인증은 산업계, 정부, 소비자, 노동계, 비정부기구NGO 등 7개 경제주체를 대상으로 지배구조, 인권, 노동관행, 환경 공정거래, 소비자 이슈, 공동체 참여 및 개발 등 7개 의제를 사회적 책임 이슈로 규정하고 다루고 있다.[12]

이 외에 식품 위생관리체계와 관련해서 HACCP는 식품위해요소중점관리기준에 관한 국제표준인증의 유형으로 식품의 원재료 생산에서부터 제조과정을 거쳐서 최종 소비자에게 섭취되기 전 단계까지의 식품의 안전성을 확보하기 위한 위생관리체계이다.[9] 또한 TL 9000은 정보통신업체의 품질시스템 규격을 나타내며 Quest Forum에서 1996년에 창설하고 제정한 정보통신 관련 국제표준인증의 유형이다.

표 12-1 국제표준화기구(ISO) 유형

인증 분류	주요 내용
ISO9000	• ISO9000은 제품과 서비스에 대한 품질시스템 기준 • ISO9001은 전 생산 과정에 걸친 품질보증체제 • ISO9002는 제조와 설치부문에 한정된 품질보증체제 • ISO9003은 최종검사 및 시험에 관한 체제 • ISO9004는 품질경영시스템에 대한 자문
ISO14000	• ISO14000은 환경관리 방법과 체제를 통일하기 위해 제정한 국제규격 • ISO14001을 제외한 나머지 ISO14000 시리즈는 모두 지침
ISO26000	• ISO26000은 산업계, 정부, 소비자, 노동계, 비정부기구(NGO) 등 7개 경제주체를 대상으로 지배구조, 인권, 노동관행, 환경, 공정거래, 소비자 이슈, 공동체 참여 및 개발 등 7대 의제를 사회적 책임 이슈로 규정함
HACCP	• HACCP란 "Hazard Analysis Critical Control Points"의 머리글자로서, 식품의약품안전청에서는 이를 '식품위해요소중점관리기준'으로 번역하고 있음 • HACCP란 식품의 원재료 생산에서부터 제조, 가공, 보존, 유통단계를 거쳐 최종 소비자가 섭취하기 전까지의 각 단계에서 발생할 우려가 있는 위해요소를 규명하고, 이를 중점적으로 관리하기 위한 중요 관리점을 결정하여 자주적이며 체계적이고 효율적인 관리로 식품의 안전성(safety)을 확보하기 위한 과학적인 위생관리체계라 할 수 있음
TL 9000	• Telecommunication Leader 9000의 약어로서 정보통신업계의 품질시스템 규격을 나타내며 QuEST Forum에서 제정함 • QuEST Forum은 Quality Excellence for Suppliers of Telecommunications의 약어로 1996년 Bell Atlantic, BellSouth, Pacific Bell 및 Southwestern Bell이 발기인이 되어 창설한 정보

출처: 국제표준화기구(ISO) 홈페이지(https://www.iso.org/about-us.html) 참조

II 글로벌 파트너십의 개념

01 | 글로벌 파트너십의 중요성

디지털 경제의 도래와 함께 기업경영에 있어 공급체인 파트너의 중요성이 강조되고 있다. 이에 따라 기업들은 효과적인 SCM 추진을 위해 다양한 파트너십 전략 개발을 위해 노력하고 있다. 공급체인 파트너십은 파트너십, 파트너링, 제휴관계, 협력관계 등의 용어로 다양하게 회자되고 있다. 파트너십은 기업이 추구하는 전략과도 밀접한 관련성을 맺고 있는데, 기업이 파트너십을 맺는 목적은 비용을 절감하거나 부가가치 수익을 창출하기 위해서 혹은 기술의 향상을 위해서라고 볼 수 있다. 기업은 이러한 목적을 달성하기 위해 서로 경쟁적 관계를 이루기도 하고, 전략적 파트너십 또는 전략적 제휴를 취하기도 한다. 최근 기업들은 협력적 파트너십을 선호하고 있다. 협력적 파트너십은 기존의 공급체인 기업들을 지원해 파트너의 성과 개선을 위해 활동하고, 친밀한 관계를 가지며, 공동 문제 해결 팀을 구성해 지속적으로 협력한다.[13]

오늘날 글로벌 파트너십은 미래 지향성, 상생과 위험공유, 네트워크 연결성, 커뮤니케이션, 정보공유, 운영 정보화 등의 특성을 보인다. 미래 지향성은 파트너 기업 간의 글로벌 파트너십을 형성하는 과정에서 미래 지향성의 비전을 설정하고 장기적 파트너십을 통한 기대와 파트너기업 간의 계약관계를 통한 지속적인 협력관계를 유지하고자 하는 것이다.[14] 상생과 위험공유는 공급자와 구매자의 글로벌 파트너십을 통한 충성도를 높이고, 공급자와 구매자간 경영상의 문제를 공동으로 해결하면서 상호 지원하고 지속적 혁신을 추구해 가는 것이다. 네트워크 연결은 공급체인관리를 통하여 직접적으로 연결하거나, 혹은 공급자와 구매자 간 시스템 호환을 통해서 네트워크를 연결시키고 있다. 커뮤니케이션은 공급자와 구매자 간의 관계를 커뮤니케이션을 통하여 계획을 수립하고 중요한 문제를 해결하고자 한다. 정보공유는 공급자의 상품 사용 이해, 구매자의 수요예측, 기술정보의 상호교환, 해당위원회를 통한 핵심 문제 집중 처리를 통해서 정보를 공유하고 이해력을 높인다. 운영 정보화는 공급자가 규칙적으로 구매자에게 운영계획을 위한 정보를 제공하면서 구매자는 최종 결과만 감독하고, 공급자와 구매자는 정규적으로 공급체인관리의 파트너십을 높이는 것을 말한다.[9]

02 | 글로벌 파트너십의 주요 이슈

글로벌 파트너십은 기업의 기능별 활동 중에서 제조, 판매, 물류 부문에서 활발하게 발생한다. 제조, 판매, 물류 부문의 기업들은 기업의 주요기능을 중심으로 R&D, 본체 및 부품 조립, 구매물류, 출하물류, 판매, 마케팅, A/S 기능을 글로벌 파트너십을 통하여 파트너 기업과 파트너십을 형성한다. 오늘날 기업들은 제조, 판매, 물류 부문 간의 파트너십을 확대시켜나가는 차원에서 국제표준인증, 공인경제운영자AEO, 종합물류기업 인증제도 등을 통하여 제조와 판매 간 거래, 제조와 물류 간 거래, 물류와 판매 간 거래 등에서 글로벌 공급체인관리의 글로벌 파트너십이 강화되고 확산되는 효과를 가져왔다.[19]

오늘날 글로벌 파트너십은 글로벌 공급체인관리에서 제조, 판매, 물류 부문 간의 글로벌 파트너십을 강화하는 과정에서 제조 부분에서 ISO 9000, ISO 10000 국제표준인증이 확대되어 가고 있으며, 상품과 서비스의 통관 부문에서 공인경제운영자Authorized Economic Operator: AEO, 공인경제운영자 상호인증협정Authorized Economic Operator–Mutual Recognition Arrangement: AEO–MRA, 물류 부문에서 ISO 28000 국제표준인증, 종합물류기업 인증제도 등을 도입하여 실무에 활용하고 있다.[5]

공인경제운영자AEO는 관세청이 공인한 AEO 업체에 수출입과정에서 세관 절차상 다양한 혜택을 제공하는 제도이다. 이는 수출입업체, 운송인, 창고업자, 관세사 등 무역과 관련된 업체들 중 관세당국이 법규준수, 안전관리 수준 등에 대한 심사를 실시하고 공인한 업체를 말한다. AEO 업체에 대해서 신속통관, 세관검사 면제 등 통관절차 상의 다양한 혜택을 부여하는 대신 사회 안전, 국민건강을 위협하고 있는 물품의 반입을 차단하고자 하는 것이 AEO의 목표이다.[4]

공인경제운영자 상호인증협정AEO–MRA은 AEO 인증을 받은 국가 간의 상호인증협정을 체결해서 거래 당사자가 속한 국가에서 인증받은 AEO 업체를 상대국에서 동일하게 세관절차상 특혜를 주는 것을 말한다.[15] AEO－MRA가 체결되면 우리나라 AEO 공인기업의 신뢰성과 안전성이 상호 혜택을 바탕으로 국제적으로 인정받게 된다. 상대국 통관절차에서 특례를 적용받을 수 있어 물품 인도의 안전성, 신속성, 예측성 확보가 가능하고 수출입 통관 시 공인경제운영자 상호인증협정을 체결한 국가 간의 통관상 불필요한 중복심사에 해당되는 부분을 방지함으로써 불필요한 물류비용을 절감할 수 있는 효과가 나타난다. AEO 인증 기업군은 대외이미지가 향상되어 상대국 시장에서의 기업 활동에 대한 접근성을 향상시키는 계기로 활용될 수 있다.[16]

ISO 28000은 국제표준화기구에서 제정된 물류보안 인증제도이다. ISO 28000시리즈는 공급체인관리의 보안을 확보하기 위해 산업전반의 어느 조직에서도 적용될 수 있도록 제정된 보안경영시스템이며, 조직이 지속적으로 공급체인관리에서 물류보안환경을 평가하고 충분한 보안조치가 행해지고 있는지의 여부와 법제도 및 강제적 요구사항이 조직에 미칠 영향을 지속적으로 모니터링하면서 문제점을 개선하는 것이다.[17] 또한 종합물류기업 인증제도는 화주기업이 물류업무 일체를 물류전문기업에게 일괄 위탁함으로써 로지스틱스 시스템을 3자 물류 중심으로 개선하면서 영세물류기업의 기능별 로지스틱스 서비스를 개선시키고자 하는 데 있다.[18]

우리나라의 자가물류 중심의 물류시장구조를 제3자물류 중심으로 개선하고, 영세물류기업들이 제공하는 기능별 물류서비스를 개선시켜 화주기업이 물류업무 일체를 물류전문기업에게 일괄 위탁할 수 있는 분위기를 조성하기 위한 것이다.[19] 기업들은 제조, 판매, 물류 부문 간의 파트너십을 확대시켜나가는 차원에서 국제표준인증, 공인경제운영자AEO, 종합물류기업 인증제도 등을 통하여 제조와 판매 간 거래, 제조와 물류 간 거래, 물류와 판매 간 거래 등에서 글로벌 공급체인관리의 글로벌 파트너십이 강화되고 확산되는 효과를 가져왔다.

그림 12-1 | 글로벌 공급체인관리의 글로벌 파트너십

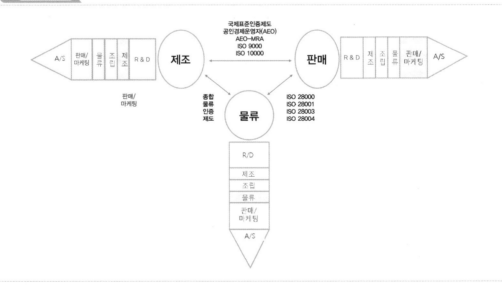

III 국제표준인증과 글로벌 파트너십

01 | 국제표준인증의 이점

글로벌 시장에서 활동하는 공급체인관리 기업들이 국제표준인증을 획득하게 되면 기업이 활동하고 있는 산업에서 상향된 기술수준에서 파트너십 체결이 가능하게 되며, 기술뿐만 아니라 경영 노하우, 글로벌 공급체인관리 정보를 공유할 수 있다는 이점이 있다.

파트너 기업들의 국제표준화기구ISO 국제인증의 취득 유무는 기업 내부적 프로세스의 관리뿐만 아니라 공급자 및 고객과의 관계 관리에서도 상당히 중요한 역할을 한다. 국제표준화기구ISO의 인증 기준은 시대적 변화를 수용하여 인증 기준이 새롭게 변화하고 있으며Andrea, ang Vagnoni, 2017,[20] 이 국제표준화의 인증 기준을 취득한 기업은 170여 국에 걸쳐 수백만 기업이 해당된다. 본 장에서는 국제표준인증의 주요 이슈를 안전관리, 위험관리, 품질관리 등으로 구분하여 설명하고자 한다. 안전관리는 제품안전/안전관리, 위조부품 및 의심되는 비승인부품 금지, 내구 관리 지속, 9110 도입에 따른 새로운 용어, 새로운 생산능력의 평가 등에 대해서 살펴보고, 위험관리는 위험관리, 인식, 관리 대표자, 탈 납기지원, 작업 이전 통제 등에 대한 이해를 높이고자 한다. 또한 품질관리는 품질 매뉴얼, 9110 재정의, 파생 소프트웨어 관련된 IAQG 9115 레퍼런스 제거 등에 대해서 각각 설명하고자 한다.[21, 22]

1) 안전관리[21]

① 제품안전/안전관리(Product safety/Safety management) 국제표준인증에서 요구되고 있는 안전성과평가 조항에 제품안전/안전관리의 내용이 포함되었다.

② 위조부품 및 의심되는 비승인부품 금지(Counterfeit part and suspected unapproved parts prevention)
국제표준인증에서 요구되고 있는 조항에 위조부품 및 의심되는 비승인부품 금지의 내용이 포함되었다.

③ 승인된 부품의 설치(Installation of approved parts) 국제표준인증에서 요구되고 있는 해체한 부품, 수명 제한 부품, 사고 관련 부품 등이 사용 조항에 내구 관리 지속의 내용이 포함되었다.

④ 9110 도입에 따른 새로운 용어(New terms introduced in 9110) "권한 있는 당국", "내구 관리 지속", "해체한 부품", "수명 제한 부품", "유지 데이터", "제품안전", "유자격자", "불승인된 부품" 등을 9110 도입에 따른 새로운 용어로 포함되었다.

⑤ 새로운 생산능력의 평가(Evaluation of new capability) 새로운 생산능력은 유지보수 프로세스 검증과 동일하게 평가하였다.

2) 위험관리[21]

① 위험관리(Risk management) 새로운 국제표준인증 요건과 관련된 최근의 9110 요건에 포함하고, 운영 프로세스의 위험뿐만 아니라 과도기의 위험까지도 강조하였다.

② 인식(Awareness) 이전 국제표준인증 시리즈에서 포함되었던 안전과 인간요인에 대한 주안점은 이해관계자의 니즈를 설명하기 위한 목적으로 분류하고 개선시켰다.

③ 관리 대표자(Management representative) 품질관리자와 이전에 품질관리자를 했던 관리자들은 책임자 이외의 관리자 그룹에 포함시킨다.

④ 탈 납기지원(Post delivery support) 국제표준화기구(ISO) 요건은 "탈 납기지원"가 MRO에서 매우 제한적으로 고려되고 있다는 9110의 적합성 요건을 충족해야 한다.

⑤ 작업 이전 통제(Control of work transfer) 주요규제승인 및 감시에 대한 요건과 6.3체제에서 조직변화의 계획을 수렴하면서 작업 이전 통제를 해야 한다.

3) 품질관리[21]

① 품질 매뉴얼(Quality manual) 품질 매뉴얼은 더 많은 방법 요건과 관련된 국제표준기구(ISO)로부터 제거되었고, 품질 전시 및 매뉴얼은 QMS의 정보문서를 다루는 권한 있는 당국에 의해 관리된다.

② 9110 정의 삭제(Removed definitions from 9110) 9110 정의 삭제에 "주요 특성", "중요 용어" 등은 전면 삭제되었고, 심지어 "특이 요건", "공표 인증", "인간 요인" 등의 용어도 삭제되었다.

③ 파생 소프트웨어 관련된 IAQ 9115 레퍼런스 제거(Removed reference to IAQG 9115 related to "Deliverable Software") 파생 소프터웨어와 관련된 IAQ 9115 레퍼런스가 제거되었다.

☑ 그림 12-2 국제표준인증의 미래 트렌드

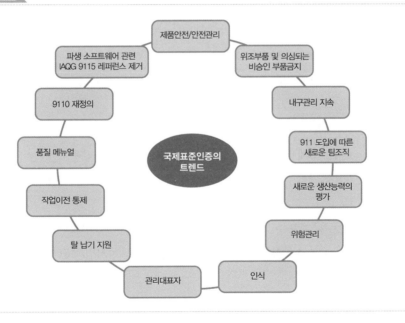

02 | 국제표준인증과 글로벌 파트너십 간의 관계

글로벌 비즈니스를 수행하는 기업에 있어서 국제표준인증을 획득하느냐, 못하느냐 하는 문제는 기업의 생존권과 직결되는 중요한 사항이다. 앞서 언급했다시피 전 세계의 공급자로부터 최종 고객까지 원재료, 본체 및 부품, 정보와 지식 등이 흘러가는 과정에서 오늘날 국제표준인증을 획득한 기업들 간의 글로벌 파트너십이 강화되고 있는 추세이다. 또한 환경 분야에 있어서 국제인증 및 요구기준environmental standard을[15] 국제표준인증의 기준에 맞춰서 생산공장의 건설 및 운영활동을 해야 한다.[23] 본 장에서는 국제표준인증과 글로벌 파트너십 간 관계에 대해서 글로벌 공급체인관리 요인, 국제표준인증 수준, 글로벌 공급체인관리 성과에 대해서 살펴보고자 한다. 글로벌 파트너십 요인은 신뢰, 몰입, 협력 등에 대해서 살펴보고,[24] 국제표준인증 수준은 국제표준인증 전략적 수준,[25,26] 국제표준인증 운영적 수준에 대해서 논의하고자 한다.[27,28] 또한 글로벌 공급체인관리 성과는 관계지속, 상호이익, 신뢰형성 등에 대해서 각각 설명하고자 한다.[29,30]

1) 글로벌 공급체인관리 요인

① 신뢰(trust) 국제표준인증 기업이 파트너기업 간 동일한 사업마인드를 가지고 있으면서 공동 의사결정을 통해서 수익을 창출하고 수준제품에 대한 납기약속을 준수함으로써 신뢰를 주는 것을 말한다.

② 몰입(commitment) 국제표준인증 기업이 파트너기업과 사업에 집중도를 높이면서 파트너기업과 지속적인 협력관계를 유지하고 장기적 경영성과를 높이는 것을 말한다.

③ 협력(cooperation) 국제표준인증 기업이 공동목표를 달성하기 위해 파트너기업 간의 협력을 강화하고 사업운영에 있어 공동으로 의사결정을 하면서 파트너기업의 요청에 적극적으로 협력하는 것을 말한다.

2) 국제표준인증 수준

① 국제표준인증 전략적 수준(The strategic level of international standard certification) 국제표준인

증 기업이 글로벌 공급체인 파트너와 전략적 목표가 서로 일치하고, 장기적인 경영성과를 달성하는 데 있어서 파트너기업 간의 전략적 적합성이 높은 수준을 말한다.

② 국제표준인증 운영적 수준(The operational level of international standard certification) 국제표준인증 기업이 글로벌 공급체인관리와 관련된 신기술을 개발하고, 공급체인관리 시장의 변화에 대해 새로운 정보를 입수하고 공유하면서 파트너기업 간의 운영효율성을 높이는 것을 말한다.

3) 글로벌 공급체인관리 성과

① 거래지속(Continue trading) 국제표준인증 기업이 글로벌 공급체인관리를 통하여 파트너기업 간의 장기적인 파트너십이 형성되었고 거래관계가 지속되었다.

② 상호이익(Mutual benefit) 국제표준인증 기업이 파트너기업 간의 결속력이 강화되어 공급자와 구매자 간의 상호이익이 증진되었다.

③ 신뢰형성(Trust formation) 글로벌 공급체인관리 상에서 공급자와 구매자 간의 협력이 강화되어서 파트너기업 간의 신뢰감이 굳건하게 형성되었다.

CHAPTER 12
Case ▶

"IBM, 머스크, 딜로이트의 글로벌 파트너십"

블록체인 분산형 원장 기술이 올해 서플라이 체인을 뒤흔들 태세다. 특히 글로벌 선박 운송 분야에 주목할 만하다.

파일럿 테스트 단계였던 블록체인 기술이 올해 실제 플랫폼으로 부상할 전망이다. 특히 공급망supply chain 관리 분야에서 파괴적이다.

지난 16일 IBM과 머스크는 공급망을 디지털화하고 실시간으로 국제화물을 추적하는 블록체인 기반 전자 운송 시스템 배치에 대한 합작 투자 계획 발표했다.

→ 머스크-IBM, 블록체인 합작법인 설립 추진 "국제 무역 발전 및 공급망 디지털화에 기여"

이 새로운 플랫폼은 현재의 종이 기반 시스템인 EDI를 대체해 선박 업계가 수십억 달러를 절감하는 효과를 구현할 잠재력을 지니고 있다. 컨테이너들이 하역장에서 몇 주 동안 대기하는 상황을 해소할 수 있기 때문이다.

카네기 멜론 대학교 Carnegie Mellon University의 컴퓨터 과학 부교수 비풀 고얄 교수는 공급망 관리가 특히 블록체인의 "거대한 킬러 앱" 중 하나라고 말했다.

언스트앤영의 블록체인 부문 글로벌 혁신 리더인 폴 브로디는 블록체인 시장이 지난 18개월 동안 "설명 요구" 단계에서 "검증 요구" 단계로 이동했다고 표현했다.

브로디는 "이제는 "나에게 맞도록 구축해봐" 단계에 있다. 언스트앤영의 비즈니스에서도 드러난다. 고객들이 프로젝트를 생산 현상으로 옮기고 있다"라고 말했다.

딜로이트의 CTO 빌 블릭스는 "비즈니스 현장에서 확인할 수 있다. 개념이 입증되고 생산 현장에 배치되고 있다. 공급망 유효성 확인, 식품 안정성 검증과 같은 것들이다"라고 말했다.

프라이빗 또는 '승인형'permissioned 블록체인은 기업 내부에서 또는 신뢰할 수 있는 파트너 사이에서 생성돼 이용될 수 있다. 중앙에서 통제력을 유지하는 것도 가능하다.

IDC의 월드와이드 블록체인 스트래티지 부문 리서치 디렉터 빌 피언리 주니어는 최근 중국 출장 경험을 언급하며 "모두가 공급망에 대해 이야기하려고 했다"라고 전했다.

그는 "기업 내 블록체인 원장을 만들어 공급 업체와 고객, 중개자를 연결하는 작업이 큰 가치를 지닐 수 있다"라고 말했다. 팩스, 스프레드 시트, 이메일, 전화 통화 및 수많은 종이와 같은 비효율적인 시스템에 기반 이뤄지고 있는 무역 및 금융 기록이 간편히 대체될 수 있다는 설명이다. 적절한 정보 공유 및 향상된 가시성도 뒤따른다.

머스크 라인의 신임 CEO인 마이클 화이트는 "블록체인의 장점 중 하나는 불변의 기록을 남기고 거래 주체 사이의 신뢰를 확보할 수 있다는 것"이라며 "문서에서 변경 사항이 나타나면 즉시 모든 사람에게 명백하게 노출된다"라고 말했다.

피언리는 예를 들어 설명을 덧붙였다. 예를 들어 소매 업체가 1,000개의 위젯을 주문했는데, 990개만 나타나면 제조 업체가 나머지 장치를 위치를 표시할 때가 인보이스 지불을 거부할 수 있다. 계약에 따르면서 특정 기간 동안 인보이스를 불확실한 상태로 유지시킬 수 있다는 설명이다.

그는 "즉 블록체인 분산형 원장을 통해 기록 관리 능력을 향상시킴으로써 소통을 개선시키고 지불 절차의 속도를 높이며 사기 행위를 줄일 수 있다"라고 말했다.

피언리는 금융 유동성의 향상도 기대할 수 있다고 말했다. 예를 들어 제조업체 또는 유통 업체와 구매자 사이의 기록에 금융 파트너가 포함될 수 있다. 모든 당사자가 상품을 납품했다는데 동의하면 송장에 대한 지불이 즉시 진행될 수 있다는 설명이다. 그는 "결국 공급망 구성원의 금융 유동성이 개선될 수 있다"라고 말했다.

피언리는 이번 주 이뤄진 IBM과 머스크의 발표가 블록체인 공급망 관리 시스템의 미래에 신뢰를 더해줄 것이라고 평가했다. 그는 "공유 기록을 만들 수 있는 능력이 핵심 요소다. 신생 기업은 생태계로부터 대규모 개발을 이끌어내기 쉽지 않다. 여러 공급 업체가 신뢰할 수 있는 선도 업체들이 파트너십을 구축했다는 점에서 의미가 크다"라고 말했다. ciokr@idg.co.kr

출처: Lucas Mearian, 「블록체인 기술, 올해 공급망 관리 분야 '킬러 앱'으로 뜬다」,
『CIO Korea』, 2018.01.19.

참고문헌

1. 김창봉 · 구윤철, 한국수출입 제조기업의 국제표준인증 활용과 파트너십 프로세스에 대한 연구, 통상 정보연구, 제18권 제2호, 2016, pp.131－150.

2. 구윤철, 한국수출기업의 국제표준인증 활용수준과 운영성과에 관한 실증적 연구, 중앙대학교 대학원 박사학위논문, 2017.

3. 김창봉 · 박상안 · 정진영, B2B 거래에서 국제표준인증 실행과 CRM 만족도가 사업성과에 미치는 영향에 대한 실증적 연구, 무역학회지, 제42권 제2호, 2017, pp.319－344.

4. 천홍욱, 한국수출입기업의 AEO 제도 도입요인이 활용수준 및 성과에 미치는 영향에 관한 실증적 연구, 중앙대학교 대학원 박사학위논문, 2012.

5. 정일석, 수출기업의 AEO 결정요인이 성과에 미치는 영향에 관한 실증적 연구: AEO MRA 효과를 매개로, 중앙대학교 대학원 박사학위논문, 2018.

6. 양동휴, 지역주의는 세계화의 디딤돌인가 걸림돌인가: 이론적 · 역사적 고찰, 경제논집, 제43권 제1－2호, 2004.

7. 전응길, 세계는 지금, 2014.

8. 골드만삭스, 글로벌 경제 신성장축 '부상'.....투자열기 '후끈', 한국경제매거진, 제736호, 2010.

9. 김창봉, 식품산업의 글로벌 인증과 파트너십, 식품품질관리, 고객관계관리 간의 영향관계가 기업의 사업성과에 미치는 영향에 관한 연구, e－비즈니스 연구, 제14권 제5호, 2013, pp.131－151.

10. 김창봉 · 권승하, ISO9000 실행 요인과 공급체인 프로세스 요인과 기업의 사업성과간의 관계 연구, 물류학회지, 제23권 제3호, 2013, pp.203－231.

11. Turk, A. M., ISO 14000 Environmental Management System in Construction: An Examination of Its Application in Turkey, Total Quality Management & Business Excellecne, Vol.20, No.7, 2009, pp.713－733.

12. Moratis, L. and Widjaja A. T., Determinants of CSR Standards Adoption: Exploring the Case of ISO 26000 and the CSR Performance Ladder in the Netherlands, Social Responsibility Journal, Vo.10, No.3, 2014, pp.516－536.

13. Kim, C. B. and Ronto, S. E., Business Performance, Process Innovation and Business Partnership in the Global Supply Chain of Korean Manufacturers, Journal of Korea Trade, Vol.14, No.4, 2010, pp61－83.

14. Kim, D. Y., Kumar, V. and Kumar, U., Performance Assessment Framework for Supply Chain Partnership, Supply Chain Management: An International Journal, Vol.15, No.3, 2010, pp.187－195.

15. 김창봉·정일석, AEO 제도 활용이 물류성과에 미치는 영향에 관한 연구, 국제상학, 제30권 제2호, 2015, pp.159－179.

16. 김창봉·여경철·박상안, GARCH(1,1)－M모형을 사용한 한국－인도 공인경제운영자 상호인증협정 (AEO－MRA)이 무역수지와 교역량에 미치는 영향, e－비즈니스연구, 제18권 제2호, 2017, pp.259－271.

17. Sirim QAS, Supply Chain Security Management System(SCSMS): Implementation and Requr\irements of ISO 28000, Seminar on ISO 28000, Shah Alam Convention Center, Shah Alam, Selangor Darul Ehsan, 2013.

18. 김창봉·한용탁, AEO 제도의 정부지원과 사후관리가 AEO 활용 만족도에 미치는 영향에 대한 실증적 연구, 통상정보연구, 제17권 제2호, 2015, pp.151－171.

19. 김창봉·이돈현, 한국 수출입관련 기업의 글로벌 싱글윈도우(Global Single Window) 활용 및 성과에 영향을 미치는 요인에 관한 실증적연구, 통상정보연구, 제15권 제3호, 2013, pp.87－110.

20. Chiarin, A. and Vagnoni, E., TQM Implementation for the HealthcareSector, The Relevance of Leadership and Possible Causeses of Lack of Leadership, Leadership in Health Services, Vol.30, No.3, 2017, pp.210－216.

21. IAQG, 9110 Revision 2016 Key Changes Presentation, 2017.

22. Cullition, J., The AS9100C, AS9110, and AS9120 Handbook, 2014.

23. Kim, C. B., Jung, S. N. and Ronto, S. E., The Impact of Green－oriented Supply Chain Management Practices and Environmental Management Systems on the Organizational Performance of Korean Manufacturers, Journal of Korea Trade, Vol.16, No.4, 2010, pp.27－55.

24. Kim, C. B., Kwon, S. H. and Park, Y. Y., The Influences of Quality Management System Standards (ISO9000) on Supply Chain Innovation and Business Performance, Journal of Korea Trade, Vol.19, No.2, 2015, pp.23－50.

25. Lee, P. K. C., To, W. M. and Yu, B. T. W., The Implementation and Performance Outcomes of ISO 9000 in Service Organizations An Empirical Taxonomy, International Journal of Quality & Reliability Management, Vol.26, No.7, 2009, pp.646－662.

26. Marin, L. M. and Ruiz－Olalla, M. C., ISO 9000:2000 Certification and Business Results, International Journal of Quality & Reliability Management, Vol.28, No.6, 2011, pp.649－661.

27. Martinez－Costa, N., Choi, T. Y., Martinez, J. A. and Martinez－Lorente, A. R., ISO 9000/1994, ISO 9001/2000 and TQM: Performance Debate Revisited, Journal of Operations Management, Vol.27, 2009, pp.495－511.

28. Mithas, S., Ramasubbu, N. and Sambamurthy, V., How Information Management Capability Influences Firm Performance, MIS Quarterly, Vol.35, No.1, 2011, pp.1576－1586.

29. Prajogo, D., Huo, B. and Han, Z., The Effects of Different Aspects of ISO 9000 Implementation on Key Supply Chain Management Practices and Operational Performance, Supply Chain Management: An International Journal, Vol.17, No.3, 2012, pp.306−322.

30. Singh, P. J., Power, D. and Chuong, S. C., A Resource Dependence Theory Perspective of ISO 9000 in Managing Organizational Environment, Journal of Operations Management, Vol.29, No.1−2, 2011, pp.49−64.

31. Domic, Wilson, Dreaming with BRICs : The Path to 2050, Global Economics Paper No.99, 2003, pp.1−24.

memo

CHAPTER 13

Industry 4.0과 GSCM

Introduction: 사물형인터넷(IoT)과 글로벌 공급체인관리
Ⅰ. 글로벌 공급체인관리 4.0(GSCM 4.0)
Ⅱ. 글로벌 공급체인관리와 사물형인터넷(IoT)
Ⅲ. 글로벌 공급체인관리의 스마트화와 지속가능성
Chapter 13 Case: 4차 산업혁명과 글로벌 공급체인관리

CHAPTER 15

GSCM과 글로벌 창업

Introduction: 글로벌 창업에 성공하려면
Ⅰ. 글로벌 창업의 개요
Ⅱ. 글로벌 창업의 유형
Ⅲ. GSCM과 글로벌 창업
Chapter 15 Case: 글로벌 창업 사례

CHAPTER 14

글로벌 통관제도와 싱글윈도우 및 AEO 제도

Introduction: 한국 KTNET, 케냐 싱글윈도우 시스템 구축
Ⅰ. 글로벌 공급체인관리와 통관제도 활용
Ⅱ. 글로벌 공급체인관리와 싱글윈도우(Single Window)
Ⅲ. 글로벌 공급체인관리와 AEO 제도
Chapter 14 Case: '무역원활화의 지름길, Korea AEO'
　　　　　　　　 SK하이닉스 사례

PART
04

제4차 산업혁명시대와
글로벌 공급체인관리

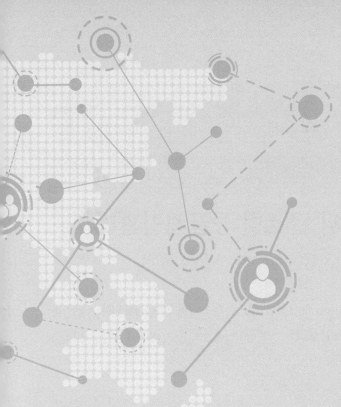

Industry 4.0과 GSCM

학습 목표

1. 최근에 전개되고 있는 4차 산업혁명시대와 글로벌 공급체인관리 간의 관련성을 이해한다.

2. 글로벌 공급체인관리 4.0(GSCM 4.0)의 개념에 대해서 알아본다.

3. 사물형인터넷(IoT)이 글로벌 공급체인관리에 미치는 영향에 대해서 이해한다.

4. 글로벌 공급체인관리 4.0의 로드맵과 시너지 효과에 대해서 알아본다.

5. 사물형인터넷(IoT)의 개념과 산업에 적용된 사례에 대해서 이해한다.

6. 국가별 인더스트리 4.0(Industry 4.0) 정책과 사물형인터넷(IoT)의 추진과정에 대해서 학습한다.

7. 스마트 글로벌 공급체인관리(Smart GSCM)의 개념 및 적용사례에 대해서 이해한다.

8. 지속가능 글로벌 공급체인관리(Sustainable GSCM)의 개념과 주요 요인에 대해서 알아본다.

CHAPTER 13 Content

Introduction: 사물형인터넷(IoT)과 글로벌 공급체인관리

Ⅰ. 글로벌 공급체인관리 4.0(GSCM 4.0)

Ⅱ. 글로벌 공급체인관리와 사물형인터넷(IoT)

Ⅲ. 글로벌 공급체인관리의 스마트화와 지속가능성

Chapter 13 Case: 4차 산업혁명과 글로벌 공급체인관리

Introduction

"사물형인터넷(IoT)과 글로벌 공급체인관리"

IT의 발전에 따라 공급망의 작동 방식과 공급망 관리 모범 사례 역시 발전해 왔다. 사물인터넷IoT과 클라우드 컴퓨팅이 등장하고 해커들이 기업 운영에 핵심인 고객 데이터를 노리는 이 시대에 공급망 관리 성공의 5대 핵심 요소를 소개한다.

1) 투명한 공급망을 만들어라

미국 국립중견기업연구소NCMM의 임원 더그 패런은 '투명한 공급망'이야말로 공급망 관리의 성배라고 말했다. 패런은 "제품에 들어가는 원료에서부터 최종 고객 사용자에 이르기까지 공급망 전체에 가시성을 확보하는 것"이라고 설명했다. 이는 자동차, 의료 서비스, 최신 기기 등 제품의 종류와 상관없이 적용된다. 패런에 따르면 이는 새로운 개념이 아니다. 그러나 이를 달성하는 것은 예전 못지않게 중요하고 어렵다. 이는 공급망 관리에 관련된 온갖 부서와 협력업체들 때문이다. 패런은 "그래도 IT 발전 덕분에 이런 종류의 정보를 구해서 공유하는 것이 훨씬 쉬워졌다"고 말했다. 15년 전이나 지금이나 여전히 중요하면서도 공급망을 투명하게 유지해 주는 또 다른 오랜 개념은 소통이다. 전미제조자협회NAM 이사이자 BDO의 제조 및 유통 업무 책임자 릭 슈라이버는 "만사는 소통으로 귀결된다"며, "공급망은 복잡하며 누구나 공급망에 속해 있다. 소통하지 않는 사람이 있으면 공급망은 무너진다"고 강조했다.

2) 강력한 공급자 협의회를 마련하라

이런 소통 채널을 열어두는 한 가지 방법은 강력하고 말이 잘 통하는 공급자 협의회를 마련하는 것이다. 아무리 투명한 공급망이 있더라도 아무도 거들떠보지 않거나 사용하지도 않고 이로부터 배우는 것도 없다면 별로 소용이 없기 때문이다. 패런은 "이는 효율성 절차, 변경 사항, 향후 계획에 대한 양방향 대화의 많은 부분을 가능하게 하는 사실상의 포럼"이라고 전제한 뒤, "반대로, 무언가 고민 거리가 있거나 프로세스 내부에 소통이 끊기는 부분이 있다고 느꼈다면 이 포럼은 이런 의견 교환의 많은 부분을 가능하게 하는 모임"이라고 말했다.

3) 인사이드아웃이 아닌 아웃사이드인 공급망을 만들어라

오라클Oracle의 SC 혁신 사고 리더십 및 SC 클라우드 마케팅 담당 부사장 로디 마틴에 따르면, 아웃사이드인outside-in 공급망을 만든다는 것은 데이터를 통해 소비자가 원하고 필요로 하는 것을 살펴본 후, 그 수요를 예측하는 것을 의미한다. 먼저 제품을 만든 다음 팔리기를 바라는 인사이드아웃inside-out 방식과는 다르다. 마틴은 "디지털 매체가 등장하면서 사람들은 SNS에서 우리의 제품과 서비스에 대해 이야기하고 있다"며, "우리에게는 고객이 선호하는 것을 예측 분석할 수 있는 매우 정교한 분석 기술이 있다"고 소개했다. 이런 분석 기술과 고객 데이터를 활용해 기업들은 먼저 제품을 만드는 방식 대신 고객을 위해 무엇을 만들어야 할지, 이런 제품이 이미 어디에 있는지를 파악할 수 있다. "이제 사물인터넷, 센서, 와이파이wifi, 클라우드 등으로 인해 엄청난 양의 데이터가 수집되고 있다. 이제 공급업체가 제조업체, 유통업체, 소매업체와 공유할 수 있는 이 모든 빅데이터로 무엇을 할 것인지가 문제다."

4) 보안에 신경써라

최근 BOD에서 실시한 조사에 따르면, 제조업체와 그 공급망에서의 공격이 증가하는데도 불구하고 공급망 협력업체와 타 업체에 대한 보안 정책을 갖추지 않은 회사가 27%에 달하는 것으로 나타났다. 슈라이버는 "우리들은 협력적인 자세로 연합에 참가해 자신의 네트워크를 서로 공유하려고 노력한다"며, "이로 인해 일부 나쁜 자들이 파고들 수 있는 부분이 굉장히 많이 노출되었다"고 밝혔다. 모든 협력업체와 소통해야 하며 공급망 내 모든 업체를 본인의 회사 수준으로 안전하게 보호할 수 있는 정책을 마련해야 한다. 공급망 내 약한 고리가 생기면 고객을 비롯한 전체가 노출될 수 있기 때문이다. 약한 고리가 어디인지는 중요하지 않다. 고객이 노출되면 타격을 입는 것은 자사이기 때문이다. 미국 유통업체 타겟Target이 공조설비 업체를 통해 해킹되었다는 사실을 명심해야 한다.

5) CIO를 회의에 동참시켜라

과거에는 IT 팀이 업무 솔루션을 구현한 뒤에는 자리를 뜨곤 했다. 오늘날에는 CIO가 고위급 경영진 팀과 혁신 프로젝트에 소속되어 있지 않으면 성공할 수 없다. 또한, 공급망은 더 이상 원가 절감이 전부일 수는 없다. 마틴은 "현대 공급망이 제대로 돌아간다면 오늘날 기업가들은 공급망을 성장 기능으로 인식한다"고 말했다. 마틴은 "공급망에 관련되는 사람 역시 바뀌고 있다. 이는 문화적 변화다. 공급망은 15년 동안 한자리에 머물러 있는 믿을 수 있는 노인네가 아니다. 공급망에 여성이 늘어나고 있으며 마케팅과 경영 분야의 사람들도 많다. 이들은 이제 고위급 경영진 회의에 참석해 성장에 대한 고민을 함께 하고 있다"고 말했다.

출처: Jen A. Miller, 「CIO, 성공적인 공급망관리를 위한 5가지 제언」, 『CIO korea』, 2017.08.09.

글로벌 공급체인관리 4.0(GSCM 4.0)

01 | 4차 산업혁명시대와 글로벌 공급체인관리

4차 산업혁명은 인공지능AI, 사물인터넷IoT, 빅데이터, 모바일 등을 활용한 기술이 정치, 경제, 사회, 문화, 스포츠 등 모든 영역에 첨단 정보통신기술이 융합되어 산업에 혁신적인 변화가 일어나는 산업혁명이다. 4차 산업혁명이란 용어는 2016년 다보스에서 개최된 세계경제포럼World Economic Forum, WEF에서 소개되었으며, 정보통신기술ICT을 기반으로 산업에 혁신을 선도하는 새로운 산업시대를 대표하는 용어로 사용되었다.[1] 컴퓨터와 인터넷을 기반으로 한 3차 산업혁명은 생산 및 유통시스템의 자동화를 가지고 오는 반면에, 사물인터넷과 인공지능을 기반으로 한 4차 산업혁명은 기계와 제품에 지능을 부여하는 것을 말한다. 4차 산업혁명은 모든 사물에 컴퓨터가 장착되고 정보가 사물인터넷을 통해서 연결되기 때문에 고객맞춤형 서비스가 가능하게 되며, 사물인터넷을 통해 수집된 빅데이터를 인공지능이 분석하고 처리하는 스마트한 세계가 열리게 되는 것이다. 사물인터넷과 인공지능을 기반으로 한 4차 산업혁명은 스마트 센서, 로봇기술, 클라우드 컴퓨팅, 보안, 생명과학기술 등이 대표적인 산업으로 각광 받을 전망이다.[2]

통신하는 기계, 네트워킹으로 연결된 공장, 인더스트리 4.0으로 더 잘 알려진 "4차 산업 혁명"은 생산과 가치 체인의 디지털화와 스마트 네트워킹으로 설명할 수 있다. 여기에서 스스로 조직되는 스마트 팩토리에 대한 비전이 형성된다. 독일이 앞장서고 있는 이 프로젝트에는 많은 기업들에게 숨겨진 기회를 제공한다. 하지만 미래의 공급 체인 관리를 위해서는 몇 가지 해결해야 할 과제도 남아 있다랄프 베른하르트, Consilio IT-Solutions GmbH 파트너.[3]

지금 세계 경제는 다가올 미래의 거대한 산업 혁명이 눈 앞의 현실이 되고 있고, 그 중심에는 사물 인터넷이 있다. 사물 인터넷은 일상의 사물과 생활 형태를 네트워크로 연결하여 내일의 스마트 팩토리를 위한 토대가 될 것이다. 자율 주행 자동차나 식료품이 떨어지면 알려주는 냉장고는 사물인터넷이 가상 세계로부터 현실 세계를 끌어들이는 한 예시일 뿐이다. 이런 방식으로 일상의 사물에서 스마트 디바이스가 네트워크로 연결되고 이동성을 갖게 된다. 이와 같이 일상에서 나오는 미래 지향적인 시나리오는 산업 제조 현장에서도 비슷한 방식으로 전개될 것이다.

02 | 글로벌 공급체인관리 4.0

인더스트리 4.0은 기업의 경계를 넘어 협업할 수 있는 완전히 새로운 유형의 가능성을 제공하기 때문에 기업의 글로벌 공급체인관리를 획기적으로 바꾸게 된다. 공급 체인의 개별 컴포넌트로부터 스마트 디바이스와 장소에 상관없이 온라인 액세스를 이용하는 서비스 그리고 실시간으로 서버 인프라를 통한 정보들이 분석을 위해 제공된다. 여기서부터 스마트 팩토리에서 자동적으로 구현되고 인간의 개입을 포괄적으로 줄이는 행동 지침이 생기게 된다. 본 장에서는 글로벌 공급체인관리 4.0의 개념과 글로벌 공급체인관리 4.0의 패러다임에 대해서 살펴보고자 한다. 글로벌 공급체인관리 4.0은 4차 산업혁명시대 이전의 글로벌 공급체인관리가 인더스트리 4.0의 시대가 도래와 함께 정보기술과 신흥기술이 접목되면서 발생된 글로벌 공급체인관리 4.0의 개념을 설명하고자 한다. 글로벌 공급체인관리 4.0의 패러다임은 인더스트리 4.0을 통한 새로운 패러다임이 열리면서 사물형인터넷IoT과 인공지능AI이 활용된 새로운 사업환경이 조성되고, 조직 내에 새로운 기업문화가 형성되어 새로운 글로벌 공급체인관리 체계가 확산되고 있다.

1) 글로벌 공급체인관리 4.0의 개념

글로벌 공급체인관리 4.0GSCM 4.0은 3차 산업혁명까지 글로벌 시장에 확산된 글로벌 공급체인관리Grobal Supply Chain Management: GSCM의 프레임에 정보기술Information Technology: IT과 신흥기술Emerging Technology: ET이 접목되어 인더스트리 4.0 시대에 글로벌 공급체인관리 4.0으로 확장되었다. 4차 산업혁명시대 이전의 글로벌 공급체인관리는 계획, 로지스틱스, 제조, 마케팅, 서비스, 인적자원 등과 같은 각 기능들이 글로벌 공급망을 관리함에 있어서 각 네트워크 별로 수평적 개념으로 접근하고 관리한 반면에, 4차 산업혁명시대에 글로벌 공급체인관리는 인더스트리 4.0의 사물형인터넷IoT과 인공지능AI이 기반기술이 되고 여기에 가상현실VR과 증강현실AR이 접목되어 글로벌 공급체인관리가 확장되는 개념이다.[4]

글로벌 공급체인관리 4.0은 기존의 글로벌 공급체인관리에 인더스트리 4.0이 접목되면서 글로벌 공급체인관리 시장의 디지털화의 확산과 기민성, 밸류넷이 확충될 것으로 보인다. 또한 디지털 혁명으로 인한 데이터 중심의 시장이 기반이 되어 실시간 거래가 확산되면서 글로벌 공급체인관리 4.0이 각 산업과 시장에서 컨트롤 타워의 역할을 할 것으로 전망된다. 전 세계시장을 대상으로 글로벌 비즈니스를 수행하는 기업은 고객의 요구에 대한 대응력이 높아지고 시장변화의 흐름에 대한 감지력이 높아질 것이다. 글로벌 공급체인관리 4.0의 확산으로 글로벌 시장에서 기업 활동으로 인한 인더스트리 4.0 시대에 부응한 지성과 사회성이 더욱 강화될 전망이다.[5]

그림 13-1 **글로벌 공급체인관리 4.0의 개념**

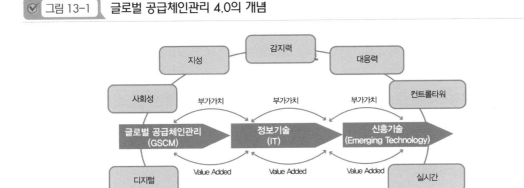

2) 글로벌 공급체인관리 4.0의 패러다임

글로벌 공급체인관리 4.0은 사물형인터넷IoT, 인공지능AI, 빅데이터BD, 정보기술IT, 신흥기술ET이 산업 전반에 확산되면서 인더스트리 4.0을 통한 새로운 패러다임이 형성되고 있다. 글로벌 공급체인관리 4.0의 패러다임은 Industry 4.0의 새로운 패러다임의 변화가 새로운 사업환경을 조성하고, 새로운 기업문화와 새로운 GSCM 체계를 구축하는 형태로 패러다임이 변화되고 있다.[6]

Industry 4.0의 새로운 패러다임은 새로운 디지털 기술을 통해 인류의 생존과 번영이 달라질 것이며, 이 새로운 패러다임의 변화에 따른 Industry 4.0의 글로벌 공급체인관리 전략이 필요하게 되었다. 4차 산업혁명의 도래로 인해서 글로벌 공급체인관리에 고도의 애널리틱스, 고도의 협동플랫폼, 웨어러블 디바이스, 클라우드 소싱 등과 같은 디지털 기술이 접목되면서 글로벌 공급체인관리의 계획, 조달, 생산, 물류 부문에서 디지털화가 확산되었다.[7]

사물형인터넷IoT, 인공지능AI이 글로벌 공급체인관리 시장에 확대됨으로써 새로운 비즈니스 환경에서 이전과 다르게 기업들의 대응력을 한층 높여야 하는 시대가 되었다. 사물형인터넷IoT, 인공지능AI과 관련된 기술의 발전으로 Industry 3.0 시대의 정보기술IT에 비해 훨씬 더 방대한 하드팩트를 실시간 취득하고 분석하게 되었으며, 이 디지털 기술이 기반된 인더스트리 4.0Industry 4.0의 확산과 글로벌 공급체인관리 4.0GSCM 4.0 적용에 따른 기업의 대응력이 요구되는 시대가 되었다.[8]

Industry 4.0의 확산을 통해서 집단 리더십이 발휘되는 새로운 기업문화가 형성될 것이며, 글로벌 공급체인관리의 네트워크 조성자의 역할이 확대될 전망이다. 4차 산업혁명 이전에 기업 간의 경쟁이 일대일 경쟁one-to-one competition에서 집단경쟁collective competition으로 바뀌면서 글로벌 산업과 시장에서 글로벌 공급체인관리 4.0을 선도하는 소수의 기업들을 중심으로 집단경쟁에 따른 집단 리더십collective leadership이 발휘되는 시대가 되었다.[9]

4차 산업혁명시대에는 Industry 4.0의 기술 확산과 함께 새로운 글로벌 공급체인 체계에서 기업들은 글로벌 비즈니스를 통해 필요한 글로벌 스킬을 확보하면서, 글로벌 경쟁력을 높이고 글로벌 프로세스 혁신이 요구되고 있다. Industry 4.0을 통한 새로운 글로벌 공급체인관리 체계에서 공급체인망의 표준화, 자동화, 가시화 등을 통해 글로벌 공급체인관리 4.0의 수준이 높아졌으며, 이 GSCM 4.0 수준에 따른 글로벌 공급체인관리의 전반적인 프로세스 혁신을 강화해야 하는 시대가 되었다.[10]

✓ 그림 13-2　글로벌 공급체인관리 4.0의 패러다임

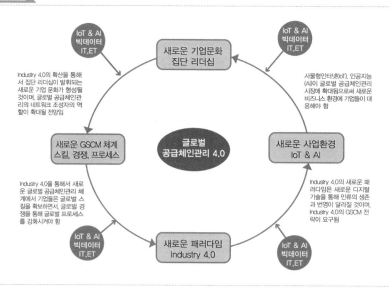

03 | 글로벌 공급체인관리 4.0의 발전 방향

인더스트리 4.0은 물리, 디지털, 생명공학 분야에 새로운 기술이 적용되는 특성을 보이고 있고, 다양한 산업과 비즈니스 환경의 기본적인 원리들을 바꾸고 있으며, 더 나아가 인적자원과 관련된 아이디어와 생각까지도 새롭게 변화시키고 있다. 인더스트리 4.0에 따른 사회적 환경과 비즈니스 트렌드가 바뀌면서 신흥기술의 출현과 밸류체인이 디지털화되고 글로벌 통합화되었다. 그동안 글로벌 공급체인관리의 가치는 공급자, 생산자 중심에서 고객 집단으로 나아가 고객 개인화 중심으로 옮겨졌다.[11] 사물형인터넷IoT 기술이 글로벌 공급체인관리 시장에 확산되면서 정보흐름의 통합과 제품과 서비스의 디지털화 증가로 글로벌 공급체인관리 4.0의 디지털화가 촉진되는 계기가 되었다. 글로벌 공급체인관리 4.0은 한마디로 글로벌 공급체인관리의 혁신을 말하는데, 글로벌 공급체인관리의 혁신은 대체재, 규모, 구조적 효과 등 세 단계에 따라 혁신이 달라진다. 글로벌 공급체인관리의 인터넷 효과는 기존의 글로벌 공급체인관리의 통합을 통한 효과에서 더 나아가 새로운 사업기회를 획득하는 효과를 가져온다. 글로벌 공급체인관리 4.0의 구조적 변화는 새로운 이익센터를 확보한다는 차원에서 중요한 의미를 가진다.[12]

1) 글로벌 공급체인관리 4.0의 로드맵

글로벌 공급체인관리 4.0의 로드맵은 1단계인 클라우드 슬랩 단계를 기점으로 클라우드 컨트롤 타워, 클라우드 협력계획 예측보충, 인더스트리 4.0 단계를 거쳐서, 5단계인 글로벌 공급체인관리 4.0까지 발전하는 과정이다.[13]

클라우드 슬랩Cloud Slop은 글로벌 공급체인관리 4.0의 로드맵의 시작단계로써 오늘날 글로벌 공급체인관리가 처해진 상황이며, 클라우드 슬랩 단계는 글로벌 공급체인관리에서 디지털 계획, 주문이행, 예측 정확성의 목적을 달성하기 위해서 글로벌 데이터 시스템Global Data System을 구축하고, 공급과 수요 플랫폼Demand & Supply Platform을 활성화시키는 것이 핵심이다.[14]

클라우드 컨트롤 타워Cloud Control Tower, 글로벌 공급체인관리 4.0의 로드맵 2단계로써 글로벌 공급체인관리에 빅데이터, 로보틱스, RFID를 활용하는 단계이며, 클라우드 컨트롤 타워는 글로벌 공급체인관리에서 글로벌 재고, 최적화, 리드타임 단축 등의 목적을 달성하기 위해서 글로벌 디지털 프로세스Global Digital Process와 파트너십Partnerships을 강화시키는 것이 핵심이다.[15]

클라우드 협력계획 예측보충Cloud Collaboration Planning and Forcasting Replenishment: Cloud CPFR

은 글로벌 공급체인관리 4.0의 로드맵 3단계로써 글로벌 공급체인관리에 센서와 3D 프린팅과 같은 클라우드 기술을 활용해서 협력계획하고 예측보충을 하는 것을 뜻하고, 클라우드 협력계획 예측보충 단계는 실시간 대응, 탄력성과 민첩성의 목적을 달성하기 위해서 글로벌 디지털 프로세스와 파트너십global digital process, partnerships으로부터 새로운 글로벌 공급체인관리 체계global supply chain management system까지를 연계하는 것이 핵심이다.[16]

인더스트리 4.0industry 4.0 단계를 거쳐서, 글로벌 공급체인관리 4.0의 로드맵 4단계로써 증강현실AR, 시뮬레이션, 팩토리 4.0, 로지스틱스 4.0 등과 같은 디지털 기술이 글로벌 공급체인관리에 활용되는 시대이며, 인더스트리 4.0은 글로벌 공급체인관리에서 시장 대응력을 높이고 서비스를 강화하기 위한 목적을 이루기 위해서 새로운 공급체인관리 체계new global supply chain management system를 구축시키는 것이 핵심이다.[17]

5단계인 글로벌 공급체인관리 4.0GSCM 4.0은 글로벌 공급체인관리 4.0의 로드맵 마지막 단계로, 글로벌 공급체인관리에서 디지털 밸류 네트워크를 확산시키기 위한 목적으로 글로벌 공급체인관리의 디지털화를 확산시키는 것이 핵심이다. 글로벌 공급체인관리 4.0은 연결성, 디지털, 실시간, 대응력, 투명성, 협력 등을 통해 디지털 밸류 네트워크를 확충하면서, 글로벌 공급체인관리 4.0의 스킬, 경쟁력, 프로세스, 문화 등의 새로운 개념들도 포함시킬 필요가 있다.[18]

그림 13-3 글로벌 공급체인관리 4.0의 로드맵

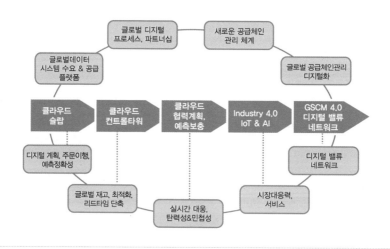

2) 글로벌 공급체인관리 4.0의 시너지 효과

글로벌 공급체인관리 4.0의 시너지 효과는 4차 산업혁명을 통해서 사물형인터넷IoT, 증강현실AR, 로보틱스, 클라우드 소싱, 웨어러블 디바이스, 고도의 애널리틱스, 협동 플랫폼, 3D 프린터 등과 같은 디지털 기술이 글로벌 공급체인관리의 계획, 조달, 생산, 로지스틱스 네트워크의 성격을 변화시키고 디지털 계획을 통한 디지털 조달, 디지털 생산이 가능하게 되고, 디지털 로지스틱스로 확장되어서 글로벌 공급체인관리 4.0의 시너지 효과를 높이게 된다.

디지털 계획digital planning은 고도의 에널리틱스, 사물형인터넷IoT 등의 디지털 기술을 글로벌 공급체인관리 4.0에 적용시켜 공급망 네트워크의 투자를 줄이면서, 증강현실AR, 웨어러블 디바이스, 로보틱스 등의 디지털 기술을 적용해서 운송품질을 향상시키는 효과를 가져 온다. 또한 3D 프린터 기술을 글로벌 공급체인관리 4.0에 적용시켜 디지털 계획 단계에서 생산 및 설계 유연성을 향상시키고, 고도의 협동 플랫폼, 클라우드 소싱 등의 디지털 기술을 적용해서 조달의 유연성을 높이고 공급망 복원력을 향상시킨다.[19]

디지털 조달digital procurement은 고도의 애널리틱스, 사물형인터넷IoT, 증강현실AR, 웨어러블 디바이스, 로보틱스 등의 디지털 기술을 글로벌 공급체인관리 4.0에 적용시켜 조달활동의 스피드업을 높이는 효과를 가져 온다. 또한 3D 프린터 기술을 글로벌 공급체인관리 4.0에 적용시켜 디지털 조달 단계에서 생산 및 설계 유연성을 향상시키고, 고도의 협동 플랫폼, 클라우드 소싱 등의 디지털 기술을 적용해서 조달의 유연성을 높이고 공급망 복원력을 향상시킨다.[20]

디지털 생산digital production은 고도의 애널리틱스, 사물형인터넷IoT, 증강현실AR, 웨어러블 디바이스 등의 디지털 기술을 글로벌 공급체인관리 4.0에 적용시켜 생산원가를 줄이면서 이상 발생 시 즉시 대응력을 높이고, 로보틱스 기술을 적용해서 재료비를 절감시키는 효과를 가져 온다. 또한 3D 프린터 기술은 디지털 생산 단계에서 생산 및 설계 유연성을 향상시키고, 고도의 협동 플랫폼, 클라우드 소싱 등의 디지털 기술을 적용하여 생산설비의 가동률을 향상시킨다.[21]

디지털 로지스틱스digital logistics는 고도의 애널리틱스 기술을 글로벌 공급체인관리 4.0에 적용해서 로지스틱스 네트워크의 투자를 줄이면서, 사물형인터넷IoT, 증강현실AR, 웨어러블 디바이스, 로보틱스 등의 디지털 기술을 적용시켜 수배송 원가를 줄이면서 이상 발생 시 즉시 대응력을 높이는 효과를 가져 온다. 또한 3D 프린터 기술을 글로벌 공급체인관리에 적용해서 디지털 로지스틱스 단계에서 생산 및 설계 유연성을 향상시키고, 고도의 협동 플랫폼, 클라우드 소싱 등의 디지털 기술을 적용시켜 수배송 원가를 절감시킨다.[22]

그림 13-4 글로벌 공급체인관리 4.0의 시너지 효과

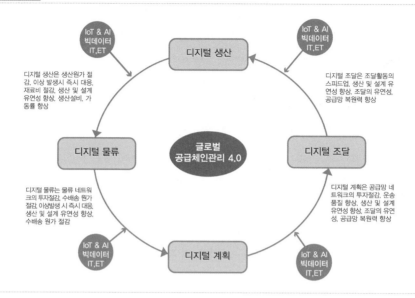

01 | 사물형인터넷(IoT)의 개념

사물형인터넷Internet of Things: IoT은 모든 사물을 인터넷으로 연결하는 것을 의미하는 4차 산업혁명의 핵심 기술이다. 사물형인터넷IoT은 인공지능AI 기술과 함께 4차 산업혁명을 주도하는 핵심이며, 이 외에 빅데이터, 가상현실VR, 증강현실AR 기술 등과 함께 ICT 산업을 중심으로 Industry 4.0에 따른 글로벌 시장을 주도하고 있다. 세계경제포럼WEF과 Industry 4.0에서 공통으로 언급되고 있는 사이버물리시스템Cyber Physical Systems: CPS은 궁극적으로 사물형인터넷IoT이 최종 지향하는 개념으로 보고 있으며, 이를 구체적으로 실현시키기 위한 인공지능, 클라우드, 빅데이터 분석 등과 같은 기술의 지원이 필요하다. 사이버물리시스템CPS은 가상세계와 물리세계를 만나게 하여 진정한 네트워크 세상을 만들고 지능화된 사물들이 서로 통신하고 상호작용하는 것을 말한다.23

사물형인터넷IoT의 정의를 보면, 사물형인터넷IoT은 하드웨어기기, 센서, 서버 등, 네트워크인터넷, 개별망 등, 소프트웨어클라우드, 데이터분석, 인공지능 등, 인터넷 등 ICT 기술을 활용하여 사람과 공간을 서로 연결하고 여기서 데이터를 생성, 공유, 활용하여 부가가치를 창출하는 것이며STEPI2016, 또한 여러 사물을 인터넷을 연결하여 많은 정보를 수집한 뒤, 정보융합을 통해 사물의 일 수행을 지능화, 자동화하는 것을 말한다Andy Zhulenev, 2017. 사물형인터넷IoT은 인터넷을 기반으로 다양한 물리적physical 또는 가상virtual의 사물들을 연결하여 언제 어디서나 상황에 맞는 상호작용과 지능화를 통해 자율적인autonomous 융합 서비스를 제공하는 인프라를 말하며IITP, 2017, 또한 ICTInformation and Communication Technology를 기반으로 다양한 물리적physical 및 가상virtual의 사물들을 연결하여 진보된 서비스를 제공하기 위한 글로벌 서비스를 인프라로 정의한다TTA, 2017.25 사물형인터넷IoT은 사람들이 서로 정보를 주고 받으면서 인간의 개입 유무와 관계없이 보다 "지능적인 서비스"를 제공하는 것이며, 사물 간 정보 교환을 의미하는 기존의 M2MMachine to Machine의 확장, 과거 유비

쿼터스 컴퓨터의 고도화로 설명할 수 있다.

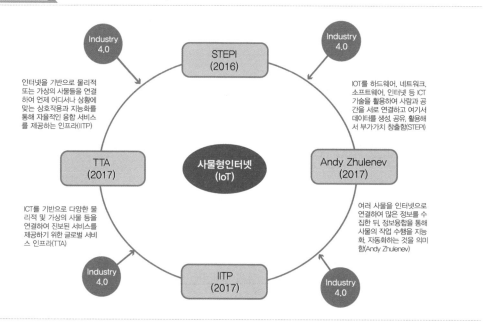

그림 13-5   사물형인터넷(IoT)의 정의

02 | 사물형인터넷(IoT)의 현황

　인더스트리 4.0Industry 4.0에서 ICT 기술은 인더스트리 3.0Industry 3.0에서 축적된 기술의 고도화 및 타산업과의 융합 확대를 통한 인류의 진보와 혁신에 커다란 영향을 미칠 것으로 예상하고 있다. 사물형인터넷IoT은 기반기술로서의 성격이 강하며 모든 사물이 하나로 연결되는 초연결사회로 변화시키고자 한다. 사물형인터넷IoT은 인간, 사물, 서비스를 연결하는 것을 목표로 핵심 역할을 수행할 것으로 예측된다. 본 장에서는 사물형인터넷IoT의 시장규모와 핵심 분야를 중심으로 살펴보고자 한다.

1) 사물형인터넷(IoT)의 시장규모

사물형인터넷IoT 시장이 본격적인 성장기에 접어들면서 인터넷에 연결되어 있는 디바이스 수가 2020년에는 500억 개를 넘을 것으로 예상된다. 이는 최근에 산업 각 분야별 사물형인터넷IoT의 본격 도입, 센서 가격의 하락 및 실시간, 지능형 개인 맞춤 서비스가 가능하게 되면서 생활 밀착형이고 지능화된 센싱 융합 서비스 및 차세대 디바이스 규모가 증가할 것으로 보이며, 이는 인터넷에 연결되는 사물의 수가 급증하는 것으로 전망된다. 영국 정부에는 2020년에 인터넷에 연결되는 디바이스 수를 200~1,000억대로 추정하고 있다. 2022년에 전 세계 사물형인터넷IoT의 시장이 급증할 것으로 예상하고 있으며 대략 1조 달러 이상의 시장이 형성될 것으로 전망하고 있으며, 이는 전 세계 사물형인터넷IoT 시장을 주도할 핵심 분야로 스마트홈, 스마트 시티, 커넥티드 카 등 3대 분야가 선도할 것으로 예상하고 있다.[23, 25]

그림 13-6 사물형인터넷(IoT)의 경제적 파급효과

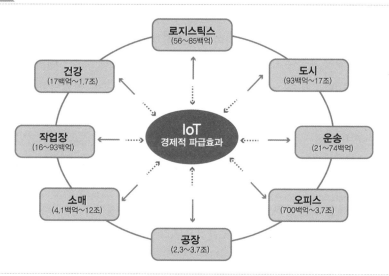

향후 사물형인터넷IoT은 개인보다는 기업 간 거래에서 경제적 파급효과가 더 크게 발생할 것으로 예측되고 있으며, 시장경쟁 구조가 변화하고 새로운 사업 모델이 등장할 것으로 예측되면서 2022년까지 공공 부문 4.6조 달러, 민간 14.4조 달러 규모의 가치를 발생시킬 것으로 전망하고 있다IDC, 2017. 사물형인터넷IoT이 물류 분야로부터 건강 분야까지 9개 분야에 대한 경제적 파급효과는 2025년까지 3.9조~11.1조 달러를 예상하고 있으며, 특히 물류 분야는 560억~850억 달러 규

모, 운송 분야는 210억~740억 달러를 추정하고 있으며, 공장 분야는 2.3조~3.7조 달러로 가장 높은 잠재적 파급효과를 예상하고 있다. 가정에서도 200억~350억 달러가 예상되어 물류, 도시, 운송, 가정, 오피스, 공장, 소매, 작업장, 건강 등 모든 분야에 사물형인터넷IoT이 확산되어서 2025년에는 Industry 4.0에 대한 경제적 파급효과가 가시적으로 나타날 전망이다.[24, 25]

2) 사물형인터넷(IoT)이 핵심 분야

세계 스마트홈 시장은 향후 2020년에 약 430억 달러로 전망되며, 미국의 스마트 홈시장은 2020년 284억 6,800만 달러 규모로 성장할 것으로 예상하고 있다. 이는 스마트홈과 함께 스마트 시티, 커넥티드 카 등 3대 분야가 전 세계 사물형인터넷IoT 시장을 선도할 것으로 전망되고 있다. 스마트홈, 빌딩, 유틸리티, 공공, 교통서비스 등의 스마트 시티, 스마트 홈은 지난 2017년에 소비자 부문 사물형인터넷IoT 네트워크의 90% 이상을 차지할 것으로 보이며, 2020년 커넥티드카 전 세계시장 규모는 약 1,200억 달러로 예상되며, 이 중에서 사물형인터넷IoT으로 연결되는 차량의 수는 1억 6,030만 대로 추산하고 있다.[25]

중국은 사물형인터넷IoT과 관련하여 과학기술 중장기 발전계획을 지난 2006년부터 수립해서 향후 2020년까지 단계적 계획을 세워 놓고 있으며, 이 중에서 차세대 브로드밴드 무선 이동통신 기술에 포함시키고 2010년까지 약 1조 2,000억 원에 달하는 R&D 자금을 지원하고 있다. 중국의 국가발전위원회는 "사물통신 12차 5개년 계획"을 통해 스마트 교통, 스마트홈, 스마트 그리드, 스마트 물류, 공업 및 자동화 제어, 환경 및 보안 테스트, 금융 및 서비스업, 의료, 보건, 국방 군사, 정밀 농축산업 등 10대 분야를 사물형인터넷IoT 중점 투자 분야로 지정해서 발전시키고 있다. 중국 정부는 독일, 미국, 일본에 비해서 스마트홈, 스마트 시티에 관심이 많으며, 중국스마트홈산업연합China SmarHome Industry Alliance을 통해 스마트홈시스템 엔지니어 육성 시스템 구축, 스마트홈 기술 시범 플랫폼 개발 및 스마트홈 기기 및 서비스 클라우드 기반 플랫폼 개발 사업을 추진하고 있다.[24, 25]

03 | 국가별 Industry 4.0 대응 전략

Industry 4.0에 대해 독일, 미국, 중국, 일본 등의 국가들이 지난 5년 간 많은 관심을 보이고 있다. 독일과 미국 IICIndustrial Internet Consortium는 2016년 3월에 사물형인터넷IoT에 대해 상호협력하는 협정을 체결하였으며, 독일의 하노버메세에서 미국 IIC가 사물형인터넷IoT 부스를 설치하고 독일과 미국 간의 협력이 강화되었다. 또한 하노버견본시에서는 독일과 일본정부가 사물형인터넷IoT에 관한 상호협력의 각서를 교환하고 표준화에 대해서 합의하고, 2016년 10월에 CEATECombined Exhibition of Advanced Technology에서 미국 IIC와 엣지컴퓨팅을 추진하는 오픈포그컨소시엄을 개최하는 등 독일, 미국, 일본 간의 사물형인터넷IoT에 대한 정보교환과 비즈니스 협력이 높아지고 있다. 국가별 Industry 4.0에 대한 관심을 보면 독일, 미국, 중국, 일본의 사물형인터넷IoT 관련 기업들뿐만 아니라, 국가 차원에서 적극적으로 참여하고 있으며, Industry 4.0의 확산에 따른 대응 전략을 모색하고 있다.

일본은 2017년 3월에 독일에서 열린 CeBit 전시회에서 파트너 국가로 선정되었으며, 일본의 경제산업성과 일본무역진흥공사JETRO가 이 전시회를 참여하고 후원해 주고 있으며, 사물형인터넷IoT 관련 해외전시회에 일본의 118개 제조업체와 IoT 솔루션 회사들이 참여함으로써, 이 분야에 글로벌 선도적인 입지를 확보하고자 하는 전략을 세우고 있다.[32] 미국은 산업 인터넷을 활용해서 각 산업별로 사물형인터넷IoT과 관련된 30개의 테스트 베드를 선정하였으며, 이 테스트 베드 중에서 산업자산의 효율화, 공장내의 가시화, 도시 수도산업의 인텔리전트화, 항공기의 수하물 관리의 스마트화, 의료와 간호의 연계, 산업의 디지털화, 농업작물의 관리, 산업네트워크의 TSNTime Sensitive Networking 등 8개를 대표적으로 제시하였다.[26]

⊘ 그림 13-7 　 미국의 산업인터넷 테스트 베드

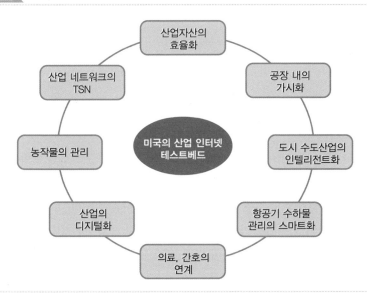

1) 독일의 국가전략 Industry 4.0

독일은 2012년에 독일의 중장기적 국가전략의 하나로 인더스트리 4.0Industry 4.0을 채택하고 세계의 사물형인터넷IoT의 변화와 흐름에 대응하는 전략을 세우고 있다. 이는 공장과 외부를 연결해 "연결된 공장"을 목표로 하는 독일의 제조업을 지키기 위한 대책에서 시작되었다. 4차 산업혁명에 대해서 독일은 인더스트리 4.0을 채택한 이후로, 이를 독일의 각 산업과 비즈니스에 확산시키고 적용하기 위한 노력을 꾸준하게 해 왔다. 독일은 Industry 4.0을 통해서 모든 산업에 사물, 일을 연결함으로써 산업 전체를 변화시키겠다는 산관학 프로그램을 마련하여 4차 산업혁명에 대한 국가 수준의 정책과 전략을 수립해서 추진하고 있으며, 미국, 중국, 일본 등을 위시해서 사물형인터넷IoT이 발전된 국가들과 파트너십을 강화하고 있다.[27]

2) 미국의 산업 인터넷의 조류

미국은 산업 인터넷을 선점하기 위해서 IICIndustrial Internet Consortium를 설립하여 산업 인터넷을 통한 Industry 4.0에 대응하고 사물형인터넷IoT 기술을 확산하려고 하는 전략을 세우고 있다. 미국 IIC는 GE, Cisco, IBM, Intel, AT&T 등과 같은 글로벌기업이 발기인이 되어서 설립되었다. 미국 IIC는 산업 인터넷 관련 컨소시움을 통해 다양한 비즈니스를 산업 인터넷과 연결시켜 산업 간, 혹은 비즈니스 간 파트너십을 높이고 있다. 2017년에 "오픈 콜라보레이션" 방식으로 Industry 4.0의 확산에 따른 산업 요인과, 사물형인터넷IoT의 접목에 따른 주요 요인을 30개의 실험분야test bed로 선정하여 연구를 강화하고 있다.[28]

3) 중국판 IoT

중국은 2009년에 원자바오 수상이 발표한 사물인터넷物聯网, Wulianwang 구상이 있는데, 이는 다양한 센서와 RFID 태그Radio Frequency Identifier를 활용해 정보 네트워크를 정비하여 도시기반 전체의 스마트화를 계획하는 방식으로 사물형인터넷IoT를 도시 전체에 적용하는 스마트 시티의 방식을 적용하여 산관학 전문가의 많은 관심을 받았다. 중국판 사물형인터넷IoT라고 말할 수 있는 이 계획은 국가 주도로 추진되었으며, 클라우드 활용을 중심으로 중앙집권형의 모델을 실현해 다양한 사물, 업무를 인터넷에 연결하는 시금석이 되었다.[25]

4) 일본 IoT 추진상황

일본은 Industry 4.0과 같이 제조업을 중심으로 사물형인터넷IoT 산관학 컨소시움을 2015년에 발족하였으며, 일본의 경제산업성, 총무성이 참여하여 Industry 4.0과 관련된 3,000개 기업을 지원하고 있다. 일본은 사물형인터넷IoT 관련 테스트 베드를 구축하는 중앙에 IoT 추진 연구실을 설립하고, 각 지방에 IoT 추진 연구실을 설립해서 2017년 8월 기준으로 전국 74개의 지자체가 인정하는 IoT 비즈니스를 설립하려고 하는 움직임이다. 일본의 사물형인터넷IoT은 일본 특유의 현장력을 유지하려는 어프로치로 제조업에 관해 "연결된 공장"을 목표로 하는 IVIIndustrial Valuechain Initiative나, 제조공정에서의 로봇의 선진적인 활용을 추진하는 RRIRobot Revolution Initiative 등의 협의회를 발족해서 IoT를 강화하고 있는 추세이다. 또한 모바일 단말기의 정보처리를 추진하기 위해서 2011년에 무선 M2M 위원회를 조성하고 모바일회선을 활용한 IoT 관련 연구가 강화되었고, 2010년 12월부터 설립된 신세대 M2M 컨소시엄을 통해서 많은 사례연구와 솔루션을 개발하고 표준화가 확립된 상태이다.[26]

III 글로벌 공급체인관리의 스마트화와 지속가능성

01 | 스마트 글로벌 공급체인관리

스마트 글로벌 공급체인관리Smart GSCM는 지금까지 전 세계의 글로벌 비즈니스들이 원재료 공급, 본체 및 부품의 공급, 정보 및 지식의 흐름을 최종수요자에게 공급하는 글로벌공급체인관리에 사물인터넷과 인공지능을 접목시켜서 글로벌 공급체인관리의 스마트한 혁신을 가져오는 것을 말한다. 스마트 글로벌 공급체인관리는 자동화, 무인화, 고속화 방향으로 추진될 전망이다.

스마트 글로벌 공급체인관리는 이러한 사회적 · 경제적 기반 위에 기술에 따라 지능형 물류, 친환경 물류, 안전 물류, 신선 물류 네 분야로 활발하게 발전될 것으로 예상하고 있다. 친환경 물류는 물류 전 단계에서 탄소량 저감과 환경부하 감축이 목표다. 안전 물류는 작업자와 주변 환경 보호 및 물류상 보안성 강화가 목표다. 신선제품 보호 표준, 안전을 위한 인증, 스마트 패키징501, 표준개발을 이용한 내용물 보호 등이 우선이다.[2]

4대 스마트 글로벌 공급체인관리 전략 성공은 물류서비스 디자인이 기초가 돼야 한다. 물류서비스 플랫폼을 구축하고 글로벌 공급체인관리 최적화 요소로 물류서비스를 평가하며 예측 가능한 재난을 사전에 줄일 수 있는 디자인 개발과 평가표준을 목표로 한다.

스마트 글로벌 공급체인관리의 방향은 무인화, 자동화, 고속화, 가시화, 표준화, 최적화를 실현하는 방향으로 인더스트리 4.0 시대에 따른 스마트 글로벌 공급체인관리를 추진하는 것을 목표로 한다.[3]

그림 13-8 **스마트 글로벌 공급체인관리의 주요 요인**

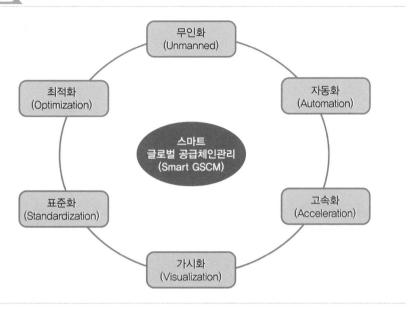

1) 통신하는 기계

물리적 사물에 제공하고 가상 공간에서 식별 가능한 RFIDRadio Frequency Idenfication : 극소형 칩에 상품정보를 저장하고 안테나를 달아 무선으로 데이터를 송신하는 장치칩, QR 코드, 바코드가 이를 가능하게 한다. 정보는 센서를 통해 클라우드에 전달하고 분석한 후 행동 권장사항으로 넘어간다. 이런 방식으로 스마트 팩토리는 넓은 스펙트럼의 고객별 제품을 개별적으로 계속 구성하지 않고 제작할 수 있는데, 이런 모든 프로세스가 거의 자율적으로 진행된다. 글로벌 공급체인관리에서는 전체 공급 체인이 가상 이미지로 만들어지고, 언제든 공장 상황, 창고 재고, 상품 흐름 그리고 제조 상태를 알 수 있다는 장점이 있다. 이를 위해서는 하청업체나 운송회사와 같은 외부 서비스 업체도 연결되어 있어야 한다.[4] 이렇게 되면 지연으로 인한 가동 중지나 결손을 줄일 수 있다. 적응력 있는 물류가 그 중심을 형성하는 스마트 팩토리는 자체적으로 통제되고 계획하는 생산 프로세스를 형성하며, 이 프로세스는 재차 글로벌 공급체인관리에 통합되어야 된다. 미래의 스마트 팩토리가 기능하는 상세한 모습을 담은 시나리오가 제시되는데, 전자 공학과 IT가 생산 자동화를 이룬 이후, 기계, 인간 그리고 제품의 커뮤니케이션을 통한 네트워킹이 뒤따르게 된다. 실제 계획과 가상 계획을 일찌감치 융합시켜 생산 공정을 최적화할 수 있다.[5]

2) 클라우드 컴퓨팅

제조 정보는 제품 컨피규레이션일종의 매뉴얼통해 디지털 형태로 고객에게 제공된다. 여기서부터 생산에 참여하는 콤포넌트와, 이들 콤포넌트의 데이터를 포착 저장하고 중앙에 전달하는 작업 단계가 생긴다. 모든 데이터는 클라우드에 수집되고 SAP Hana S/4와 같은 데이터 뱅크 시스템을 통해 연결되고 분석되어 전체 생산 프로세스가 기록되고 최적화된다. 지속적인 데이터 수집을 통해 스마트 팩토리는 생산 중에 이미 제품의 최종 단계를 예측할 수 있고, 경우에 따라 사전에 정해진 샘플과 데이터가 차이가 있는 경우 생산 공정에 개입할 수 있다. QR 코드를 판독하는 RFID 기술과 NFCNear Field Communication: 10cm 이내의 가까운 거리에서 다양한 무선 데이터를 주고받는 통신 기술 기술이 생산 공정과 제품 품질을 점검하여 생산 공정 중에는 품질 점검을 위한 지정된 측정 포인트가 필요하지 않게 된다.[7] 이 기술을 이용하면 점검 공정을 모두 생략할 수 있다. 이상적인 경우 스마트 팩토리는 중대한 품질 변동을 허용하지 않기 때문이다. 이를 위해서는 기계가 항상 오류 없이 작동해야 한다. 이는 사고 이후 정비에서 예견적 정비로의 변화와 결부되어 있다. 기업들은 이를 위해 기계 데이터를 활용하게 되는데, 기계 데이터를 평가하면 기계 고장률을 예상할 수 있어 생산 설비의 가용률을 높이고, 정비 작업으로 인해 초래되는 가동 정지 시간도 줄일 수 있다. 또한 예비 부품을 준비해두기 위한 비용도 절감된다.[12]

3) 네트워크화된 밸류체인 CPS

네트워크화된 밸류체인 CPS사이버물리 시스템는 스마트 팩토리의 토대이며, 실제 세계와 가상 세계와의 접점을 형성한다. CPS는 정보 콤포넌트와 소프트웨어 콤포넌트를 인터넷을 통해 통신하는 전자 부품 또는 기계 부품과 연결하여 제조 공정과 물류 공정을 스스로 조정한다. 사이버 물리 시스템은 센서를 이용하여 막대한 양의 데이터를 처리하고, 네트워크를 기반으로 서비스를 사용할 수 있다. 여기에도 도전 과제는 있다. 제조 시설의 센서들은 하루에 수백만 데이터를 전달하는데 막대한 양의 빅 데이터를 효율적으로 이용하는 것이다.[13] 또 다른 정보들은 통신 연결, RFID 판독 또는 제조 현장의 카메라와 마이크 기록으로 이루어진다. 생산 네트워킹은 스마트 팩토리 내부에서 끝나지 않는다. 사이버 물리 시스템, 사물 인터넷, 스마트 팩토리는 전체 공급 체인을 따라 협력과 가치 창출의 새로운 방법을 제공한다. 제품 주문에서 납품에 이르기까지 전체 가치 체인이 자동화된다. 이를 위해 전체 공정이 생산을 전후로 서로 조화를 이루고, 공급자, 물류 서비스 그리고 고객까지도 가치 창출 프로세스에 통합된다. 기업 간 가치 창출 프로세스 융합은 사용하는 시스템과 데이터 품질의 신뢰도에 달려 있다.[15]

02 | 지속가능성 글로벌 공급체인관리

　전 세계 공급체인시장에서 글로벌공급체인관리가 경쟁적 우위의 원천으로 작용하면서 글로벌 비즈니스들은 기업의 글로벌공급체인관리에서 발생하는 위험을 줄이고 글로벌공급체인관리의 성과를 지속적으로 높이기 위해서 기업을 둘러싸고 있는 환경적 문제, 사회적 이슈를 포괄적으로 다루어야 하는 새로운 도전에 직면하고 있다.

　지속가능 글로벌 공급체인관리Sustainable GSCM은 글로벌공급체인관리의 개념에 지속가능성을 접목시켜서 통합한 개념을 말한다. 지속가능 글로벌 공급체인관리는 글로벌공급체인관리 상에서 발생하는 거래공정성, 친환경, 사회적 책임, 사회적 자본 등과 같은 지속가능성을 글로벌공급체인관리에 반영하여 통합하는 것이다.[30] 오늘날 기업들은 지속가능 글로벌공급체인관리가 대기업과 중소기업 간의 협업적 관계를 통해서 단순히 경영성과를 높이는 차원이 아니라, 글로벌공급체인관리의 사회적 자본을 강화하고 경쟁적 우위를 확보하기 위한 전략으로 활용될 수 있다는 측면에서 경영자에게 매우 중요한 시사점을 제공한다. 지속가능 글로벌 공급체인관리는 에너지 소비, 물 소비, 온실가스 배출, 물 생성, 폐기물 관리 등과 환경적 요인을 고려하고, 기업의 사회적 책임, 윤리경영 등과 같은 사회적 요인을 반영하여 지속가능 글로벌 공급체인관리를 운영해야 한다.[31]

☑ 그림 13-9 ┃ 지속가능 글로벌 공급체인관리의 주요 요인

1) 지속가능 글로벌 공급체인관리의 효과

기업에서 지속가능 GSCM을 도입하고 경영현장에 적용하기 위해서 많은 노력을 기울이고 있는 것은 글로벌공급체인관리의 성과개선과 위험감소, 가치의 지속가능성을 인식하는 고객의 획득, 지속가능성에 대한 공급체인관리자의 관심이 주된 요인이다.[30]

(1) 글로벌공급체인관리의 성과개선과 위험감소

글로벌공급체인관리의 성과개선과 위험감소를 보면, 글로벌공급체인관리에 지속가능성을 경영현장에 접목하게 될 경우에 기업들의 재무성과를 점진적으로 개선시켜 나갈 수 있으며, 또한 글로벌공급체인관리 상에서 발생하는 경제적, 환경적, 사회적 문제를 통해서 발생하게 되는 위험을 감소시킬 수 있다.

(2) 가치의 지속가능성을 인식하는 고객 획득

가치의 지속가능성을 인식하는 고객 획득을 보면, 오늘날 글로벌공급체인관리 시장은 전 세계적으로 공급 과잉 상태로 경쟁이 치열해지고 있으며, 글로벌공급체인관리를 통한 신속대응력, 유연성 확보, 고객만족도, 리드타임 단축 등의 성과로는 더 이상 신규고객을 획득하거나 기존고객을 유지하는 데 어려운 상황이지만, 지속가능 글로벌 공급체인관리를 통해서 가치의 지속가능성을 중요하게 인식하고 있는 고객을 획득하는 데 효과적이다.

(3) 지속가능성에 대한 공급체인관리자의 관심

지속가능성에 대한 공급체인관리자의 관심을 보면, 지속가능성에 대해 UN은 경제적 지속가능성, 환경적 지속가능성, 사회적 지속가능성 등 이 세 가지를 경제주체가 장기적으로 개발하기 위한 세 가지 축으로 제시하였다. 오늘날 기업의 핵심 가치는 지속가능성이며, 21세기에 접어들면서 환경의 불확실성이 어느 때보다 커지고 기업의 생존권이 위협을 받고 있는 시대에 기업은 현재의 경영을 건실하게 유지하면서 장래에 기업경영의 지속가능성을 확보해 나가는 것이 무엇보다 중요한 시대가 되었다.

2) 지속가능 글로벌 공급체인관리의 주요 요인

글로벌공급체인관리의 지속가능성을 추구하기 위해서는 기업의 환경적 문제와 사회적 역할을 분석해야 한다. 지속가능 글로벌 공급체인관리의 환경적 문제는 에너지 소비, 물 소비, 온실가스 배출, 물 생성 등과 밀접한 관련이 있다. 일례로 운송기업은 지속가능 글로벌 공급체인관리를 수행하는 과정에서 온실가스 배출, 연료 소비, 운송 효율성 등을 중요한 요인으로 고려하는 반면에, 제약회사는 폐기물관리, 물 소비 등을 중요한 요인으로 고려하고 있다.[31] 이처럼 기업에 있어서 글로벌공급체인관리의 지속가능성을 높이기 위해서는 산업의 특성에 따라 에너지 소비, 물 소비, 온실가스 배출, 물 생성 등과 같은 환경적 문제를 어떻게 다루는가는 달라질 수 있다.

지속가능 글로벌 공급체인관리의 사회적 역할은 기업의 사회적 책임Corporate Social Responsibility, CSR과 밀접한 관련이 있다. 기업의 사회적 책임은 기업을 둘러싸고 있는 경영자, 주주, 내부고객 등과 같은 주주 관계자들과, 소비자, 환경단체, NGO, 비영리기관 등과 같은 이해관계자들에 따라 다르게 된다. 기업의 사회적 책임은 노동 및 환경과 관련된 법과 제도, 임신부 고용, 아동 노동, 지역 사회 등과 관련해서 기업의 사회적 책임을 감당함과 동시에 윤리적 경영을 실천해야 한다.[33] 따라서 글로벌공급체인관리는 기업의 환경적 문제와 사회적 역할을 고려하여 지속가능성을 달성하는 목표를 세워야 한다.[34]

지속가능 글로벌 공급체인관리는 산업의 특성에 따라 기업의 설비요인, 재고요인, 운송요인, 조달요인, 정보요인, 가격결정요인에 큰 차이를 보인다. 지속가능 글로벌 공급체인관리의 주요요인은 에너지 소비, 물 소비, 온실가스 배출, 물 생성 등과 환경적 문제를 관리하는 것, 기업의 사회적 책임과 윤리적 경영을 어떻게 글로벌공급체인관리의 구성원들이 관리하느냐에 따라 기업의 성과에 많은 영향을 미친다.

CHAPTER 13
Case ▶

"4차 산업혁명과 글로벌 공급체인관리"

무역업계가 가장 주목하는 4차 산업혁명 기술
빅데이터와 인공지능 기술에 많은 관심, 인재육성과 기술융합 필요

4차 산업혁명은 초연결화와 초지능화 등의 특성으로 인해 단순한 생산방식의 변화를 넘어 제품기획과 연구개발은 물론 공급망관리SCM, 유통 및 물류, 고객관리 등 기업의 경영전반에 영향력을 행사하고 있다. 개별 기업의 대응은 단순한 생산방식 변화나 업무효율 향상을 넘어 새로운 비즈니스 모델의 구축을 통한 가치 창출로 연결되고 있는 것이다. 무역 경쟁에 노출돼 있는 무역업계에게 글로벌 차원의 생산제품개발 포함 및 업무혁신은 물론 SCM과 연관된 선진적인 물류 및 마케팅 시스템 구축을 위해 4차 산업혁명에 대한 적극적인 대응은 더 이상 늦출 수 없는 상황이 전개되고 있다.

무역업계가 가장 주목하는 4차 산업혁명 기술
4차 산업혁명이 우리 무역업계에 영향을 미칠 시점과 무역업계가 가장 주목하는 4차
산업혁명 기술T

무역업계가 4차 산업혁명을 제대로 준비하지 않고 있는 것으로 나타났다. 응답자의 80% 이상이 4차 산업혁명으로 경영환경이 영향을 받을 것이라고 진단했으나 대응에 들어간 기업은 응답자의 5%에 불과했다.

한국무역협회 국제무역연구원이 연간 수출실적이 50만 달러 이상인 611개사를 대상으로 한 '무역업계의 4차 산업혁명 대응현황 조사'보고서에 따르면 4차 산업혁명으로 인해 제품개발과 마케팅 등 경영환경이 영향을 받고 있거나 받을 것이라는 업체의 비율이 83.3%에 달했다. 이중 '이미 영향을 받고 있거나 2년 내에 받을 것'이라는 응답이 38.4%에 달했고 44.8%는 3년 이후에 영향권에 들 것이라고 조사됐다. 휴대폰, 선박, 가전, 반도체 등은 60% 이상의 업체가 자사의 경영환경이 이미 4차 산업혁명의 영향을 받고 있거나 2년 이내에 영향권에 들어갈 것으로 내다봤다.

그러나 무역업계는 4차 산업혁명이 몰고 올 변화의 물결에는 제대로 대응하지 않고 있는 것으로 나타났다. 응답 업체 중 '시급한 대응이 필요하다'고 인식하는 기업응답자의 38.5% 중에서 '이미 대응 중'이라고 응답한 업체의 비율은 5.1%전체 응답업체 기준에 불과했으며 1~2년 내에 대응하기 위해 준비 중이라고 응답한 비율도 11.6%로 높지 않았다.

무역업계가 가장 주목하는 4차 산업혁명 기술은 빅데이터Big Data로 조사됐다. 전체 응답기업 중 33.9%가 4차 산업혁명 대표 기술 중 빅데이터를 가장 주목하고 있다고 조사됐으며, 인공지능22.6%과 지능형 로봇19.8% 기술이 그 다음으로 많은 주목을 받고 있는 것으로 나타났다. 대기업과 중소·중견기업 간 유의한 격차는 없는 것으로 나타나 4차 산업혁명이 초래할 기술적 변화에 대한 인식은 전반적으로 일치하는 것으로 분석됐다.

무역업계는 4차 산업혁명에 대응해 신제품 출시 및 신비즈니스 모델 개발25.0%, 빅데이터를 활용한 마케팅 전략 도입20.1%을 가장 많이 추진 또는 계획하고 있는 것으로 조사됐다. 신기술 R&D 투자12.1%와 전문인력 확보7.0% 등 중장기적인 과제에는 관심이 적은 것으로 나타났다.

김건우 무역협회 동향분석실 연구원은 "4차 산업혁명 대응을 위해 무역업계가 우선적으로 필요로 하는 정책은 ▲정보 제공 및 직원 교육 기회 마련44.8%, ▲ R&D 자금 및 세제지원30.9%, ▲전문인력 수급 여건 개선13.4%, ▲규제 완화10.8% 등으로 나타났다"면서 "기업 스스로도 단기적으로는 정보 모니터링과 인재 육성에 나서면서 중장기적으로는 기술개발융합과 도입 포함과 관련업체 인수합병 등 전략적 대응방안도 강구해야 한다"고 강조했다.

출처: 이상미, 「무역업계가 가장 주목하는 4차 산업혁명 기술」,
『산업일보』, 2017.09.26.

참고문헌

1. 장필성, 2016다보스포럼: 다가오는 산업혁명에 대한 우리의 전략은? DoverseasInnovationTrend. 과학기술정책연구원, pp.12 – 15.

2. Qin, Jian, Ying Liu and Roger Frosvenor, A Categorical Framework of Manufacturing for Industry 4.0 and Beyond, Procedia CIRP, Vol.52, 2016. pp.173 – 178.

3. 랄프베른하르트, 미래의 공급체인관리, Consilio IT – Solutions CmbH, 2016.

4. Tjahnjono, B., Esplugues, C., Area, E. and Pelaez, G., What does Industry 4.0 Means to Supply Chain?, Procedia Manufacturing, Vol.13, 2017, pp.1175 – 1182.

5. Lasi, H., Fettke, P., Keuxper, H., Feld, T. and Hoffmann, M., Industry 4.0 Business & Information Systems Engineering, Vol.6, 2014, pp.239 – 242.

6. Berger, R., Industry 4.0: The New Industrial Revolution: How Europe will Succeed, Ronald Berger Strategy Consultants, Moart, 2014.

7. Kagermann, H., Helbig, J., Hellinger, A. and Wahister, W., Recommendations for Implementing the Strategic Initiative Industrie 4.0: Security the Furture of German Manufacturing Industry; Final Report of the Industrie 4.0 Working Group, Forschung Sunion, 2013.

8. Lucke, D., Constrantinescu, C. and Westkamper, E., Smart Factory: A Step towards the Next Generation of Manufacturing, in: M. Mitsuishi, K. Ueda, F. Kimura(Eds.), Manufacturing Systems and Technologies for the New Frontier, Springer London, 2008, pp.115 – 118.

9. Micheal Abramovici. R. S., Smart Product Engineering, 2013.

10. Schlechtendahl. J., Keinert. M., Kretschmer. F., Lechler, A. and Verl, A., Making Existing Production Systems Industry 4.0 – Ready. Prod. Eng. Res. Devel, Vol.9, 2015, pp.143 – 148.

11. Kowal J., Industry 4.0 and Industrial Internet of Things are Automation Investment Opportunities, Control Engineering, Vol.61, 2014, pp.46 – 47.

12. Ralf C. Schlaepfer and M. K., Industry 4.0: Challenges and Solutions for the Digital Transformation and Use of Exponential Technologies, The Creative Studio at Deloitte, Zurich, 2014.

13. Hoppe, S., Forerunner to Industry 4.0 and Internet of Things, Control Engineering, Vol.61, 2014, pp.48 – 50.

14. Shrouf F., Ordieres J. and Miragliotta G., Smart Factories in Industry 4.0: A Review of the Concept and of Energy Management Approached in Production Based on the Internet of Things Paradigm, Industrial Engineering and Engineering Management (IEEM), 2014 IEEE International Conference on, 2014, pp.697－701.

15. Wittenberg, C., Cause the Trend Industry 4.0 in the Automated Industry to New Requirements on User Interface?, Human Computer Computer Interaction: Users and Contexts, Springer International Publishing, 2015, pp.238－245.

16. Zuehlke, D., Smart Factiry: Towards a Factory of Things, Annual Reveiws in Control, Vol.34, 2010, pp.238－235.

17. Nawa, K., Chandrasiri, N. P., Yanagihara, T. and Oguchi, K., Cyber Physical System for Vehicle Application, Transaction of the Institute of Merasurement and Control, Vol.36, 2014, pp.898－905.

18. Lee, J., Bagheri, B. and Kao, H. A., A Cyber－Physical Systems Architecture for Industry 4.0－Based Manafacturing Systems, Manufacturing Letters, Vol.3, 2015, pp.18－23.

19. Hermann, M., Pentek, T. and Otto, B., Design Principles for Industrie 4.0 Sourcings: A literature Review, Techishe Universitat Dortmund, Dortmend, 2015.

20. Groover, M. P., Single－Station Manufacturing Cells, Automation, Production Systems, and Computer－Integrated Manufacturing, Prentice Hall Press, 2007, pp.383－393.

21. Groover, M. P., Group Technology and Cellular Manufacturing, Automation, Production Systems and Computer－Integrated Manufacturing, Prentice Hall Press, 2017, pp.513－577.

22. E. Commission, The Factories of the Future, 2015.

23. 과학기술정책연구원(STEPI), 2016년 국내외 과학기술혁신 10대 트렌드, Featured Ploicy, 2016.

24. 한국과학기술기획정기회(KISTEP), 4차 산업혁명 주도기술 기반 국내 스타트업의 현황 및 육성방안, Issue Weekly, 통권 제210회, 2017.

25. 정보통신기술진흥센터, 사물인터넷 산업의 시장 및 정책동향, 2017.

26. 최해옥·최병삼·김석관, 일본의 제4차 산업혁명 대응 정책과 시사점, 동향과 이슈, 제30호, 2017.

27. 산업은행, 한국형 4차 산업혁명 대응전략, 2017.

28. 한국은행, 제4차 산업혁명: 주요국의 대응현황을 중심으로, 2016.

29. Wu, Lifang, Xiaochang Yue, Alan Jin. and Davie C. Yen. Smart Supply Chain Management: A Review and Implications for Future Research, The International Journal of Logistics Management, Vol.27, No2, 2016, pp.395－417.

30. 김창봉·심수진·정재우, 환경규제와 수출중소기업의 Green SCM활용의 영향의 영향관계에 관한 연구, 무역학회지, 제42권 제5호, 2017, pp.183－211.

31. 김창봉·고혁진, 친환경활동이 공급체인성과와 환경성과에 미친 영향에 대한 연구, 통상정보연구, 제12권 제5호, 2010, pp.257－277.

32. 이호빈, 2017 CeBIT 키워드로 본 독일 IT 산업, KOTRA & KOTRA 해외시장뉴스, 2017.

33. 김창봉·남윤미, 기업의 문화마케팅 및 글로벌 마케팅 전략요인이 CSR성과에 미치는 영향관계에 관한 실증 연구, e-비즈니스연구, 제13권 제2호, 2012, pp.223-240.

34. Thi Le Hoa and Thi Lan Anh Nguyen, CSR Collaboration in Multi-Level Supply Chains: a Concepted Model, Logistics & Management, Vol.25, No.2, 2017, pp.96-106.

글로벌 통관제도와
싱글윈도우 및 AEO 제도

학습 목표

1. 글로벌 공급체인망의 싱글윈도우(Single Window)개념과 필요성을 이해한다.

2. 싱글윈도우의 정의와 프레임을 이해한다.

3. 싱글윈도우 활용 기관 현황을 파악한다.

4. 글로벌 싱글윈도우의 개념 및 사례를 이해한다.

5. 글로벌 공급체인망의 AEO(Authorized Economic Operator) 제도에 대한 개념 및 필요성을 이해한다.

6. 우리나라 AEO 제도의 공인절차를 이해한다.

7. AEO MRA를 이해하고, 활용기업 및 기업현황을 파악한다.

8. AEO를 구축한 기업 성공사례를 알아본다.

CHAPTER14 Content

Introduction: 한국 KTNET, 케냐 싱글윈도우 시스템 구축

Ⅰ. 글로벌 공급체인관리와 통관제도 활용

Ⅱ. 글로벌 공급체인관리와 싱글윈도우(Single Window)

Ⅲ. 글로벌 공급체인관리와 AEO 제도

Chapter 14 Case: '무역 원활화의 지름길, Korea AEO' SK 하이닉스

Introduction

"한국 KTNET, 케냐 싱글윈도우 시스템 구축"

한국 KTNET이 케냐 싱글윈도우 시스템을 구축함으로써 케냐 ICT시장에 한국기업 첫 진출한 성공 사례이다. 이를 통해서 한국 KTNET은 700만 달러 규모 데이터센터 구축사업 수주하였으며, 본 프로젝트 완료 시 통관시간, 비용 감소 및 업무처리 투명성 제고 등이 기대된다.

1) KTNET, 케냐 SWS 데이터센터 현대화사업 수주

○ 케냐 조세청은 수출입 통관과정에서의 시간 및 절차 단축, 관련 비용 절감, 업무처리 투명성 제고 등을 목표로 싱글윈도시스템SWS 구축사업인 관세행정현대화 프로그램을 추진 중에 있음. 프로그램 진행 단계는 다음과 같음.
  – 1단계: 전자통관시스템 구축사업2015년 사업자 선정, 900만 달러
  – 2단계: 데이터센터 현대화 사업1차 기반 인프라 구축700만 달러, 2차 기자재/플랫폼 공급사업1000만 달러
  – 3단계: 통관싱글윈도우 구축사업17년 하반기 예정
○ KTNET한국무역정보통신, 1989년 정부의 종합무역자동화 기본계획 수립에 따라 1991년 한국무역협회의 100% 출자로 설립된 국가전자무역기반사업자은 상기 관세행정 현대화 프로그램 중 2단계 1차 사업에 해당하는 데이터센터 기반 인프라 구축사업을 수주해 2017년 1월 16일 발주처인 TMEATrade Mark East Africa, 동아프리카 지역 국가들의 무역과 관련된 업무를 지원하기 위해 영국 국제개발부DFID, USAID, 스웨덴, 핀란드, 벨기에 공적개발원조기관의 자금으로 설립된 투자기관)와 계약을 체결함.
  – 2017.1.16., 케냐 조세청KRA John Njiraini 청장좌, 한진현 KTNET 사장우이 약 700만 달러 규모의 데이터센터 이양 계약을 체결함.

2) 동아프리카 지역 SWS사업, 케냐가 주도

케냐전자싱글윈도우시스템(KNESWS) 도입 전후 개념도

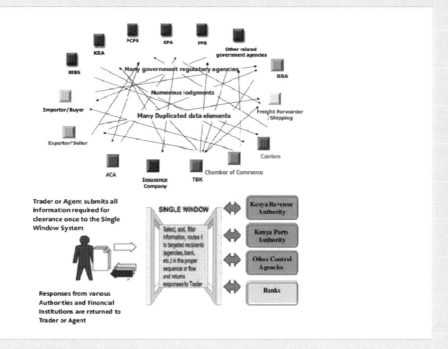

주: 위: SWS 도입 전, 아래: SWS 도입 후

자료원: Kentrade

○ 케냐는 SWS 도입을 위해 2011년부터 케냐 무역네트워크관리국Kenya Trade Network Agency, KENTRADE을 발족했으며, Investment Climate FacilityICF, International Finance CorporationIFC, Trade Mark East AfricaTMEA 등으로부터 자금을 지원받아 싱가포르의 전자정부 전문 컨설팅사인 CrimsonLogic과 합작으로 SWS 개발에 착수함.

○ 2013년 10월부터 화물입고 허가, 수출입 허가 등을 온라인으로 시험 처리하기 시작했으며, 2015년 7월에는 TMEA의 지원으로 전자통관시스템인 SIMBA를 구축해 몸바사항 물류시스템 통관절차의 전산화를 완료함.

○ 현재 케냐 조세청은 관세청, 무역청, 보건당국 등 약 27개의 관계 부처로 분산된 관세행정 정보를 통합하는 사업을 진행 중이며, 이번 데이터센터 구축사업은 SWS 인프라를 조성하는 단계임. 완공 시, 케냐에서의 모든 물류통관은 KNESWSKenya National Electric Single Window System의 관리 하

에 관계 부처로부터 라이선스, 무역허가 등을 일괄 취득하게 될 것으로 기대.

3) 시사점

○ 현재 케냐를 포함한 탄자니아, 우간다, 르완다, 남수단, 부룬디 등 동아프리카 국가들은 각 국의 SWS 사업을 진행하거나 계획 중에 있으며, 장기적으로 역내 국가들의 물류 통관을 단일화하는 계획을 추진 중에 있음.

○ 이번 사업 수주는 한국 IT 기술의 우수성과 한국형 전자무역/전자통관시스템의 우월성을 TMEA가 인정한 최초의 사례로, 향후 브룬디·우간다·탄자니아 등 동아프리카 국가 대상으로 한국형 전자정부시스템 수출이 확대될 것으로 기대됨.

○ 그간 대아프리카 수출기업에는 통관 행정이 장기간 소요되고 불확실한 점이 큰 불만사항 중 하나였음. 이번 통관 시스템이 구축될 경우 동아프리카 전반의 수출입 통관시간이 단축될 뿐 아니라 통관/물류비용 절감, 업무처리 투명성 제고 등의 효과가 기대됨.

출처: Kentrade, 현지 일간지 관련 기사 종합 및 KOTRA 나이로비 무역관 자료 종합

Ⅰ 글로벌공급체인관리와 통관제도 활용

01 | 글로벌공급체인관리와 통관제도

최근 수출입 통관 지원, 국가 재정수입 확보, 밀수단속과 같은 전통적 관세행정 기능이 경제·사회적 환경변화에 따라 FTA 지원, 지식재산권 보호, 원산지 표시단속, 불법 먹을거리·의약품 단속, 불법 외환거래 단속 등 보다 복잡하고 다양화되면서 관세행정이 새로운 변화를 맞이하고 있다.

1947년 GATT출범부터 2000년까지 관세행정의 패러다임은 신속이 최우선 과제였다. 세계 교역액의 10%이상을 물류비용으로 지불하고 있는 무역환경에서 세관절차의 간소화 및 표준화를 목적으로 1973년 '세관절차의 간소화와 조화에 관한 국제협약'인 교토협약Kyoto Convention이 제정되었다. 이를 토대로 세계 각국은 신속통관을 통한 국제교역의 촉진과 물류비용 절감을 위해 관세행정 절차를 간소화하고 규제 완화에 중점을 두고 있다.[1, 25]

2001년 9.11테러를 계기로 신속보다는 안전이 관세행정의 최우선 가치가 되었다. 2005년 세계관세기구WCO: World Customs Organization에서는 '무역안전과 원활화 표준규범[SAFESecure And Facilitate in global Environment Framework]'을 회원국 만장일치로 채택했다. WCO는 이를 통해 불법화물의 국가 간 이동을 차단하였고 각국 세관 당국에 RFID 등 첨단 IT기술을 관세행정에 접목 활용할 것을 권고하였다.[22] 9·11테러 이후 진행되고 있는 수출입 물류 국경관리의 신조류는 대략 네 가지로 요약된다.[1, 24, 26]

첫째, 수출입 물류관리에 있어 신속과 안전은 동시에 충족하기 어려운 과제다. GATT체제 이후 현재까지 국제교역에 있어 최우선 과제는 신속으로 물류비용을 감소시키기 위해 노력했다. 현재는 국민건강과 사회 안전을 위해서라면 물류 흐름이 다소간 늦어지더라도 안전을 강조하고 있다.

둘째, 국경관리의 주 대상이 물품관리에서 공급망 관리로 변화하고 있다. 이는 국경관리의 초점이 기업 활동의 결과물인 물품에서 이 물품을 다루는 공급망 구성원인 기업의 원인 쪽에 맞춰지고 있다. 기업 관리의 대표적인 예로 수출입안전관리우수공인업체AEO: Authorized Economic Operator제도가 있다. 이는 국가가 수출입 안전을 담보하기 위한 일정한 기준을 정해두고 이 기준을 충족하는 기업을 인증업체로 지정해 수출입 물품에 대해 세관검사를 생략하는 등 각종 혜택을 부여하는 제도다.[22]

셋째, RFID, CSDContainer Security Device 같은 첨단 IT기술을 물품이나 컨테이너에 접목해서 물품이 출발할 때부터 도착할 때까지의 순 과정을 실시간으로 파악하는 것이다. 이런 변화는 수입국 세관이 화물정보를 수출국 세관으로부터 전송받아 위험관리를 신속하게 가능하게 되었다.[31]

02 | 관세행정의 핵심업무

1996년 7월 이전의 수입면허제에서는 세관에서 수입물품 통관 전에 납부세액의 정확성을 확인하였으나 수출입 물량이 지속적으로 증가함에 따라 통관의 신속성과 정확성을 동시에 달성하는데 한계에 도달하였다. 1996년 7월에 수입신고수리제가 새롭게 도입·시행됨에 따라 통관단계에서는 외형적인 수입 구비요건만 확인하여 신속하게 수입신고 수리하고, 납부세액의 정확성은 통관 후에 심사토록 보완하였으나 수입통관부서에서 심사를 병행함에 따라 심사기능이 약화되는 역기능을 초래했다.[27, 28] 따라서 2000년 1월 심사정책국을 신설하여 사후세액심사 기능을 강화하는 동시에 건별 심사기능과 업체별 심사기능을 부여하여 납세신고의 정확성 제고에 노력하였다. 2009년 5월에는 성실기업의 효율적 관리를 위하여 AEO 제도와 심사업무를 통합하였으며 2009년 5월 세액뿐만 아니라 국민적 관심이 높은 통관 적법성 준수 여부에 대해서도 함께 심사하는 통관 적법성 심사를 도입하기에 이르렀다.[29]

심사행정은 크게 시기에 따라서 수입신고된 물품에 대하여 신고수리 전에 세액심사를 실시하는 사전세액심사와 수입신고수리 후에 실시하는 사후심사로 구분되고, 사후심사는 다시 그 방법에 따라 보정심사, 종합심사, 법인심사, 기획심사로 구분된다. 또 다른 중요한 업무에는 관세평가과세가격결정와 평가분류업무가 있다.[30]

1) 수입통관

수입통관은 국내 반입되는 외국물품의 각종 법령상의 규제사항을 확인하여 집행하는 것이다.

수입승인사항 또는 관련 법규의 인·허가사항 등 제반사항, 세관에 신고된 사항의 일치 여부를 확인하여 유효한 행정행위로 수입신고에 대한 수입신고 수리가 이루어진다.[1]

광의의 개념은 물품 수입시 입항, 보세구역반입, 관세납부 등 관세법에서 정하는 모든 절차를 나타내고, 협의의 수입통관은 수입신고에서 수입신고 수리까지의 세관절차를 의미한다. 일반적으로 통관은 광의의 절차를 말한다.

수입거래는 협의의 거래, 광의의 거래 등 무역범위에 따라 구분할 수 있다. 상품거래만을 뜻하는 협의의 거래, 상품을 포함한 용역·자본·기술 거래와 경제적 가치를 포함하는 모든 대상의 국제간 거래를 의미한다. 관세법에서 물품의 수입은 상품거래만을 나타내고, 광의의 거래는 모든 대상의 국제간 거래를 의미한다.

관세법에서는 협의의 거래인 상품거래를 할 때 이러한 물품이 외국으로부터 우리나라에 반입하는 것을 수입이라 정의하고 있다. 실무적으로는 수입은 외국으로부터 HS로 분류될 수 있는 물품이 우리나라에 반입되는 것을 수입이라 한다. 수입통관은 관세법의 통관 법적인 성격에 의해서 관세법에 규정한 절차를 이행하여 외국물품을 내국물품화 하는 것이다.[28]

✅ **그림 14-1** 수입통관 절차

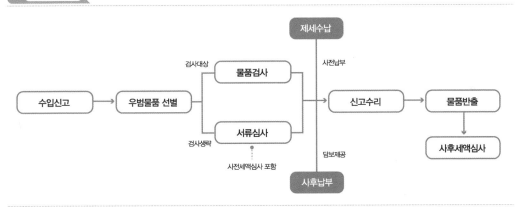

출처: 김창봉·박상안·정재우, 알기쉬운 무역학원론, 2010, p.212.

수입통관의 기능은 첫째, 관세법과 기타 수입에 관련된 각종 법령에서 정한 절차와 방법으로 적법 여부를 확인하여 수입 여부를 결정한다. 둘째, 신고내용과 현품을 수입 관련 법령상 규제내용으로 확인함으로써 실물에 입각하여 수입내용을 확인할 수 있다. 셋째, 수입물품에 관세 및 내국세 등을 부과·징수함으로써 국가재정수입 확보에 기여한다. 이는 수입통관과정을 통하여 관세법 및 내국세 관련법에서 관세 및 내국세를 납부하도록 정한 물품에 대하여는 그 관세 및 내국세를 납부하도록 함으로써 국가의 재정수입을 확보하는 것이다.

선박 및 항공기로 외국물품이 국내에 반입된 시점부터 그 물품은 관세법의 규제를 받게 되고 물품이 내국 물품화되기 위해서 일련의 절차를 거쳐야 하는 바 그 일련의 절차를 수입통관절차라 한다. 일반적인 통관절차는 물품이 외국으로부터 국내에 도착하면, 보세구역에 반입 → 수입신고 → 신고수리 → 세액납부 → 사후세액심사 등의 절차에 의해서 내국 물품화되는데 이는 수입절차의 일부분인 세관에서 이루어지는 절차를 말한다.[29]

2) 수출통관

수출통관이란 외국으로 반출되는 내국물품에 대해 법령상의 규제사항을 확인 및 집행하는 것이다. 광의의 수출통관은 당해물품을 우리나라와 외국 간을 왕래하는 운송수단에 적재하기까지의 절차로 수출하고자 하는 물품의 제조에서부터 수출신고, 검사, 심사, 신고수리를 거치는 것을 말한다. 협의의 수출통관은 수출신고에서부터 수출신고 수리까지의 세관절차를 의미한다. 일반적으로 수출통관은 광의의 절차를 말한다.[1]

대외무역법상 수출은 수출승인에서부터 대금영수까지 포함하여 일련의 수출절차를 말한다. 관세법상 수출은 국경관세선을 중심으로 수출신고 수리시점을 기준으로 반출하는 절차를 말한다. 수출 성립의 반출시점은 정해진 기간 내에 수출품을 운송수단에 적재하는 행위의 사실에 의해서 이루어진다.

관세법의 규정에 의한 통관절차를 통해서 세관에서는 관세법은 물론 대외무역법 등 각종의 수출규제에 관한 법규의 이행사항을 최종적으로 확인하여 외국으로 반출할 수 있도록 하고 있다. 이는 전산 방식에 의해 수출물품을 신속하게 통관하고 있다.

수출통관절차는 수출 물품을 세관에 수출 신고하고, 신고수리 이후 적절한 운송수단에 적재하기까지의 절차를 거쳐야 한다.

일반적인 통관절차는 수출계약을 체결하고 신용장을 접수하여 수출물품을 자가 생산을 하거나 완제품을 구매하여 수출할 물품을 확보하면, 수출신고 → 수출신고수리 → 선적항 운송 → 적하목록제출^{적재신고로 갈음} → 적재신고수리 → 적재 → 출항절차를 거친다.[30]

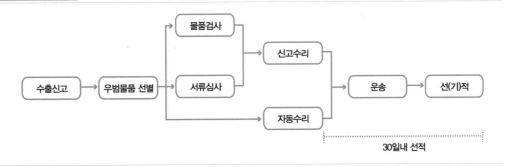

그림 14-2 수출통관 절차

출처: 김창봉 · 박상안 · 정재우, 알기쉬운 무역학원론, 2010, p.213.

3) 간이통관

간이통관은 크게 이사화물, 국제우편물, 특급탁송화물 통관으로 나누어지는데 우선 이사화물 통관과 관련하여 해외에서 우리나라로 주거를 이전하는 자로서 해외체류 1년 이상이사 또는 가족을 동반하고 해외체류 6개월 이상준이사자이상인자가 반입하는 물품 중 해외에서 3개월 이상 사용한 물품은 원칙적으로 면세통관이 된다. 다만 외국산 자동차, 선박, 항공기, 귀금속 등은 사용하던 물품이라 하더라도 과세가 된다.[1]

국제우편물은 우편물의 총 과세가격이 15만원 이하로서 자가 사용물품인 경우 현장에서 면세통관하고 15만원 초과물품은 간이통관절차가 아닌 정식수입통관절차를 밟아 처리된다.

세관에서는 APISAdvance Passenger Information System: 여객명부정보와 PNRPassenger Name Record: 승객예약정보 등 각종 여행자정보를 항공사로부터 사전에 전송받아 이를 분석하여 우범여행자를 선별 · 검사하고 있다.[29]

그림 14-3 여행자 통관절차

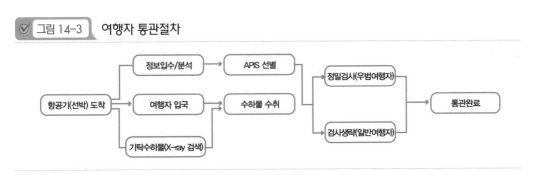

출처: 김창봉 · 박상안 · 정재우, 알기쉬운 무역학원론, 2010, p.216.

II

글로벌공급체인관리와 싱글윈도우(Single Window)

01 | 싱글윈도우의 개요

1) 싱글윈도우의 도입배경

최근 국제무역에 있어서 통관절차의 혁신과 발전은 무역의 안전과 원활화에 있어서 중요한 이슈이다. 한 창구에서 모든 관련된 업무를 일괄 처리하는 싱글윈도우 개념은 대부분의 정부부처 및 중개사업자들도 모든 무역관련 업무의 싱글윈도우 구축 필요성을 인지하고 있다.[2]

세관절차부분은 세계관세기구WCO: World Customs Organization에서 통관절차의 간소화와 표준화, 서류 표준화, 세관 전자자료의 표준화Customs Data Model와 화물식별부호 표준화Unique Consignment Reference를 기반으로 모든 수출입절차를 통합된 공급망 차원에서 관리하도록 구성하여 국제적 물류흐름의 원활화를 도모하고 있다.[3, 4]

세관 전자자료의 표준화는 각 국가의 통관단계가 상이하여 법적 구비요건을 국제적으로 통일하고 조화시켜 국제무역 활성화를 취지로 개발된 국제적 표준이다. WCO가 제안한 화물식별부호 표준화는 국제무역거래에서 최초공급자로부터 최종소비자까지 화물정보를 추적할 수 있는 화물식별번호이다. 일련의 화물흐름인 수출신고－적재－출항－운송－입항－하역－보세구역 반입－보세운송－수입신고－반출 등에서 수반되는 각종 신고 시 UCR을 첨부하여 하나의 체인으로 전체 공급망을 연결하면, 수출국으로부터 UCR을 통해 제공받은 수출정보와 수입국의 수입정보를 연계하여 각 단계별 화물정보 추적이 가능해진다.[4]

세계관세기구의 개정교토협약a)에서는 여러 정부기관이 수입물품의 검사 및 검역을 하는 경우 세관에서 조정자의 역할을 하도록 규정하고 있다. 무역절차 간소화를 위하여 유럽경제위원회

---

a) 관세협력이사회(현재, 세계관세기구)가 주관하여 1973년 채택되고 1974년 발효된 세관절차의 간소화 및 조화에 관한 국제협약을 1999년 6월 개정한 협약이다.

UNECE 등 국제기구에서도 싱글윈도우 가이드라인을 제정하고 미국·일본 등 주요 선진국에서도 싱글윈도우운영에 앞장서고 있다.[6,4] 동시에 신속과 안전을 달성하는 것은 업무흐름을 빠르게 하고 사전에 관련 정보를 입수하여 위험을 선별하여야 할 필요가 있다. 이를 위한 수단으로 각 국가들은 전자통관시스템을 도입·활용하게 되었다.[5] 통관단일창구 시스템의 운영은 수출입 관련 기업들에게 처리시간 단축, 인력절감, 투명성 향상, 법규준수도 향상 등 다양한 효과를 거두게 하고 있다.[7]

(1) 싱글윈도우의 필요성

무역업자들은 매일 매일 각각 특정한 시스템이나 양식에 맞추어 여러 정부기관에 많은 양의 정보를 제출해야 한다. 정부기관에 효율적으로 정보를 제출할 수 있는 시스템 구축은 무역업자나 정부기관의 경쟁력의 한 부분이다.[8]

효율적 정보시스템은 비용절감, 상품운송 촉진, 업무효율성 개선 등으로 국가 전반적인 경제성과를 향상시킨다.[9,4] 실제 싱글윈도우는 전자적으로 반출 및 통관과 관련된 국제거래의 모든 자료와 문서를 제출하고 취급하는 하나의 출입구다. 그러므로 싱글윈도우는 무역공급망 당사자 모두에게 혜택을 주기 위해 비관세장벽을 줄이고 무역원활화의 개념을 구현하는 것이다.[10]

(2) 싱글윈도우의 발전단계

단일창구는 전자업무의 범위가 확장되어감에 따라 다음과 같은 발전단계를 거치게 된다. 서비스의 통합정도에 따라 발전모델을 UN/CEFACT[b]은 물류싱글윈도우Single Window e-logistics, 세관싱글윈도우Single Window Customs, 민간 간 싱글윈도우Single Window B2B, 지역싱글윈도우Integrated Single Window Regioal Trade 및 글로벌 싱글윈도우Integrated Single Window Global Trade로 전개된다고 설명하였다. 수출입신고 단일창구와 같이 세관의 일부업무에만 적용되는 싱글윈도우에서부터, 업무범위에 따라 세관의 전체 업무에 적용되는 싱글윈도우, 세관업무와 국경관리기관의 업무에 적용되는 싱글윈도우, 세관, 국경관리기관, 관계기업에 적용되는 싱글윈도우, 세관, 국경관리기관, 관계기업 및 일부 물류와 금융까지 포함하는 싱글윈도우로 구분할 수 있다.[11,12] 싱글윈도우의 유형을 재정리해 보면 [그림 14-4]과 같다.[4]

---

b) United Nations Centre for Trade Facilitation and Electronic Business의 약어로 '무역 촉진 및 전자상거래 표준화 기구'이다. 이는 UNECE Committee on Trade의 산하기구로 설립되었으며 XML형식의 EDI 전자문서 표준을 작성한다.

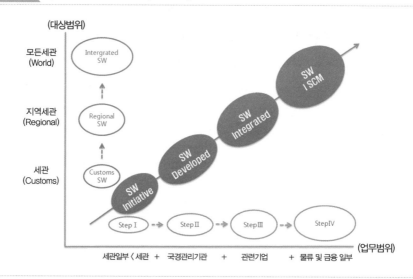

그림 14-4 싱글윈도우의 발전과정 및 유형

2) 싱글윈도우의 개념

국제적으로는 WCO는 '싱글윈도우'라는 용어를 사용하고 있으며 이는 한국 관세청에서 구축·운영하고 있는 전자통관시스템의 통관포탈에 해당하는 개념으로 이해될 수 있다.

전자통관시스템은 수출입물품에 대해 기업 및 개인이 인터넷 등 전자적 방식으로 세관의 물품신고, 수출입신고, 관세납부 등의 절차를 처리하는 시스템이다. 이는 One-stop으로 모든 세관업무를 통합하여 처리 가능한 서비스를 의미하며, 세관이 수출입과정에서 얻은 데이터베이스를 기초로 다른 기관과 연계하여 서비스를 제공함으로써 수출입업계에서 많이 활용되고 있다. 관세청은 이 전자통관시스템의 이름을 유니 패스Uni-Pass라 하고 있다.[13]

02 | 한국의 싱글윈도우

한국은 전자통관시스템UniPass[c]을 운영하여 기업이나 개인이 수출입물품에 대한 물품신고, 수

---

c) 한국 관세청의 전자통관시스템의 브랜드 명칭임.

출입신고, 세금납부 등 모든 세관 관련 절차를 인터넷 방식으로 처리하고 있다. One-Stop 처리가 가능한 서비스로 모든 세관 업무를 통합한 것으로 UNI는 통합처리Unified, 국제표준화Universal, 관세청 고유성Unique을 의미하고 PASS는 신속통관서비스Fast Clearance Service를 말한다.[d] 사이버 공간에서 수출입 물류 관계인 무역업체, 관세사, 운송인, 보세창고, 은행, 세관 및 다른 정부기관 등을 하나의 커뮤니티로 연결해 정확한 정보를 관계자에게 제공하는 종합 네트워크 개념이다.[16, 4]

(1) 추진배경

우리나라가 전자통관시스템을 구축 추진하게 된 배경은 첫째, 복잡한 무역절차 및 종이문서 사용에 따른 비효율성 개선이다. 급속한 경제성장으로 한국은 무역량이 1990년대에는 매년 평균 15%씩 급증하면서 수출입기업에 대한 무역서비스 개선 요구가 증대되었다.

둘째, 통관처리과정 미공개에 따른 불투명성과 관세행정에 대한 신뢰성이 필요해졌다.[19]

셋째, 무역관련 기관 간 네트워크 통합으로 공유를 통하여 이용자의 편리성과 접근성을 용이하게 할 필요가 생겼다.[20, 4]

(2) 싱글윈도우의 특징

관세행정은 그 특수한 성격으로 정보화 추진이 쉬운 환경을 갖추고 있었다. 이러한 특징으로 상당히 일찍 타 정부기관에 비해 전자통관시스템을 구축 운영하였고, 그 성과가 매우 높다. 그 특징은 다음과 같다.[21]

첫째, 정보전달을 통해 관세행정업무가 이루어진다.

둘째, 누적된 자료를 업무수행과정에 적용하기가 용이하다.

셋째, 다양한 이해관계자가 참여하게 된다.

넷째, 관세업무는 기업활동의 성과에 영향을 미치게 된다.

---

d) 관세청, "한국전자통관시스템[UNI-PASS]", 2014.

(3) 싱글윈도우 구축 및 주요기능

신속한 통관시스템을 구축하기 위해 관세청은 2002년 EDI 환경에서 사용자 화면을 인터넷 환경의 관세행정정보시스템으로 통합하고, 관세청의 58개 업무처리 정보시스템 중에서 수출입 통관절차와 관련 있는 6개의 시스템을 2003년도에 인터넷통관포털사이트로 통합하였다. 이후 수출입에 필요한 요건확인기관별 절차를 통합하여 2005년도에 추가적으로 요건확인기관 단일창구시스템을 연결해 Uni-Pass를 완성하였다. 관세청에서 운영하고 있는 업무처리 정보시스템을 지칭하는 관세청의 전자통관시스템의 주요시스템은 수입통관시스템, 수출통관시스템, 수입화물관리시스템, 수출화물관리시스템, 관세징수시스템, 관세환급시스템 및 요건확인기관 단일창구시스템이 있다.[4, 14]

인터넷 통관포털UNI-PASS Portal 한 창구를 통해 모든 이용자가 관세청의 모든 서비스를 이용할 수 있으며, 43만여 개의 물류공급망 수출입업체, 관세사, 항공사, 선사, 포워더, 운송사 등과 은행, 타 정부기관과 시스템연계가 되어있다.

(4) 싱글윈도우 이용효과

관세청 통관단일창구에 따른 효과는 EDI 전송설비 절감효과, 관세사 수수료 절감효과, 서류보관비용 절감효과, 정보 활용 증대 효과, 자료공유로 인한 시간 절감효과 등 정보전달 비용의 절감효과가 있다.

싱글윈도우는 요건확인 신청업무와 세관의 수출입신고 업무를 하나의 창구에서 One-stop 수행이 가능하고, 신고서식 및 항목 간소화로 신고서 작성에 대한 편의성을 제고하여 민원인서비스 향상에 기여했다.[15]

그림 14-5 통관소요시간 단축

세관이 싱글윈도우를 구축하기 위하여 요건확인기관과 관련 서식항목의 표준화 작업을 통해 표준화된 데이터를 공동으로 활용하고, 하나의 항목을 한 번만 입력이 가능하도록 세관신고서 전환기능을 추가하였다.[4, 17]

싱글윈도우는 국제기준인 세계관세기구인 WCO의 권고를 적극 수용하고 단일창구 이용을 확산시킴으로써 국가 물류경쟁력 강화 기반을 마련하였다. 특히, 국제기준에 맞추어 신고항목을 표준화함으로써 향후 무역상대국과의 수출입절차를 하나의 창구에 처리가 가능토록 하는 글로벌 싱글윈도우Global Single Window 구축 기반을 마련하였다.[18]

III 글로벌공급체인관리와 AEO 제도

01 | AEO 제도의 개요

(1) AEO 제도의 도입배경

WCO는 오랜 기간에 걸쳐 원재료 생산지부터 최종 소비자까지 발생하는 국제적인 물류흐름의 안전성Supply Chain Security을 달성하기 위해 지속적으로 논의를 진행해 왔다. AEO 제도는 'Authorized Economic Operator'의 약자로서 종합인증 우수업체 제도를 의미하며, 수·출입 기업의 법규준수도, 내부통제시스템, 재무건전성, 안전관리에 대한 관세청의 공인기준에 따라 달성 수준 여부를 심사하여 공인된 우수업체의 세관검사나 통관 과정상의 검사단계를 면제해주는 등 다양한 혜택을 부여하여 기업의 빠른 통관을 가능하게 하고 동시에 국민 건강과 사회 안전성을 위협하는 물품의 반입을 차단하는 역할을 한다.3 또한 무역상품의 자유화가 진전되어 과거의 무역자유화trade liberalization였던 세계교역질서가 무역원활화trade facilitation로 확대되었다.5

AEO 제도는 이러한 공급망 보안Supply Chain Security을 강화하고 최근 국제무역환경의 변화로 통관절차의 간소화, 통관절차의 신속화, 국제표준화 등 무역의 원활화Trade Facilitation와 마약·총기류, 방사능 오염물품 등 안보위해물품, 테러물품 등을 차단하고 무역거래의 안전성을 확보하기 위한 무역안전Trade Security 등의 목표를 동시에 달성할 필요에 직면하게 되었다. AEO제도는 이러한 공급망 보안Supply Chain Security을 강화하고 관세행정 변화에 대응하기 위한 주요 수단으로 확대되었다.6

(2) AEO 제도의 정의

WCO 총회에서 의결된 'SAFE Framework'는 AEO를 'WCO 혹은 이에 준하는 국제기구의 국제 공급망 보안 기준을 준수하고, 자국 세관의 행정 당국이 인정하는 방법으로 물류의 국제적 이동에 종사하는 관계자인 제조업자, 수입업자, 수출업자, 중개인, 운송업자, 복합 운송업자consolidator, 중재인, 항구·공항·터미널 운영자 및 통합 운영자, 창고업자, 유통업자 등이 포함된다.'라고 정의하였다.[5]

02 | AEO 제도의 인증기준

세관의 법규준수도를 준수하기 위하여 기업은 일정기간 내에 국제법, 관세법 등 위반 상황이 발생하지 않도록 주의를 기울여야 한다. 또한 기록 관련 사항을 명확히 입증해 줄 수 있는 자료를 상업기록 관리시스템이 보유하고 있어야 한다.

(1) 인증대상

인증대상자에는 수입업체, 수출업체, 화물운송주선업체, 선박회사, 보세구역 운영인, 항공사, 관세사, 하역업자 등이 포함된다. 또한 자유무역 구역의 입주자 중 AEO인증 관련 업무를 수행하는 경우는 적용대상 업체로 인정받을 수 있다.[9]

(2) 법규준수도

신청인이 관세청장이 별도로 정한 기준을 통과하고 평가 점수가 80점 이상을 충족하는 경우에 법규준수도가 인정되어 공인인증을 받을 수 있다. 법규준수도 평가는 관세법, 대외 무역법, 외국환 거래법 등의 무역 관련 법령 등의 위반 및 문서 위조에 관하여 중점적으로 살펴보게 된다. 따라서 평가 등급을 상향적으로 조정받기 위해서는 다른 평가 기준들을 충족하고 법규준수도의 평가 점수를 높이는 것이 상당히 중요하다.[10]

(3) 내부통제시스템

내부통제시스템은 기업의 영업활동, 위험관리 그리고 신고 서류의 회계처리를 부서 간 상호소통과 통제체제를 통하여 수출입신고의 정확성과 적정성을 합리적으로 유지하는 것을 의미한다.

(4) 재무건전성

재무건전성은 수출입공급망의 안전성과 관세행정의 법규준수도를 지속적으로 유지 또는 향상시킬 수 있는 사업적 규모와 재정적 능력을 평가하는 기준이다.

(5) 안전관리

국내 AEO제도는 WCO의 'SAFE Framework' 규정과 미국 C−TPAT제도의 안전 기준을 반영하여 안전관리 기준을 수립하고 있으며, 상호인정협정MRA에 대비하기 위하여 거래업체관리, 운송수단관리, 출입통제관리, 정보기술관리, 교육 및 훈련 관리, 취급절차관리, 시설 및 장비관리, 인사관리 등 8가지로 분류하였다.[3]

03 | AEO 제도의 혜택

AEO제도는 기업의 참여와 협력을 바탕으로 무역공급망의 안전을 확보하는 제도로서 AEO 인증기업은 물품의 검사비율이 축소되고 서류제출이 생략되어 물류의 흐름이 원활하게 되는 신속통관 혜택을 가져올 수 있다. 각종 관세조사의 배제, 담보생략으로 인한 자금부담 완화 등을 가져오는 경영상의 혜택, 상호인정약정MRA를 통한 상대국 수입통관 시 검사생략, 우선 검사 등의 혜택 등이 부여되는 상호인정 혜택이 있다.[6]

04 | AEO 인증 단계

공인인증 절차는 [그림 14-6]와 같이 이루어진다. AEO 공인신청 준비단계에서는 AEO 제도에 대한 정보의 획득, 결격사유 확인, 사업장 확인, 관리책임자 지정 및 교육 이수를 마친 후 신청서류를 준비하여 AEO 공인을 신청한다. 이때 예비심사를 공인심사 신청 전에 공인 신청 서류의 적정성 및 수출입 관리현황이 공인기준에 적합한지 여부 등을 사전 점검 받을 수 있다. 공인신청이 완료되면 관세청의 위탁을 받은 한국 AEO 진흥협회에서 서류심사가 진행되고 현장심사는 관세평가분류원의 AEO 공인 심사팀이 담당한다. 현장심사를 끝낸 기업들은 종합인증우수업체AEO 심의위원회에 관련 안건이 상정되며 그 공인 여부와 등급이 최종적으로 결정된다.[10]

그림 14-6 | AEO 공인 절차

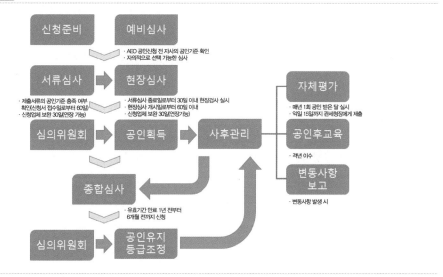

(1) 서류심사

관세청장은 AEO관련 대상기업의 공인신청 서류를 접수한 날로부터 2개월 이내에, 수출입관리 현황이 공인기준에 합리적이고 부합한지를 확인할 수 있도록 신청기업의 서류심사를 진행하며, 서류심사는 한국AEO진흥협회가 위탁받아 수행하고 있다.

(2) 현장심사

관세청의 AEO 공인 심사팀에 의하여 현장심사가 진행된다. 서류심사가 완료되면, 현장심사의 세부시간 및 일정계획, 심사 진행시의 절차, 종료회의 일자 및 시간, 심사팀을 위한 현장안전과 업체 간의 연락책임자의 확정, 심사대상 자원과 시설확정 등의 사전 계획들을 현장심사 1개월 전까지 대상 업체에게 통지해야 한다.

(3) 공인획득

공인기준을 충족한 기업은 현장심사 이후, 'AEO 심의위원회' 상정을 거쳐 공인등급 및 공인여부를 결정한다. 공인등급은 법규준수도가 80점 이상이면 A등급, 90점 이상이면 AA등급, 95점 이상이면 AAA등급으로 차등 구분하여 AEO 공인증서를 교부한다. 동 제도의 인증을 획득하지 못한 기업들 중 법규준수도가 70점 이상으로 기준에 미달되지만 인증을 신청하였거나 보완기간 내에 수정 보완이 불가능한 유보 기업체들은 심의를 거쳐서 현장 심사 종료 후 1개월 이내에 관세청장에게 개선계획서를 제출해야 하고 6개월 이내에 이행을 완료해야만 한다.[9]

(4) 사후관리

공인의 효력은 관세청장이 AEO공인인증서를 교부한 날로부터 발생하고, 3년의 유효기간 이후에 AEO 인증업체가 공인을 갱신하고자 하는 경우에는 유효기간 만료 6개월 전까지 신청서 및 수출입관리현황 자체평가표 그리고 수출입관리현황 설명서를 비롯한 증빙 서류들을 재심사해야 한다. 심사결과에 따라 유효기간은 4년A, AA 등급, 5년AAA 등급으로 구분되며, AEO인증 업체는 총괄책임자, 수출입 관련 담당부서 그리고 수출입 관리책임자를 지정하여 규정을 준수하고 관리해야 한다.

매년 1회 수출입 관리책임자는 정기적으로 수출입 관리현황을 평가하여 자체평가서를 작성하고, 직원들에게 AEO관련 교육을 실시해야 한다. 세관의 기업상담전문관Account Manager, AM과 유관기관을 통하여 관리책임자는 수출입 관련 정보를 교류해야 하고 사내 법규준수도 향상을 위한 지원업무를 담당해야 한다.[6] 또한 수출입 통관과 위험관리기법, AEO 공인제도의 세부내용, AEO 공인기준, AEO 공인심사 요령 등 AEO 공인 업체의 관리책임자는 공인 후 3개월 이내에 최초 교육은 16시간, 이후 8시간 이상의 교육을 이수해야 한다.

AEO인증 갱신은 AEO공인신청서, 수출입관리현황 자체평가표, 수출입관리현황 설명서, 증빙 관련 서류 등을 작성하고 이를 세관에 제출해야 한다. 기업의 수출입관리현황을 심사하여 관세청장의 필요성이 인정되면 심사범위 축소, 표본심사 등으로 간략하게 진행할 수 있다. 2009년 처음으로 AEO제도가 시행되었을 때는 갱신 심사와 종합심사 중 한 가지를 AEO인증 만료 전에 선택할 수 있었지만, 현재는 종합심사를 수출입 업체들에 대하여 원칙적으로 진행하고 있다.[10]

(5) 종합심사

무역업체의 효과적인 관리와 심사를 위하여 AEO제도 시행에 따라 기업심사 형태, 종합심사제도의 역할 및 내용을 효과적으로 개정하였다. 즉, AEO의 종합심사 제도를 사후관리 개념으로 재정립하였다. 종합심사의 적용대상은 수출입업체에서 관세사, 물류업체 등으로 확대되었고, 안전관리도 포함되었다. 종합심사는 AEO의 공인기준 충족 여부와 법규준수도와 관련된 과세가격, 품목분류, 원산지, 환급, 감면, 외환, 지식재산권 및 통관요건에 대한 세관장 확인 업무 등의 8개 분야)에 대한 통관적법성 확인 대상 분야의 실질 심사방식으로 진행하고 있다. 종합심사 진행 중 심사기간은 추가적인 사실 관계 확인을 위하여 연장할 수 있고, 심사대상 업체에게 연장의 사유와 기간에 관한 내용들을 서면으로 통보해야 한다.[3, 6]

종합심사 후에 법규준수도 80점 미만, 등급의 하향 조정 등이 예상되면 관세청장은 심사 종료일로부터 30일 이내에 당해 AEO인증 업체에 대하여 법규준수 개선계획 서류의 제출을 요구해야 한다. 이에 AEO인증 업체는 개선계획에 대한 서류제출일로부터 6개월 이내에 이행완료 보고서를 관세청장에게 제출해야 한다. 보고서 제출일로부터 2개월 내에 관세청장은 AEO이행 실태 및 법규준수도 재심사를 진행하고 그 결과에 따라 공인등급의 조정 및 취소를 결정한다. 관세청장은 AEO인증 업체의 종합심사 신청을 유효기간 만료 1년 전부터 6개월 이전까지로 명시하고, AEO인증 업체가 갱신할 때에는 유효기간 만료 6개월 이전까지 관세청장에게 전자문서로 종합심사를 신청해야 한다.[10]

05 | AEO MRA 현황 및 혜택

AEO MRA는 상대국의 AEO제도를 자국의 AEO제도와 동등하게 받아들이는 것을 의미한다. 즉, AEO MRA를 동 제도를 시행 중인 국가 간에 체결할 경우, 자국 AEO업체는 상대국 세관에서도 상대국 AEO업체와 동일한 수준의 통관상의 혜택을 받는다. 이에 따라 각국 세관 간에 시행 중인 AEO제도의 연계를 위해 상호인정약정MRA이 이루어지게 된다. 우리나라의 AEO MRA 현황을 살펴보면 [그림 14-7]과 같이 캐나다'10, 싱가포르'10, 미국'10, 일본'11, 뉴질랜드'11, 중국'13, 홍콩'14, 멕시코'14, 터키'14, 이스라엘'15, 도미니카공화국'15, 인도'15, 대만'15, 태국'16, 호주'17, 아랍에미리트'17, 말레이시아'17 등 총 17개국이다.

✅ 그림 14-7 우리나라 AEO MRA 체결현황

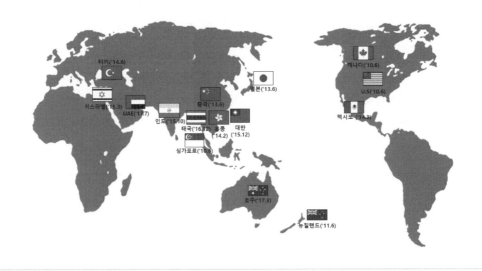

* 2017년 11월 기준

AEO MRA의 혜택은 첫째, 수출입 비용을 절감할 수 있다. 국가 간 AEO MRA가 체결되면, 상호호혜를 바탕으로 우리나라 AEO업체의 신뢰성과 안전성이 국제적으로 인정되어 상대국 통관절차에서 특례를 적용받을 수 있다. 물품 인도의 신속성, 안전성 및 예측성을 확보할 수 있으며, 수출입통관 시 상대국 AEO제도에 따른 중복심사 방지 및 불필요한 규제비용 절감이 가능하다. 둘째, 거래선의 유지와 확보가 가능하다. AEO 제도는 거래업체 관리를 요구하기 때문에 최근에는 해외 거래 업체가 우리 기업에게 AEO 공인을 인증하거나 공인기준 충족을 요구하고 있다. 이러한 신무역환경에서 AEO 공인 기업은 거래선 유지 및 확보에 유리한 위치를 선점할 수 있기 때문에 수출기업의 경쟁력 제고에 기여할 수 있다. 셋째, 외국 세관당국의 거래업체 방문심사를 면제받을 수 있다. 우리 기업의 기술, 시설, 영업 정보 등 소중한 자원이 외국 관세청의 해외 거래업체 방문심사로 직접적으로 해외 세관당국에 노출되는 것을 방지할 수 있다.[9]

CHAPTER 14
Case ▶

"'무역 원활화의 지름길, Korea AEO'
SK 하이닉스 사례"

SK 하이닉스는 해외통관애로, 수출입 리스크Risk 증가 등 급변하는 무역환경 속에서 선제적으로 AEO를 도입하였다. AEO 도입에 따라 국내사업장에 공인기준을 기초로 수출입 안전을 위한 업무 체계를 구축하고 당사에 맞게 개선하여 최적화하였다.

먼저, SK 하이닉스는 AEO 공인기준을 내재화하였다. AEO 가이드라인에 대한 모든 문서화, 실행 항목을 내재화 및 맞춤형으로 개선하였다. HEICSHynix Ex. & Im. Control System를 구축하여 수출입 160개 항목을 진단하여 전산 시스템화하였다. 또한 부문별 주간회의 시 위험Risk을 상시 확인함으로써 위험관리 체계를 마련하였고, 안전관리를 위해서 거래업체관리시스템HySPM, 수출입 교육 전사 정책 반영 Sky-Learn, CCTV/보안 등 기타 인프라 기준 초과 충족 등을 수행하였다.

둘째, AEO 이행 관리 기반을 마련하였다. 지속적인 AEO 이행관리를 위해서 물류안전관리 모니터링 및 개선 체계를 운영하였다. 27개 부서 97명으로 조직 및 인력을 강화하였고, 하이닉스 AEO 이행관리 CoP를 개설하여 이행관리 Web Site를 구축하였다. 실행 내역 27개 항목을 월별 확인하여 모니터링을 지속적으로 수행하였다.

셋째, 통관 통합관리 체계를 구축하였다. 위험관리시스템을 통한 수출입 신고 오류를 근본적으로 차단하였다. ERP 내에 3단계 위험관리를 수행하였다. 1단계는 발주단계 오류제거로 先검토내용 Master 등록관리 단계이다. 2단계로 신고단계 오류 제거로 ERP 자동검증이 이루어진다. 3단계는 신고 수리 후 오류 제거로 위험경고시스템Risk Warning Systme을 구축하였다. 또한 수출입 및 보세화물 관련 신고 현황 등 43개 항목을 모니터링할 시스템을 구축하였고, 통관적법성 분야 월별 세금납부 전 사후심사를 위한 월별 사후심사 체계를 구축하였다.

그 후, Korea AEO를 해외 사업장으로 확산하여 국내사업장과 동일한 수준으로 수출입 안전 관련 업무 체계를 운영할 수 있도록 하였고, AEO 제도 발전 및 상생을 위해 꾸준한 노력을 하였다. 특히, 한국 AEO로 최적화된 본사 수출입 안전관리 체계를 홍콩법인에 확대 및 적용시켜, 물류 사고 발생율이 급격히 감소하였고, MRA 활용으로 물류 L/T 신속성을 극대화할 수 있었다. 고객사에서도 SK 하이닉스의 물류 안전성과 신속성에 매우 만족하고 있다.

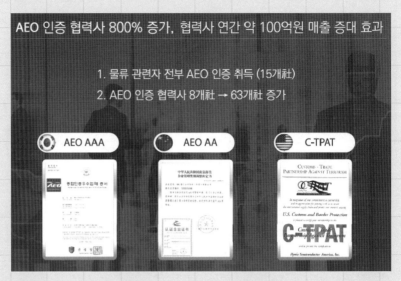

이로 인하여, 제품판매 매출기여, 물류 안전성 극대화, 통관혜택 수혜 및 협력사 동반성장 등 경제효과 연간 1,700억원, 물류 사고발생률 94% 감소 및 신속성 30% 증가라는 효과를 볼 수 있었다. 협력동반사는 SK 하이닉스가 제공하는 수출입 노하우로 업무에 많은 도움을 받고 있다. 특히, 주기적인 AEO 인증지원으로 협력사는 AEO 인증을 획득하여 안전한 수출입 시스템을 갖출 수 있었고, 매출 증대 효과도 나타나고 있다.

참고문헌

1. 김창봉·박상안·정재우, 알기쉬운 무역학원론, 2010.

2. 김창봉·여경철·박상안, GARCH(1,1)−M모형을 사용한 한국−인도 공인경제영자 상호인증협정 (AEO−MRA)이 무역수지와 교역량에 미치는 영향, e−비즈니스연구, 제18권 제2호, 2017, pp.259−271.

3. 김창봉·한용탁, AEO 제도의 정부지원과 사후관리가 AEO 활용 만족도에 미치는 영향에 대한 실증적 연구, 통상정보연구, 제17권 제2호, 2015, pp.151−171.

4. 김창봉·이돈현, 한국 수출입관련 기업의 글로벌 싱글윈도우(Global Single Window) 활용 및 성과에 영향을 미치는 요인에 관한 실증적 연구, 통상정보연구, 제15권 제3호, 2013, pp.87−110.

5. 김창봉·천홍욱, AEO 제도 활성화에 영향을 미치는 요인에 관한 실증적 연구, 무역학회지, 제37권 제1호, 2012, pp.203−228.

6. 김창봉·노석환, 우리나라 수출입 기업의 AEO 결정요인이 AEO 효과 및 혜택에 미치는 영향에 관한 실증연구, 국제상학, 제32권 제3호, 2017, pp.231−250.

7. 김창봉·권승하, 우리나라 수출입 기업의 원산지 요인이 원산지성과에 미치는 영향에 대한 연구: 원산지 이미지의 조절효과를 중심으로, 관세학회지, 제16권 제4호, 2015, pp.117−133.

8. 김창봉·박완수, 원산지검증의 인적역량과 원산지검증의 성과에 관한 연구: 원산지검증 시스템역량의 매개효과를 중심으로, 무역학회지, 제40권 제2호, 2015, pp.27−49.

9. 김창봉·정일석, AEO 제도 활용이 물류성과에 미치는 영향에 관한 연구, 국제상학, 제30권 제2호, 2015, pp.159−179.

10. 김창봉·한용탁, AEO 제도의 정부지원과 사후관리가 AEO 활용 만족에 미치는 영향에 대한 실증적 연구, 통상정보연구, 제17권 제2호, 2015, pp.151−171.

11. 김창봉·김성근, 우리나라 수출입 기업의 싱글윈도우(Single Window) 성과에 영향 요인에 관한 실증적 연구, 인터넷전자상거래연구, 제13권 제4호, 2013, pp.195−211.

12. 김창봉·현화정, 원산지 이미지에 따라 원산지 요인들이 원산지제도 성과에 미치는 영향에 관한 연구, 무역학회지, 제41권 제4호, 2016, pp.131−155.

13. Barney, J. B., Purchasing, Supply Chain Management and Sustained Competitive Advantage: The Relevance of Resource−Based Theory, Journal of Supply Chain Management, Vol.48, No.2, 2012.

14. Rashid, A., Barnes, L. and Warnaby, G., Management Perspectives on Country of Origin, Journal of Fashion Marketing and Management, Vol.20, No.2, pp.230−244.

15. Tucker, M. and Pitt, M., Improving Service Provision through better Management and Measurement of Customer Satisfaction in Facilities Management, Journal of Corporate Real Estate, Vol.12, No.4, 2010.

16. Chase, K. A., Protecting Free Trade: The Political Economy of Rules of Origin, International Organizational, forthcoming.

17. Urciuoli, L. and Ekwall, D., The Perceived Impacts of AEO Security Certification on Supply Chain Efficiency A Survey Study Using Structural Equation Modeling, Accepted for Publication in International Journal of Shipping and Transport Logistics, 2013.

18. Urciuoli, L., Hintsa, M. and Khan, L., Supply Chain Cyber Security: Potential Future Threats, Information & Security: An International Journal, 2013, pp.29.

19. Giannakis, M. and Louis, M., A Multi-Agent Based Framework for Supply Chain Risk Management, Journal of Purchasing & Supply Management, Vol.17, 2011, pp.23-31.

20. Navarro, A., Losada, F., Ruzo, E. and Diez, J. A., Implications of Perceived Competitive Advantages, Adaption of Marketing Tactics and Export Commitment on Export Performance, Journal of World Business, Vol.45, No.1, 2010, pp.49-58.

21. Kim, C. B. and Lee, D. H., Exploring the Black Box of Task-Technology Fit: The Case of the Korean Single Window System, Journal of Korea Trade, Vol.18, No.4, 2014, pp.1-27.

22. 관세무역개발원, AEO 심사기법과 확산방안 연구용역, 2009.

23. 관세청·관세무역개발원, 외국 관세청의 정부조직 및 직무범위 연구: 중국, 2012.

24. 경제협력개발기구(OECD), WTO 무역 원활화 협정의 이행: 무역비용의 잠정적 효과, 2015.

25. 세계무역기구(WTO), 2015 세계무역보고서, 2015.

26. 한국무역진흥공사(KOTRA), 일본·한국과의 교역 및 특징, 해외비즈니스 정보포털, 국가정보, 2014.

27. 관세무역연구회, 중국의 관세 및 통관제도 환경, 중국관세무역신보, 2012.

28. 관세청, 2011년 수출기업 해외통관업무 협의회 발표자료, 2011.

29. 관세청, 2012년 관세관 해외통관제도 설명회 설명자료, 2012.

30. 관세청, 해외 세관 지식재산권 등록 매뉴얼, 관세행정안내, 2017.

31. 김창봉, SCM의 정보역량 및 위험관리가 사업성과에 미치는 영향요인에 관한 실증연구, 통상정보연구, 제14권 제2호, 2012, pp.295-315.

CHAPTER

15

GSCM과 글로벌 창업

학습 목표

1. 글로벌 창업의 개념에 대해 이해한다.

2. 글로벌 창업의 구성요소를 알아본다.

3. 글로벌 창업 기업의 특성에 따른 다섯 가지 유형에 대해 이해한다.

4. 글로벌 프랜차이즈의 정의와 개념에 대해서 알아본다.

5. 중요한 유통형태로 부각되고 있는 글로벌 프랜차이즈에 대해 이해한다.

6. Global Supply Chain Management와 글로벌 창업기업의 기업가 정신의 중요성에 대해 이해한다.

7. 글로벌공급체인관리와 글로벌 창업 간의 관계에 대해서 이해한다.

8. 글로벌 창업 기업의 사례를 통해 글로벌 창업을 이해한다.

CHAPTER 15 Content

Introduction: 글로벌 창업에 성공하려면

Ⅰ. 글로벌 창업의 개요

Ⅱ. 글로벌 창업의 유형

Ⅲ. GSCM과 글로벌 창업

Chapter 15 Case: 글로벌 창업 사례

Introduction

"글로벌 창업에 성공하려면"

미국 최대 유통업체 월마트는 미국에만 4,600개 매장을 보유하고 있다. 또한 월마트에는 패스트푸드 업체 맥도날드, 샌드위치 프랜차이즈 업체 서브웨이와 같은 미국계 브랜드가 입점해 상권을 사실상 장악한 상태다. 미국 업체가 월마트에 입점해 막강한 영향력을 행사하고 있는 가운데 국내 토종 커피 프랜차이즈 '커피베이'가 월마트와 4,600개 매장에 입점하는 계약을 체결해 관심을 모았다.

국내 브랜드 커피베이가 커피 본고장인 미국 시장에 진출할 수 있었던 데에는 몇 가지 전략이 있어 가능했다. 첫 번째, 커피베이는 우선 기존 프랜차이즈 기업의 실패 사례를 반면교사로 삼았다. 이를 통해 미국 지역특성 연구 및 시장분석, 상권 입지분석, 문화 연구 등을 통한 해외 시장조사를 할 수 있었다.

두 번째, 부드러운 맛의 커피를 개발하고 동양적인 정취를 풍기는 디저트 제품을 만드는 데 성공했다. 이같은 전략을 통해 커피베이는 미국에서 경쟁력있는 커피브랜드라는 이미지를 심었다.

규모의 경제를 실현해 파이를 키우는 우리나라 대기업이 해외시장에 대거 진출하는 것은 중요하다. 그러나 경쟁력을 갖춘 신생기업이 등장해 시장 영역을 해외로 넓혀가는 글로벌화를 추진하는 것은 이제 시대적 화두가 됐다.

국내 창업기업이 해외 시장에 성공적으로 진출하기 위해서는 사업 아이디어 개발부터 해외 시장조사, 해외 입지 분석, 재무 · 생산 · 점포운영 · 조직 계획 및 실행에 이르기까지 해외 현지 창업을 위한 목표 및 전략 수립, 치밀한 준비, 그리고 실효성 있는 실행방안의 개발 · 수행이 중요하다. 공자님 말씀처럼 들리겠지만 이같은 기본 전략을 이행하지 않고는 해외 창업에서 실패하기 십상이다. 기초가 단단하지 않으면 그 다음 발전 단계로 성장하기 어렵기 때문이다.

국내에서는 일단 창업에 성공하면 다음 단계인 프랜차이즈로 이어진다. 그러나 국내의 한정된 시장만으로는 사업 확대가 어려워 결국 해외로 눈을 돌리는 경우가 많다. 그러나 대다수 프랜차이즈 기업들이 현지의 인허가, 관세 시스템, 현지 법규정, 문화적 차이 등에 대한 이해가 부족해 사업에 차질을 빚고 있는 게 현실이다.

해외 창업에 성공하려면 '비즈니스를 해외에서 어떻게 할 것인가'에 초점을 맞춰 해외 시장조사, 글로벌 지역연구, 인허가, 전자상거래, 통관, 문화적 차이, 특허, 물류 등을 정확하게 이해하고 이에 대한 준비를 해야 한다. 아울러 해외 진출하는 사업에 대한 전문지식을 갖춰야 하며 해외 창업이 실패하지 않도록 해외 창업전문가로부터 도움을 받아야 한다. '창업서포터'라 할 수 있는 전문분야 인력이 절실히 필요한 것도 이같은 이유다. 창업기업이 스스로 모든 것을 분석하고 정리할 수 없기 때문에 전문가로 구성된 글로벌 창업 전문인력과 업계 모니터링과 방향 설정 작업을 컨설팅받아야 한다.

세계 최대 시장 중국에 가면 제품을 한 개만 팔아도 15억 개에 달할 것이라는 막연한 기대감은 곤란하다. 또한 해외 현지 진출에 약점이 될 수 있는 부분도 해외 시장조사를 통해 정확히 수요를 파악하고 이에 대처하는 자세가 중요하다.

정확한 시장세분화를 통해 목표시장을 선정하고 글로벌 창업을 위한 체계화된 준비 및 실행이 있어야 해외 창업에 성공할 수 있다. 결국 첫 걸음을 어떻게 준비하고 분석해서 잘 내딛는가가 글로벌 창업의 성공 열쇠인 셈이다. 세상에 그 어떤 일이든 쉽게 이루어지는 일은 없기 마련이다.

출처: 김창봉, 「글로벌 창업에 성공하려면」, 『이데일리 목면칼럼』, 2016.05.18.

I 글로벌 창업의 개요

01 | 4차 산업혁명과 글로벌 창업

오늘날 '창업創業; Startup'은 지속가능한 사회와 국가를 만들어가는 가장 중요한 동력 중 하나로 인정받고 있으며 시대적인 화두가 되고 있다. 전 세계 거의 모든 국가의 정부가 경제 및 사회정책에서 청년창업가 육성 등 다양한 창업활성화 제도마련을 최우선 과제로 고민하고 있으며 이러한 현상은 정치 및 행정활동 분야에서도 예외가 아니다. 글로벌 창업Born Global, Global Startup은 창업 초기단계부터 글로벌 시장을 목표로 하여 사업화 및 시장 진출을 꾀하는 창업활동이라고 할 수 있다. 이를 위해서는 글로벌 시장에 통용될 수 있는 혁신적 기술 및 아이디어를 전제로 도전적이며 모험적인 기업가 정신이 추가적으로 요구되어 진다. 글로벌 창업은 창업기업이 글로벌화의 장점을 활용하는 경영활동이며 창업을 통한 경제 활성화와 글로벌 진출을 통한 해외 시장 확보가 절실한 우리나라의 경우에 글로벌 창업의 정책적·전략적 의미는 더욱 크다고 볼 수 있다.[1]

4차 산업혁명시대에서 사물형인터넷IoT은 모든 사물을 연결하는 것으로 4차 산업혁명의 핵심 기술이며, 이 기술 외에도 인공지능AI, 가상현실VR, 증강현실AR 등의 기술이 4차 산업혁명을 선도하는 기술이다. 글로벌 창업기업들에게 이러한 기술들은 빠른 시간에 글로벌 태생 기업Born global company으로 도약하게 할 수 있는 분야이다. 전 세계적으로 확산되고 있는 4차 산업혁명은 글로벌 창업을 준비하는 기업들에게 스마트 생산체계의 수직적 네트워킹과 글로벌 밸류체인의 수평적 통합에 영향을 미치며, 또한 전체 밸류체인 간의 엔지니어링과 활성기술을 통한 가속화에 영향을 미친다.[2]

스마트 생산체계의 수직적 네트워킹vertical networking of smart production systems은 사이버물리시스템Cyber Physical Systems: CPS의 주도기술을 가지고 있는 글로벌 창업기업이 새로운 사업기회를 획득할 수 있는 분야이다. 사이버물리시스템CPS는 가상 세계와 물리 세계를 만나게 하여 진정한 네트워크 세상을 만들고 지능화된 사물들이 통신하고 상호작용하도록 하는 시스템이다. 글로벌 밸류체인의 신세대를 통한 수평적 통합horizontal integration via a new generation of global value chain networks을 통해서 새로운 가치창출 네트워크 분야에 글로벌 창업이 가능하며, 기업의 GSCM 투명성, 글로벌 최적화가 달성된다.

전체 밸류체인 간의 엔지니어링through-engineering across the entire value chain은 글로벌 창업기업뿐만 아니라, 글로벌 기업의 글로벌 밸류체인을 지원하는 창업활동으로 참여하면서 시너지 효과를 높일 수 있는 분야이다. 기하급수적 기술을 통한 가속화acceleration through exponential technology는 4차 산업혁명을 통해서 사물형인터넷IoT, 인공지능AI, 가상현실AR, 증강현실AR 등의 분야에 글로벌 창업기업이 참여하면서 글로벌 태생기업으로 빠르게 성장할 수 있는 분야이다.

그림 15-1 4차 산업혁명이 글로벌 창업에 미치는 영향

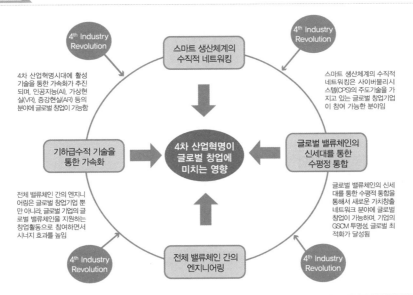

1) 글로벌 창업의 개념적 정의

글로벌창업을 설명하기 전에 창업을 먼저 살펴보면 다음과 같은 의미가 있다. 창업創業의 의미를 한자漢字 표기글 의미 그대로 살펴보면 업일, 業을 새롭게 만들어 내는 과정비롯할, 시작할 創이며 영문英文 표기 글의 경우에는 창업가 정신entrepreneurship이라는 용어를 준용하는 경우가 많으나

정확하게 의미를 직역한다면 "Start Up"이라는 용어를 사용하는 것이 적절하다고 판단된다.[3]

사전적 의미에서 창업은 나라를 처음으로 세우거나국가창업: Nation Startup사업을 처음으로 이루어 시작하는 것사업창업: Business Startup 등의 활동으로 정의된다. 결국 나라를 세우는 일을 여기서 논외로 하면 창업이란 "사업을 처음으로 이루어 시작하는 과정"으로 정의할 수 있다.[4]

2) 글로벌 창업의 개념적 정의

글로벌 창업기업에 대한 연구는 McKinsey & Co.가 호주의 첨단기술 분야의 중소기업들이 창업 초기부터 해외의 매출액비중이 높아지면서 급성장하는 현상을 관찰하면서부터 시작되었다. 1990년대 중반에는 Global Startup개념 하에 연구 체계가 잡히기 시작했다. 이후 2000년대 들어서 벤처붐과 함께 상대적으로 해외진출에 불리한 것으로 여겨졌던 소규모 IT 기업들이 높은 해외 매출 실적을 달성하는 현상을 발견하면서 관련 연구의 확산이 이루어졌다. 이들 기업은 글로벌 태생 기업Born Global으로 불리면서 글로벌 창업의 이론적 기반이 정립되기 시작하였다. 글로벌 창업에 대한 초기 연구의 이론적 관심은 높은 해외 매출성과를 올린 해당 기업의 특성을 중심으로 전통적 글로벌화 기업과 구분할 수 있는 특성 및 기준을 정하는 데 있었다. 예를 들면, 낮은 조직 연령과 업력, 경영 활동의 범위가 글로벌 시장으로 확대되었는지 등을 기준으로 사용하기도 하였다.

✅ 표 15-1 　글로벌창업기업에 대한 정의 및 기준

용어	정의
글로벌 태생 기업 (Born Global)	설립 후 2년 이내에 글로벌화를 추구하는 기업(McKinsey &Co., 1993)[5] 설립 직후부터 여러 해외시장에 진출하여 제품 및 서비스를 판매하면서 우수한 사업성과를 도모하는 기술지향 중소기업(Rennie, 1993; Knight &Ca－vusgil, 2004)[6] 설립년도 혹은 바로 직후부터 해외시장에 진출하는 전략을 채택하는 기업 (Madsen &Servais, 1997:561)[7]
국제 신생 벤처 (International New Venture)	설립 초기부터 여러 나라에서 자원을 활용하고 제품 및 서비스를 판매함으로써 경쟁우위를 활용하고자 하는 기업(Oviatt &McDougall, 1994)[8]
글로벌 스타트업 (Global Startups)	글로벌 산업환경에서 기업활동을 전개하면서 범세계적인 경쟁을 조정/통합하는 기업으로서 시장 내에서 자신의 표적 해외시장을 가진 기업, 다양한 해외국가로부터 자원을 이용할 수 있고, 제품/서비스를 여러 나라에 판매함으로써 기업의 설립 초기부터 원료, 인적자원, 자금조달 등과 같은 자원을 여러 나라에서 확보하여 기업의 경쟁우위를 확보하려는 기업 (Jolly et al., 1992)[9]

기술기반 신생 기업 (Technology Based New Firms)	기술과 지식이 전략적인 중요성을 갖는 산업에서 R&D를 수행하는 기업(Yli−Renko et al., 2002)[10]
인스턴트 인터네셔널스 (Instant Internationals)	Born Global과 같은 의미로 사용(Fillis, 2001)[11]

글로벌 창업기업에 대한 기준은 창업기업의 글로벌화 추진 비전 및 전략, 소규모 기술 중심 기업, 창업 3년 이내 해외시장 진출, 총매출 중 해외매출 비중 25% 이상, 최소 2개국 이상 진출 등 매우 다양하다.

글로벌 창업기업이 지니는 기본적인 속성은 혁신을 기반으로 한 글로벌 지향성, 신속한 글로벌화, 다양한 국가로의 확대 진출 등이다. 기술창업 기업이 지닌 혁신성이 다양한 글로벌 시장을 대상으로 성과를 발휘하는 과정에서 글로벌 창업기업이 나타나게 된다.

이와 같이 신기술을 기반으로 한 기술창업과 글로벌 창업과의 관계가 밀접하므로 기술력이 탁월한 벤처기업의 지원과 육성은 바로 글로벌 창업기업 육성을 위한 정책적 출발점이라 할 수 있다. 이는 전통적 글로벌화 기업과 비교하여 볼 때 글로벌 창업기업이 지식 및 기술 집약적 산업에 주로 분포하고 있는 이유이기도 하다. 또한 글로벌 창업기업의 창업자가 관련 산업분야에 대한 학업 외에도 직장경험을 통해 얻은 수준 높은 기술 지식을 보유하고 있어서 글로벌 창업이 가능하다고 설명하고 있다.

글로벌 창업기업을 정의해 보면, 설립 후 3년 이내Global Speedup에 두 개국 이상의 해외시장 Global Scopeup에서 창출된 매출 비중이 25%Global Scaleup 이상인 경우라 할 수 있다.[1] 따라서 벤처 창업기업이라 하더라도 해외매출이 차지하는 비중이 일정 수준 이하이거나 해외매출의 비중이 높더라도 창업 후 해외진출에 많은 기간이 소요되는 경우에는 글로벌 창업에 해당하지 않는 것으로 볼 수 있다.

표 15-2 글로벌 창업 개념 비교

연구자	연구내용	주요 결론
Hedlund & Kverneland(1985)[12]	'Leapfrogging' − 단계이론을 넘어 해외시장 진출기업 탐색	복잡성이 증가하는 글로벌 환경에서 해외시장 진출은 기업전략의 한 부분
Ganitsky(1989)[13]	'Innate exporters' − 창립 직후 해외로 진출하는 이스라엘 18개 기업 분석	글로벌 태생 기업은 경험과 자원의 부족에도 기업전략의 상당 부분을 해외시장에 중점을 두고 있음.

Jolly et al.(1992)	'High Technology Start-Ups' – 신기술 기반 창업기업 4개 사례분석	연구 분석의 대상이 된 기업 모두 전략적 초점을 해외 틈새시장에 두고 있으며, 창업자들이 해외 경험을 보유함.
McKinsey & Co.(1993)	'Born Global' 310개 수출 제조 기업 대상 조사	분석 대상 기업의 25%가 창업 후 2년 내 해외 진출, 전체 매출액 대비 수출 비중은 평균 76%임
McDougall et al.(1994)[14]	'International New Ven-tures' – 24개 기업 사례연구	창업 초기부터 해외시장을 목적으로 전략 수립, 단계이론으로 설명 불가능
Bell(1995)	중소 S/W 기업 사례연구	단계이론의 물리적 거리 개념을 적용할 수 없음. 창업 직후 모두 해외시장 진출
Bloodgood et al.(1996)[15]	'High potential' 기업 성장 사례분석	창업자의 해외경험이 글로벌화 동인, 미국 기업 사례 조사에서 소규모 기업임에도 창업 직후 해외시장 진출
Knight & Cavusgil(1996)	'Born Global' – 기존 연구 문헌조사, 언론 보도 기사 분석	본 글로벌 기업은 창업 직후 3~6년 이내에 수출 전개, 매출액 대비 수출 비중은 평균 25%
Madsen & Servais(1997)	'Born Global' – 기존 연구 문헌조사, 덴마크 기업 사례연구	창업자가 해외경험을 했던 지역을 대상으로 창업 직후 수출활동 전개함
Jones(1999)[16]	'International Entrepre-neurs' – 영국 신기술 기업 대상 설문 조사	연구대상 기업 모두 해외 네트워크를 보유하고 있으며, 판매 목적으로 진출하지 않는 경우가 많아 기존의 글로벌화 이론과 차이가 있음

02 | 글로벌 창업의 기능

　창업계를 지속적으로 모니터링 하는 전문가 집단인 Startup Genome에서는 'Global Startup Ecosystem Report 2017' 보고서에서 국제적 연결성을 가진 스타트업 생태계는 그렇지 않은 생태계에 비해 더욱 빠르게 성장할 뿐 아니라, 높은 성과를 보인다고 한다.[17] 스타트업이 속한 지역의 외부 고객의 비중이 큰 생태계 중 최상위 랭킹에 위치하는 텔아비브의 경우 스타트업의 1/3이 외부 고객에게 제품을 판매하는 것으로 나타나는데, 성과는 높으면서 지역 크기가 작다는 특성을 보인다. 이와 같이 국가 경제의 규모가 작거나, 지리적으로 생태계 자체의 크기가 작은 경우 생태계 내 스타트업들이 더욱 쉽게 국제화되는 성향을 보이는데, 텔아비브 외에도 예루살렘도 그러한 형태를 보인다.

글로벌 창업의 본질적 기능은 새로운 제품, 서비스 또는 생산 공정, 전략과 조직형태창조는 물론이고 새로운 시장 기회를 포착하고, 평가하여 이를 기업의 설립을 통하여 사업화 하는 데 있다. 이를 보다 간략하게 정리해보면 사업성 기회의 포착활용기능과 기업의 설립기능으로 나누어 설명될 수 있다. 창업은 창업가가 사업성 기회를 포착하고 이를 사업에 활용할 가능성이 있다고 판단했을 때 시작되며 주변의 가용자원을 최대한 활용하여 사업체개인 및 법인를 설립했을 때 완성된다.

글로벌 창업은 글로벌 시장에 통용될 수 있는 혁신기술과 아이디어를 전제로 하며, 진취적이고 도전적인 기업가 정신을 추가적으로 요구한다. 벤처 창업기업 중 글로벌한 창업 활동을 펼침으로써 일정 수준의 성과를 달성한 경우에 한해 글로벌 창업기업으로 분류될 수 있다.

앞에서 언급한 바와 같이 창업기업이 기업 설립 후 3년 이내에 2개국 이상의 해외시장에 진출하고, 총 매출에서 수출액의 비중이 25% 이상 차지하는 경우 글로벌 창업기업으로 규정하고 있다. 이와 같은 수준의 글로벌 경영성과는 기존의 글로벌 기업들도 달성하기 쉽지 않은 성과수준이다. 글로벌 창업기업은 낮은 업력에도 불구하고 창업 이후 빠른 시일 내에 높은 수출성과를 달성하는 역량을 갖추고 있기 때문에 해외시장 개척을 통한 경제 활성화가 절실한 국가들의 주요한 정책적 관심의 대상이다.

글로벌 창업은 창업의 장점과 글로벌화의 장점이 만나는 접점에서 이루어지는 창업기업의 경영활동이다. 창업을 통한 경제 활성화와 글로벌 진출을 통한 해외시장 개척 및 확보가 절실히 요구되는 국가의 경우 글로벌 창업이 지니는 정책적, 전략적 의미는 더욱 크며 이는 우리나라의 경우에도 해당된다. 그러나 기업 규모가 작고 업력이 짧은 기업이 글로벌 창업을 추진하는 경우 글로벌 창업기업의 대열에 오르기가 쉽지 않다. 글로벌 시장은 대기업이나 중견기업들도 감당하기 어려운 여러 가지 위험 요소를 내포하고 있어 글로벌 창업을 추진하는 과정을 용이하지 않게 만들기 때문이다. 따라서 글로벌 창업이 지니는 정책적 중요성에도 불구하고 이를 시장 기능에만 의존할 경우 글로벌 창업은 사회적 기대를 충족시키지 못하게 되는 등 시장실패 가능성이 높아진다. 이에 정부는 글로벌 창업의 위험요인 제거에 주도적으로 나섬으로써 글로벌 창업 활성화를 위한 여건을 마련해야 한다.

03 | 글로벌 창업의 구성요소

글로벌 창업은 행위를 기준으로 주체와 객체로 나눌 수 있으며, 계획을 세울때는 목적과 방법으로 크게 나누어 살펴볼 수 있다. 또한 글로벌 창업의 필요조건으로는 자연, 자본, 노동, 기술이 있고 충분조건으로는 새로운 사업 아이디어, 창업가 정신이 이에 해당된다. 각각의 의미를 살펴보면 다음과 같다.

1) 글로벌 창업의 주체와 객체

글로벌 창업이라는 행위의 주체는 '사람' 즉, '창업가'이며 창업이 사업으로 성립하기 위해서는 '사업아이템'이라는 객체, 즉 대상이 존재해야 한다. 따라서 창업의 가장 기초적인 요건은 창업가 Entrepreneur와 새로운 사업아이템New Business Item이다. 창업가는 사업을 창조하고 기업을 창조한다. 그리고 새로운 사업아이템은 시장에서 성공할 것으로 예상되는 새로운 제품이나 서비스이다.

2) 글로벌 창업의 목적과 방법

글로벌 창업의 목적은 '개인적 또는 사회적조직적 이윤창출'에 있다. 물론 창업행위의 목적을 '이윤창출'로 보는 것이 통례이다. 최근 사업의 목적을 나눔이나 봉사의 의미를 가진 다양한 사회적 기업의 출현을 근거로 이윤창출보다 넓은 개념으로 확대해석하는 성향이 나타나고 있다. 그러나 사회적 기업 역시 본연의 사업목적을 달성하기 위해서는 일차적으로 수익성을 확보해야 하는 점을 감안하면 이윤창출을 창업의 목적으로 설정해도 별 무리가 없을 것으로 보인다.

3) 글로벌 창업 조건

창업은 전통적인 경제적 생산요소인 자연, 자본, 노동과 기술을 필요조건으로 하고 이러한 자원을 활용하여 새로운 사업아이디어를 추진할 창업가創業家: Entrepreneur를 충분요건으로 하여 추진된다. 물론 대부분 창업가는 필요조건에 해당하는 충분한 자원을 보유하고 사업을 시작하는 경우가 극히 드문 것이 현실이다. 이러한 자원적 제약점을 극복해야 할 책임은 창업가에게 있다. 따라서 창업가에게는 창업을 주도해 나가야하는 의무감과 특별한 행동양식Initiative Behavior이 요구된다. 창업가에게는 혁신과 위험 감수 그리고 진취성Proactive이 요구되고 있으며 여기서 말하는 진취성은 새로운 기회를 만들어내는 상상력과 추진력을 말한다. 글로벌 창업의 필요조건은 자연, 자본, 노동, 기술 등 네 개의 요인들이 있고, 글로벌 창업의 충분조건은 새로운 사업아이디어, 창업가 정신 등 두 개의 요인들이 글로벌 창업의 조건에 해당된다.

II 글로벌 창업의 유형

01 | 글로벌 창업의 특성

글로벌 창업을 주제로 한 연구에서 공통적으로 발견되는 현상 중의 하나는 해당 기업이 속한 산업의 특성이다. 글로벌 창업 현상에서 기술 중심 기업이 많이 발견되는 이유는 신기술 중심의 기업이 기술적 우위를 기반으로 글로벌 시장에서 활동하려는 의지가 강한 것이 원인이다. 이러한 글로벌 창업에 대한 특성을 알아보면 다음과 같다.[18]

첫째, 글로벌 창업기업이 나타나게 되는 글로벌화 과정은 기업가적 특성이 많은 영향을 미친다는 점이다. 글로벌화에 대한 비전이 높거나 해외시장 경험과 지식을 충분히 보유한 창업자가 있는 경우 글로벌 창업 현상이 두드러지게 나타났다. 둘째, 글로벌 환경의 거시적 변화가 창업기업의 글로벌화에 탁월함을 제공했다는 분석이 있다. IT 기술의 비약적 발전과 운송기술의 발달에 따라 글로벌 창업기업은 전통적 글로벌화 이론의 관점에서 바라본 비즈니스 환경의 개념을 다르게 이해하고 곧바로 글로벌 시장을 목표로 하는 전략을 추진한다는 것이다. 셋째, 글로벌 창업기업은 신기술을 보유한 경우가 많았다. 자원기반관점resource based view에서 볼 때 특유자원에 해당하는 신기술은 경쟁우위의 원천으로 작용하며 글로벌 창업기업들은 이러한 기술을 활용하기 위해 해외시장에 적극적으로 진출한다. 넷째, 글로벌 창업기업은 개인 또는 사업단위 수준에서 풍부한 해외시장 네트워크를 보유하고 있다는 특징이 있다. 특히, 글로벌 창업기업은 해외시장 진출에 필요한 네트워크를 사전에 확보한 경우가 많았다.

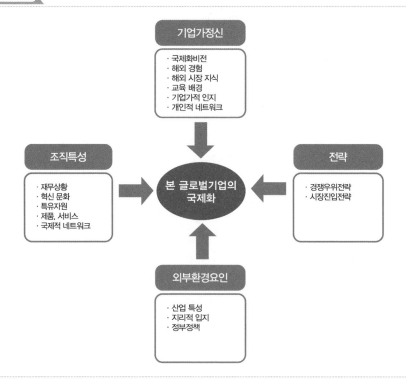

그림 15-2 | 글로벌 창업기업의 특성

기업가정신
· 국제화비전
· 해외 경험
· 해외 시장 지식
· 교육 배경
· 기업가적 인지
· 개인적 네트워크

조직특성
· 재무상황
· 혁신 문화
· 특유자원
· 제품, 서비스
· 국제적 네트워크

본 글로벌기업의 국제화

전략
· 경쟁우위전략
· 시장진입전략

외부환경요인
· 산업 특성
· 지리적 입지
· 정부정책

02 | 글로벌 창업기업의 특성에 따른 유형

글로벌 창업기업의 특성을 바탕으로 글로벌 창업기업을 유형화해보면 창업자 주도형, 글로벌 학습 지향형, 글로벌 네트워크 활용형, 글로벌 기술 주도형, 글로벌 시장지향형으로 크게 총 다섯 가지의 유형으로 구분할 수 있다.[19]

1) 창업자 주도형

창업자 주도형은 글로벌 창업기업의 해외시장 진출 과정에 경영자의 역할이 큰 경우를 말한다. 창업자 주도형의 글로벌 창업기업은 창업자의 개별적인 기업가 정신 및 개인적 특성으로 해외시장에 대한 심리적 거리가 장벽이 되지 않는다. 이들은 특별히 해외시장을 국내시장과 다르게 인식하지 않으며 그 안에서 다양한 기회를 추구하고 새로운 가능성을 탐색하기 위해 해외 시장 진출에 대해 적극적이다.

창업자가 주도하는 글로벌화는 조직 내 명확한 글로벌 지향성을 기반으로 하기 때문에 창업자의 글로벌 시장지향 성향이 조직문화로 자리 잡을 때까지 오랜 시간이 걸리지 않는다. 창업자의 비전에 공감하는 조직 구성원을 중심으로 해외시장에 중점을 둔 전략을 수립하여 대부분의 경영활동을 수행한다. 글로벌 지향성, 진취성, 혁신성 등과 같은 창업자의 특성에 영향을 받은 글로벌 창업기업은 다음과 같은 두 가지의 특징을 지닌다.

첫째, 이들은 해외시장에서의 실패를 고려한 방어적 전략을 수립하지 않는다. 글로벌 창업기업 입장에서 해외시장은 새로운 기회 탐색의 원천이며, 생존만을 목적으로 하는 시장이 아니다. 새로운 기회 원천이라 할 수 있는 해외시장에서의 경험도 하나의 성과로 받아들이고 인식하기 때문이다.

둘째, 창업자 주도형 기업은 높은 수준의 비전 공유를 바탕으로 상호 협력적인 조직 문화를 형성한다. 해외시장 진출은 기업이 보유한 자원의 상당 부분을 투입해야 하는 과정을 거치게 되므로 구성원들 간에 해외시장 진출을 통해 획득할 수 있는 성과에 대한 명확한 비전을 공유하게 된다.

2) 글로벌 학습 지향형

학습지향형 글로벌 창업기업은 해외시장 진출 동기와 목적에서 일반 기업과는 다른 양상을 나타낸다. 전통적 글로벌화 기업은 국내 시장의 점유율과 성장 정도를 기반으로 해외시장에 진출하여 매출과 수익증대를 목적으로 하며, 진출 과정에 투입한 자원과 성과를 대비하여 효율성과 효과성을 계산한다. 한편 학습지향형 글로벌 창업기업의 해외진출 목적은 수익성 개선 및 매출액 증대라기보다는 해외 현지 시장의 정보를 습득하고 글로벌 기술표준을 획득하는 데에 있다. 지식기반 관점에서 논하는 지속 가능한 경쟁우위 원천의 확보가 해외시장 진출의 주요한 목적인 것이다. 이와 같이 학습지향형 글로벌 창업기업의 해외시장 진출 목적은 통상적 관념을 벗어나 있으며, 전통적 국제화 기업처럼 이들은 시장을 판매의 대상으로만 인식하지도 않는다.[20]

학습지향형 글로벌 창업기업의 특징을 정리해 보면 다음의 두 가지로 나타낼 수 있다. 첫째, 학습지향형 본 글로벌 창업기업은 창업자 지식을 해외시장에 적용하고 이를 보완하는 데 필요한 지식을 탐색하는데 집중한다. 이들은 신기술, 시장정보 습득에 맞추어 해외시장 진출을 추진한다. 둘째, 학습지향형 글로벌 창업기업은 해외시장 정보와 기술 관련 지식을 기존에 보유하고 있는 자원과 결합함으로써 혁신 활동에 투입하려는 강한 의지를 지니고 있다. 이러한 기업들은 전통기업에 비해 새로운 지식과 기존 자원을 결합하여 새롭게 창조하는 역량이 탁월하다.

3) 글로벌 네트워크 활용형

네트워크는 규모의 불리함과 자원이 부족한 벤처창업 기업이 전략을 추진하는 데 있어서 많은 역할을 수행한다. 규모와 자원이 제한적인 신생기업이 해외시장 진출을 위해 많은 자원을 투입해야 하는 경우 극복해야 할 어려움은 더욱 커진다. 따라서 전통적 기업들은 내수 시장에서 성장한 이후로 해외 진출 시기를 정하게 된다. 그러나 네트워크 활용형 글로벌 창업기업은 창업자와 조직 측면에서 해외시장 네트워크를 구축하고 있어 글로벌화의 어려움을 장애물로 인식하지 않는다. 이들의 해외시장 진출 동기는 보유 네트워크를 활용하여 새로운 자원과 시장기회를 획득하는 것이다. 개인적으로 보유한 해외 네트워크를 활용하려는 창업자는 글로벌화를 가속화하여 네트워크를 통해 얻을 수 있는 혜택을 극대화하게 된다. 네트워크의 혜택에 해당하는 전략적 제휴의 경우는 글로벌 협력 기업의 자원을 공동으로 활용하여 높은 수준의 자원 투자에 따른 위험 부담을 줄여준다.

4) 글로벌 기술 주도형

글로벌 창업기업은 대체로 지식 및 기술 집약적 산업에 속해 있기 때문에 기술 주도의 경쟁우위 확보가 매우 중요하다. 기술 주도형 글로벌 창업기업은 특화된 기술을 기반으로 높은 소유권 우위 ownership advantage를 활용한 독점영역을 보유하기 때문에 글로벌화에 더욱 적극적이다.

한편 규모의 경제나 대규모 자원 투입을 통해 시장 규모를 확대하기 어려운 글로벌 창업기업의 경우 비교우위 확보가 상대적으로 용이한 틈새시장 전략을 구사한다. 이를 위해서는 보유 기술을 활용한 규모의 경제 실현보다 제품의 차별화가 더 유리하다.

기술 주도형 글로벌 창업기업의 특징 중 하나는 이들이 지식 및 기술 집약적 산업 분야에서 경쟁하기 때문에 기술 변화를 주도하며 글로벌 해외 정보를 결합하는 역량이 뛰어나다는 점이다. 전통적 기업이 범용 제품으로 시장 확대를 추구한다면 기술 주도형 글로벌 창업기업은 혁신 제품으로 신규 시장을 개척한다.

기술 주도형 글로벌 창업기업의 또 다른 특징의 하나는 신속한 글로벌화를 통해 해외시장의 기술 장벽을 극복한다는 것이다. 이들은 각국의 기술 장벽 출현에 대비하여 신속하게 해외시장에 안착함으로써 목표시장의 기술 표준을 습득하고 활용한다.

5) 글로벌 시장지향형

시장지향성market orientation이란 고객을 중심으로 하는 경영활동이며 경쟁우위의 주요 원천으로 인식되어 있기 때문에 기업의 성과와 관련이 깊다. 따라서 시장지향형 글로벌 창업기업은 현지 시장 정보 획득을 경쟁우위의 수단으로 여긴다. 이들 기업이 해외시장 확대를 중요하게 여기는 이유는 현지시장 정보를 통해 경쟁우위를 확보하려는 목적이 강하기 때문이다.

시장지향형 글로벌 창업기업에서 창업자의 해외 경험이 많거나 과거 직장 경력이 해당 산업에서 상당한 수준의 네트워크를 제공하는 경우 이를 적극적으로 활용하려는 창업자의 시장 탐색 활동으로 인해 글로벌화가 비교적 조기에 이루어진다. 이들은 창업자의 진취성과 조직 구성원들의 높은 협력 강도를 기반으로 시장 정보를 활용하는 방안을 적극적으로 찾는다. 이와 같이 시장지향형 글로벌 창업기업은 획득한 해외 수출시장의 고객 및 경쟁자 정보를 활용하여 기존 자원과 결합함으로써 경쟁우위를 달성하려 한다. 다시 말해 창업자의 강력한 의지와 조직 구성원 간 협력은 기존 자원과 새롭게 습득한 정보 간의 창의적 융합을 일으켜 글로벌 고객 지향적인 경영활동을 더욱 강화하게 된다.

03 | 글로벌 프랜차이즈

글로벌 창업의 특성에 따른 유형을 앞에서 살펴보았다. 업종에 따라서 글로벌 창업은 ICT, 제조업, 지식서비스업, 외식업 등 다양한 분야로 나눌 수 있고 창업 형태에 따라서는 독립창업단독창업과 프랜차이즈창업가맹정 창업으로 나눌 수 있을 것이다. 독립창업은 자원의 한계에 부딪히며 확산에 어려움을 겪으며 자신의 사업 하나를 영위하는데 그치고 있지만 프랜차이즈의 경우 거의 모든 산업에 걸쳐 빠르게 확산되며, 최근 중요한 유통형태로 부각되고 있다. 그 배경에는 경제가 제조업 중심에서 서비스 중심으로 옮겨가면서 프랜차이즈는 편의성과 품질의 일관성을 선호하는 소비자가 증가한 것에 있다. 이에 프랜차이즈란 무엇인지 살펴보고 글로벌 프랜차이즈가 되기 위한 국가별 특성을 살펴보고자 한다.

1) 프랜차이즈

프랜차이즈란 가맹본부가 가맹점사업자로 하여금 자기의 상표·서비스표·상호·간판 그 밖의 영업표지를 사용하여 일정한 품질기준에 따라 상품원재료 및 부재료 포함 또는 용역을 판매하도록 함과 아울러 이에 따른 경영 및 영업활동 등에 대한 지원·교육과 통제를 하며 가맹점사업자는 영업표지의 사용과 경영 및 영업활동 등에 대한 지원·교육의 대가로 가맹금을 지급하는 계속적인 거래관계를 말한다공정거래위원회.

프랜차이즈는 점포운영자의 효과적인 선발과 인센티브 제공이 가능하고, 빠른 성장을 위한 자원 확보가 용이하며 유리한 재정모델을 가질 수 있다는 장점을 중심으로 협업이 일어나게 된다. 하지만 가맹본부와 가맹점간의 갈등상권중복, 상이한 경영목표, 운영정책 이견, 협상조건 변화 등, 거래비용 문제속박, 과소투자, 무임승차, 지식재산권의 상실 등, 혁신과 변화의 거부, 직영점보다 낮은 재정수익에 대한 문제가 공존하고 있는 실정이다.

프랜차이즈가 성공하기 위해서는 시스템의 질system quality, 브랜드brand name, 지역 환경local environment, 가맹본부─가맹점간 의사소통communication, 가맹점 활동franchisee activities이 중요한 역할을 한다.

시스템의 질system quality을 높이기 위해서는 종업원 간의 팀워크, 가맹본부─가맹점간의 팀워크, 가맹본부의 지원, 가맹점의 표준 준수, 가맹본부의 시장변화 대응, 가맹본부의 선택적인 가맹점 모집, 가맹점의 학습능력, 신속한 서비스 제공, 효율적인 운영시스템, 가맹본부의 양질의 교육훈련, 역량 있는 종업원, 무능한 종업원의 해고 등이 필요하다. 브랜드brand name의 경우 장기적인 관점을 가지고 관리해 나가야한다. 최근 한 순간에 브랜드 가치를 무너뜨린 사례가 등장하면서 이에 대한 전체 구성원의 노력이 필요하다는 데 의견을 같이 하고 있다. 이를 위해서는 적극적인 전국 단위의 광고와 촉진활동을 통해 긍정적 브랜드 인식 제고, 명확한 슬로건이 기반이 되어야 할 것이다. 지역 환경local environment은 현지 시장의 우수한 상권, 가맹점포의 가시성, 가맹점주의 사업몰두, 적극적인 광고 등이 신축적으로 작용하므로 초기 입지 선정 시 염두에 두어야한다. 의사소통communication은 사회경제 활동 전반에 미치는 영향력이 크고 프랜차이즈 영역에서도 중요한 역할을 하므로 가맹본부와 가맹점 간의 의사소통 및 네트워크, 가맹점위원회에 의한 의사결정 참여, 가맹점의 대등한 위상 등을 고려하여 의사소통 활동이 이루어져야 한다. 가맹점은 성공을 위해 다양한 활동franchisee activities을 영위하게 되는데 가맹점의 충분한 자금, 뛰어난 제품과 서비스 품질 외에도 가맹점주의 사업개념 이해, 리더십 역량, 스트레스 조절능력, 그리고 지역사회 기여 활동 등을 이끌어 내는 것이 중요하다.

2) 글로벌 프랜차이즈의 국가별 특성

글로벌 프랜차이즈는 글로벌 창업과 마찬가지로 국내에 머무르지 않고 해외에서 활동하고 있는 프랜차이즈를 의미한다. 해외 시장에 진출한 국내 프랜차이즈의 사업규모는 가맹본부 수 기준으로 인구 100만 명당 70개꼴로, 미국 7개, 일본 9개에 견주어 과다경쟁상태에 있는 것으로 나타났다중소벤처기업부, 2017. 국내 프랜차이즈 브랜드의 경우 76개, 238곳으로 국내 전체 프랜차이즈의 2.2%에 불과하지만 매년 증가추세에 있다. 해외 진출 방식은 마스터 프랜차이즈 방식이 35.2%로 가장 많았고, 현지가맹 진출방식27.8%, 합작투자방식13.0%등 순으로 나타났다. 마스터 프랜차이즈는 프랜차이즈 본사가 해외에 직접 진출하는 대신 현지 기업과 계약한 후, 가맹사업을 희망하는 사업자에게 사업의 운영권을 판매하는 것으로 해외진출이 쉽고 투자비용이 상대적으로 높지 않다는 장점이 있다. 1개 매장 설립 시 초기 투자비용으로 평균 1억 5,326만원을 지출하였고 해외 진출 매장의 수는 다음과 같이 중국과 미국에 집중되어 있는 실정이다.[21]

표 15-3 국가별 해외 진출 매장 수

사례수	전체 (5,476)		사례수	전체 (5,476)		사례수	전체 (5,476)	
단위	(%)	(개)	단위	(%)	(개)	단위	(%)	(개)
중국	50.9	2,786	사우디아라비아	0.2	11	코스타리카	0.1	3
미국	21.7	1,188	멕시코	0.2	11	브루나이	0.04	2
베트남	5.6	306	쿠웨이트	0.1	8	바레인	0.04	2
필리핀	4.6	253	콜롬비아	0.1	6	이란	0.04	2
인도네시아	3.3	182	파나마	0.1	6	탄자니아	0.04	2
태국	2.8	151	파라과이	0.1	6	영국	0.04	2
싱가포르	1.3	72	인도	0.1	6	피지	0.04	2
말레이시아	1.3	71	캐나다	0.1	4	라오스	0.02	1
대만	1.3	71	볼리비아	0.1	4	오만	0.02	1
일본	1.1	62	엘살바도르	0.1	4	카타르	0.02	1
홍콩	1.1	59	카자흐스탄	0.1	3	남아프리카공화국	0.02	1
호주	1.1	44	러시아	0.1	3	이집트	0.02	1
몽골	0.7	38	프랑스	0.1	3	스페인	0.02	1
캄보디아	0.6	31	방글라데시	0.1	3	이탈리아	0.02	1
미얀마	0.5	27	파키스탄	0.1	3	베네수엘라	0.02	1
아랍에미리트	0.2	12	나이지리아	0.1	3	브라질	0.02	1
마카오	0.2	11	터키	0.1	3	프에르토리코	0.02	1

2016년 프랜차이즈 기업들을 대상으로 조사중복응답한 결과에 따르면 해외진출 사업 계획 시 고려사항으로 '현지 네트워크 구축56.3%'과 '현지 물류 공급체계 확보42.1%'을 들었다. 글로벌 프랜차이즈의 경우 현지에서 발생할 수 있는 문제들이 투자 예산22.2%, 전담부서 구성12.7% 등 기업체내 부의 사업 계획 준비보다 더 중요하게 나타남을 확인할 수 있다.

국가별 프랜차이즈 현황 및 특징을 살펴보면 다음과 같다.

중국 프랜차이즈 경영협회가 발표한 2014년 중국 프랜차이즈 투자경기조사 결과에 따르면, 향후 유망 프랜차이즈 업종으로는 커피 및 음료 디저트, 중식 패스트푸드, 유아동 조기교육 순으로 조사되었다. 이 중에서 프랜차이즈 사업자가 선정한 유망 프랜차이즈 5대 업종으로는 커피 및 음료ㆍ디저트, 아동조기교육, 이코노미 호텔, 식품전매, 직업기능훈련으로 확인되었다.

중국은 외국기업이 단독으로 사업을 진행하기 어려운 측면이 있어 현지 파트너 선정 시 동종 업종 또는 유사품목의 취급 경험이 있는 파트너를 선정하는 것이 중요하다. 또한 현지 기호에 대한 면밀한 분석을 토대로 제품개발 뒷받침되어야 한다. 중국 요리를 두고 남담南淡, 북함北喊, 동산东酸, 서랄西辣이라는 표현을 한다. 즉 중국의 남쪽은 담백하고 북쪽은 짜고 동쪽은 시큼하고 서쪽은 맵다는 의미로 지역별로 식재료 달라져 요리가 다양하고 사람들의 입맛 역시 다양하기 때문이다. 의류의 경우도 한국과 중국의 선호도 및 구매 행태가 확연히 다르다. 중국인의 체형은 한국인에 비해 팔다리와 허리가 길기 때문에 중국 진출을 고려하는 의류브랜드는 이러한 중국인의 체형적 특징을 반드시 감안해야 한다. 마지막으로 중국 진출에 관심을 두는 기업이라면 상표와 실용신안 등을 서둘러 등록할 필요가 있다. 현지에 대한 이해 부족으로 국가 정책에 반하거나 현지인들의 불편한 역사적 문제를 상기시키는 상표를 등록하는 경우가 간혹 발생하게 된다. 업무 편의를 위해서 혹은 한국 본사의 상표등록에 대한 인식 부족으로 인해 합작파트너 명의로 상표를 등록하는 경우, 추후 분쟁의 여지가 있다는 점을 유의해야 한다.

미국 진출이 활발한 프랜차이즈 업체의 공통적인 특징은 국내에서 검증된 품질과 서비스를 철저히 유지하면서도 미국 현지인들이 선호하는 메뉴 개발을 위해 재료 추가 및 삭제 등의 현지화 메뉴 개발 전략을 구사하고 있다. 글로벌 프랜차이즈화의 중심이라 할 수 있는 미국 내 가맹사업의 성공을 위해서는 철저한 현지시장 분석을 통한 사업성 확보, 생산 및 물류체계 확보, 전산 시스템 구축 등을 통한 비용 절감 및 수익구조 개선이 요구된다. 본사 근무 경험과 관련 업계 경험을 보유한 인력 그리고 미국의 현지사정과 문화에 정통한 현지 인력의 조화는 현지시장 내에서의 빠른 정착에 매우 중요하게 작용한다. 또한 한국계 미국인 외 타 아시아인과 히스패닉, 백인 소비자 시장으로 활동영역을 넓히고자 한다면 더욱 적극적인 마케팅이 필수적이다.

아세안싱가포르, 말레이시아, 태국, 인도네시아, 필리핀, 베트남은 6억3000만 인구의 거대 소비시장으로 한국 프랜차이즈가 글로벌 유망시장으로 떠오르고 있다. 중산층 증가와 여성의 사회진출이 활발한 이들 국가에서 외식 문화가 발달하면서 식음료 프랜차이즈의 주요 타깃으로 특히 현지 젊은이들을 보고 있다. 또한 한류 인기에 힘입어 한식 열풍이 불고 있다. KOTRA와 한국문화산업교류재단의 공동연구에 의하면, 아세안 국가들의 한류 성장도와 인기도는 세계 국가 중에 선두에 속하며 한국 화장품22, 패션뿐만 아니라, 한국 음식에 대한 관심도 높아지고 있다.

GSCM과 글로벌 창업

01 | 글로벌 공급체인관리

　오늘날과 같은 글로벌경영환경에서는 자원 접근성이 높은 대기업만이 성공적으로 해외에 진출할 수 있다는 인식이 점차 사라지고 있다. 오히려 자원 접근성이 낮은 중소기업의 해외진출이 중요한 전략적 활동으로 인식되고 있다. 기업 간 경쟁에서 기업군群 간 경쟁으로 전환되는 경영환경 하에서 글로벌 공급체인관리는 해외시장 개척과 자원의 상대적인 제약을 받는 중소기업의 중요한 경영관리 활동으로 인식되고 있다. 해외진출을 통해 중소기업은 자국시장의 치열한 경쟁을 회피하고 시장을 다각화함으로써 급변하는 경영환경에 대처하여 보다 다양한 사업 기회를 포착할 수 있기 때문이다. 즉, 중소기업의 해외진출은 기업의 시장유연성 및 경쟁력 확보, 지속가능성을 도모할 수 있다는 점에서 시사하는 의미가 크다. 해외시장에서 다년간 사업기반을 쌓아온 현지 업체와의 네트워크 관리나 전략적 제휴를 통해 수출에 필요한 정보과 자원을 공유하는 협력적인 해외수출이 중요한 경영과제로 인식되고 있으며, 대기업과 비교하여 상대적으로 거래량이 적은 중소기업에게 해외수출의 성과 제고를 위한 글로벌 공급체인관리global supply chain management가 각광받고 있다.23 이미 글로벌 기업을 중심으로 공급체인관리의 대상 범위를 해외시장으로 확대하여 글로벌 공급체인관리를 도입하고 있으며, 국가 경제 성장에서 수출이 차지하는 비중이 높은 우리나라의 경우 이를 전략적 비즈니스로 인식할 필요가 있다. 해외에서도 역시 공급체인이 운송, 생산, 유통, 판매에 이르는 전반적 프로세스에 미치는 긍정적인 영향에 대해 중요하게 인식하고 있다. 공동의 경영목표를 달성하기 위한 공급체인 파트너간의 신뢰 및 네트워크 기반의 협업 활동이 공급체인을 구성하는 주체들의 적극적인 참여를 유도하고 협력성을 증대시키는 데에 긍정적인 영향을 미치는 것으로 확인되고 있다. 즉, 위험관리 능력과 수출역량, 자원이 부족한 중소기업은 해외시장에서 유통, 마케팅, 판매와 같은 가치체인 상의 지원 활동을 수행할 여력이 부족하므로 전략적 제휴 파트너인 협력업체를 통해 이를 해결하려고 한다.

이와 관련하여 협력기업과 공유하는 네트워크, 신뢰, 규범으로 대변되는 사회적 자본social capital 은24 진출하려는 해외시장에 산재되어 있는 자원, 정보 및 지식, 시장, 기술에 접근할 수 있는 자본 요소라는 점에서 관계적 특성에 대한 통합적 관점을 제공할 것으로 고려될 수 있다.25 중소기업이 지니는 한계를 극복하고 해외시장에 진출하여 수출성과를 달성하기 위한 전략적 수단으로서 글 로벌 공급체인관리에 대한 논의가 구체화되고 있다.

우리나라 중소·중견기업들은 해외시장에 진출하면서 재화와 서비스를 제공하는 과정에서 위 험관리를 어떻게 해야 할 것인가를 고민하고 있다. 우리나라 중소·중견기업의 특성은 해외브랜 드가 잘 알려지지 않았지만 프로세스 혁신을 통한 기술개발과 시장변화에 능동적으로 신속한 대 응이 가능하기 때문에 글로벌 창업으로의 접근이 용이할 수 있다.

글로벌 창업기업의 경영관리가 해외시장 진출을 통해 복잡해짐에 따라 기업은 내부에서 담당 해오던 관리기능을 외부로 확장하고 있으며, 이와 더불어 공급체인 내에 공존하는 협력업체와의 파트너십 형성과 강화가 공급체인관리의 핵심요인으로 논의되어 왔다. 글로벌 공급체인망 관리 에 의한 경영기법을 활용함으로써 우리나라 중소·중견기업의 글로벌 창업의 성공 가능성을 높이 는 방법이 될 수 있다.

02 | 글로벌 창업가 정신(Global Entrepreneurship)

글로벌 창업기업의 글로벌 확장 및 진출 과정은 창업가의 특성에 따라 많은 영향을 받는다. 포 화된 내수시장의 한계, 국내시장의 글로벌 경쟁 심화, 정보통신기술의 발달에 따른 해외진출 비용 감소, 성장기의 확장을 통한 추가적인 이익확보 등 다양한 동기를 가지고 해외 시장에 진출하는 중소기업이 증가하고 있다.1 그러나 이러한 외부적인 동기만으로는 해외시장에서의 성공을 보장 할 수 없다. 이러한 상황에서 글로벌 창업가 정신은 해외진출에 긍정적인 영향을 미치는 핵심요인 중 하나이다.26 특히 경영전략 측면에서 창업가 정신은 기업의 조직 구성원 개인 혹은 집단 간 상 호작용의 결과에 따라 발생하는 전사적 수준의 행동양식으로 파악된다. 기업 내부적으로 창업가 정신이 마케팅 및 기술개발 역량과 같은 혁신역량을 발현시키고, 직접적인 해외진출의 선행요인 으로서 그 중요성이 강조되고 있다. 글로벌 창업가 정신을 바탕으로 한 기업의 선도적 해외시장 진출은 후발 경쟁기업에게 진입장벽으로 작용하게 되며 기업 성과를 유지하는 데 도움을 준다. 중소기업의 경우 급변하는 글로벌 환경 변화에 효율적으로 대응하고 경쟁력을 갖추기 위해서는 글로벌 창업가 정신이 필수적이다. 이에 따르면 기존의 창업가 정신이 글로벌 창업가 정신으로 그 개념의 범위가 확장되고 있는 것을 알 수 있다. 따라서 글로벌 창업가 정신은 조직이 더 많은 부가가치 달성을 위해 한 국가의 지리적, 경제적 한계와 범위를 넘어 활동하는 창업가의 혁신적, 진취적 및 위험감수 행동양식의 총체적 결합이라고 정의될 수 있다.[28]

글로벌 창업가 정신은 기업이 처한 외부환경변화에 효율적으로 대응하기 위해 해외시장에 적합한 혁신제품을 개발하고 위험을 감수하여 해외직접수출을 추구하며, 국제적 네트워크를 구축하여 공급, 유통 및 마케팅 채널을 확보하고, 해외공장설립과 같은 직접진출을 유발하는 등 해외시장진출을 증진시키는 주요 요인이다.[27] 글로벌 창업가적 성향은 시장지향성에 직접적인 영향을 미치며 기업의 성과 중에서 특히 시장점유율과 신제품 판매에 더욱 긍정적인 영향을 미치고 있다.

급변하는 해외시장의 니즈를 충족시키기 위해서는 신속하고 지속적인 혁신활동의 전개가 요구되나 이러한 활동의 이면에는 잠재적인 위험요소가 내포되어 있으므로, 해외시장의 니즈와 욕구를 충족시킬 수 있는 제품과 서비스를 공급하기 위해서는 혁신성, 진취성 및 위험감수성이 총체적으로 결합된 글로벌 창업가 정신이 요구된다.

03 | 글로벌 공급체인 관리와 글로벌 창업가 정신

오늘날의 국제경영환경은 창업기업의 지속가능한 성장과 발전을 위해 해외진출을 통한 시장확대를 절실히 요구하고 있다. 이에 글로벌 공급체인 측면의 원재료－반제품－제조－유통－고객 과정에서 나타나는 지리적 및 물리적 한계를 극복하기 위해 기업 간 전략적 제휴를 통한 글로벌 공급체인관리는 글로벌 창업기업의 신속한 해외진출 및 성과 달성을 위한 경영활동이라 할 수 있다. 협력업체와의 파트너십 형성 및 강화가 공급체인관리의 핵심요인으로 논의되고 있으며 글로벌 공급체인 파트너와의 관계구축 촉진을 위해 글로벌 창업기업들의 글로벌 공급체인관리는 필수불가결의 관계이다.

글로벌 창업기업의 공급체인관리에서 해외협력업체와의 관계적 특성과 글로벌 창업가 정신에 대해 살펴보면 다음과 같다.

첫째, 글로벌 공급체인 파트너와 형성한 네트워크, 신뢰, 호혜적 규범 등은 수출성과에 중요한 요인으로 글로벌 창업기업이 해외진출의 효율성 및 성과를 제고하기 위해서는 공급체인관리로

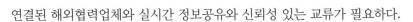

연결된 해외협력업체와 실시간 정보공유와 신뢰성 있는 교류가 필요하다.

　둘째, 글로벌 창업가 정신은 기업 성과는 물론 사회적 자본의 형성에 중요한 요인으로 작용한다. 특히 사회적 자본의 경우 현지시장의 정보 및 자원 접근성을 향상시킴으로써 성과달성에 직접적인 영향을 미치며 현지시장에서 활용될 기업내부 자원의 생산성을 높일 수 있는 간접적 효과를 발휘할 수 있다.

　셋째, 불확실성이 높은 해외시장의 환경 변화에 신속히 대응하고 사업 기회를 획득하기 위해서는 공급체인의 모든 구성주체의 협력적 활동이 필요하다.[29]

CHAPTER 15
Case ▶

"글로벌 창업 사례"

1) 창업국가 사례

선진국의 정의는 뭘까? 경제뿐 아니라 정치·사회·문화를 종합적으로 판단해 내려야 하겠지만 일단 국민들이 잘 살아야 한다는 것에는 이의가 없다. 그런데 우리나라는 일인당 국민소득이 2007년에 2만달러를 달성한 이후 아직도 그 선에 머물러 있다. 경제적 측면에서 보면 선진국 문턱에서 10년째 오르락내리락 하고 있다. 그렇다면 어떻게 하면 일인당 국민소득 3만달러를 훌쩍 넘기고 선진국에 안착할 수 있을까.

창업국가Entrepreneurial Nation 건설이 그 해답이다. 이는 새로운 경제 패러다임인 창업경제Entrepreneurial Economy가 충만한 국가를 말한다. 창업경제는 도전과 혁신을 뜻하는 창업가정신이 사회 곳곳에 넘쳐나는 경제를 말한다. 개인은 창업에 도전하고 기업은 혁신과 동반성장에 앞장서며 정부는 창업기업 중소기업을 지원하고 대학은 창업가정신의 이론적 뒷받침을 한다.

이를 위해 혁신형 창업을 장려해야 한다. 그런데 우리나라는 생계형 창업 비중이 높다. 경제협력개발기구OECD가 발표한 '2014 창업가정신 보고서'에 따르면 한국의 창업목적은 생계형이 63%로 미국26%, 이스라엘13% 등 주요국보다 훨씬 높았다. 반면 기술이나 아이디어로 성공의 기회를 잡아 창업하는 혁신형 창업비율은 21%에 그쳤다. 이는 미국·영국·이스라엘·핀란드·스웨덴의 혁신형 창업이 50%를 웃돈 것에 비해 절반에도 못 미친 것이다.

혁신형 창업국가로 나아가기 위해서는 초·중·고의 청소년 창업가정신 교육을 확대해야 한다. 미국, 영국, 이스라엘 등 혁신형 창업 강국들은 모두 1인당 GDP가 2만달러가 넘은 시기인 1988년미국, 1996년영국, 2005년이스라엘에 청소년 창업가정신 교육을 국가적 정책 아젠다로 정했다. 유럽연합EU도 2006년 오슬로 어젠다를 통해 청소년 창업가정신 교육의 중요성을 인식하고 정규 교과목으로 채택하도록 권고했다.

현재 전체 회원국 중 절반 정도가 초등학교에 창업가정신 정규 교과목을 두고 있고 회원국의 3분의 2

정도가 중·고교에서 창업가정신 과목을 정규 필수로 지정하고 있다. 미국은 고등학생 30% 이상이 창업가정신, 또는 창업 관련 과목을 수강한다. 이제 우리나라도 청소년 창업가정신 과목의 정규 교과목 채택을 적극 검토해야 한다. 창업가정신 교육은 청소년들에게 창업을 하라고 부추기는 것이 아니다. 창업가적 마인드와 소양 등을 함양시키는 것이다. 미국의 유명 경영학자 피터 드러커는 "미래를 예측하는 가장 좋은 방법은 미래를 창조하는 것"이라고 했다. 창업가정신 교육이야말로 청소년들에게 자기 스스로 미래를 창조할 수 있는 힘을 길러 줄 것이다.

대학은 창업가정신을 가진 학생들을 수용하기 위해 학부과정에 '창업학과'Department of Entrepreneurship를 개설해야 한다. 창의력 함양과 실행력을 키울 수 있는 구체적 프로그램이어야 한다. 마이크로소프트 창업자이자 억만장자 빌 게이츠21세, 애플 창업자 고故 스티브 잡스21세, 구글 창업자 래리 페이지25세와 세르게이 브린25세, 페이스북 창업자 마크 저커버그19세 등 세계적인 스타 창업가들 대부분이 20대에 창업했다.

미국의 프론티어 정신, 이스라엘의 후츠파 정신이 오늘날 미국과 이스라엘을 선진 창업국가로 만들었다. 우리나라도 1970년대 '잘살아보세!'의 새마을 운동과 1980년대 민주화 운동과 같은 행동철학과 시대정신으로 경제성장과 민주화를 모두 달성했다. 이제 선진국 문턱을 넘어서기 위해 창업가정신이 국가시스템 전반에 걸쳐 시대정신으로 뿌리를 내려야 한다. 그 책임은 정부와 대학에 있다.

자료출처: 김창봉 교수, 중앙대학교 산업창업경영대학원장, [목면칼럼] 창업국가가 곧 선진국이다, 이데일리,
일시: 2016.05.18

2) 재기창업 사례

문재인 정부가 일자리 창출, 창업활성화를 위해 총 5,000억원 규모의 '삼세번펀드'를 조성, 내년부터 지원에 나선다. 실패한 경영자도 다시 재기할 수 있는 생태계를 조성하겠다는 게 새 정부의 구상이다. 또한 정부는 창업기업에 대한 연대보증도 단계적으로 폐지한다.

금융위원회는 25일 서울 종로구 금융연수원에서 국정기획자문위원회 업무보고를 통해, 내년부터 삼세번펀드를 지원하겠다고 밝혔다.

박광온 국정기획자문위원회 대변인은 업무보고 후 브리핑을 통해 "금융위는 오는 8월까지 3,000억원 규모의 삼세번 재기 지원펀드를 만들어 내년부터 운용하기로 했다"고 밝혔다. 이어 박 대변인은 "중소기업청도 전날 업무보고에서 2,000억원 규모로 이와 유사한 펀드를 조성하기로 했다"면서 "금융위 펀드와 합치면 5,000억원 정도이며, 이 정도면 충분히 소화가 가능하다고 본다"고 말했다.

금융위가 내년부터 지원하는 삼세번 펀드에는 정부 재정에서 1,500억원, 정책금융기관과 민간에서

1,500억원 등 총 3,000억원이 투입된다. 지원대상은 재창업 7년 이내 기업과 신용회복위원회의 재기 지원 기업, 신용보증기금과 기술보증기금의 단독 채무 기업이다.

대부분의 신생기업은 창업 후 3~7년 사이에 자금 조달 및 시장 진입 어려움 등으로 부도 위기에 빠지는 '데스밸리' 시기를 겪게 된다. 창업 기업 10개중 6개 이상이 데스밸리를 버티지 못하고 도산하게 된다. 실제, 중소기업청에 따르면 창업 기업의 3년 생존율은 38%2014년 기준에 불과한 실정이다.

문제는 창업기업의 생존율이 낮을 뿐만 아니라 '재기 확률'마저 현저히 떨어진다는 점이다.

김창봉 중앙대 산업창업대학원장은 "한번 창업이 실패했다 하더라도 실패를 경험삼아 다시 재기할 수 있는 환경이 만들어져야 하는데, 아직 국내 창업환경은 실패에 따른 자금 부담 등이 온전히 창업가에게만 쏟아져 재기할 수 있는 환경조성이 쉽지 않다"고 지적했다. 그는 특히 "벤처캐피탈이나 엔젤투자 유치 등 창업가가 자본을 조달할 수 있는 환경이 녹록치 않다 보니 대부분의 창업가들은 전재산을 창업에 올인해 실패할 경우 감당하기 어려운 빚을 지거나 심지어 생계에 심각한 문제가 생기는 경우도 많다"면서 "창업가의 실패가 '경험'으로 축적되고 재기할 수 있도록 국가가 자금 조달 등에서 보다 적극적인 지원을 할 필요가 있다"고 강조했다.

이번에 금융위가 제시한 삼세번펀드는 이같은 배경에서 도출됐다.

박 대변인은 "저금리 시대에 금융 산업의 경쟁력을 높이기 위해서라도 육성지원에 특화된 '인큐베이팅 금융'을 강화해야 한다"며 "한번 실패한 기업이라도 우수한 기술만 있으면 금융 지원을 받을 수 있도록 하기 위한 것"이라고 말했다. 금융위는 또한 창업 기업에 대한 연대보증도 단계적으로 폐지하기로 했다. 현재 금융권에서는 개인 대출에 대한 연대보증은 거의 사라진 상태다. 그러나 법인대출은 여전히 기업 대표자를 보증인으로 세우고 있다. 이 때문에 창업기업이 실패하면 창업자가 모든 빚을 떠안게 돼 당장 생활이 어려워지는 것은 물론 재기도 힘든 상황이다.

이에 따라, 금융위는 우선 올해부터 신용보증기금과 기술보증기금, 중소기업진흥공단 등 공공 기관의 법인 대표자 1인에 대한 연대보증 폐지 기준을 창업 이후 5년 이내에서 창업 이후 7년 이내 기업까지 확대하기로 했다. 또 내년부터는 공공 기관은 창업 후 7년이 지난 성숙 기관에 대해서도 심사를 통해서 연대보증을 폐지할 방침이다. 박 대변인은 "금융이 담보 대출 위주의 폐해를 극복하고, 창업지원에 나서서 새로운 일자리를 만들어 내기 위한 것"이라고 설명했다.

김진표 국정기획자문위원장도 "금융위는 공공부문 일자리를 만들고 창업을 지원해 젊은이들이 4차 산업 등 새로운 산업에서 일자리를 만들도록 하겠다는 내용이 있다"면서 "금융의 역할이 중요하다"고 당부했다.

출처: 김창봉, 「실패하면 패가망신? 창업재기 지원 '삼세번펀드' 만든다」,
『디지털투데이 목면칼럼』, 2017.05.26.

참고문헌

1. 이영주·이동희·한창용·김승민, 글로벌 창업 실태 및 전략적 육성방안, 산업연구원, 2016.

2. 조길수, 4차 산업혁명 주도기술 기반 국내 스타트업의 현황 및 육성방안, Issue Weekly, 통권 제210호, 2017, pp.1－25.

3. 과학기술정책연구원, Entrepreneurship Korea, 제6권, 2017.

4. 박근호, 글로벌 스타트업 창업과정 및 특성에 관한 연구: 국내사례 중심으로, 전문경영연구, 제19권 제2호, 2016.

5. Stratup Genome, Global Startup Ecosystem Report 2017, 2017 Gartup Genome LLC.

6. Knight, G. A. and Cavusgil. S. T., Innovation, Organizational Capabilities and the Bornglobal Firm, Journal of International Business Studies, Vo.35, No.2, 2004, pp.124－141.

7. Madsen, T. K. and Servais. P., The Internationalization of "Born Global"s: An Evolutionary Process? International Business Review, Vol.6, 1997, pp.561－583.

8. Oviatt, B. M. and McDougall P. P., Toward a Theory of International New Ventures, Journal of International Business Studies, Vol.25, 1994, pp.45－64.

9. Ingram, C., A Strategic Primer on Accelerating Stratups to International Markets, Global Ignition Stratic Primer, Proceeding paper, pp.1－11.

10. Yli－Renko H, E. Autio and Tontti. V., Social Capital, Knowledge, and the International Growth of Technology Based New Firms, International Business Review, Vol.11, 2002, pp.279－304.

11. Fillis, I., Small Firm Internationalization: An Investigative Survey and Future Research Directions, Management Decision, Vol.39, No.9, 2001, pp.767－783.

12. Hedlund, G. and Kverneland, A., Are Strategies for Foreign Market Entry Changing? The Case of Swedish Investments in Japan, International, 1985.

13. Ganitsky, Joseph, Strategies for Innate and Adoptive Exporters: Lessons from Israel's Case, International Marketing Review, Vol.6, No.5, 1989, pp.50－65.

14. McDougall, P. P., Shane, S. and Oviatt, B. M., Explaining the Formation of International New Ventures: The Limits of Theories from International Business Research, Journal of Business Venturing, Vol.9, No.6, 1994, pp.469－487.

15. Bloodgood, J. M., Sapienza, H. J. and Almeida, J. G., The Internationalization of New High－Potential U.S. Ventures: Antecedents and Outcomes, Entrepreneur－ship Theory and Practice, Vol.20, No.4, 1996, pp.61－76.

16. Jones, M. V., The Internationalization of Small UK High Technology Based Firms, Journal of International Marketing, Vol.7, 1999, pp.15−41.

17. Compas, Global Startup Ecosystem Ranking 2015, 2015.

18. 김형준·정덕화, 본글로벌전략을 추구하는 벤처기업의 특성과 성과에 관한 연구, 마케팅과학연구, 제17권 제3호, 2007, pp.39−59.

19. 강정은·이재혁, 벤처기업의 특성과 본 글로벌성향: 한국 벤처기업의 창업자, 기술자원, 네트워크를 중심으로, 국제경영연구, 제21권 제3호, 2010, pp.21−46.

20. 김창봉·이승현, 창업지원제도가 1인창업자의 행동특성에 따라 창업기업 경영성과에 미치는 영향에 관한 연구, 벤처창업연구, 제12권 제2호, 2017, pp.41−54.

21. 김창봉·박륜홍, 프랜차이즈 기업의 사회적 책임활동이 기업평판과 구매의도에 미치는 영향: 치킨기업의 브랜드이미지 조절효과를 중심으로, 한국창업학회지, 제12권 제5호, 2017, pp.273−193.

22. 이코노미조선, 화장품 구독 서비스에서 O2O 시장까지 5년 새 3번째 성공적인 사업변신, 제145호, 2016.

23. 중소기업청, 중소기업 해외진출지원정책 효율화방안, 2012.

24. 박근호, 벤처기업의 사회적 자본·국제화 속도·국제화 성과의 관계에 관한 연구, 국제경영리뷰, 제11권 제3호, 2007, pp.147−170.

25. 윤현덕·곽기영·서리빈, 글로벌 기업가정신과 공급사슬내 사회적 자본이 수출성과에 미치는 영향, 벤처창업연구, 제7권 제3호, 2012, pp.1−16.

26. 조연성·박근호, 기업가정신과 보유역량의 국제신벤처기업 수출성과에 관한 연구, 국제경영리뷰, 제14권 제4호, 2010, pp.119−143.

27. 이재훈·박태경, 본글로벌기업의 해외지향성과 네트워크가 국제화정도에 미치는 영향, 벤처경영연구, 제12권 제1호, 2009, pp.1−26.

28. Raudsaar, M., Paes, K. and METS T., Global Entrepreneurship Monitor (GEM)−Outcomes of Societal Meaning in Estonia, Management of Organization Systematics Research, No.74, 2015, pp.103−120.

29. Pawitan, G., Nawangpalupi, C. B. and Widyarini, M., Understanding the Relationship between Entrepreneurial Sprit and Global Competitiveness Implication of Indonesia, International Journal of Business and Society, Vol.18, No.2, 2017, pp.261−278.

국문 색인

【ㄱ】

가격인하　229
가상현실(Virtual Reality: VR)　63
간이통관　363
간접 무역규제확대　131
개도국발 무역규제 확대　131
개방형 컴포넌트 구조　47
거래지속(Continue trading)　315
건강관리위험　148
경쟁력　179
경쟁압력　75
경쟁우위　17
경제적 요인　74
경제적 지속가능성　348
경험곡선　15
계약관리(contract management)　121
계약운송인(Contract Carrier)　238
고객 기대　75
고객 만족　12
고객 통합　206
고객니즈　132
고객만족　125
고객서비스　236
고객서비스질　34
고객수요　33
고속화　344
고압적 마케팅 방식(push marketing)　235

공공조달　290
공급 네트워크 조정　126
공급 루프(supply loops)　261
공급 위험　155
공급과 수요 플랫폼(Demand & Supply Platform)
　　333
공급네트워크　39
공급망 보안(Supply Chain Security)　370
공급망(Supply Chain: 이하 SC)　35
공급시장플레이어　150
공급위험　147
공급자 성과　127
공급자 주도형 재고관리(Vender Managed
　　Inventory: VMI)　196, 198
공급자 통합　206
공급체인 전략적 적합성　100
공급체인관리(Supply Chain Management)　34
공급체인선　205
공인경제운영자 상호인증협정(Authorized
　　Economic Operator-Mutual Recognition
　　Arrangement: AEO-MRA)　309
공인경제운영자(Authorized Economic Operator:
　　AEO)　305, 309
관세법　371
관세평가(과세가격결정)　360
교차 기능적 프로세스(Cross-functional process)
　　125, 235

교토의정서　259
교토협약(Kyoto Convention)　359
국제 신생 벤쳐(International New Venture)　386
국제구매(international purchasing)　281, 289
국제물류　236
국제적 네트워크　402
국제표준기관(ISO)　256
국제표준인증　304
국제표준인증 운영적 수준(The operational level of international standard certification)　315
국제표준인증 전략적 수준(The strategic level of international standard certification)　314
국제표준화기구(International Organization Standard: ISO)　130, 311
규모의 경제　14
글로벌 공급　22
글로벌 공급체인　13
글로벌 공급체인관리 4.0(GSCM 4.0)　330
글로벌 공급체인망 통합　177
글로벌 기술 주도형　392
글로벌 네트워크 활용형　392, 394
글로벌 데이터 시스템(Global Data System)　333
글로벌 디지털 프로세스와 파트너십(global digital process, partnerships)　334
글로벌 로지스틱스　226, 231
글로벌 마케팅　13, 50
글로벌 물류 활동　13, 50
글로벌 보관　196
글로벌 비용 최적화　51
글로벌 비즈니스 모델　205
글로벌 비즈니스 전략　16
글로벌 생산　196
글로벌 생산위험　146
글로벌 소싱(Global Sourcing)　13, 22, 50, 279
글로벌 소싱위험　146
글로벌 스타트업(Global Startups)　386
글로벌 시장지향형　392

글로벌 싱글윈도우(Integrated Single Window Global Trade)　365
글로벌 아웃소싱　173, 180
글로벌 역량　75
글로벌 운송공급　148
글로벌 원재료　196
글로벌 위험　145
글로벌 위험관리　12, 144
글로벌 유통　196
글로벌 유통센터　173
글로벌 조달　290
글로벌 지향성　387
글로벌 창고　196
글로벌 창업(Born Global, Global Startup)　382, 384
글로벌 창업가 정신　401
글로벌 태생 기업(Born global company)　384
글로벌 통관　50
글로벌 통관 지연전략　98
글로벌 통관체계　148
글로벌 파트너십　308
글로벌 프랜차이즈　397
글로벌 프로세스 위험　146
글로벌 학습 지향형　392
글로벌기업　16
글로벌화　305
기능 통합(Functional Integration)　48
기능별 아웃소싱　181
기술개발(technology development)　122
기술개발과 혁신　18
기술기반 신생 기업(Technology Based New Firms)　387
기술역량　185
기술장벽(Technical Barriers to Trade: TBT)　66
기술창업　387
기업 정부 간 전자상거래(B2G)　264
기업가적 특성　391
기업경영　236
기업과 소비자간 전자상거래(B2C)　264

기업상담전문관(Account Manager: AM) 374
기업의 사회적 책임(Corporate Social
　　　Responsibility: CSR) 75, 349
기업하부구조(firm infrastructure) 122
기획, 실행, 통제, 평가 35

【ㄴ】

납기 91
내부 통합 206
내부 통합(Internal Integration) 48
내부지식 공유 66
네슬레 93
네트워크 관계통합 206
네트워크 구축(network building) 121
네트워크 연결 308
네트워크 촉진(network promotion) 121
네트워크형 글로벌 아웃소싱 181
노동쟁의 152
녹색 규제 확대 조짐 131

【ㄷ】

단일창구시스템 368
대량생산체계 42
대외 무역법 371
대외경제협력기금(EDCF) 254
대응성 33
대응성 스펙트럼 102
대한상공회의소 239
독립창업 395
동기화 49
디지털 HR 66
디지털 경로 63
디지털 고객 63
디지털 공급체인관리(Digital Supply Chain
　　　Management: DSCM) 63, 65, 66
디지털 공장 66
디지털 무역 20

디지털 생태계(Digital ecosystem) 65
디지털 설계 63
디지털 유통 63, 87
디지털 제품 63
디지털 조달 290
디지털 혁명 62
디지털 혁명시대 120
디지털재화(digital products) 20

【ㄹ】

로보틱스 333
로쉬 93
로지스틱스 위험 304
로지스틱스 정보 304
로지스틱스 지식 304
리더십이론 184
리드타임 229

【ㅁ】

마스터 프랜차이즈 방식 397
마이클 포터 115
마케팅 믹스 72
매스커스터마이제이션(Mass Customization) 44
머스크 그룹 276
몰입(commitment) 314
몰입도 91
무선디지털망(wireless digital networks) 20
무역 263
무역 패러다임 204
무역규제 253
무역안전(Trade Security) 370
무역원활화(trade facilitation) 370
무역자유화(trade liberalization) 370
무역정책 205
무역협정 18
무인화 344
문전(door to door) 234

문화위험　157
문화적 요인　74
물류　234
물류 서비스　240
물류 통합　126
물류기업　239
물류비　34
물류비용　43
물류서비스 디자인　344
물류서비스제공자(Logistic Service Provider: LSP)　121
물류센터　230
물류싱글윈도우(Single Window e-logistics)　365
물적유통(physical distribution)　234
미국 소비자안전위원회(Consumer Product Safety Commission)　256
미래 지향성　308
민간 간 싱글윈도우(Single Window B2B)　365

【ㅂ】

바이엘　93
반대의 흐름(backword flow)　259
반응적 공급체인(responsive supply chains)　91
반품물류　259
밸류체인(Value chain)　34, 115
밸류체인의 신세대를 통한 수평적 통합(horizontal integration via a new generation of global value chain networks)　385
범위의 경제　15
보조금　64
복합운송　228
본원활동　120
부가가치　42
부가가치체인　15, 116
부가가치통신망(Value Added Network: VAN)　233
부품조달　43

분사형 아웃소싱　181
분해를 고려한 설계(Design for Disassembly: DFD)　260
브랜드　396
브렉시트(Brexit)　62
비관세장벽　64
비용 및 납기 개선　42
비용-대응성의 효율적 프론티어(cost-responsiveness efficient frontier)　102
비용/가격혜택　283
비용모델　178
비용절감　37
비용절감형 아웃소싱　181
비즈니스 로지스틱스　234
비즈니스 리엔지니어링(Business Process Reengineering: BPR)　42
비즈니스 프로세스 아웃소싱(Business Process Outsourcing: BPO)　280
빅데이터(BD)　66, 331, 333

【ㅅ】

사물형 인터넷(Internet of Things: IoT)　62, 63, 331
사업아이템　390
사이버물리시스템(Cyber Physical Systems: CPS)　337, 384
사회　19
사회 인프라　17
사회적 자본(social capital)　401
사회적 지속가능성　348
산업 간 융합화　88
상거래　20
상생과 위험공유　308
상승효과(synergy effect)　100
상충관계(trade-off)　130
상호의존성　287
상호이익(Mutual benefit)　315

생산성   33
생산자원계획(Manufacturing Resource Planning II: MRP II)   46, 47, 236
서류의 복잡성(document complexity)   232
서비스 무역   8
서비스 제공(service provider)   121
선형적(linear) 특성   35
성과 측정 매트릭스   127
성취관점   186
세계경제포럼(World Economic Forum: WEF)   329, 337
세계관세기구(WCO: World Customs Organization)   359, 364
세관 전자자료의 표준화(Customs Data Model)   364
세관싱글윈도우(Single Window Customs)   365
소비자 행태   19
소비자간 전자상거래(C2C)   264
소비패턴   265
소싱 전략   183
소유권 우위   394
수량제한   66
수요 위험   155
수요관리   151
수요예측 및 재고보충(CPFR)   196
수요위험   147
수입규제   66
수입면허제   360
수입신고수리제   360
수입통관절차   362
수입할당제   64
수직적 네트워킹(vertical networking of smart production systems)   384
수출드라이브   22
수출통관   362
순환적(cycle) 구조   35
스마일 커브 이론   118
스마트 공급체인관리(Smart SCM)   63
스마트 글로벌 공급체인관리(Smart GSCM)   344

스마트 생산   65
스마트 시티   340
스마트 팩토리   329, 345
스핀오프형(Spin‒off) 글로벌 아웃소싱   181
시설 위험   155
시스템 개념   209
시스템 분석   209
시스템 제약조건   211
시스템의 질   396
시스템적 사고   201
시장유통네트워크   39
시파급효과(spillover effect)   118
신념   19
신뢰(trust)   314, 402
신뢰성   91
신뢰형성(Trust formation)   315
신무역 구조   22
신사업분야 발굴   176
신속대응력   201
신흥개발도상국   305
신흥기술(ET)   331
싱글윈도우   364

【ㅇ】

아웃바운드   76, 155, 205
아웃소싱   33, 183
안전관리위험   148
안전위험   147
애널리틱스   331
역 공급체인(reverse supply chain)   260
역 유통(recverse distribution)   260
역 흐름 로지스틱스(reverse flow logistics)   260
역물류   258
역방향 공급체인(Backward Supply Chain: BSC)   261
역직구   263
역할 변화   75
영업법인   230

영업비용   236
예루살렘   388
오프쇼링(Offshoring)   51
오픈 콜라보레이션   342
오픈마켓   266
오픈포그컨소시엄   341
외교적 민감성   186
외국환 거래법   371
외부 통합(External Integration)   48
외부조달   42
외적 사업 위험   155
운송   235
운송기능(transportation function)   233
운영 통합(Operation Integration)   39
운영위험   147
원가전략   17
원산지 규정 강화   66
원재료 구입 프로세스 혁신(Material Process
      Innovation: MPI)   196, 197
원재료 조달   121
웨어러블 디바이스   332
위생 및 검역조치   66
위조부품 및 의심되는 비승인부품 금지(Counterfeit
      part and suspected unapproved parts
      prevention)   312
위험 규명   159
위험관리(Risk management)   312
위험관리처리   161
위험분석   160
유선망(fixed line)   20
유연성   17, 33, 91
유통센터   151
유효성   52
융합문화   19
의사결정과정(Decision making process)   295
이랜드그룹   134
인공지능(AI)   331
인구사회학적 요인   74
인구사회학적 특성   19

인더스트리 1.0(Industry 1.0)   64
인더스트리 2.0(Industry 2.0)   64
인더스트리 3.0(Industry 3.0)   64
인더스트리 4.0(Industry 4.0)   65
인바운드   155, 205
인스턴트 인터내셔널스(Instant Internationals)
      387
인식(Awareness)   312
인적자원   39
인적자원관리(human resource management)
      122, 184
인프라 운영(infra operation)   121
일반운송인(Common Carrier)   238
일본무역진흥공사(JETRO)   341
입지우위   185

【ㅈ】

자동화   344
자사물류(1PL)   239
자산 복구(AR)   262
자원기반관점(resource based view)   391
자율수출규제   64
자재관리(material management)   234
자재소요계획(Material Requirements Planning:
      MRP)   46, 47, 236
자회사물류(2PL)   239
잠재적 불확실성   102
장거리 운송구간(long distance transportation)
      232
재고감소   229
재고관리   158, 235
재활용을 고려한 설계(Design for Recyling: DFR)
      260
적정도   183
적합성(fit)   99
전 과정 영향평가(LCA)   260
전략적 구매   125
전략적 네트워킹   186

전략적 사고 186
전략적 사업단위 156
전략적 적합성 87
전략적 적합성 영역 102
전략적 제휴 33, 402
전략적 통합 206
전사적 자원관리(Enterprise Resource Planning: ERP) 42, 46, 237
전사적 자원관리Ⅱ(Enterprise Resource PlanningⅡ: ERPⅡ) 46
전자무역 263
전자문서 263
전자문서교환(Electronic Data Interchange: EDI) 46, 126, 233
전자상거래 20, 263
전자상거래 무역 263
전자상거래(B2B) 264
전자조달 도구 및 서비스 사용(Use of e-procurement tools and services) 294
전자조달 사용(Use of e-procurement) 295
전자조달(e-procurement) 293
전자통관시스템(UniPass) 366, 367
전통적 SCM 36
전통적 공급체인관리 35
전통적 공급체인망(Traditional Supply Chain Management) 38
전통적 무역 22
정방향 공급체인(Forward Supply Chain: FSC) 261
정보공유시스템 41
정보관리 151
정보기능(information function) 233
정보기술 사용(Use of information technology) 294
정보기술 활용 76
정보기술(IT) 331
정보통신기술 42
정보화 180

정부 간 전자상거래(G2G) 264
정부 규제 255
정부조달 290
정치적 요인 74
제3자 물류 238
제조 지연전략(manufacturing, or form postponement) 96
제조자 주도형 유통혁신(MDI) 196, 200
제품관리 151
제품안전/안전관리 311
조달정책(Procurement policy) 294
조립 어셈블리(assembly) 230
조직 지식 186
조직구성원 역량(Staff competence) 294
조직행동론 184
종합물류기업 인증제도 305
주문납기 43
주문자상표방식(Original Equipment Manufacturing: OEM) 181
중단위험관리 152
중앙 반품 센터(CRC) 262
증강현실(Augumented Reality: AR) 63
지리적 지연전략(geographic, or logistic postponement) 96
지속가능성 91, 291
지역싱글윈도우(Integrated Single Window Regioal Trade) 365
지연전략 95
지원활동 120
지적재산권 118
집단 리더십(collective leadership) 332
집중전략 17

【ㅊ】

차별화전략 17
창고결정 158
창고관리 235
창업 384

채찍효과　42
총비용분석(TCA)　260
최고경영자 지원(Top management support)　294
친환경 구매활동(공급자 인증, 친환경 원자재 및 제품 구매)　254
친환경 디자인(마케팅, 엔지니어링)　254
친환경 물류　258
친환경공급체인관리(GSCM: Green Supply Chain Management, 이하 친환경 SCM)　254

【ㅋ】

커넥티드 카　340
클라우드 소싱　332
클라우드 슬랍(Cloud Slop)　333
클라우드 컨트롤 타워(Cloud Control Tower)　333
클라우드 협력계획 예측보충(Cloud Collaboration Planning and Forcasting Replenishment: Cloud CPFR)　333

【ㅌ】

탄소배출　131
텔아비브　388
통관규제　66
통합계획　39
통합적 공급체인망(Integrated Supply Chain Management)　38
통합적 위험관리　154
통합화　18
트럭(truckload)　48
특별관세부과　132
특허　118

【ㅍ】

파트너십　33
판매 전략　17
폐기물류　259
폐쇄 경로 공급체인 시스템(close loop supply chain system)　261
포장기능(packing function)　233
품질관리　311
품질관리위험　148
프랜차이즈창업　395
프로세스 역량 분석　183
프로세스 혁신　37

【ㅎ】

하역기능(unloading function)　233
한국무역협회　268
한국문화산업교류재단　399
합리적 소비문화　265
합작투자방식　397
해외직구　263
해외직접수출　402
핵심 프로세스　182
핵심성공요인(Critical Sucess Factor: CSF)　72
핵심성공요인(Key Success Factors: KSF)　129
핵심성과지표(Key Performance Index: KPI)　72
핵심역량　39, 179
핵심역량 자체의 아웃소싱　181
혁신　292
혁신형 창업　404
현지가맹 진출방식　397
현지화　130
현지화 비율규정　64
협동플랫폼　332
협력(cooperation)　33, 314
협력적 계획(Collaborative Planning)　196
협력적 계획, 수요예측 및 재고보충(Collaborative Planning, Forcasting and Replenishment: CPFR) 체계　199

협상력   186

호혜적 규범   402

화물식별부호 표준화(Unique Consignment
      Reference)   364

화주   228

화주기업   239

확장(stretch)   99

환경 규제   257

환경 위험   155

환경관련 규제   259

환경관리위험   148

환경규제   66

환경설계 기법   260

환경설계 기법 개발(Design for Environment:
      DFE)   260

환경세   253

환경적 불확실성   34

환경적 지속가능성   348

활동의 다양성(variety of activities)   232

회복력   149

회색 수입규제지대(Grey Area)   131

회수 및 재사용을 고려한 설계(Design for
      Recovery and Reuse: DFR)   260

회수물류   259

효율적 공급체인(efficient supply chains)   91

휴렛 패커드   175

영문 색인

【3】

3C　71
3D 프린터 기술　335
3PL　239

【4】

4Ps 전략　70
4차 산업혁명　20

【A】

AEO 상호인증제도(AEO－MRA)　98, 375
AEO(Authorized Economic Operator)　11
APIS(Advance Passenger Information System:
　여객명부)　363
AR　8
AT&T　342

【B】

BOT방식　10
BPR　42
BRICs　305
BSC(Balanced Score Card)　72

【C】

C－TPAT제도　372
CEATE(Combined Exhibition of Advanced
　Technology)　341
Cisco　342
CPS(사이버물리 시스템)　346
Cross Border Electronic Commerce　264
cross－border commerce　8
CSD(Container Security Device)　360

【D】

digital products　8
digital trade　8
DT(data technology)　8

【E】

e－commerce　21
E－금융　66
e－조달　290
ECO SCM　254
Environmental Supply Chain Management　254
EWA(Electronics Works Amberg)　79

[F]

FSC   262
FTA   62

[G]

Gate−keepin(GK)   262
GE   342
Global Electronic Commerce   264
Global Electronic Trading   264
global investment   8
Global process innovation   9
Green SCM   254
GSCM 환경조사   68
GSCM(Global Supply Chain Management)   9
GVC(Global Value Chain)   9

[H]

HACCP   306

[I]

IBM   213, 342
ICT   64
IIC(Industrial Internet Consortium)   340
innovation   9
Intel   342
International Electronic Commerce   264
IoT   8
ISO 14000   306
ISO 14046(물발자국제도)   256
ISO 14067(탄소성적표지)   256
ISO 26000   306
ISO 9000   306
ISO 인증   148
IVI(Industrial Valuechain Initiative)   343

[K]

Kmall24   268
KOTRA   242, 399

[L]

Life Cycle Inventory D/B   260

[M]

M2M(Machine to Machine)   337
McKinsey & Co.   386

[N]

NFC(Near Field Communication)   346

[O]

O2O   21
OECD   21, 290

[P]

PEST 분석   71
PNR(Passenger Name Record: 승객예약정보)   363
push system   44

[R]

RFID   333
RFID 태그(Radio Frequency Identifier)   342
RoHS   259
RRI(Robot Revolution Initiative)   343
RSC   262

【S】

SAFE Framework   372
SCEM   93, 254
service trade   8
SIEMENS   78
Startup Genome   388
STEEP 분석   71
STP 전략   70
Supply Chain Security   11
SWOT 분석   70

【T】

TQEM(내부성과 측정, 공해방지)   254
TSN(Time Sensitive Networking)   341

【U】

UN/CEFACT   365
UNIQLO   103

【V】

VR   8

【W】

WCO(World Customs Organization)   11, 369
WEEE   259
WTO   21

【Z】

ZARA   103

저자소개

김창봉

현) 중앙대학교 경영경제대학 경영학부 교수
중앙대학교 학생처장
서울 영동고등학교 졸업
중앙대학교 무역학과 졸업
조지 워싱턴 대학원 졸업
일본 게이오대학 대학원 수학
중앙대학교 경영학 박사

경 력

중앙대학교 경영경제대학 경영학부장 역임
중앙대학교 산업창업경영대학원장 역임
미국 존스 홉킨스 대학교 SAIS 방문 교수
기획재정부　　정부업무자체평가위원 역임
　　　　　　　국제 행사 심의위원회 위원 역임
　　　　　　　공기업−준정부기관 기관장 평가위원회 평
　　　　　　　가위원(현)
국세청　　　　정부업무자체평가위원 역임
　　　　　　　세무조사감독위원회 위원 역임
관세청　　　　정부업무자체평가위원 역임
　　　　　　　AEO 심의위원회 위원 (현)
　　　　　　　관세사자격심의 · 징계위원회위원 (현)
법무부　　　　국적심의위원회 위원 (현)
산업통상자원부 정부업무자체평가위원(현)
서울지방국세청 납세사 보호위원회 위원장(현)

포 상

한국물류학회 우수논문 국토해양부 장관상
무역의 날 대통령 표창
관세청장 표창

학회 활동

한국통상정보학회 회장 역임
한국기업경영학회 회장 역임
한국무역학회, 한국국제상학회, 한국물류학회,
국제 e−business 학회, 한국취업진로학회, 한국관세학회,
한국창업학회 부회장(현)

저 서

글로벌 경쟁시대의 GSCM 전략
무역학원론 공저
알기 쉬운 무역학원론 공저

주요 논문 (SCI급)

2016　Impact of Application Factors of the AEO Program on its Performance,
　　　　Journal of Korea Trade, Vol.20(4), pp. 332−348

2015　The Influences of Quality Management System Standards(ISO 9000) on
　　　　Supply Chain Innovation and Business Performance,
　　　　Journal of Korea Trade, Vol.19(2), pp. 23−50

2014　How Technology Appropriateness Affects its Usage and Outcomes :
　　　　the Korea's National Single Window Experience,
　　　　Journal of Korea Trade, Vol.21(4), pp. 295−308
　　　　Exploring the Black Box of Task−technology fit; The Case of the Korean
　　　　Single Window System,
　　　　Journal of Korea Trade, Vol.18(4), pp. 1−27

4차 산업혁명 시대의 Global SCM

초판발행   2018년 5월 1일
중판발행   2024년 1월 31일

지은이   김창봉 · 여경철 · 남윤미
펴낸이   안종만

편 집   조혜인
기획/마케팅   박세기
표지디자인   조아라
제 작   우인도 · 고철민

펴낸곳   (주) 박영사
              서울특별시 금천구 가산디지털2로 53, 210호(가산동, 한라시그마밸리)
              등록 1959. 3. 11. 제300-1959-1호(倫)
전 화   02)733-6771
f a x   02)736-4818
e-mail   pys@pybook.co.kr
homepage   www.pybook.co.kr
ISBN   979-11-303-0592-9   93320

정 가   27,000원